海南大学法学院
宁波市律师协会
宁波大学司法实务研究中心
浙江靖霖（宁波）律师事务所

组 织 编 写

刑事司法鉴定
一本通

主　编　李崇杰
副主编　余光升　赖建平
　　　　杨　松　王盛汉

中南大学出版社
www.csupress.com.cn
长沙

图书在版编目（CIP）数据

刑事司法鉴定一本通／李崇杰主编. —长沙：中
南大学出版社，2019.12
ISBN 978 - 7 - 5487 - 3565 - 6

Ⅰ.①刑… Ⅱ.①李… Ⅲ.①刑法－司法鉴定－技术
规范－汇编－中国②刑事诉讼法－司法鉴定－技术规范－
汇编－中国 Ⅳ.①D924 - 65②D925.2 - 65

中国版本图书馆 CIP 数据核字（2019）第 033037 号

刑事司法鉴定一本通

主编 李崇杰

□责任编辑	沈常阳
□责任印制	易红卫
□出版发行	中南大学出版社
	社址：长沙市麓山南路　　邮编：410083
	发行科电话：0731 - 88876770　　传真：0731 - 88710482
□印　　装	长沙印通印务有限公司

□开　　本	787 mm×1092 mm 1/16	□印张 25.25	□字数 643 千字
□版　　次	2019 年 12 月第 1 版　□2019 年 12 月第 1 次印刷
□书　　号	ISBN 978 - 7 - 5487 - 3565 - 6
□定　　价	89.00 元

编写说明

　　司法鉴定是指在诉讼活动中,鉴定人运用科学技术或者专门知识,对诉讼涉及的专门性问题进行鉴别和判断,并提供鉴定意见的活动。

　　刑事司法鉴定一般也作刑事技术鉴定,是指侦查机关、检察机关为查明案情,指派或聘请具有专门知识的人,就案件中某些专门性问题进行鉴别和判断并作出结论的一种刑事诉讼行为。

　　刑事司法鉴定作为查明案件中专门问题的有力工具,其鉴定标准是开展刑事司法鉴定活动的技术依据,是刑事司法鉴定质量的重要决定因素,要对其设置有效的使用规范和审查规范,使其真正成为司法机关的助手,帮助司法机关查明事实,避免司法鉴定沦为错案的帮凶。

　　本书是 2018 年最新刑事司法鉴定技术规范汇编。主要包括全国人大常委会关于司法鉴定的有关决定意见、最高人民法院关于刑事司法鉴定的司法解释和规范性文件、最高人民检察院关于刑事司法鉴定的司法解释和规范性文件、公安部关于刑事司法鉴定的文件、司法部关于刑事司法鉴定的文件、刑事司法鉴定的其他文件等六大部分内容,基本涵盖了我国刑事诉讼过程中的刑事司法鉴定标准和刑事司法鉴定技术规范。希望本书的出版能够帮助公检法司相关人员更好地了解、掌握刑事司法鉴定标准,同时也欢迎社会各界人士对本书和我们的工作提出宝贵的建议和意见。

序 言

在现代刑事司法制度中，鉴定是查明和证明案件事实的重要途径和手段。随着人类社会的司法证明从"人证"时代进入"物证"时代，当事人陈述和证人证言在司法证明中的作用开始下降，而各种物证在诉讼活动中的运用则日益增多，鉴定意见对于探明案件真相起着越来越重要的作用。尤其是进入二十一世纪以来，刑事犯罪日渐科技化和智能化，刑事司法鉴定技术的运用在许多案件中往往具有决定性意义。

我国目前涉及刑事司法鉴定的相关规范性文件已经多达七十余部，然而迄今为止，我国尚未颁布统一的司法鉴定法，刑事司法鉴定相关规范也散落于各个法律法规、司法解释、规章等规范性文件之中，这对于相关规范的检索、学习、适用造成了许多不便。与此同时，在众多的法律工具书之中，刑事司法鉴定领域的规范性文件往往被收录于刑事诉讼法、证据法等法律规范汇编之中。然而，由于篇幅及学科等限制，这些法律规范汇编对于刑事司法鉴定相关规范的收录往往并不全面，并且呈现分散化的特征，存在查阅困难。

《刑事司法鉴定一本通》一书是2018年最新刑事司法鉴定技术规范汇编，也是对于我国现行有效的刑事司法鉴定规范性文件的一次总梳理。作为我国首部以刑事司法鉴定规范为核心的工具书，本书具有以下优势：一是，本书以规范性文件的发布机关为依据，将刑事司法鉴定规范分门别类地划分为六编，便于读者进行快速的规范检索，具有便捷性。二是，本书完整收录了刑事司法鉴定领域现行有效的七十余部规范性文件，涵盖了管理体制、鉴定机构、鉴定人、鉴定程序、认定规则等刑事司法鉴定工作的各个方面，具有全面性。三是，本书在全面收录刑事司法鉴定规范的同时，保证了规范内容完整且不失真，不仅收录了规范文件本身，同时完整收录了相关附件内容，具有准确性。

本书内容准确、充分、全面，是一本极有价值的工具书，能够为刑事司法实务工作者以及有需要的社会公民提供了快速查阅、全面了解、准确适用刑事司法鉴定规范的途径，同时也为刑事司法鉴定领域的教学人员、科研人员，以及学习刑事司法鉴定学科的广大学子，提供分析以及研究刑事司法鉴定制度的详实资料。法律汇编是一项繁琐而精细的工作，希望通过本书编写者的辛勤劳动，能够使法律学习者、适用者摆脱重复检索、无效检索的时间耗费与成本。除此之外，我国刑事司法鉴定制度正处于高速发展的时期，相信随着我国刑事司法鉴定规范的不断发展与完善，本书今后也将持续进行修订，并对相关内容进行更新，从而为读者提供最及时、最全面的规范变动信息。

中国政法大学国家法律援助研究院院长　博士生导师

2019 年 12 月 16 日

目　录

第一编　刑事司法鉴定法律、法规汇编

▼

中华人民共和国主席令

（第二十五号）

《全国人民代表大会常务委员会关于修改〈中华人民共和国义务教育法〉等五部法律的决定》已由中华人民共和国第十二届全国人民代表大会常务委员会第十四次会议于 2015 年 4 月 24 日通过，现予公布，自公布之日起施行。

中华人民共和国主席　习近平
2015 年 4 月 24 日

全国人民代表大会常务委员会
关于修改《中华人民共和国义务教育法》等五部法律的决定
（2015 年 4 月 24 日第十二届全国人民代表大会常务委员会第十四次会议通过）

第十二届全国人民代表大会常务委员会第十四次会议决定，对下列法律和有关法律问题的决定中有关价格管理的规定作出修改：

一、对《中华人民共和国义务教育法》作出修改

将第四十条修改为："教科书价格由省、自治区、直辖市人民政府价格行政部门会同同级出版行政部门按照微利原则确定。"

二、对《中华人民共和国邮政法》作出修改

（一）将第二条第四款修改为："本法所称邮政普遍服务，是指按照国家规定的业务范围、服务标准，以合理的资费标准，为中华人民共和国境内所有用户持续提供的邮政服务。"

（二）将第三十九条第一款修改为："实行政府指导价或者政府定价的邮政业务范围，以中央政府定价目录为依据，具体资费标准由国务院价格主管部门会同国务院财政部门、国务院邮政管理部门制定。"

（三）将第四十条第一款修改为："国务院有关部门制定邮政业务资费标准，应当听取邮政企业、用户和其他有关方面的意见。"

三、对《中华人民共和国铁路法》作出修改

将第二十五条修改为："铁路的旅客票价率和货物、行李的运价率实行政府指导价或者政府定价，竞争性领域实行市场调节价。政府指导价、政府定价的定价权限和具体适用范围以中央政府和地方政府的定价目录为依据。铁路旅客、货物运输杂费的收费项目和收费标准，以及铁路包裹运价率由铁路运输企业自主制定。"

四、对《中华人民共和国公证法》作出修改

将第四十六条修改为："公证费的收费标准由省、自治区、直辖市人民政府价格主管部门会同同级司法行政部门制定。"

五、对《全国人民代表大会常务委员会关于司法鉴定管理问题的决定》作出修改

将第十五条修改为："司法鉴定的收费标准由省、自治区、直辖市人民政府价格主管部门会同同级司法行政部门制定。"

本决定自公布之日起施行。

《中华人民共和国义务教育法》、《中华人民共和国邮政法》、《中华人民共和国铁路法》、《中华人民共和国公证法》、《全国人民代表大会常务委员会关于司法鉴定管理问题的决定》根据本决定作相应修改，重新公布。

全国人大常委会法工委关于司法鉴定管理问题的决定施行前可否对司法鉴定机构和司法鉴定人实施准入管理等问题的意见

（法工委发函〔2005〕52 号）

司法部：

你部 2005 年 5 月 12 日来函（司发函〔2005〕110 号）收悉。经研究，答复如下：

一、《关于司法鉴定管理问题的决定》（以下简称"决定"）第十八条规定，决定自 2005 年 10 月 1 日起施行。为了保证决定的顺利实施，在决定生效前，可以依照决定精神和有关规定，开展相关工作。

二、决定第三条规定，省级人民政府司法行政部门负责对鉴定人和鉴定机构的登记、名册编制和公告。第六条规定，申请从事司法鉴定业务的个人、法人或者其他组织，由省级人民政府司法行政部门审核，对符合条件的予以登记，编入鉴定人和鉴定机构名册并公告。依照上述规定，对鉴定机构和鉴定人实行的是登记制而不是审批制，对于申请从事司法鉴定业务的个人、法人或者其他组织，符合决定规定条件的，司法行政部门应当予以登记。

三、决定第七条规定："侦查机关根据侦查工作的需要设立的鉴定机构，不得面向社会接受委托从事司法鉴定业务。""人民法院和司法行政部门不得设立鉴定机构。"依照上述规定，鉴定机构如果由人民法院、司法行政部门设立的，或者其设立后在人、财、物方面与人民法院、司法行政部门存在隶属关系的，应当不予登记；由侦查机关设立的，或者在人、财、物方面与侦查机关存在隶属关系的，不得面向社会接受委托从事司法鉴定业务。

四、根据决定第七条的规定，侦查机关设立的鉴定机构及其鉴定人不得面向社会接受委托从事司法鉴定业务。考虑到公安机关设立的鉴定机构在技术、设备、人员等方面有较好的实力和基础，长期以来也承担了大量的鉴定任务，因此，对公安机关设立的鉴定机构，在不

面向社会提供鉴定服务的前提下，可以接受司法机关、监察、海关、工商等行政执法机关的委托从事非诉或在诉讼中没有争议的鉴定业务。根据决定第九条："在诉讼中，对本决定第二条所规定的鉴定事项发生争议，需要鉴定的，应当委托列入鉴定人名册的鉴定人进行鉴定"的规定，如果公安机关有关鉴定机构及其鉴定人接受司法机关委托从事诉讼中有争议的鉴定事项则需经过省级司法行政部门登记，列入鉴定人名册。对于公安机关设立的鉴定机构及其鉴定人如何进行登记、编制名册，以及如何从事鉴定业务的问题，建议司法部与最高人民法院、最高人民检察院、公安部等有关部门共同协商确定。

全国人民代表大会常务委员会关于司法鉴定管理问题的决定

为了加强对鉴定人和鉴定机构的管理，适应司法机关和公民、组织进行诉讼的需要，保障诉讼活动的顺利进行，特作如下决定：

一、司法鉴定是指在诉讼活动中鉴定人运用科学技术或者专门知识对诉讼涉及的专门性问题进行鉴别和判断并提供鉴定意见的活动。

二、国家对从事下列司法鉴定业务的鉴定人和鉴定机构实行登记管理制度：

（一）法医类鉴定；

（二）物证类鉴定；

（三）声像资料鉴定；

（四）根据诉讼需要由国务院司法行政部门商最高人民法院、最高人民检察院确定的其他应当对鉴定人和鉴定机构实行登记管理的鉴定事项。

法律对前款规定事项的鉴定人和鉴定机构的管理另有规定的，从其规定。

三、国务院司法行政部门主管全国鉴定人和鉴定机构的登记管理工作。省级人民政府司法行政部门依照本决定的规定，负责对鉴定人和鉴定机构的登记、名册编制和公告。

四、具备下列条件之一的人员，可以申请登记从事司法鉴定业务：

（一）具有与所申请从事的司法鉴定业务相关的高级专业技术职称；

（二）具有与所申请从事的司法鉴定业务相关的专业执业资格或者高等院校相关专业本科以上学历，从事相关工作五年以上；

（三）具有与所申请从事的司法鉴定业务相关工作十年以上经历，具有较强的专业技能。

因故意犯罪或者职务过失犯罪受过刑事处罚的，受过开除公职处分的，以及被撤销鉴定人登记的人员，不得从事司法鉴定业务。

五、法人或者其他组织申请从事司法鉴定业务的，应当具备下列条件：

（一）有明确的业务范围；

（二）有在业务范围内进行司法鉴定所必需的仪器、设备；

（三）有在业务范围内进行司法鉴定所必需的依法通过计量认证或者实验室认可的检测实验室；

（四）每项司法鉴定业务有三名以上鉴定人。

六、申请从事司法鉴定业务的个人、法人或者其他组织，由省级人民政府司法行政部门审核，对符合条件的予以登记，编入鉴定人和鉴定机构名册并公告。

省级人民政府司法行政部门应当根据鉴定人或者鉴定机构的增加和撤销登记情况，定期更新所编制的鉴定人和鉴定机构名册并公告。

七、侦查机关根据侦查工作的需要设立的鉴定机构，不得面向社会接受委托从事司法鉴定业务。

人民法院和司法行政部门不得设立鉴定机构。

八、各鉴定机构之间没有隶属关系；鉴定机构接受委托从事司法鉴定业务，不受地域范围的限制。

鉴定人应当在一个鉴定机构中从事司法鉴定业务。

九、在诉讼中，对本决定第二条所规定的鉴定事项发生争议，需要鉴定的，应当委托列入鉴定人名册的鉴定人进行鉴定。鉴定人从事司法鉴定业务，由所在的鉴定机构统一接受委托。

鉴定人和鉴定机构应当在鉴定人和鉴定机构名册注明的业务范围内从事司法鉴定业务。

鉴定人应当依照诉讼法律规定实行回避。

十、司法鉴定实行鉴定人负责制度。鉴定人应当独立进行鉴定，对鉴定意见负责并在鉴定书上签名或者盖章。多人参加的鉴定，对鉴定意见有不同意见的，应当注明。

十一、在诉讼中，当事人对鉴定意见有异议的，经人民法院依法通知，鉴定人应当出庭作证。

十二、鉴定人和鉴定机构从事司法鉴定业务，应当遵守法律、法规，遵守职业道德和职业纪律，尊重科学，遵守技术操作规范。

十三、鉴定人或者鉴定机构有违反本决定规定行为的，由省级人民政府司法行政部门予以警告，责令改正。

鉴定人或者鉴定机构有下列情形之一的，由省级人民政府司法行政部门给予停止从事司法鉴定业务三个月以上一年以下的处罚；情节严重的，撤销登记：

（一）因严重不负责任给当事人合法权益造成重大损失的；

（二）提供虚假证明文件或者采取其他欺诈手段，骗取登记的；

（三）经人民法院依法通知，拒绝出庭作证的；

（四）法律、行政法规规定的其他情形。

鉴定人故意作虚假鉴定，构成犯罪的，依法追究刑事责任；尚不构成犯罪的，依照前款规定处罚。

十四、司法行政部门在鉴定人和鉴定机构的登记管理工作中，应当严格依法办事，积极推进司法鉴定的规范化、法制化。对于滥用职权、玩忽职守，造成严重后果的直接责任人员，应当追究相应的法律责任。

十五、司法鉴定的收费标准由省、自治区、直辖市人民政府价格主管部门会同同级司法行政部门制定。

十六、对鉴定人和鉴定机构进行登记、名册编制和公告的具体办法，由国务院司法行政部门制定，报国务院批准。

十七、本决定下列用语的含义是：

（一）法医类鉴定，包括法医病理鉴定、法医临床鉴定、法医精神病鉴定、法医物证鉴定和法医毒物鉴定。

（二）物证类鉴定，包括文书鉴定、痕迹鉴定和微量鉴定。

（三）声像资料鉴定，包括对录音带、录像带、磁盘、光盘、图片等载体上记录的声音、图像信息的真实性、完整性及其所反映的情况过程进行的鉴定和对记录的声音、图像中的语言、人体、物体作出种类或者同一认定。

十八、本决定自 2005 年 10 月 1 日起施行。

第二编 最高人民法院关于刑事司法鉴定的司法解释、规范性文件汇编

人民法院对外委托司法鉴定管理规定

（法释〔2002〕8号）

第一条 为规范人民法院对外委托和组织司法鉴定工作，根据《人民法院司法鉴定工作暂行规定》，制定本办法。

第二条 人民法院司法鉴定机构负责统一对外委托和组织司法鉴定。未设司法鉴定机构的人民法院，可在司法行政管理部门配备专职司法鉴定人员，并由司法行政管理部门代行对外委托司法鉴定的职责。

第三条 人民法院司法鉴定机构建立社会鉴定机构和鉴定人（以下简称鉴定人）名册，根据鉴定对象对专业技术的要求，随机选择和委托鉴定人进行司法鉴定。

第四条 自愿接受人民法院委托从事司法鉴定，申请进入人民法院司法鉴定人名册的社会鉴定、检测、评估机构，应当向人民法院司法鉴定机构提交申请书和以下材料：

（一）企业或社团法人营业执照副本；

（二）专业资质证书；

（三）专业技术人员名单、执业资格和主要业绩；

（四）年检文书；

（五）其他必要的文件、资料。

第五条 以个人名义自愿接受人民法院委托从事司法鉴定，申请进入人民法院司法鉴定人名册的专业技术人员，应当向人民法院司法鉴定机构提交申请书和以下材料：

（一）单位介绍信；

（二）专业资格证书；

（三）主要业绩证明；

（四）其他必要的文件、资料等。

第六条 人民法院司法鉴定机构应当对提出申请的鉴定人进行全面审查，择优确定对外委托和组织司法鉴定的鉴定人候选名单。

第七条 申请进入地方人民法院鉴定人名册的单位和个人，其入册资格由有关人民法院司法鉴定机构审核，报上一级人民法院司法鉴定机构批准，并报最高人民法院司法鉴定机构备案。

第八条　经批准列入人民法院司法鉴定人名册的鉴定人，在《人民法院报》予以公告。

第九条　已列入名册的鉴定人应当接受有关人民法院司法鉴定机构的年度审核，并提交以下材料：

（一）年度业务工作报告书；

（二）专业技术人员变更情况；

（三）仪器设备更新情况；

（四）其他变更情况和要求提交的材料。

年度审核有变更事项的，有关司法鉴定机构应当逐级报最高人民法院司法鉴定机构备案。

第十条　人民法院司法鉴定机构依据尊重当事人选择和人民法院指定相结合的原则，组织诉讼双方当事人进行司法鉴定的对外委托。

诉讼双方当事人协商不一致的，由人民法院司法鉴定机构在列入名册的、符合鉴定要求的鉴定人中，选择受委托人鉴定。

第十一条　司法鉴定所涉及的专业未纳入名册时，人民法院司法鉴定机构可以从社会相关专业中，择优选定受委托单位或专业人员进行鉴定。如果被选定的单位或专业人员需要进入鉴定人名册的，仍应当呈报上一级人民法院司法鉴定机构批准。

第十二条　遇有鉴定人应当回避等情形时，有关人民法院司法鉴定机构应当重新选择鉴定人。

第十三条　人民法院司法鉴定机构对外委托鉴定的，应当指派专人负责协调，主动了解鉴定的有关情况，及时处理可能影响鉴定的问题。

第十四条　接受委托的鉴定人认为需要补充鉴定材料时，如果由申请鉴定的当事人提供确有困难的，可以向有关人民法院司法鉴定机构提出请求，由人民法院决定依据职权采集鉴定材料。

第十五条　鉴定人应当依法履行出庭接受质询的义务。人民法院司法鉴定机构应当协调鉴定人做好出庭工作。

第十六条　列入名册的鉴定人有不履行义务，违反司法鉴定有关规定的，由有关人民法院视情节取消入册资格，并在《人民法院报》公告。

最高人民法院关于审理生产、销售伪劣商品刑事案件有关鉴定问题的通知

（法〔2001〕70号）

各省、自治区、直辖市高级人民法院，解放军军事法院，新疆维吾尔自治区高级人民法院生产建设兵团分院：

自全国开展整顿和规范市场经济秩序工作以来，各地人民法院陆续受理了一批生产、销售伪劣产品，假冒商标和非法经营等严重破坏社会主义市场经济秩序的犯罪案件。此类案件中涉及的生产、销售的产品，有的纯属伪劣产品，有的则只是侵犯知识产权的产品。由于涉案产品是否"以假充真""以次充好""以不合格产品冒充合格产品"，直接影响到对被告人的

定罪及处刑，为准确适用刑法和《最高人民法院、最高人民检察院关于办理生产、销售伪劣商品刑事案件具体应用法律若干问题的解释》（以下简称《解释》），严惩假冒伪劣商品犯罪，不放纵和轻纵犯罪分子，现就审理生产、销售伪劣商品，假冒商标和非法经营等严重破坏社会主义市场经济秩序的犯罪案件中可能涉及的假冒伪劣商品的有关鉴定问题通知如下：

一、对于提起公诉的生产、销售伪劣产品，假冒商标，非法经营等严重破坏社会主义市场经济秩序的犯罪案件，所涉生产、销售的产品是否属于"以假充真""以次充好""以不合格产品冒充合格产品"难以确定的，应当根据《解释》第一条第五款的规定，由公诉机关委托法律、行政法规规定的产品质量检验机构进行鉴定。

二、根据《解释》第三条和第四条的规定，人民法院受理的生产、销售假药犯罪案件和生产、销售不符合卫生标准的食品犯罪案件，均需有"省级以上药品监督管理部门设置或者确定的药品检验机构"和"省级以上卫生行政部门确定的机构"出具的鉴定结论。

三、经鉴定确系伪劣商品，被告人的行为既构成生产、销售伪劣产品罪，又构成生产、销售假药罪或者生产、销售不符合卫生标准的食品罪，或者同时构成侵犯知识产权、非法经营等其他犯罪的，根据刑法第一百四十九条第二款和《解释》第十条的规定，应当依照处罚较重的规定定罪处罚。

中华人民共和国最高人民法院

最高人民法院关于印发《人民法院司法鉴定工作暂行规定》的通知
（法发〔2001〕23号）

各省、自治区、直辖市高级人民法院，解放军军事法院，新疆维吾尔自治区高级人民法院生产建设兵团分院：

现将《人民法院司法鉴定工作暂行规定》印发给你们，请结合工作实际，认真贯彻执行，规范人民法院司法鉴定工作。执行中有何问题，请及时报告我院。

中华人民共和国最高人民法院

人民法院司法鉴定工作暂行规定

第一章　总则

第一条　为了规范人民法院司法鉴定工作，根据《中华人民共和国刑事诉讼法》、《中华人民共和国民事诉讼法》、《中华人民共和国行政诉讼法》、《中华人民共和国人民法院组织法》等法律，制定本规定。

第二条　本规定所称司法鉴定，是指在诉讼过程中，为查明案件事实，人民法院依据职权，或者应当事人及其他诉讼参与人的申请，指派或委托具有专门知识人，对专门性问题进行检验、鉴别和评定的活动。

第三条　司法鉴定应当遵循下列原则：

（一）合法、独立、公开；

（二）客观、科学、准确；

（三）文明、公正、高效。

第四条　凡需要进行司法鉴定的案件，应当由人民法院司法鉴定机构鉴定，或者由人民法院司法鉴定机构统一对外委托鉴定。

第五条　最高人民法院指导地方各级人民法院的司法鉴定工作，上级人民法院指导下级人民法院的司法鉴定工作。

第二章　司法鉴定机构及鉴定人

第六条　最高人民法院、各高级人民法院和有条件的中级人民法院设立独立的司法鉴定机构。新建司法鉴定机构须报最高人民法院批准。

最高人民法院的司法鉴定机构为人民法院司法鉴定中心，根据工作需要可设立分支机构。

第七条　鉴定人权利：

（一）了解案情，要求委托人提供鉴定所需的材料；

（二）勘验现场，进行有关的检验，询问与鉴定有关的当事人。必要时，可申请人民法院依据职权采集鉴定材料，决定鉴定方法和处理检材；

（三）自主阐述鉴定观点，与其他鉴定人意见不同时，可不在鉴定文书上署名；

（四）拒绝受理违反法律规定的委托。

第八条　鉴定人义务：

（一）尊重科学，恪守职业道德；

（二）保守案件秘密；

（三）及时出具鉴定结论；

（四）依法出庭宣读鉴定结论并回答与鉴定相关的提问。

第九条　有下列情形之一的，鉴定人应当回避：

（一）鉴定人系案件的当事人，或者当事人的近亲属；

（二）鉴定人的近亲属与案件有利害关系；

（三）鉴定人担任过本案的证人、辩护人、诉讼代理人；

（四）其他可能影响准确鉴定的情形。

第三章　委托与受理

第十条　各级人民法院司法鉴定机构，受理本院及下级人民法院委托的司法鉴定。下级人民法院可逐级委托上级人民法院司法鉴定机构鉴定。

第十一条　司法鉴定应当采用书面委托形式，提出鉴定目的、要求，提供必要的案情说明材料和鉴定材料。

第十二条　司法鉴定机构应当在3日内做出是否受理的决定。对不予受理的，应当向委托人说明原因。

第十三条　司法鉴定机构接受委托后，可根据情况自行鉴定，也可以组织专家、联合科研机构或者委托从相关鉴定人名册中随机选定的鉴定人进行鉴定。

第十四条 有下列情形之一需要重新鉴定的，人民法院应当委托上级法院的司法鉴定机构做重新鉴定：

（一）鉴定人不具备相关鉴定资格的；

（二）鉴定程序不符合法律规定的；

（三）鉴定结论与其他证据有矛盾的；

（四）鉴定材料有虚假，或者原鉴定方法有缺陷的；

（五）鉴定人应当回避没有回避，而对其鉴定结论有持不同意见的；

（六）同一案件具有多个不同鉴定结论的；

（七）有证据证明存在影响鉴定人准确鉴定因素的。

第十五条 司法鉴定机构可受人民法院的委托，对拟作为证据使用的鉴定文书、检验报告、勘验检查记录、医疗病情资料、会计资料等材料作文证审查。

第四章 检验与鉴定

第十六条 鉴定工作一般应按下列步骤进行：

（一）审查鉴定委托书；

（二）查验送检材料、客体，审查相关技术资料；

（三）根据技术规范制定鉴定方案；

（四）对鉴定活动进行详细记录；

（五）出具鉴定文书。

第十七条 对存在损耗检材的鉴定，应当向委托人说明。必要时，应由委托人出具检材处理授权书。

第十八条 检验取样和鉴定取样时，应当通知委托人、当事人或者代理人到场。

第十九条 进行身体检查时，受检人、鉴定人互为异性的，应当增派一名女性工作人员在场。

第二十条 对疑难或者涉及多学科的鉴定，出具鉴定结论前，可听取有关专家的意见。

第五章 鉴定期限、鉴定中止与鉴定终结

第二十一条 鉴定期限是指决定受理委托鉴定之日起，到发出鉴定文书之日止的时间。

一般的司法鉴定应当在 30 个工作日内完成；疑难的司法鉴定应当在 60 个工作日内完成。

第二十二条 具有下列情形之一，影响鉴定期限的，应当中止鉴定：

（一）受检人或者其他受检物处于不稳定状态，影响鉴定结论的；

（二）受检人不能在指定的时间、地点接受检验的；

（三）因特殊检验需预约时间或者等待检验结果的；

（四）须补充鉴定材料的。

第二十三条 具有下列情形之一的，可终结鉴定：

（一）无法获取必要的鉴定材料的；

（二）被鉴定人或者受检人不配合检验，经做工作仍不配合的；

（三）鉴定过程中撤诉或者调解结案的；

（四）其他情况使鉴定无法进行的。

在规定期限内，鉴定人因鉴定中止、终结或者其他特殊情况不能完成鉴定的，应当向司法鉴定机构申请办理延长期限或者终结手续。司法鉴定机构对是否中止、终结应当做出决定。做出中止、终结决定的，应当函告委托人。

第六章　其他

第二十四条　人民法院司法鉴定机构工作人员因徇私舞弊、严重不负责任造成鉴定错误导致错案的，参照《人民法院审判人员违法审判责任追究办法（试行）》和《人民法院审判纪律处分办法（试行）》追究责任。

其他鉴定人因鉴定结论错误导致错案的，依法追究其法律责任。

第二十五条　司法鉴定按国家价格主管部门核定的标准收取费用。

第二十六条　人民法院司法鉴定中心根据本规定制定细则。

第二十七条　本规定自颁布之日起实行。

第二十八条　本规定由最高人民法院负责解释。

最高人民法院关于印发《人民法院司法鉴定人名册制度实施办法》的通知

（法发〔2004〕6 号）

各省、自治区、直辖市高级人民法院，解放军军事法院，新疆维吾尔自治区高级人民法院生产建设兵团分院：

《人民法院司法鉴定人名册制度实施办法》系《人民法院对外委托司法鉴定管理规定》（法释〔2002〕8 号）的配套文件，现印发给你们，请转发本辖区人民法院，并认真组织贯彻执行，进一步规范人民法院司法鉴定工作。

最高人民法院
2004 年 2 月 9 日

人民法院鉴定人名册制度实施办法

第一章　总则

第一条　为充分利用社会鉴定资源，保障人民法院司法鉴定工作的顺利进行，规范人民法院鉴定人名册制度，提高对外委托和组织鉴定工作的质量和效率，依据有关法律法规和《人民法院对外委托司法鉴定管理规定》制定本办法。

第二条　人民法院鉴定人名册制度，指人民法院经事前审查、批准、公示程序，将自愿接受人民法院委托鉴定的社会鉴定人（含自然人、法人）列入本级法院的鉴定人名册。人民法院审理案件需要鉴定时，统一移送专门机构，负责对外委托或组织鉴定，以尊重当事人主张和在名册中随机选定相结合的办法确定鉴定人，并负责协调、监督鉴定工作。

第三条 人民法院鉴定人名册制度的建立和实施，遵循属地管理、自愿申请、择优选录、资源共享、公开、公平的原则。

第四条 人民法院司法鉴定机构负责鉴定人名册制度的建立和实施，并根据对外委托和组织鉴定的情况，对鉴定人名册实施动态管理。

未设司法鉴定机构或者不需要建立鉴定人名册的基层人民法院，应当指定专门机构，并配备专门人员，按照本办法使用上级人民法院的鉴定人名册，负责对外委托和组织鉴定工作。

第二章 鉴定人名册的建立

第五条 各高级人民法院可根据审判工作的需要，拟定本辖区建立几级鉴定人名册及各级鉴定人名册鉴定人数量的计划，报最高人民法院批准后实施。

第六条 凡自愿申请进入人民法院鉴定人名册的社会鉴定、检测、评估等单位，应当填写《人民法院对外委托司法鉴定机构名册入册申请书》，并提交以下材料：

（一）企业或社团法人、营业执照副本及复印件；

（二）专业资质证书及复印件；

（三）专业技术人员名单、执业资格和主要业绩；

（四）年检文书及复印件。

（五）其他必要的文件、资料。

第七条 以个人名义自愿申请进入人民法院鉴定人名册的专业技术人员，应当填写《人民法院司法鉴定专家名册入册申请书》，并提交以下材料：

（一）专业资格证书及复印件；

（二）主要业绩证明及复印件；

（三）其他必要的文件、资料。

第八条 人民法院司法鉴定机构应当对提出申请的鉴定人进行全面审查，重点审查其执业资格，行业信誉，工作业绩，有无违规违纪行为。

第九条 为避免重复登记，鉴定人应向属地人民法院提出入册申请。上级人民法院可在下级人民法院报批的名册中挑选鉴定人，但须征得该鉴定人的同意，经批准后列入上级人民法院的鉴定人名册。

第十条 人民法院的鉴定人名册由最高人民法院统一编排后在《人民法院报》公告。各高级人民法院协助办理公告的相关事宜。

按照本办法从鉴定人名册中删除或增补鉴定人的，应当逐级上报最高人民法院办理公告事宜。

第十一条 列入名册的鉴定人应当接受相关人民法院司法鉴定机构的年度审核，并提交以下材料：

（一）年度业务工作报告书及行业年检情况；

（二）专业技术人员变更情况；

（三）仪器设备更新情况；

（四）其他变更情况和要求提交的材料。

年度审核变更事项需公告的，相关人民法院司法鉴定机构应当逐级报最高人民法院。

第十二条 自愿退出名册的鉴定人，应向人民法院司法鉴定机构递交书面材料，经上级人民法院司法鉴定机构批准，从名册中除名。不参加年审，视为自动退出。

第三章 鉴定人名册的应用

第十三条 人民法院司法鉴定机构受理本院或下级法院移送的鉴定案件后，应当指派一至两名鉴定督办人，负责协调、监督鉴定工作，协助解决有关问题，但不得干涉鉴定人独立做出鉴定结论。

第十四条 鉴定督办人的主要职责：

（一）组织当事人协商或随机选定鉴定人；

（二）负责办理委托鉴定手续；

（三）按规定落实鉴定的回避事项；

（四）协调、配合鉴定人勘察现场、收集鉴定材料；

（五）协调、监督鉴定的进度；

（六）对鉴定文书进行审核，必要时组织相关人员听取意见；

（七）通知并督促鉴定人依法出庭。

第十五条 鉴定督办人主持当事人共同参与选定鉴定人。当事人在规定的时间无故缺席的，由鉴定督办人随机选定鉴定人。

法律对鉴定人有规定的，或者可能损害国家、集体或第三人利益的诉讼证据鉴定，不适用当事人协商选定鉴定人。

第十六条 随机选定鉴定人是指采用抽签、摇号等随机的方法，从鉴定人名册中同一鉴定类别的鉴定人中确定鉴定人。

第十七条 当事人协商一致选定的鉴定人未纳入鉴定人名册时，鉴定督办人应当对该鉴定人进行审查，发现重大问题的，应当主持当事人重新选定鉴定人。

第十八条 司法鉴定所涉及的专业未纳入鉴定人名册时，人民法院司法鉴定机构可以从社会相关专业中，择优选定受委托单位或专业人员进行鉴定。如果被选定的鉴定人需要进入鉴定人名册的，按本办法规定程序办理。

第十九条 对外委托鉴定须选用外地法院或者上级法院的名册时，应当与建立该名册的人民法院司法鉴定机构联系，移送鉴定案件，或者及时告知协调、监督鉴定过程中的相关情况，由其提供必要的协助。

第四章 相关责任

第二十条 列入人民法院鉴定人名册的鉴定人对鉴定结论承担责任。具有下列情形之一的，人民法院司法鉴定机构可视情形责令纠正、暂停委托、建议鉴定人行业主管给予处分、在《人民法院报》公告从名册中除名。

（一）未按本办法规定受理司法鉴定业务的；

（二）在鉴定过程中私自会见当事人的；

（三）违反鉴定程序，或者工作不负责任导致鉴定结论严重错误的；

（四）未履行保密义务的；

（五）无正当理由未按规定时限完成鉴定的；

（六）无特殊事由，未履行出庭等义务的。

第二十一条 鉴定人违反法律、法规和有关规定，或者因主观故意造成鉴定结论错误导致严重后果的，依法追究法律责任。

第二十二条 人民法院鉴定督办人在对外委托司法鉴定及协调、监督鉴定的过程中，违反规定造成后果的，参照《人民法院违法审判责任追究办法（试行）》和《人民法院审判纪律处分办法（试行）》追究责任。

第五章 附则

第二十三条 本办法由最高人民法院负责解释。

第二十四条 本办法自颁布之日起施行。

最高人民法院最高人民检察院公安部国家计委
关于统一赃物估价工作的通知

（法发〔1994〕9号）

各省、自治区、直辖市高级人民法院，人民检察院，公安厅（局），物价局（委员会）：

为了进一步做好赃物估价工作，统一估价原则和估价标准，正确办理刑事案件，现就赃物估价工作的有关事项通知如下：

一、人民法院、人民检察院、公安机关在办理刑事案件过程中，对于价格不明或者价格难以确定的赃物应当估价。案件移送时，应附《赃物估价鉴定结论书》。

二、国家计委及地方各级政府物价管理部门是赃物估价的主管部门，其设立的价格事务所是指定的赃物估价机构。

三、人民法院、人民检察院、公安机关在办案中需要对赃物估价时，应当出具估价委托书，委托案件管辖地的同级物价管理部门设立的价格事务所进行估价。估价委托书一般应当载明赃物的品名、牌号、规格、数量、来源、购置时间，以及违法犯罪获得赃物的时间、地点等有关情况。

四、价格事务所应当参照最高人民法院、最高人民检察院1992年12月11日《关于办理盗窃案件具体应用法律的若干问题的解释》第三条的规定估价。价格事务所应当在接受估价委托后七日内作出估价鉴定结论，但另有约定的除外。

五、价格事务所对赃物估价后，应当出具统一制作的《赃物估价鉴定结论书》，由估价工作人员签名并加盖价格事务所印章。

六、委托估价的机关应当对《赃物估价鉴定结论书》进行审查。如果对同级价格事务所出具的《赃物估价鉴定结论书》提出异议，可退回价格事务所重新鉴定或者委托上一级价格事务所复核。经审查，确认无误的赃物估价鉴定结论，才能作为定案的根据。国家计委指定的直属价格事务所是赃物估价的最终复核裁定机构。

七、赃物估价是一项严肃的工作。各级政府价格主管部门及其价格事务所应积极配合人民法院、人民检察院、公安机关认真做好这项工作。一些尚未组建价格事务所的地区，赃物估价工作暂由物价管理部门承担。

八、关于赃物估价的具体规定和办法，另行制定。

本通知自下达之日起执行。

中华人民共和国最高人民法院

中华人民共和国最高人民检察院

中华人民共和国公安部

中华人民共和国国家计划委员会

1994 年 4 月 22 日

最高人民法院关于印发《罪犯生活不能自理鉴别标准》的通知

（法〔2016〕305 号）

各省、自治区、直辖市高级人民法院，解放军军事法院，新疆维吾尔自治区高级人民法院生产建设兵团分院：

2014 年 4 月 24 日，第十二届全国人民代表大会常务委员会第八次会议通过《关于〈中华人民共和国刑事诉讼法〉第二百五十四条第五款、第二百五十七条第二款的解释》，规定罪犯在被交付执行前，因有严重疾病、妇女怀孕或正在哺乳自己婴儿、生活不能自理等原因，依法提出暂予监外执行申请的，有关病情诊断、妊娠检查和生活不能自理的鉴别，由人民法院负责组织进行。最高人民法院、最高人民检察院、公安部、司法部、卫生计生委于 2014 年 10 月 24 日联合发布的《暂予监外执行规定》第十七条规定，被告人及其辩护人提出暂予监外执行申请的，对其病情诊断、妊娠检查和生活不能自理的鉴别，由人民法院依照规定程序组织进行。为贯彻落实上述规定，最高人民法院已于 2014 年 12 月 11 日印发《最高人民法院关于罪犯交付执行前暂予监外执行组织诊断工作有关问题的通知》，现将《罪犯生活不能自理鉴别标准》予以印发，请认真贯彻执行。

罪犯交付执行前因生活不能自理依法提出暂予监外执行申请的，对生活不能自理的鉴别，由人民法院司法技术辅助部门根据《罪犯生活不能自理鉴别标准》，按照《最高人民法院关于罪犯交付执行前暂予监外执行组织诊断工作有关问题的通知》组织进行。在执行中遇到问题，请及时报告最高人民法院。

最高人民法院

2016 年 7 月 26 日

罪犯生活不能自理鉴别标准

目　录

前言

根据《中华人民共和国刑事诉讼法》《全国人民代表大会常务委员会关于〈中华人民共和国刑事诉讼法〉第二百五十四条第五款、第二百五十七条第二款的解释》《暂予监外执行规定》制定本标准。

本标准参考了世界卫生组织《国际功能、残疾和健康分类》(International Classification of Functioning, Disability, and Health, ICF, 中文简称为《国际功能分类》) 有关"自理"的国际分类以及《劳动能力鉴定 职工工伤与职业病致残等级》(GB/T 16180—2014)、《残疾人残疾分类与分级》(GB/T 26341—2010)、《人体损伤程度鉴定标准》等。

本标准主要起草人：李永良、孙欣、徐俊波、徐洪新、李路明、徐丽英、张冉、唐亚青、王连生、郑四龙、魏婵娟、李洁、王娟、邢东升。

罪犯生活不能自理鉴别标准

1　范围

1.1 本标准规定了罪犯生活不能自理鉴别的原则、方法和条款。

1.2 本标准适用于罪犯在被交付执行前生活不能自理的鉴别。

2　术语和定义

2.1 罪犯生活不能自理是指罪犯因疾病、残疾、年老体弱等原因造成身体机能下降不能自主处理自己的日常生活。包括进食、大小便、穿衣洗漱、行动(翻身、自主行动)四项内容，其中一项完全不能自主完成或者三项以上大部分不能自主完成的可以认定为生活不能自理。

2.2 生活不能自理的鉴别是指对罪犯在被交付执行前生活自理能力作出的技术性判定意见。

3　总则

3.1 鉴别原则

依据罪犯在被交付执行前，因疾病、损伤治疗终结后遗留器官缺损、严重功能障碍或者年老体弱导致生活不能自理程度进行的综合鉴别。

3.2 生活自理范围主要包括下列四项：

1)进食：拿取食物，放入口中，咀嚼，咽下。

2)大、小便：到规定的地方，解系裤带，完成排便、排尿。用厕包括：a)蹲(坐)起；b)拭净；c)冲洗(倒掉)；d)整理衣裤。

3)穿衣：a)穿脱上身衣服；b)穿脱下身衣服。

洗漱：a)洗(擦)脸；b)刷牙；c)梳头；d)剃须。以上4项指使用放在身边的洗漱用具。e)洗澡　进入浴室，完成洗澡。

4)行动：包括翻身和自主行动。a)床上翻身；b)平地行走；c)上楼梯；d)下楼梯。

3.3 生活自理影响程度：

a)完全不能自主完成：不能完成进食、大小便、穿衣洗漱、行动四项内容中任一项全过程。

b)大部分不能自主完成：能够完成进食、大小便、穿衣洗漱、行动四项内容中任一项全过程，但十分困难。

c)部分不能自主完成：完成进食、大小便、穿衣洗漱、行动四项内容中任一项全过程有困难。

4　生活不能自理鉴别条款

4.1 智力残疾二级以上；

4.2 精神残疾二级以上；

4.3 完全感觉性或混合性失语，完全性失用或失认；

4.4 不完全失写、失读、失认、失用具有三项以上者；

4.5 偏瘫或截瘫肌力≤3级；

4.6 双手全肌瘫肌力≤3级；

4.7 双手大部分肌瘫肌力≤2级(拇指均受累)；

4.8 双足全肌瘫肌力≤2级；

4.9 中度运动障碍(非肢体瘫)；

4.10 脊柱并两个以上主要关节(肩、肘、髋、膝)强直畸形，功能丧失；

4.11 手或足部分缺失及关节功能障碍累积分值＞150；

4.12 双手部分缺失以及关节功能障碍累积分值均＞40并伴双前足以上缺失；

4.13 一手或一足缺失，另一肢体两个以上大关节功能完全丧失或达不到功能位；

4.14 双手功能完全丧失；

4.15 肩、肘、髋、膝关节之一对称性非功能位僵直；

4.16 肩、肘、髋、膝中有三个关节功能丧失或达不到功能位；

4.17 双侧前庭功能丧失，不能并足站立，睁眼行走困难；

4.18 张口困难Ⅱ度以上；

4.19 无吞咽功能；

4.20 双侧上或下颌骨完全缺失；

4.21 一侧上颌骨及对侧下颌骨完全缺失；

4.22 一侧上或下颌骨缺失，伴对侧颌面部软组织缺损大于30平方厘米；

4.23 咽喉损伤、食管闭锁或者切除术后，摄食依赖胃造口或者空肠造口；

4.24 食管重建术吻合口狭窄，仅能进流食者；

4.25 消化吸收功能丧失，完全依赖肠外营养；

4.26 肺功能中度损伤或中度低氧血症；

4.27 心功能三级以上；

4.28 大、小便失禁；

4.29 年老体弱生活不能自理；

4.30 上述条款未涉及的残疾，影响进食、大小便、穿衣洗漱、行动（翻身、自主行动）四项内容，其中一项完全不能自主完成或者三项以上大部分不能自主完成的可以认定为生活不能自理。

附录 A

生活不能自理程度鉴别技术基准和方法

A.1 智力残疾

智力显著低于一般人水平，并伴有适应行为的障碍。此类残疾是由于神经系统结构、功能障碍，使个体活动和参与受到限制，需要环境提供全面、广泛、有限和间歇的支持。

智力残疾包括在智力发育期间（18 岁之前），由于各种有害因素导致的精神发育不全或智力迟滞；或者智力发育成熟以后，由于各种有害因素导致智力损害或智力明显衰退。

A.1.1 智力残疾分级

按 0~6 岁和 7 岁及以上两个年龄段发育商、智商和适应行为分级。0~6 岁儿童发育商小于 72 的直接按发育商分级，发育商在 72~75 之间的按适应行为分级。7 岁及以上按智商、适应行为分级；当两者的分值不在同一级时，按适应行为分级。WHO – DASⅡ分值反映的是 18 岁及以上各级智力残疾的活动与参与情况。智力残疾分级见表 1。

表 1　智力残疾分级

级别	智力发育水平		社会适应能力	
	发育商（DQ） 0~6 岁	智商（IQ） 7 岁及以上	适应行为 （AB）	WHO – DASⅡ分值 18 岁及以上
一级	≤25	<20	极重度	≥116 分
二级	26~39	20~34	重度	106~115 分
三级	40~54	35~49	中度	96~105 分
四级	55~75	50~69	轻度	52~95 分

适应行为表现：

极重度——不能与人交流、不能自理、不能参与任何活动、身体移动能力很差；需要环境提供全面的支持，全部生活由他人照料。

重度——与人交往能力差、生活方面很难达到自理、运动能力发展较差；需要环境提供广泛的支持，大部分生活由他人照料。

中度——能以简单的方式与人交流、生活能部分自理、能做简单的家务劳动、能参与一些简单的社会活动；需要环境提供有限的支持，部分生活由他人照料。

轻度——能生活自理、能承担一般的家务劳动或工作、对周围环境有较好的辨别能力、能与人交流和交往、能比较正常地参与社会活动；需要环境提供间歇的支持，一般情况下生活不需要由他人照料。

A.2　精神残疾分级

18 岁及以上的精神障碍患者依据 WHO - DAS Ⅱ 分值和适应行为表现分级，18 岁以下精神障碍患者依据适应行为的表现分级。

A.2.1 精神残疾一级

WHO - DAS Ⅱ 值大于等于 116 分，适应行为极重度障碍；生活完全不能自理，忽视自己的生理、心理的基本要求。不与人交往，无法从事工作，不能学习新事物。需要环境提供全面、广泛的支持，生活长期、全部需他人监护。

A.2.2 精神残疾二级

WHO - DAS Ⅱ 值在 106 ~ 115 分之间，适应行为重度障碍；生活大部分不能自理，基本不与人交往，只与照顾者简单交往，能理解照顾者的简单指令，有一定学习能力。监护下能从事简单劳动。能表达自己的基本需求，偶尔被动参与社交活动。需要环境提供广泛的支持，大部分生活仍需他人照料。

A.2.3 精神残疾三级

WHO - DAS Ⅱ 值在 96 ~ 105 分之间，适应行为中度障碍；生活上不能完全自理，可以与人进行简单交流，能表达自己的情感。能独立从事简单劳动，能学习新事物，但学习能力明显比一般人差。被动参与社交活动，偶尔能主动参与社交活动。需要环境提供部分的支持，即所需要的支持服务是经常性的、短时间的需求，部分生活需由他人照料。

A.2.4 精神残疾四级

WHO - DAS Ⅱ 值在 52 ~ 95 分之间，适应行为轻度障碍；生活上基本自理，但自理能力比一般人差，有时忽略个人卫生。能与人交往，能表达自己的情感，体会他人情感的能力较差，能从事一般的工作，学习新事物的能力比一般人稍差。偶尔需要环境提供支持，一般情况下生活不需要由他人照料。

A.3　失语、失用、失写、失读、失认

指局灶性皮层功能障碍，内容包括失语、失用、失写、失认等，前三者即在没有精神障碍、感觉缺失和肌肉瘫痪的条件下，患者失去用言语或文字去理解或表达思想的能力（失语），或失去按意图利用物体来完成有意义的动作的能力（失用），或失去书写文字的能力（失写）。失读指患者看见文字符号的形象，读不出字音，不了解意义，就像文盲一样。失认指某一种特殊感觉的认知障碍，如视觉失认就是失读。

A.3.1 语言运动中枢

位于大脑主侧半球的额下回后部。这个中枢支配着人的说话，如果这个中枢损伤，会使患者丧失说话能力，不会说话。但能理解别人说话的意思，常用手势或点头来回答问题。根据病变的范围，可表现为完全性不能说话，称完全性失语。或只能讲单字、单词，说话不流利，称为不完全性失语。这种情况叫作运动性失语。

A.3.2 语言感觉中枢

位于大脑主侧半球颞上回后部，此中枢可以使人能够领悟别人说话的意思。如果这个中枢受损，则引起患者听不懂别人说话的内容，不理解问话。但这种人语言运动中枢完好，仍会说话，而且有时说起话来快而流利，但所答非所问，这种情况叫感觉性失语。

A.4　运动障碍

A.4.1 肢体瘫

以肌力作为分级标准。为判断肢体瘫痪程度，将肌力分级划分为 0 ~ 5 级。

0 级：肌肉完全瘫痪，毫无收缩。

1 级：可看到或触及肌肉轻微收缩，但不能产生动作。

2 级：肌肉在不受重力影响下，可进行运动，即肢体能在床面上移动，但不能抬高。

3 级：在和地心引力相反的方向中尚能完成其动作，但不能对抗外加的阻力。

4 级：能对抗一定的阻力，但较正常人为低。

5 级：正常肌力。

A.4.2 非肢体瘫的运动障碍包括肌张力增高、深感觉障碍和（或）小脑性共济失调、不自主运动或震颤等。根据其对生活自理的影响程度划分为轻、中、重三度。

a）重度：不能自行进食，大小便，洗漱和穿衣、行动。

b）中度：完成上述动作困难，但在他人帮助下可以完成。

c）轻度：完成上述动作虽有一些困难，但基本可以自理。

A.5 关节功能障碍

a）关节功能完全丧失

非功能位关节僵直、固定或关节周围其他原因导致关节连枷状或严重不稳，以致无法完成其功能活动。

b）关节功能重度障碍

关节僵直于功能位，或残留关节活动范围约占正常的三分之一，较难完成原有的活动并对日常生活有明显影响。

c）关节功能中度障碍

残留关节活动范围约占正常的三分之二，能基本完成原有的活动，对日常生活有一定影响。

d）关节功能轻度障碍

残留关节活动范围约占正常的三分之二以上，对日常生活无明显影响。

A.6 手、足功能丧失程度评定

A.6.1 手、足功能量化评分示意图（见图1、图2）

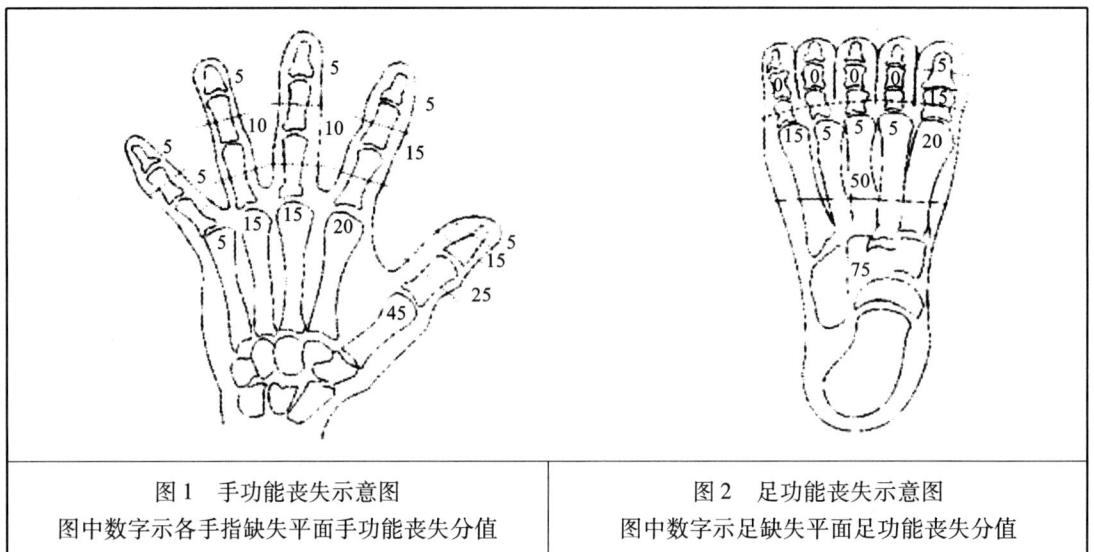

图 1 手功能丧失示意图	图 2 足功能丧失示意图
图中数字示各手指缺失平面手功能丧失分值	图中数字示足缺失平面足功能丧失分值

A.6.2 指、趾关节功能障碍评定(见表2)

表2　指关节功能丧失值评定

		手功能丧失值(%)		
		僵直于非功能位	僵直于功能位或<1/2关节活动度	轻度功能障碍或>1/2关节活动度
拇指	第一掌腕/掌指/指间关节均受累	40	25	15
	掌指、指间关节均受累	30	20	10
	掌指、指间单一关节受累	20	15	5
食指	掌指、指间关节均受累	20	15	5
	掌指或近侧指间关节受累	15	10	0
	远侧指间关节均受累	5	5	0
中指	掌指、指间关节均受累	15	5	5
	掌指或近侧指间关节受累	10	5	0
	远侧指间关节均受累	5	5	0
环指	掌指、指间关节均受累	10	5	5
	掌指或近侧指间关节受累	5	5	0
	远侧指间关节均受累	5	0	0
小指	掌指、指间关节均受累	5	5	0
	掌指或近侧指间关节受累	5	5	0
	远侧指间关节均受累	0	0	0
腕关节	手功能大部分丧失时的腕关节受累	10	5	0
	单纯腕关节受累	40	30	20

注1：单手、单足部分缺失及关节功能障碍评定说明：只有在现有条文未能列举的致残程度情形的情况下，可以参照本图表量化评估确定。(1)A.6.1图1中将每一手指划分为远、中、近三个区域，依据各部位功能重要性赋予不同分值。手部分缺失离断的各种情形可按不同区域分值累计相加。图2使用同图1。(2)A.6.2表中将手指各关节及腕关节功能障碍的不同程度分别给予不同占比分值，各种手功能障碍的情形或合并手部分缺失的致残程度情形均可按对应分值累计相加。

注2：双手部分缺失及功能障碍评定说明：双手功能损伤，按双手分值加权累计确定。设一手功能为100分，双手总分为200分。设分值较高一手分值为A，分值较低一手的分值为B，最终双手计分为：A + B × (200 − A)/200。

注3：双足部分缺失及功能障碍评定说明：双足功能损伤，按双足分值加权累计确定。设一足功能为75分，双足总分为150分。设分值较高一足分值为A，分值较低一足的分值为B，最终双足计分为：A + B × (150 − A)/150。

A.7 前庭功能检查

内耳前庭器损害导致人体平衡功能障碍。根据眩晕、平衡功能障碍症状，结合神经系统检查及影像学检查予以确定。常见的前庭功能检查有平衡检查、旋转试验、冷热水试验。

A.8 张口度的判定和测量方法

张口度判定及测量方法以被检测者自身的食指、中指、无名指并列垂直置入上、下中切牙切缘间测量。

a) 正常张口度：张口时上述三指可垂直置入上、下切牙切缘间(相当于4.5 cm左右)。

b) 张口困难Ⅰ度：大张口时，只能垂直置入食指和中指(相当于3 cm左右)。

c) 张口困难Ⅱ度：大张口时，只能垂直置入食指(相当于1.7 cm左右)。

d) 张口困难Ⅲ度：大张口时，上、下切牙间距小于食指之横径。

e) 完全不能张口。

A.9 呼吸困难及呼吸功能损害

A.9.1 呼吸困难分级

Ⅰ级：与同龄健康者在平地一同步行无气短，但登山或上楼时呈现气短。

Ⅱ级：平路步行1000 m无气短，但不能与同龄健康者保持同样速度，平路快步行走呈现气短，登山或上楼时气短明显。

Ⅲ级：平路步行100 m即有气短。

Ⅳ级：稍活动(如穿衣、谈话)即气短。

A.9.2 肺功能损伤分级(表3)

表3 肺功能损伤分级

损伤级别	FVC	FEV$_1$	MVV	FEV$_1$/FVC	RV/TLC	DLco
正常	>80	>80	>80	>70	<35	>80
轻度损伤	60～79	60～79	60～79	55～69	36～45	60～79
中度损伤	40～59	40～59	40～59	35～54	46～55	45～59
重度损伤	<40	<40	<40	<35	>55	<45
注：FVC、FEV$_1$、MVV、Dlco为占预计值百分数，单位为%						

FVC：用力肺活量；FEV$_1$：1秒钟用力呼气容积；MVV：分钟最大通气量；RV/TLC：残气量/肺总量；DLco：一氧化碳弥散量。

A.9.3 低氧血症分级

a) 正常：PO2为13.3 kPa～10.6 kPa(100 mmHg～80 mmHg)；

b) 轻度：PO2为10.5 kPa～8.0 kPa(79 mmHg～60 mmHg)；

c) 中度：PO2为7.9 kPa～5.3 kPa(59 mmHg～40 mmHg)；

d) 重度：PO2 <5.3 kPa(～40 mmHg)。

A.10 心功能分级

Ⅰ级：体力活动不受限，日常活动不引起过度的乏力、呼吸困难或者心悸。即心功能代偿期。超声心动图检查示左心室EF值大于50%以上。

Ⅱ级：体力活动轻度受限，休息时无症状，日常活动即可引起乏力、心悸、呼吸困难或者心绞痛。亦称Ⅰ度或者轻度心衰。超声心动图检查示左心室 EF 值41% ~50%。

Ⅲ级：体力活动明显受限，休息时无症状，轻于日常的活动即可引起上述症状。亦称Ⅱ度或者中度心衰。超声心动图检查示左心室 EF 值31% ~40%。

Ⅳ级：不能从事任何体力活动，休息时亦有充血性心衰或心绞痛症状，任何体力活动后加重。亦称Ⅲ度或者重度心衰。超声心动图检查示左心室 EF 值小于30%以上。

A.11 肛门失禁(大便失禁)

A.11.1 重度

a)大便不能控制；

b)肛门括约肌收缩力很弱或丧失；

c)肛门括约肌收缩反射很弱或消失；

d)直肠内压测定：采用肛门注水法测定时直肠内压应小于 1961 Pa(20 cm H_2O)。

A.11.2 轻度

a)稀便不能控制；

b)肛门括约肌收缩力较弱；

c)肛门括约肌收缩反射较弱；

d)直肠内压测定：采用肛门注水法测定时直肠内压应为 1961~2942 Pa(20~30 cm H_2O)。

A.12 小便失禁

无法用意志去控制排尿(小便)，尿液不由自主地从尿道流出。

A.13 年老体弱生活不能自理

年龄六十五周岁以上的罪犯，在进食、大小便、穿衣洗漱、行动(翻身、自主行动)四项中，有一项大部分不能自主完成。

附录 B

生活不能自理程度对照表

序号	条款	进食			大、小便			穿衣、洗漱			行动		
		部分影响	大部分影响	完全影响	部分影响	大部分影响	完全影响	部分影响	大部分影响	完全影响	部分影响	大部分影响	完全影响
01	智力残疾二级以上		√			√			√			√	
02	精神残疾二级以上		√			√			√			√	
03	完全感觉性或混合性失语，完全性失用或失认。		√			√			√			√	
04	不完全失用、失写、失读、失认等具有三项以上者。		√			√			√			√	

续上表

序号	条款	进食			大、小便			穿衣、洗漱			行动		
		部分影响	大部分影响	完全影响	部分影响	大部分影响	完全影响	部分影响	大部分影响	完全影响	部分影响	大部分影响	完全影响
05	截瘫肌力≤3级					√			√				√
06	偏瘫肌力≤3级					√			√			√	
07	双手全肌瘫肌力≤3级	√				√			√				
08	双手大部分肌瘫肌力≤2级(拇指均受累)	√				√			√				
09	双足全肌瘫肌力≤2级					√		√					√
10	中度运动障碍(非肢体瘫)	√			√			√				√	
11	脊柱并两个以上主要关节(肩、肘、髋、膝)强直畸形,功能丧失	√			√			√				√	
12	手或足部分缺失及关节功能障碍累积分值>150	√	或√		√	或√		√	或√		√	或√	
13	双手部分缺失以及关节功能障碍累积分值均>40并伴双前足以上缺失	√			√			√			√		
14	一手或一足缺失,另一肢体两个以上大关节功能完全丧失或达不到功能位	√	或√		√	或√		√	或√		√	或√	
15	双手功能完全丧失	√			√			√					
16	肩、肘、髋、膝关节之一对称性非功能位僵直	√	或√		√	或√		√	或√		√	或√	
17	肩、肘、髋、膝中有三个关节功能丧失或达不到功能位	√	或√		√	或√		√	或√		√	或√	
18	双侧前庭功能丧失,不能并足站立,睁眼行走困难;				√			√			√		
19	张口困难Ⅱ度以上		√										

续上表

序号	条款	进食			大、小便			穿衣、洗漱			行动		
		部分影响	大部分影响	完全影响	部分影响	大部分影响	完全影响	部分影响	大部分影响	完全影响	部分影响	大部分影响	完全影响
20	无吞咽功能			√									
21	双侧上或下颌骨完全缺失			√									
22	一侧上颌骨及对侧下颌骨完全缺失			√									
23	一侧上或下颌骨缺失，伴对侧颌面部软组织缺损≥30平方厘米			√									
24	咽喉损伤、食管闭锁或者切除术后，摄食依赖胃造口或者空肠造口			√									
25	食管重建术吻合口狭窄，仅能进流食者			√									
26	消化吸收功能丧失，完全依赖肠外营养			√									
27	肺功能中度损伤或中度低氧血症	√			√				√			√	
28	心功能三级以上	√			√				√			√	
39	大、小便失禁						√						
30	年老体弱生活不能自理	或√			或√			或√			或√		

最高人民法院、最高人民检察院关于办理生产、销售伪劣商品刑事案件具体应用法律若干问题的解释

（法释〔2001〕10 号）

为依法惩治生产、销售伪劣商品犯罪活动，根据刑法有关规定，现就办理这类案件具体应用法律的若干问题解释如下：

第一条 刑法第一百四十条规定的"在产品中掺杂、掺假"，是指在产品中掺入杂质或者异物，致使产品质量不符合国家法律、法规或者产品明示质量标准规定的质量要求，降低、失去应有使用性能的行为。

刑法第一百四十条规定的"以假充真"，是指以不具有某种使用性能的产品冒充具有该种使用性能的产品的行为。

刑法第一百四十条规定的"以次充好"，是指以低等级、低档次产品冒充高等级、高档次产品，或者以残次、废旧零配件组合、拼装后冒充正品或者新产品的行为。

刑法第一百四十条规定的"不合格产品"，是指不符合《中华人民共和国产品质量法》第二十六条第二款规定的质量要求的产品。

对本条规定的上述行为难以确定的，应当委托法律、行政法规规定的产品质量检验机构进行鉴定。

第二条 刑法第一百四十条、第一百四十九条规定的"销售金额"，是指生产者、销售者出售伪劣产品后所得和应得的全部违法收入。

伪劣产品尚未销售，货值金额达到刑法第一百四十条规定的销售金额三倍以上的，以生产、销售伪劣产品罪（未遂）定罪处罚。

货值金额以违法生产、销售的伪劣产品的标价计算；没有标价的，按照同类合格产品的市场中间价格计算。货值金额难以确定的，按照国家计划委员会、最高人民法院、最高人民检察院、公安部1997年4月22日联合发布的《扣押、追缴、没收物品估价管理办法》的规定，委托指定的估价机构确定。

多次实施生产、销售伪劣产品行为，未经处理的，伪劣产品的销售金额或者货值金额累计计算。

第三条 经省级以上药品监督管理部门设置或者确定的药品检验机构鉴定，生产、销售的假药具有下列情形之一的，应认定为刑法第一百四十一条规定的"足以严重危害人体健康"：

（一）含有超标准的有毒有害物质的；

（二）不含所标明的有效成分，可能贻误诊治的；

（三）所标明的适应症或者功能主治超出规定范围，可能造成贻误诊治的；

（四）缺乏所标明的急救必需的有效成分的。

生产、销售的假药被使用后，造成轻伤、重伤或者其他严重后果的，应认定为"对人体健康造成严重危害"。

生产、销售的假药被使用后，致人严重残疾，三人以上重伤、十人以上轻伤或者造成其他特别严重后果的，应认定为"对人体健康造成特别严重危害"。

第四条 经省级以上卫生行政部门确定的机构鉴定，食品中含有可能导致严重食物中毒事故或者其他严重食源性疾患的超标准的有害细菌或者其他污染物的，应认定为刑法第一百四十三条规定的"足以造成严重食物中毒事故或者其他严重食源性疾患"。

生产、销售不符合卫生标准的食品被食用后，造成轻伤、重伤或者其他严重后果的，应认定为"对人体健康造成严重危害"。

生产、销售不符合卫生标准的食品被食用后，致人死亡、严重残疾、三人以上重伤，十人以上轻伤或者造成其他特别严重后果的。应认定为"后果特别严重"。

第五条 生产、销售的有毒、有害食品被食用后，造成轻伤、重伤或者其他严重后果的，应认定为刑法第一百四十四条规定的"对人体健康造成严重危害"。

生产、销售的有毒、有害食品被食用后，致人严重残疾、三人以上重伤、十人以上轻伤或者造成其他特别严重后果的，应认定为"对人体健康造成特别严重危害"。

第六条　生产、销售不符合标准的医疗器械、医用卫生材料，致人轻伤或者其他严重后果的，应认定为刑法第一百四十五条规定的"对人体健康造成严重危害"。

生产、销售不符合标准的医疗器械、医用卫生材料，造成感染病毒性肝炎等难以治愈的疾病、一人以上重伤、三人以上轻伤或者其他严重后果的，应认定为"后果特别严重"。

生产、销售不符合标准的医疗器械、医用卫生材料，致人死亡、严重残疾、感染艾滋病、三人以上重伤、十人以上轻伤或者造成其他特别严重后果的，应认定为"情节特别恶劣"。

医疗机构或者个人，知道或者应当知道是不符合保障人体健康的国家标准、行业标准的医疗器械、医用卫生材料而购买、使用，对人体健康造成严重危害的，以销售不符合标准的医用器材罪定罪处罚。

没有国家标准、行业标准的医疗器械，注册产品标准可视为"保障人体健康的行业标准"。

第七条　刑法第一百四十七条规定的生产、销售伪劣农药、兽药、化肥、种子罪中"使生产遭受较大损失"，一般以二万元为起点；"重大损失"，一般以十万元为起点；"特别重大损失"，一般以五十万元为起点。

第八条　国家机关工作人员徇私舞弊，对生产、销售伪劣商品犯罪不履行法律规定的查处职责，具有下列情形之一的，属于刑法第四百一十四条规定的"情节严重"：

（一）放纵生产、销售假药或者有毒、有害食品犯罪行为的；

（二）放纵依法可能判处二年有期徒刑以上刑罚的生产、销售、伪劣商品犯罪行为的；

（三）对三个以上有生产、销售伪劣商品犯罪行为的单位或者个人不履行追究职责的；

（四）致使国家和人民利益遭受重大损失或者造成恶劣影响的。

第九条　知道或者应当知道他人实施生产、销售伪劣商品犯罪，而为其提供贷款、资金、账号、发票、证明、许可证件，或者提供生产、经营场所或者运输、仓储、保管、邮寄等便利条件，或者提供制假生产技术的，以生产、销售伪劣商品犯罪的共犯论处。

第十条　实施生产、销售伪劣商品犯罪，同时构成侵犯知识产权、非法经营等其他犯罪的，依照处罚较重的规定定罪处罚。

第十一条　实施刑法第一百四十条至第一百四十八条规定的犯罪，又以暴力、威胁方法抗拒查处，构成其他犯罪的，依照数罪并罚的规定处罚。

第十二条　国家机关工作人员参与生产、销售伪劣商品犯罪的，从重处罚。

最高人民法院、最高人民检察院关于办理盗窃刑事案件适用法律若干问题的解释

（法释〔2013〕8号）

为依法惩治盗窃犯罪活动，保护公私财产，根据《中华人民共和国刑法》、《中华人民共和国刑事诉讼法》的有关规定，现就办理盗窃刑事案件适用法律的若干问题解释如下：

第一条　盗窃公私财物价值一千元至三千元以上、三万元至十万元以上、三十万元至五

十万元以上的，应当分别认定为刑法第二百六十四条规定的"数额较大""数额巨大""数额特别巨大"。

各省、自治区、直辖市高级人民法院、人民检察院可以根据本地区经济发展状况，并考虑社会治安状况，在前款规定的数额幅度内，确定本地区执行的具体数额标准，报最高人民法院、最高人民检察院批准。

在跨地区运行的公共交通工具上盗窃，盗窃地点无法查证的，盗窃数额是否达到"数额较大""数额巨大""数额特别巨大"，应当根据受理案件所在地省、自治区、直辖市高级人民法院、人民检察院确定的有关数额标准认定。

盗窃毒品等违禁品，应当按照盗窃罪处理的，根据情节轻重量刑。

第二条 盗窃公私财物，具有下列情形之一的，"数额较大"的标准可以按照前条规定标准的百分之五十确定：

（一）曾因盗窃受过刑事处罚的；

（二）一年内曾因盗窃受过行政处罚的；

（三）组织、控制未成年人盗窃的；

（四）自然灾害、事故灾害、社会安全事件等突发事件期间，在事件发生地盗窃的；

（五）盗窃残疾人、孤寡老人、丧失劳动能力人的财物的；

（六）在医院盗窃病人或者其亲友财物的；

（七）盗窃救灾、抢险、防汛、优抚、扶贫、移民、救济款物的；

（八）因盗窃造成严重后果的。

第三条 二年内盗窃三次以上的，应当认定为"多次盗窃"。

非法进入供他人家庭生活，与外界相对隔离的住所盗窃的，应当认定为"入户盗窃"。

携带枪支、爆炸物、管制刀具等国家禁止个人携带的器械盗窃，或者为了实施违法犯罪携带其他足以危害他人人身安全的器械盗窃的，应当认定为"携带凶器盗窃"。

在公共场所或者公共交通工具上盗窃他人随身携带的财物的，应当认定为"扒窃"。

第四条 盗窃的数额，按照下列方法认定：

（一）被盗财物有有效价格证明的，根据有效价格证明认定；无有效价格证明，或者根据价格证明认定盗窃数额明显不合理的，应当按照有关规定委托估价机构估价；

（二）盗窃外币的，按照盗窃时中国外汇交易中心或者中国人民银行授权机构公布的人民币对该货币的中间价折合成人民币计算；中国外汇交易中心或者中国人民银行授权机构未公布汇率中间价的外币，按照盗窃时境内银行人民币对该货币的中间价折算成人民币，或者该货币在境内银行、国际外汇市场对美元汇率，与人民币对美元汇率中间价进行套算；

（三）盗窃电力、燃气、自来水等财物，盗窃数量能够查实的，按照查实的数量计算盗窃数额；盗窃数量无法查实的，以盗窃前六个月月均正常用量减去盗窃后计量仪表显示的月均用量推算盗窃数额；盗窃前正常使用不足六个月的，按照正常使用期间的月均用量减去盗窃后计量仪表显示的月均用量推算盗窃数额；

（四）明知是盗接他人通信线路、复制他人电信码号的电信设备、设施而使用的，按照合法用户为其支付的费用认定盗窃数额；无法直接确认的，以合法用户的电信设备、设施被盗接、复制后的月缴费额减去被盗接、复制前六个月的月均电话费推算盗窃数额；合法用户使用电信设备、设施不足六个月的，按照实际使用的月均电话费推算盗窃数额；

（五）盗接他人通信线路、复制他人电信码号出售的，按照销赃数额认定盗窃数额。

盗窃行为给失主造成的损失大于盗窃数额的，损失数额可以作为量刑情节考虑。

第五条　盗窃有价支付凭证、有价证券、有价票证的，按照下列方法认定盗窃数额：

（一）盗窃不记名、不挂失的有价支付凭证、有价证券、有价票证的，应当按票面数额和盗窃时应得的孳息、奖金或者奖品等可得收益一并计算盗窃数额；

（二）盗窃记名的有价支付凭证、有价证券、有价票证，已经兑现的，按照兑现部分的财物价值计算盗窃数额；没有兑现，但失主无法通过挂失、补领、补办手续等方式避免损失的，按照给失主造成的实际损失计算盗窃数额。

第六条　盗窃公私财物，具有本解释第二条第三项至第八项规定情形之一，或者入户盗窃、携带凶器盗窃，数额达到本解释第一条规定的"数额巨大""数额特别巨大"百分之五十的，可以分别认定为刑法第二百六十四条规定的"其他严重情节"或者"其他特别严重情节"。

第七条　盗窃公私财物数额较大，行为人认罪、悔罪，退赃、退赔，且具有下列情形之一，情节轻微的，可以不起诉或者免予刑事处罚；必要时，由有关部门予以行政处罚：

（一）具有法定从宽处罚情节的；

（二）没有参与分赃或者获赃较少且不是主犯的；

（三）被害人谅解的；

（四）其他情节轻微、危害不大的。

第八条　偷拿家庭成员或者近亲属的财物，获得谅解的，一般可不认为是犯罪；追究刑事责任的，应当酌情从宽。

第九条　盗窃国有馆藏一般文物、三级文物、二级以上文物的，应当分别认定为刑法第二百六十四条规定的"数额较大"、"数额巨大"、"数额特别巨大"。

盗窃多件不同等级国有馆藏文物的，三件同级文物可以视为一件高一级文物。

盗窃民间收藏的文物的，根据本解释第四条第一款第一项的规定认定盗窃数额。

第十条　偷开他人机动车的，按照下列规定处理：

（一）偷开机动车，导致车辆丢失的，以盗窃罪定罪处罚；

（二）为盗窃其他财物，偷开机动车作为犯罪工具使用后非法占有车辆，或者将车辆遗弃导致丢失的，被盗车辆的价值计入盗窃数额；

（三）为实施其他犯罪，偷开机动车作为犯罪工具使用后非法占有车辆，或者将车辆遗弃导致丢失的，以盗窃罪和其他犯罪数罪并罚；将车辆送回未造成丢失的，按照其所实施的其他犯罪从重处罚。

第十一条　盗窃公私财物并造成财物损毁的，按照下列规定处理：

（一）采用破坏性手段盗窃公私财物，造成其他财物损毁的，以盗窃罪从重处罚；同时构成盗窃罪和其他犯罪的，择一重罪从重处罚；

（二）实施盗窃犯罪后，为掩盖罪行或者报复等，故意毁坏其他财物构成犯罪的，以盗窃罪和构成的其他犯罪数罪并罚；

（三）盗窃行为未构成犯罪，但损毁财物构成其他犯罪的，以其他犯罪定罪处罚。

第十二条　盗窃未遂，具有下列情形之一的，应当依法追究刑事责任：

（一）以数额巨大的财物为盗窃目标的；

（二）以珍贵文物为盗窃目标的；

（三）其他情节严重的情形。

盗窃既有既遂，又有未遂，分别达到不同量刑幅度的，依照处罚较重的规定处罚；达到同一量刑幅度的，以盗窃罪既遂处罚。

第十三条　单位组织、指使盗窃，符合刑法第二百六十四条及本解释有关规定的，以盗窃罪追究组织者、指使者、直接实施者的刑事责任。

第十四条　因犯盗窃罪，依法判处罚金刑的，应当在一千元以上盗窃数额的二倍以下判处罚金；没有盗窃数额或者盗窃数额无法计算的，应当在一千元以上十万元以下判处罚金。

第十五条　本解释发布实施后，《最高人民法院关于审理盗窃案件具体应用法律若干问题的解释》（法释〔1998〕4号）同时废止；之前发布的司法解释和规范性文件与本解释不一致的，以本解释为准。

第三编　最高人民检察院关于刑事司法鉴定的司法解释、规范性文件汇编

人民检察院电子证据鉴定程序规则(试行)

第一章　总则

第一条　为规范人民检察院电子证据鉴定工作程序,根据《人民检察院鉴定机构登记管理办法》《人民检察院鉴定人登记管理办法》和《人民检察院鉴定规则》(试行)等有关规定,结合检察机关电子证据鉴定工作实际,制定本规则。

第二条　电子证据是指由电子信息技术应用而出现的各种能够证明案件真实情况的材料及其派生物。

第三条　电子证据鉴定是人民检察院司法鉴定人根据相关的理论和方法,对诉讼活动中涉及的电子证据进行检验鉴定,并作出意见的一项专门性技术活动。

第四条　电子证据鉴定范围:

(一)电子证据数据内容一致性的认定;

(二)对各类存储介质或设备存储数据内容的认定;

(三)对各类存储介质或设备已删除数据内容的认定;

(四)加密文件数据内容的认定;

(五)计算机程序功能或系统状况的认定;

(六)电子证据的真伪及形成过程的认定;

(七)根据诉讼需要进行的关于电子证据的其他认定。

第二章　委托与受理

第五条　进行电子证据鉴定,委托单位应当提交以下材料:

(一)鉴定委托书;

(二)检材清单;

(三)检材及有关检材的各种记录材料(接受、收集、调取或扣押工作记录,使用和封存记录;检材是复制件的,还应有复制工作记录);

(四)委托说明(包括检材的来源、真实完整、合法取得、固定及封存状况等);

(五)其他所需材料。

第六条 重新鉴定或补充鉴定的，应说明理由并提交原鉴定书或检验报告。

第七条 接受委托时，应当听取案情介绍，并审查以下事项：

（一）委托主体和程序是否符合规定；

（二）鉴定要求是否属于受理范围；

（三）核对封存状况与记录是否一致；

（四）启封查验检材的名称、数量、品牌、型号、序列号等；

（五）检材是否具备鉴定条件；

（六）记录材料是否齐全，内容是否完整。

第八条 经审查符合要求的，应当予以受理。需要进一步审查的，应当在收到委托书之日起五个工作日内完成审查，并向委托单位作出答复。

具有下列情况之一的，应当不予受理：

（一）超出受理范围和鉴定范围的；

（二）违反委托程序要求的；

（三）不具备鉴定条件的；

（四）其他情形。

第九条 鉴定机构决定受理，应当填写《检验鉴定委托受理登记表》，并制作《电子证据检材清单》。检材未采取封存措施或记录材料不全的应当予以注明。

第十条 对受理的检材，应当场密封，由送检人、接收人在密封件上签名或者盖章，并制作《使用和封存记录》。

第十一条 《使用和封存记录》应记录以下内容：

（一）受理编号；

（二）检材的编号和名称；

（三）使用情况以及使用人；

（四）启封、封存时间、地点以及操作人。

第三章　检验鉴定

第十二条 检验鉴定应当由两名以上鉴定人员进行。必要时，可以指派或者聘请其他具有专门知识的人员参加。

第十三条 检验鉴定应当自受理之日起十五个工作日内完成。特殊情况不能完成的，经检察长批准，可以适当延长，并告知委托单位。

第十四条 受理鉴定后，鉴定人应当制定方案。必要时，可以进一步了解案情，查阅案卷，参与询问或讯问。

第十五条 检验鉴定过程应当严格按照技术规范操作，并做好相应的工作记录。检验鉴定应当对检材复制件进行，对检材的关键操作应当进行全程录像。检材每次使用结束后应当重新封签，并填写《使用和封存记录》。

特殊情况无法复制的，在检验鉴定过程中，采取必要措施，确保检材不被修改。对特殊原因采取的技术操作，应当在《使用和封存记录》中注明。

第十六条 检验鉴定过程应进行详细的工作记录，包括：

（一）操作起止时间、地点和人员；

（二）使用的设备名称、型号和软件名称等；

（三）具体方法和步骤；

（四）结果。

第十七条　检材具有无线通信功能的，鉴定人应当在屏蔽环境下进行操作，防止受外界影响造成内部数据的改变。

第十八条　鉴定过程中遇有下列情况之一的，应当中止鉴定：

（一）需要补充检材的，书面通知委托单位；

（二）委托单位要求中止鉴定的；

（三）其他原因。

第十九条　鉴定过程中遇有下列情况之一的，应当终止鉴定：

（一）补充检材后仍无法满足鉴定条件的，书面通知委托单位；

（二）委托单位要求终止鉴定的；

（三）其他原因。

第二十条　鉴定过程中遇到重大、疑难、复杂的专门性问题时，经检察长批准，鉴定机构可以组织会检鉴定。

第二十一条　根据鉴定要求，经检验鉴定确定的电子证据应当复制保存于安全的存储介质中。无法复制的，可通过截取屏幕图像、拍照、录像、打印等方式固定提取。

第四章　检验鉴定文书

第二十二条　检验鉴定完成后，应当制作检验鉴定文书。检验鉴定文书包括鉴定书和检验报告，经检验鉴定确定的电子证据作为检验鉴定文书的附件。

第二十三条　检验鉴定文书应当按照《人民检察院检验鉴定文书格式标准》制作。

第二十四条　检验鉴定文书正本交委托单位；副本连同记录材料等由鉴定机构存档备查。

第二十五条　鉴定文书的归档管理，应当依照人民检察院相关规定执行。

第五章　附则

第二十六条　本规则由最高人民检察院检察技术信息研究中心负责解释，自颁布之日起试行。

附件：

人民检察院司法鉴定中心电子证据检材清单

受理编号：　　　　　　　　　　　　　　　　　　　　　　　　　　第　页　共　页

编号	检材名称	数量	品牌	型号	序列号	封存状况	记录材料清单	备注

续上表

编号	检材名称	数量	品牌	型号	序列号	封存状况	记录材料清单	备注

移交单位　　　　　　移交人　　　　　接收单位　　　　　接收人　　　　　年　月　日

人民检察院司法鉴定中心电子证据使用和封存记录

受理编号　　　　　检材编号　　　　　检材名称　　　　　　　　　第　页　共　页

启封时间	启封人	地点	使用人	使用情况	封存时间	封存人	地点	备注
年　月　日 时　分					年　月　日 时　分			
年　月　日 时　分					年　月　日 时　分			
年　月　日 时　分					年　月　日 时　分			
年　月　日 时　分					年　月　日 时　分			
年　月　日 时　分					年　月　日 时　分			
年　月　日 时　分					年　月　日 时　分			
年　月　日 时　分					年　月　日 时　分			
年　月　日 时　分					年　月　日 时　分			

人民检察院鉴定规则(试行)

(高检发办字〔2006〕33 号)

第一章 总则

第一条 为规范人民检察院鉴定工作,根据《中华人民共和国刑事诉讼法》和《全国人民代表大会常务委员会关于司法鉴定管理问题的决定》等有关规定,结合检察工作实际,制定本规则。

第二条 本规则所称鉴定,是指人民检察院鉴定机构及其鉴定人运用科学技术或者专门知识,就案件中某些专门性问题进行鉴别和判断并出具鉴定意见的活动。

第三条 鉴定工作应当遵循依法、科学、客观、公正、独立的原则。

第二章 鉴定机构、鉴定人

第四条 本规则所称鉴定机构,是指在人民检察院设立的,取得鉴定机构资格并开展鉴定工作的部门。

第五条 本规则所称鉴定人,是指取得鉴定人资格,在人民检察院鉴定机构中从事法医类、物证类、声像资料、司法会计鉴定以及心理测试等工作的专业技术人员。

第六条 鉴定人享有下列权利:

(一)了解与鉴定有关的案件情况,要求委托单位提供鉴定所需的材料;

(二)进行必要的勘验、检查;

(三)查阅与鉴定有关的案件材料,询问与鉴定事项有关的人员;

(四)对违反法律规定委托的案件、不具备鉴定条件或者提供虚假鉴定材料的案件,有权拒绝鉴定;

(五)对与鉴定无关问题的询问,有权拒绝回答;

(六)与其他鉴定人意见不一致时,有权保留意见;

(七)法律、法规规定的其他权利。

第七条 鉴定人应当履行下列义务:

(一)严格遵守法律、法规和鉴定工作规章制度;

(二)保守案件秘密;

(三)妥善保管送检的检材、样本和资料;

(四)接受委托单位与鉴定有关问题的咨询;

(五)出庭接受质证;

(六)法律、法规规定的其他义务。

第八条 鉴定人有下列情形之一的,应当自行回避,委托单位也有权要求鉴定人回避:

(一)是本案的当事人或者是当事人的近亲属的;

(二)本人或者其近亲属和本案有利害关系的;

(三)担任过本案的证人或者诉讼代理人的;

（四）重新鉴定时，是本案原鉴定人的；

（五）其他可能影响鉴定客观、公正的情形。

鉴定人自行提出回避的，应当说明理由，由所在鉴定机构负责人决定是否回避。

委托单位要求鉴定人回避的，应当提出书面申请，由检察长决定是否回避。

第三章　委托与受理

第九条　鉴定机构可以受理人民检察院、人民法院和公安机关以及其他侦查机关委托的鉴定。

第十条　人民检察院内部委托的鉴定实行逐级受理制度，对其他机关委托的鉴定实行同级受理制度。

第十一条　人民检察院各业务部门向上级人民检察院或者对外委托鉴定时，应当通过本院或者上级人民检察院检察技术部门统一协助办理。

第十二条　委托鉴定应当以书面委托为依据，客观反映案件基本情况、送检材料和鉴定要求等内容。鉴定机构受理鉴定时，应当制作委托受理登记表。

第十三条　鉴定机构对不符合法律规定、办案程序和不具备鉴定条件的委托，应当拒绝受理。

第四章　鉴定

第十四条　鉴定机构接受鉴定委托后，应当指派两名以上鉴定人共同进行鉴定。根据鉴定需要可以聘请其他鉴定机构的鉴定人参与鉴定。

第十五条　具备鉴定条件的，一般应当在受理后十五个工作日以内完成鉴定；特殊情况不能完成的，经检察长批准，可以适当延长，并告知委托单位。

第十六条　鉴定应当严格执行技术标准和操作规程。需要进行实验的，应当记录实验时间、条件、方法、过程、结果等，并由实验人签名，存档备查。

第十七条　具有下列情形之一的，鉴定机构可以接受案件承办单位的委托，进行重新鉴定：

（一）鉴定意见与案件中其他证据相矛盾的；

（二）有证据证明鉴定意见确有错误的；

（三）送检材料不真实的；

（四）鉴定程序不符合法律规定的；

（五）鉴定人应当回避而未回避的；

（六）鉴定人或者鉴定机构不具备鉴定资格的；

（七）其他可能影响鉴定客观、公正情形的。

重新鉴定时，应当另行指派或者聘请鉴定人。

第十八条　鉴定事项有遗漏或者发现新的相关重要鉴定材料的，鉴定机构可以接受委托，进行补充鉴定。

第十九条　遇有重大、疑难、复杂的专门性问题时，经检察长批准，鉴定机构可以组织会检鉴定。

会检鉴定人可以由本鉴定机构的鉴定人与聘请的其他鉴定机构的鉴定人共同组成；也可

以全部由聘请的其他鉴定机构的鉴定人组成。

会检鉴定人应当不少于三名，采取鉴定人分别独立检验，集体讨论的方式进行。

会检鉴定应当出具鉴定意见。鉴定人意见有分歧的，应当在鉴定意见中写明分歧的内容和理由，并分别签名或者盖章。

第五章　鉴定文书

第二十条　鉴定完成后，应当制作鉴定文书。鉴定文书包括鉴定书、检验报告等。

第二十一条　鉴定文书应当语言规范，内容完整，描述准确，论证严谨，结论科学。

鉴定文书应当由鉴定人签名，有专业技术职称的，应当注明，并加盖鉴定专用章。

第二十二条　鉴定文书包括正本和副本，正本交委托单位，副本由鉴定机构存档备查。

第二十三条　鉴定文书的归档管理，依照人民检察院立卷归档管理的相关规定执行。

第六章　出庭

第二十四条　鉴定人接到人民法院的出庭通知后，应当出庭。因特殊情况不能出庭的，应当向法庭说明原因。

第二十五条　鉴定人在出庭前，应当准备出庭需要的相关材料。

鉴定人出庭时，应当遵守法庭规则，依法接受法庭质证，回答与鉴定有关的询问。

第七章　附则

第二十六条　本规则自2007年1月1日起实施，最高人民检察院此前有关规定与本规则不一致的，以本规则为准。

第二十七条　本规则由最高人民检察院负责解释。

人民检察院鉴定机构登记管理办法

（高检发办字〔2006〕33号）

第一章　总则

第一条　为规范人民检察院鉴定机构登记管理工作，根据《全国人民代表大会常务委员会关于司法鉴定管理问题的决定》和其他有关规定，结合检察工作实际，制定本办法。

第二条　本办法所称鉴定机构，是指在人民检察院设立的，取得鉴定机构资格并开展鉴定工作的部门。

第三条　鉴定机构登记管理工作，应当遵循依法、严格、公正、及时的原则，保证登记管理工作规范、有序、高效开展。

第二章　登记管理部门

第四条　人民检察院鉴定机构登记管理实行两级管理制度。

最高人民检察院负责本院和省级人民检察院鉴定机构的登记管理工作。

省级人民检察院负责所辖地市级、县区级人民检察院鉴定机构的登记管理工作。

第五条 最高人民检察院检察技术部门和各省级人民检察院检察技术部门是人民检察院鉴定机构的登记管理部门，具体负责鉴定机构资格的登记、审核、延续、变更、注销、复议、名册编制与公告、监督及处罚等。

第六条 登记管理部门不得收取任何登记管理费用。

登记管理的有关业务经费分别列入最高人民检察院和省级人民检察院的年度经费预算。

第三章　资格登记

第七条 鉴定机构经登记管理部门核准登记，取得《人民检察院鉴定机构资格证书》，方可进行鉴定工作。

第八条 鉴定机构登记的事项包括：名称、地址、负责人、所属单位、鉴定业务范围、鉴定人名册、鉴定仪器设备等。

第九条 申请鉴定机构资格，应当具备下列条件：

(一)具有检察技术部门单位建制；

(二)具有适合鉴定工作的办公和业务用房；

(三)具有明确的鉴定业务范围；

(四)具有在业务范围内进行鉴定必需的仪器、设备；

(五)具有在业务范围内进行鉴定必需的依法通过计量认证或者实验室认可的检测实验室；

(六)具有三名以上开展该鉴定业务的鉴定人；

(七)具有完备的鉴定工作管理制度。

第十条 申请鉴定机构资格，应当向登记管理部门提交下列材料：

(一)《人民检察院鉴定机构资格登记申请表》；

(二)所属鉴定人所持《人民检察院鉴定人资格证书》的复印件；

(三)办公和业务用房平面比例图；

(四)鉴定采用的技术标准目录；

(五)鉴定机构内部管理工作制度；

(六)登记管理部门要求提交的其他材料。

第十一条 鉴定机构可以申请登记下列鉴定业务：

(一)法医类鉴定；

(二)物证类鉴定；

(三)声像资料鉴定；

(四)司法会计鉴定；

(五)心理测试。

根据检察业务工作需要，最高人民检察院可以增加其他需要登记管理的鉴定业务。

第十二条 登记管理部门收到登记申请材料后，应当及时进行审查，并在二十日以内作出决定。对准予登记的，经检察长批准，颁发《人民检察院鉴定机构资格证书》。对不予登记的，书面通知申请单位。

提交材料不全的，登记审核期限从材料补齐之日起计算。

第十三条 《人民检察院鉴定机构资格证书》由最高人民检察院统一制发。

《人民检察院鉴定机构资格证书》分为正本和副本，正本和副本具有同等的效力。正本悬挂于鉴定机构住所内醒目位置，副本主要供外出办理鉴定有关业务时使用。

《人民检察院鉴定机构资格证书》有效期限为六年，自颁发之日起计算。

第四章 资格审核与延续

第十四条 登记管理部门每两年进行一次鉴定机构资格的审核工作。鉴定机构报请审核时，应当提交下列材料：

（一）《人民检察院鉴定机构资格审核申请表》；

（二）《人民检察院鉴定机构资格证书》；

（三）资格审核申请报告。主要内容包括：仪器设备的配置、维护和使用情况，鉴定文书档案和证物保管情况，所属鉴定人及其履行职务情况，鉴定人技能培训情况等；

（四）需要提交的其他材料。

第十五条 鉴定机构具有下列情形之一的，审核为不合格：

（一）鉴定质量检查不合格的；

（二）违反程序受理鉴定业务的；

（三）仪器设备、业务用房不符合鉴定要求的；

（四）鉴定文书档案和证物保管不符合规定的；

（五）管理不善，无法保证鉴定质量的；

（六）未按规定办理变更登记手续的；

（七）擅自增加鉴定业务或者扩大受理鉴定业务范围的。

第十六条 登记管理部门对审核合格的鉴定机构，应当在其《人民检察院鉴定机构资格证书》上加盖"鉴定资格审核合格意见"，并及时返还鉴定机构。对审核不合格的，暂扣《人民检察院鉴定机构资格证书》，并书面通知被审核鉴定机构所在人民检察院，限期改正。

第十七条 《人民检察院鉴定机构资格证书》有效期限届满需要延续的，鉴定机构应当在申请审核的同时提交《人民检察院鉴定机构资格延续申请表》。

登记管理部门对审核合格并准予延续登记的，自准予延续登记之日起，重新计算《人民检察院鉴定机构资格证书》的有效期。

第五章 资格变更与注销

第十八条 鉴定机构改变住所、负责人的，可以申请变更登记。鉴定机构改变名称、鉴定业务范围的，应当申请变更登记。申请变更登记的，应当向登记管理部门提交下列材料：

（一）《人民检察院鉴定机构变更登记申请表》；

（二）《人民检察院鉴定机构资格证书》；

（三）变更业务范围所涉及人员的《人民检察院鉴定人资格证书》复印件；

（四）登记管理部门要求提交的其他材料。

第十九条 登记管理部门收到变更登记申请材料后，应当在二十日内作出决定。对准予变更登记的，重新颁发《人民检察院鉴定机构资格证书》。对不予变更登记的，书面通知申请单位。

提交材料不全的，审核期限从材料补齐之日起计算。

第二十条 鉴定机构具有下列情形之一的，登记管理部门应当注销其鉴定资格：

(一)鉴定机构提出注销申请的；

(二)鉴定人数不符合设立条件的；

(三)无正当理由，逾期三个月不提交审核申请的；

(四)其他应当注销的情形。

第二十一条 鉴定机构资格被注销的，登记管理部门应当书面通知鉴定机构所在的人民检察院，收回《人民检察院鉴定机构资格证书》。

第六章 复议程序

第二十二条 对登记管理部门作出不予登记、审核不合格、不予变更登记、注销鉴定资格的决定以及其他处理决定有异议的，鉴定机构可以在相关通知书送达之日起三十日以内，向登记管理部门提交复议申请书和相关证明材料。

第二十三条 登记管理部门在收到复议申请后，应当以集体研究的方式进行复议，并在二十日以内做出复议决定，书面通知提出复议申请的单位。

第七章 名册编制与公告

第二十四条 省级人民检察院登记管理部门应当及时将所辖鉴定机构资格的登记、变更、注销情况报最高人民检察院登记管理部门备案。

第二十五条 最高人民检察院统一编制《人民检察院鉴定机构名册》。

第二十六条 《人民检察院鉴定机构名册》以及鉴定机构资格的变更、注销情况应当及时在人民检察院专线网及机关内部刊物上予以公告，并同时抄送最高人民法院、公安部和国家安全部。

第八章 监督与处罚

第二十七条 登记管理部门应当对所辖范围内的鉴定机构进行不定期检查。

第二十八条 登记管理部门对举报、投诉鉴定机构的，应当及时进行调查处理。涉及违法违纪的，移送有关部门处理。

第二十九条 鉴定机构出具错误鉴定意见或者发生重大责任事故的，应当在发现鉴定意见错误或者发生重大责任事故三日以内，向登记管理部门书面报告。

省级人民检察院登记管理部门应当及时将鉴定意见错误或者发生重大责任事故的情况上报最高人民检察院登记管理部门。

第三十条 鉴定机构资格审核不合格的，登记管理部门应当暂停其部分鉴定业务或者全部鉴定业务。

鉴定机构对被暂停的鉴定业务不得出具鉴定意见。

第三十一条 鉴定机构具有下列情形之一的，登记管理部门应当予以警告、通报批评。必要时，注销其鉴定资格；情节严重的，应当取消其鉴定资格：

(一)违反程序受理鉴定业务的；

（二）擅自增加鉴定业务或者扩大受理鉴定业务范围的；

（三）登记管理部门责令改正，逾期不改的；

（四）提供虚假申报材料骗取登记的；

（五）发现鉴定意见错误或者发生重大责任事故不及时报告的。

鉴定资格被取消之日起一年以内，不得重新申请鉴定资格。

第三十二条　鉴定机构具有下列情形之一的，登记管理部门应当移送并建议有关部门给予相关责任人相应的行政处分；构成犯罪的，依法追究其刑事责任：

（一）弄虚作假，徇私舞弊造成严重后果的；

（二）强行要求鉴定人进行鉴定，造成人身伤害、财产损失、环境污染等重大责任事故的；

（三）法律、法规规定的其他情形。

第九章　附则

第三十三条　鉴定机构登记管理工作文书由最高人民检察院制定。

第三十四条　本办法自 2007 年 1 月 1 日起实施，最高人民检察院此前有关规定与本办法不一致的，以本办法为准。

第三十五条　本办法由最高人民检察院负责解释。

人民检察院鉴定人登记管理办法

（高检发办字〔2006〕33 号）

第一章　总则

第一条　为规范人民检察院鉴定人登记管理工作，根据《全国人民代表大会常务委员会关于司法鉴定管理问题的决定》和其他有关规定，结合检察工作实际，制定本办法。

第二条　本办法所称鉴定人，是指依法取得鉴定人资格，在人民检察院鉴定机构中从事法医类、物证类、声像资料、司法会计鉴定以及心理测试等工作的专业技术人员。

第三条　鉴定人的登记管理工作，应当遵循依法、严格、公正、及时的原则，保证登记管理工作规范、有序、高效开展。

第二章　登记管理部门

第四条　人民检察院鉴定人登记管理实行两级管理制度。

最高人民检察院负责本院和省级人民检察院鉴定人的登记管理工作。

省级人民检察院负责所辖地市级、县区级人民检察院鉴定人的登记管理工作。

第五条　最高人民检察院检察技术部门和各省级人民检察院检察技术部门是人民检察院鉴定人的登记管理部门，具体负责鉴定人资格的登记、审核、延续、变更、注销、复议、名册编制与公告、监督及处罚等。

第六条 登记管理部门不得收取任何登记管理费用。

登记管理的有关业务经费分别列入最高人民检察院和省级人民检察院的年度经费预算。

第三章 资格登记

第七条 鉴定人经登记管理部门核准登记，取得《人民检察院鉴定人资格证书》，方可进行鉴定工作。

第八条 遵守国家法律、法规和检察人员职业道德，身体状况良好，适应鉴定工作需要的检察技术人员具备下列条件之一的，可以申请鉴定人资格：

（一）具有与所申请从事的鉴定业务相关的高级专业技术职称；

（二）具有与所申请从事的鉴定业务相关的专业执业资格或者高等院校相关专业本科以上学历，从事相关工作五年以上；

（三）具有与所申请从事的鉴定业务相关工作十年以上经历和较强的专业技能。

第九条 申请鉴定人资格，由所在鉴定机构向登记管理部门提交下列材料：

（一）《人民检察院鉴定人资格登记申请表》；

（二）学历证书、专业技术培训证明材料的复印件；

（三）申请人的《专业技术职务任职资格证书》、相关专业执业资格证明材料的复印件；

（四）登记管理部门要求提交的其他材料。

第十条 登记管理部门收到登记申请材料后，应当及时进行审查，并在二十日以内作出决定。对准予登记的，经检察长批准，颁发《人民检察院鉴定人资格证书》。对不予登记的，书面通知申请单位。

提交材料不全的，核准登记期限从材料补齐之日起计算。

第十一条 《人民检察院鉴定人资格证书》由最高人民检察院统一制发。

《人民检察院鉴定人资格证书》有效期为六年，自颁发之日起计算。

第四章 资格审核与延续

第十二条 登记管理部门每两年进行一次鉴定人资格的审核工作。接受审核的鉴定人应当提交下列材料，由所在鉴定机构向登记管理部门集中报送：

（一）《人民检察院鉴定人资格审核申请表》；

（二）《人民检察院鉴定人资格证书》；

（三）审核期内本人鉴定工作总结；

（四）需要提交的其他材料。

第十三条 鉴定人具有下列情形之一的，审核为不合格：

（一）未从事相关专业工作的；

（二）无正当理由不接受专业技能培训或者培训不合格的；

（三）在社会鉴定机构兼职的；

（四）未经所在鉴定机构同意擅自受理委托鉴定的；

（五）违反鉴定程序或者技术操作规程出具错误鉴定意见的；

（六）被投诉两次以上，查证属实的。

第十四条 登记管理部门对审核合格的鉴定人，应当在其《人民检察院鉴定人资格证书》

上加盖"鉴定资格审核合格章",并及时返还送审的鉴定机构。对审核不合格的,暂扣其《人民检察院鉴定人资格证书》,并书面通知被审核人所在鉴定机构,同时抄送鉴定人所在单位,限期改正。

第十五条 《人民检察院鉴定人资格证书》有效期限届满需要延续的,鉴定人应当在申请审核的同时提交《人民检察院鉴定人资格延续申请表》。

登记管理部门对审核合格并准予延续登记的,自准予延续登记之日起,重新计算《人民检察院鉴定人资格证书》的有效期。

第五章 资格变更与注销

第十六条 鉴定人变更鉴定业务、鉴定机构的应当申请变更登记,由所在鉴定机构向登记管理部门提交下列材料:

(一)《人民检察院鉴定人变更登记申请表》;

(二)《人民检察院鉴定人资格证书》;

(三)变更鉴定业务所需的学历证书、专业技术培训证明材料的复印件;

(四)变更鉴定业务所需的《专业技术职务任职资格证书》、相关专业执业资格证明材料的复印件;

(五)登记管理部门要求提交的其他材料。

第十七条 鉴定人在本省、自治区、直辖市检察系统内跨鉴定机构调动工作的,由调出鉴定机构将鉴定人申请变更的相关材料交登记管理部门。

鉴定人跨省、自治区、直辖市检察系统调动工作的,由调出鉴定机构将鉴定人申请变更的相关材料交原登记管理部门,原登记管理部门负责将相关材料转交调入地登记管理部门。

第十八条 登记管理部门收到变更登记申请材料后,应当在二十日以内作出决定。对准予变更登记的,重新颁发《人民检察院鉴定人资格证书》。对不予变更登记的,书面通知申请单位。

提交材料不全的,审核期限从材料补齐之日起计算。

第十九条 鉴定人具有下列情形之一的,所在鉴定机构应当向登记管理部门申请注销其鉴定资格,登记管理部门也可以直接注销其鉴定资格:

(一)调离专业技术工作岗位的;

(二)无正当理由,逾期三个月不提交审核申请的;

(三)因身体健康等原因,无法正常履职的;

(四)其他应当注销的情形。

第二十条 鉴定人资格被注销的,登记管理部门应当书面通知鉴定人所在鉴定机构,同时抄送鉴定人所在单位,收回《人民检察院鉴定人资格证书》。

第六章 复议程序

第二十一条 对登记管理部门作出的不予登记、审核不合格、不予变更登记、注销鉴定资格的决定及其他处理决定有异议的,鉴定人可以在相关通知书送达之日起三十日以内,通过其所在鉴定机构向登记管理部门提交复议申请书以及相关证明材料。

第二十二条 登记管理部门在接到复议申请后,应当以集体研究的方式进行复议,并在二十日以内做出复议决定，书面通知复议申请人所在鉴定机构，同时抄送鉴定人所在单位。

第七章　名册编制与公告

第二十三条　省级人民检察院登记管理部门应当将所辖鉴定人资格的登记、变更、注销情况报最高人民检察院登记管理部门备案。

第二十四条　最高人民检察院统一编制《人民检察院鉴定人名册》。

第二十五条　《人民检察院鉴定人名册》以及鉴定人资格的变更、注销情况应当及时在人民检察院专线网以及机关内部刊物上予以公告，并同时抄送最高人民法院、公安部和国家安全部。

第八章　监督与处罚

第二十六条　人民检察院鉴定人应当在登记管理部门核准登记的鉴定业务范围内从事鉴定工作。

未取得《人民检察院鉴定人资格证书》，未通过鉴定人资格审核，以及鉴定资格被注销的人员，不得从事鉴定工作。

第二十七条　登记管理部门对举报、投诉鉴定人的，应当及时进行调查处理，涉及违法违纪的移送有关部门处理。

第二十八条　鉴定人具有下列情形之一的，登记管理部门应当给予警告、通报批评。必要时，注销其鉴定资格；情节严重的，取消其鉴定资格：

（一）提供虚假证明材料或者以其他手段骗取资格登记的；

（二）在社会鉴定机构兼职的；

（三）未经所在鉴定机构同意擅自受理委托鉴定的；

（四）违反鉴定程序或者技术操作规程出具错误鉴定意见的；

（五）无正当理由，拒绝鉴定的；

（六）经人民法院通知，无正当理由拒绝出庭的；

（七）登记管理部门责令改正，逾期不改的。

鉴定资格被取消之日起一年以内，不得重新申请鉴定资格。

第二十九条　鉴定人具有下列情形之一的，登记管理部门应当移送并建议有关部门给予相应的行政处分，构成犯罪的，依法追究刑事责任，并终身不授予鉴定资格：

（一）故意出具虚假鉴定意见的；

（二）严重违反规定，出具错误鉴定意见，造成严重后果的；

（三）违反法律、法规的其他情形。

第九章　附则

第三十条　鉴定人登记管理工作文书由最高人民检察院制定。

第三十一条　本办法自 2007 年 1 月 1 日起实施，最高人民检察院此前有关规定与本办法不一致的，以本办法为准。

第三十二条　本办法由最高人民检察院负责解释。

最高人民检察院关于"骨龄鉴定"能否作为
确定刑事责任年龄证据使用的批复

（高检发研字〔2000〕6 号）

宁夏回族自治区人民检察院：

你院《关于"骨龄鉴定"能否作为证据使用的请示》收悉，经研究批复如下：

犯罪嫌疑人不讲真实姓名、住址，年龄不明的，可以委托进行骨龄鉴定或其他科学鉴定，经审查，鉴定结论能够准确确定犯罪嫌疑人实施犯罪行为时的年龄的，可以作为判断犯罪嫌疑人年龄的证据使用。如果鉴定结论不能准确确定犯罪嫌疑人实施犯罪行为时的年龄，而且鉴定结论又表明犯罪嫌疑人年龄在刑法规定的应负刑事责任年龄上下的，应当依法慎重处理。

此复。

最高人民检察院关于 CPS 多道心理测试鉴定结论
能否作为诉讼证据使用问题的批复

（高检发研字〔1999〕12 号）

四川省人民检察院：

你院川检发研〔1999〕20 号《关于 CPS 多道心理测试鉴定结论能否作为诉讼证据使用的请示》收悉。经研究，批复如下：

CPS 多道心理测试（俗称测谎）鉴定结论与刑事诉讼法规定的鉴定结论不同，不属于刑事诉讼法规定的证据种类。人民检察院办理案件，可以使用 CPS 多道心理测试鉴定结论帮助审查、判断证据，但不能将 CPS 多道心理测试鉴定结论作为证据使用。

此复

1999 年 9 月 10 日

最高人民检察院关于贯彻《全国人民代表大会常务委员会
关于司法鉴定管理问题的决定》有关工作的通知

（高检发办字〔2005〕11 号）

各省、自治区、直辖市人民检察院，军事检察院，新疆生产建设兵团人民检察院：

2005 年 2 月 28 日，十届全国人大常委会第十四次会议通过了《全国人民代表大会常务委员会关于司法鉴定管理问题的决定》（以下简称《决定》），将从今年 10 月 1 日起施行。

司法鉴定体制改革是司法体制改革的重要内容。全国人大常委会专门就司法鉴定管理问题作出决定，是推进司法鉴定体制改革的重要举措，对于完善我国司法鉴定法律制度，规范司法鉴定管理活动，解决当前司法鉴定管理工作中存在的问题，促进公正执法，具有十分重要的意义。检察机关作为国家法律监督机关，在维护法律的统一正确实施、保障在全社会实现公平和正义方面承担着重要职责。检察机关设立鉴定机构，开展必要的鉴定工作，是履行法律监督职能的客观需要，不仅可以为职务犯罪侦查工作提供有力的技术支持，也可以为批捕、公诉工作中正确审查判断证据提供科学的依据。《决定》明确了检察机关鉴定机构的设置、职能和工作范围，是检察机关开展鉴定工作的重要法律依据。各级人民检察院要认真贯彻《决定》，严格规范检察机关的鉴定工作，依法开展司法鉴定活动。

根据中央关于司法鉴定管理体制改革的精神，结合"两院三部"关于做好《全国人民代表大会常务委员会关于司法鉴定管理问题的决定》实施前有关工作的通知中关于侦查机关要在各系统的统一部署下，积极稳妥地推进现有鉴定机构及其职能的调整，健全管理体制的要求，检察机关将依据《决定》，对鉴定工作实行统一管理。各级人民检察院要在最高人民检察院的统一领导下，按照《决定》和中央关于司法鉴定体制改革的部署，稳步推进司法鉴定体制改革。

一、根据《决定》的规定，自10月1日起，各级检察机关的鉴定机构不得面向社会接受委托从事鉴定业务，鉴定人员不得参与面向社会服务的司法鉴定机构组织的司法鉴定活动。

二、根据《决定》的有关规定，检察机关的鉴定机构和鉴定人员不得在司法行政机关登记注册从事面向社会的鉴定业务。已经登记注册的事业性质鉴定机构，如继续面向社会从事司法鉴定业务，要在10月1日前与人民检察院在人、财、物上脱钩，否则应办理注销登记。

三、检察机关鉴定机构可以受理下列鉴定案件：

1、检察机关业务工作所需的鉴定；

2、有关部门交办的鉴定；

3、其他司法机关委托的鉴定。

四、各级检察技术部门要围绕"强化法律监督，维护公平正义"的检察工作主题，着眼于提高检察机关法律监督能力，加大对批捕、公诉工作中技术性证据的审查力度，积极开展文证审查工作，为检察机关履行法律监督职能提供技术保障。

五、检察机关内部委托的鉴定，仍实行逐级委托制度。其他司法机关委托的鉴定，实行同级委托制度，即进行鉴定前，需有同级司法机关的委托或介绍。

六、为贯彻落实《决定》，最高人民检察院将制定《人民检察院鉴定工作规则》《人民检察院鉴定机构管理办法》《人民检察院鉴定人管理办法》《人民检察院文证审查工作规定》和各专业门类的工作细则等，进一步加强和规范人民检察院的鉴定工作。各级人民检察院要根据《决定》要求和精神，结合中央政法委关于开展"规范执法行为，促进执法公正"专项整改活动的要求，加强检察机关鉴定工作管理，规范工作程序，保证鉴定质量。

最高人民检察院关于印发《人民检察院法医工作细则(试行)》和《人民检察院文件检验工作细则(试行)》的通知

(高检办发字〔1988〕第5号)

各省、自治区、直辖市人民检察院，军事检察院：

现将《人民检察院法医工作细则(试行)》和《人民检察院文件检验工作细则(试行)》印发给你们，请一面试行，一面注意总结实践经验，以便今后进一步修改完善。

附件：

人民检察院法医工作细则（试行）

第一章　总则

第一条　根据《中华人民共和国刑事诉讼法》《中华人民共和国人民检察院组织法》，结合人民检察院法医工作实践，特制定本细则。

第二条　人民检察院法医学检验鉴定工作的宗旨是：法医工作要以辩证唯物主义思想为指针，坚持实事求是的原则和理论联系实际的工作作风，配合各项检察业务，进行各种法医学检验鉴定工作，以保证检察机关履行法律的监督职能。

第三条　人民检察院法医工作的任务是：运用现代法医学理论和技术，对检察机关直接受理的案件和公安机关移送审查批捕、审查起诉案件中，有关人身伤亡和涉及法律的各种医学问题进行检验鉴定。

第四条　人民检察院法医工作范围：

一、检察机关自行侦查的案件中，涉及人身伤亡的现场、尸体、活体、法医物证及文证进行勘验、检查、检验鉴定。

二、审查公安、法院等机关出具的法医鉴定书，必要时进行复查复验，并出具复核鉴定书。

三、受理的各类案件中，有关活体损伤程序的鉴定。

四、配合刑事检察部门参加公安机关侦查的重大伤亡案件的现场勘验。

五、检验鉴定人民检察院认为需要直接受理的涉及人身伤亡的其他案件。

六、参加各检察业务部门对重大疑难案件的讨论，必要时组织法医共同鉴定。

七、在检察人员中普及法医学知识。开展经验交流和学术讨论，组织以应用为主的法医学科研工作。

第二章　勘验　鉴定

第一节　现场勘验

第五条　法医参加现场勘验的主要任务是：了解案情的经过。进行尸体、活体检验，发现和搜集犯罪的痕迹和物证，判断伤亡原因和案件性质以及其他有关问题，分析判断犯罪分子在现场的活动情况，为侦查提供方向和范围，为诉讼提供证据。

第六条　勘验现场必须做到及时、全面、认真、细致。检验尸体、检查活体，提取法医物证以及其他检材时，必须严格遵守法律的有关规定。

第七条　要如实反映现场情况，对尸体、活体上的损伤和暴力痕迹，以及其他可供鉴定的征象，及时进行记录、绘图、拍照或录像。

第八条　复验现场时要有明确的目的，尽量恢复现场原来的条件、全面客观地分析研究，力求解决办案中的疑难问题。

第二节　尸体检验

第九条　尸体检验鉴定的目的是：确定死亡原因，推断死亡时间，判断致死方式和手段，推断致死工具，认定死亡性质(他杀、自杀、意外、或疾病死亡)。

第十条 尸体检验的对象包括：

一、涉及刑事案件，必须经过尸体检验方能查明死因的尸体。

二、被监管人员中非正常死亡的尸体。

三、重大责任事故案件中死亡，需要查明死因的尸体。

四、医疗责任事故造成死亡，需要查明死因的尸体。

五、体罚虐待被监管人员，刑讯逼供，违法乱纪致人死亡，需要查明死因的尸体。

六、控告申诉案件中涉及人身死亡，需要查明死因的尸体。

七、其他需要检验的尸体。

第十一条 尸体检验包括尸表检验和解剖检验。检验要求全面、系统、应提取有关脏器和组织做病理组织学检验。必要时抽取胃内容物、内脏、血液、尿液等作毒物分析或其他检验；提取心血作细菌培养。对已埋葬的尸体，需要查明死因者，要进行开棺检验。

第十二条 尸体解剖可遵照一九七九年卫生部重新颁发的解剖尸体规则的有关规定执行。

第三节　活体检查

第十三条 活体检查主要是对被害人、被告人的某些特征、损伤情况、生理状态、病理状态和各器官、系统功能状态等进行检验、鉴定。

一、个人特征：查明性别、年龄、检查血型及生理、病理特征。

二、检查人身是否有伤和损伤程度，推断损伤性质、受伤时间、致伤工具等。

三、检查有无被奸、妊娠、分娩以及性功能状态，协助解决有无性犯罪方面的问题。

四、查明人体有无中毒症状和体征，检查体内是否有某种毒物，并测定其含量及人体途径等。

五、检查有关人的精神状态，确定有无精神病及其类型，并断定其辨认能力或责任能力。

第十四条 活体检查一般由办案人员带领被检人在法医活体检验室内进行。被检人因健康关系不能行动，可在医院或家里进行。对妇女身体检验时，应由女法医进行，无女法医时，要有女工作人员在场。

第十五条 对伤害、疾病有关的活体检验，必须将被检人的病历及有关材料送交法医鉴定人。涉及临床医学各科时，可聘请专家共同鉴定。

第四节　法医物证检验

第十六条 法医物证是指对案件的真实情况具有证明作用的人体组织器官的一部分或其分泌物、排泄物等。

第十七条 法医物证检验鉴定的要求是：

一、血痕鉴定主要是检验检材上是否有血，是人血还是动物血、属何血型，出血部位以及性别等。

二、毛发认定主要是认定是否人毛，确定其生长部位、脱落、损伤的原因，有无附着物以及毛发性别、血型，比对现场遗留毛发与嫌疑人毛发是否相似等。

三、精斑鉴定主要是认定检材上是否附有精斑，属何血型等。

四、骨质鉴定主要认定是否人骨，是一人骨还是多人骨，从人骨上推断性别、年龄、身高和其他个体特征,骨质损伤是生前还是生后形成以及致伤工具等。

第十八条　法医物证检验的一般程序包括:肉眼检查、预备试验、确证试验、种属试验、个人识别等。

第十九条　法医物证的提取,包装,送检及保管应按不同种类的检材,严格遵照有关规定进行。

第五节　文证审查

第二十条　法医文证审查主要是对起证据作用的法医鉴定书,司法精神病学鉴定书,医疗事故鉴定意见书,病历以及现场勘验、调查访问等文证材料进行审查,并出具文证审查意见书。

第二十一条　文证审审重点是审查材料的科学性、可靠性、准确性。检验记载是否全面、细致;检验方法是否规范、可靠;论点是否明确、清楚,论据是否科学、充分;结论是否客观、正确,以及是否符合鉴定目的和要求的。

第三章　检验鉴定程序

第二十二条　法医鉴定人员接到委托书后,首先要查阅委托公函,并由送检人填写委托鉴定登记表;听到送检人介绍案件情况和鉴定要求;查验检材有无鉴定条件,核对名称、数量。凡符合条件的应予受理,不能鉴定的,应说明理由。

第二十三条　法医鉴定人进行各种检验时,必须全面、细致,要按检验的步骤、方法、严守操作规程,对检验中发现的各种特征和出现的结果,要做综合分析、判断,同时要进行复核。检验过程中,必须认真做好检验记录,拍照。对尸体或法医物证检验时,应留取一定数量检材,以备诉讼阶段复验,或重新鉴定。

第二十四条　法医鉴定书要做到文字简练、描述确切,通俗易懂,结论明确,并附照片和说明。

鉴定书内容包括:绪言、案情摘要、现场情况、检验所见,分析说明、结论。

确因检验条件不足,或技术水平所限,无法作出结论时,可出具分析意见,或送交上级鉴定机关鉴定。

第二十五条　鉴定书应由鉴定人签名或盖章,注明技术职务,并加盖"刑事科学技术鉴定专用章"。

第二十六条　活体检查、文证审查、物证检验自送检时间始,应在一周内作出鉴定结论。尸体检验需做毒物分析、病理组织学检验的,应在二周内作出结论。特殊情况可适当延长时间,对疑难案件的鉴定,需进行复核和"会诊"时,可根据具体情况,尽快作出鉴定结论。

第二十七条　检验鉴定结束后,应将案卷、病历等复印材料和各种检验报告,检验鉴定记录、图片或照片、原法医鉴定书等副本材料,编号整理,装订成卷,存档备查。

剩余的检材应退回送检单位,对有研究价值的或可作为标本保存的检材,在征得送检单位同意后,方可保留。

第二十八条　委托鉴定单位在案件办结后,应将案件处理结果告原鉴定单位法医室,以便入卷备查。

第四章 工作原则

第二十九条 法医鉴定人必须是医学院、校毕业或有相应技术水平的医师、士,经过半年以上法医专业训练结业的专职人员来担任。

第三十条 法医鉴定权必须由具有专业技术职务的法医来行使。技术职务尚未评定的,经省级检察机关刑事技术部门审查认可后,方可行使鉴定权。

法医技术职务为:主任法医师、副主任法医师、主检法医师、法医师、法医士。

第三十一条 法医鉴定人应由与本案件无利害关系的人担任。凡属《刑事诉讼法》第二十三条、第二十四条之规定的鉴定人员。应主动回避。

第三十二条 法医鉴定人进行检验鉴定时,有权审阅受理案件的全部卷宗,有权了解案情,调取物证;提审和询问与鉴定有关的被告人或其他人员。有权重新勘验现场,依法进行尸体、活体和法医物证检验。

第三十三条 法医鉴定人有权对非法或不符合法律程序的案件拒绝检验和鉴定;对鉴定依据不足或无鉴定条件的案件,法医可以不出鉴定结论,任何人不能强迫鉴定人做出鉴定。

第三十四条 法医鉴定人对自己作出的鉴定结论要高度负责。几名鉴定人共同进行鉴定时,持不同意见者,有权不署名。

第三十五条 法医鉴定人对自己职责范围内的检验鉴定工作有义不容辞的责任。在任何困难情况下,如偏远地区现场勘验,检验高度腐败尸体等均不能借故拒绝检验,也不能拖延鉴定时间。

第三十六条 凡涉及党和国家机密,个人隐私和不能公开的鉴定资料等,必须严格保密。

第三十七条 鉴定人接到各级人民法院的通知后,应出庭作证,出示鉴定书并阐明鉴定结论的科学依据,对案件当事人、辩护人,依照法律程序提出的与案件有关的法医鉴定问题,鉴定人应予解答。与鉴定无关的问题,鉴定人有权拒绝回答。

第三十八条 对法医作出的鉴定结论如果辩护人有异议或者被告不服,依照诉讼程序可以补充鉴定或重新鉴定。

第五章 其他

第三十九条 加强法医学科学研究。各级检察机关的法医技术人员都应在实践中注意总结经验,开展以应用为主的科研活动,建设具有检察机关特点的法医检察鉴定工作。法医技术人员在工作中有显著贡献或科研成果者,除组织交流或推广,应及时给予表扬和奖励,有重大突破者应破格晋升。

第四十条 本细则自印发之日起实施。

人民检察院文件检验工作细则(试行)

第一章 总则

第一条 根据《中华人民共和国刑事诉讼法》《中华人民共和国人民检察院组织法》,结合人民检察院文件检验工作实践,特制定本细则。

第二条　文件检验是刑事科学技术的重要组成部门，是运用现代科学的理论和方法，为揭露犯罪，证实犯罪提供科学证据的专门技术手段。

第三条　文件检验的任务是：对检察机关直接受理的案件和公安机关移送审查批捕、审查起诉案件中的有关笔迹、印章、印文、票据、商标、文印品、印刷品、以及纸张、墨迹等进行检验鉴定。

第四条　文件检验的工作范围是：

一、对检察机关自行侦查案件中的文检物证材料进行检验和鉴定。

二、对公安机关移送审查批捕、审查起诉案件和法院审理的案件中的有关文检物证材料，进行审查复检。

三、对上级检察机关和其他机关送检的文检物证材料。经检察长批准，方可进行检验。

第五条　文件检验鉴定权必须由具有专业技术职务的文检技术人员来行使。技术职务尚未评定前，经省级检察机关刑事技术部门审查认可后，方可行使鉴定权。

第六条　根据有关规定，鉴定人是否应当回避，由所在检察机关的检察长决定。

第七条　鉴定人接到人民法院的出庭通知后，应出庭作证，宣读鉴定结论。对案件当事人、辩护人依照法律程序提出的与案件有关的文检鉴定中的问题时，鉴定人应予以解答，与鉴定无关的或具体技术问题，鉴定人有权拒绝回答。

第八条　文检技术人员必须遵守《刑事技术人员工作守则》，做到实事求是，依法办事，认真负责，严格保守案情机密。

第二章　送检

第九条　各检察业务部门承办的案件，需要进行文件检验鉴定时，应填写《委托鉴定书》，由送检部门领导鉴定，向刑事技术部门送检。

第十条　送检的检材，原则上要求是原件，样本材料应符合检验和鉴定的要求。

第十一条　对笔迹检验样本的要求是：

一、必须是嫌疑人亲笔所写。

二、与检材字体基本一致，书写速度接近、书写条件相似。

三、应有不同时期的笔迹材料。

四、有足够数量的相同单字。

第十二条　送检的压痕笔迹和复写笔迹等容易损坏的检材时，应妥善包装和运送。尽可能保持原样不变。

第十三条　送检的检材需要化验分析的，应分别妥善包装，防止污染，并应在包装上注明案别、名称、数量及提取日期和送检单位。

第十四条　为顺利进行检验，有利于作出正确的结论，送检部门应如实介绍案情及有关情况。

第十五条　向上级检察机关呈送复核时，除将原鉴定的检材和样本材料全部送检外，还应将原检验的特征比对表、检验记录和综合评断记录一并送交。

第三章　受理

第十六条　受理文件检验鉴定时，应做好以下工作：

一、查验《委托鉴定书》；

二、听取送检人的案情介绍和鉴定要求；

三、查验检材有无鉴定条件，核对检材的名称、数量，列出清单；

四、查验样本的来源和收集的方法，确定是否具备检验鉴定要求的条件；

五、根据查验结果，确定是否接受委托或要求补充样本材料。对需要补充样本的，应给予必要的技术指导。

第十七条 接受委托时，应填写《受理检验鉴定登记表》，由刑事技术部门负责人签署意见指定专人检验鉴定。

第四章 检验

第十八条 文件检验按下列程序进行：预备检验、分别检验、比较检验、综合评断。每个程序都要制作检验记录。

第十九条 预备检验，应根据送检要求设计检验方案，确定检验方法，做好器材、资料和材料准备。

第二十条 分别检验，主要是对检材和样本材料分别进行观察研究，或取材化验。经过反复检验，力求明确检材和样本的性质、状态和特征的价值、作用及变化规律。笔迹检验必须制作对比表。

第二十一条 比较检验，主要是通过对检材和样本各个相应特征的比较，反复对照，充分提示它们之间的异同和内在联系。

第二十二条 综合评断，是对比较检验的结果进行科学分析和综合研究，以确定是否作出鉴定结论。评断时，要注意从特征的质量和数量等方面全面研究，明确解释符合点和差异点形成的原因，规律和科学依据。

第二十三条 在检验过程中需进行实验的，首先要制定周密的计划，由主检人组织实施。实施过程要严格选用与检材质量、形态等条件相同的材料，采取与案件检材形成相近似的方法进行，实验情况要如实记录，并由参加实验的人员签名（实验记录不能代替鉴定书）。

第二十四条 对检材和样本要妥善保管，防止丢失和损坏。检验中如要损坏检材原件时，应征得送检单位同意后方能进行。实施前还应对原件进行复制。

第二十五条 文检鉴定的时限：受理后应尽速进行检验，一般案件应在受理案件起十日内做出鉴定结论，特殊情况可适当延长。

第五章 鉴定书的制作

第二十六条 应根据受理案件的检材性质，拟定明确的鉴定标题。如：《笔迹鉴定书》《印文鉴定书》《商标鉴定书》《纸张检验报告》等。

第二十七条 鉴定书包括文字和照片两部分。文字部分的内容包括：绪论、检验、论证、结论。有些简明的案件，也可不写论证，但论证性质的内容应写入检验部门。

一、绪论。应包括：何时、何单位、何人送检的案件，送检的检材和样本数量及检验要求等。

二、检验。应写明：采用的检验方法、检验所见、检材和样本材料的质量、形状、特征以及进行比较检验所发现的符合点和差异点等。

三、论证。主要应写明检验采用方法的原理、公式和程序，对相同或差异点做出科学解释。

四、结论。根据检验要求和检验结果，确切地做出认定或否定结论，或分析意见。

五、鉴定书的文字，要力求客观明确。繁简有致、结构严密，论证有力。但不要过细地描述文件检验技术环节。

六、对复核的案件，应出具《复核鉴定书》。

第二十八条　照片部分是鉴定书的重要组成部分，是辅助文字论述的直观材料。照片部分包括：文件物证的全貌照片、样本概貌照片和所选用的单字比对照片、特征并列对比照片、技术检验效果照片等。

一、所用照片均应注写文字说明。

二、单字比对照片，要根据案情需要选用足够量的相同单字。左边贴检材笔迹，右边贴笔迹样本。检验的单字均应标明所选用的特征。

三、技术检验照片应分为两套，其中一套建立副本留档存查。

四、照片上的特征标志符号要标划清晰、准确。符合点用红色标划，差异点用蓝色标划。

第二十九条　鉴定书的签发

一、鉴定书草稿拟定后，应经主管领导签发，打印成正式鉴定书，并加盖"刑事科学技术鉴定专用章"。

二、"刑事科学技术鉴定专用章"应加盖在检验报告或鉴定书第一页上方的编号处。

三、检验鉴定人和复核人，应在检验报告和鉴定书结尾处署名盖章。

第三十条　鉴定书(包括复核鉴定书、检验报告)的装订应为正卷和副卷两类。

一、正卷。卷内材料顺序是：封面、目录、鉴定书、照片说明。正卷发往送检单位。

二、副卷。卷内材料顺序是：封面、委托鉴定书、检验对比表、检验记录、实验记录，综合评断记录、鉴定书、照片说明及底片、鉴定书草稿等。副卷应归档妥善保管。

第三十一条　建立文件鉴定回执制度

一、鉴定书发出时，应与《鉴定回执单》一并发出。办案单位在案件终结后，应将鉴定结论所起到的作用如实填写在回执单上，寄回原鉴定机关。

二、遇有重大、特殊、疑难的案件，鉴定人可在适当时机专程回访，以更好地总结经验。

第三十二条　鉴定结束后，应将检材和样本材料与鉴定书一并发还送检单位。对某材料拟留作标本时，应征得送检单位同意。并商定留用时限和保留、销毁的责任。

第六章　复核

第三十三条　最高人民检察院以及各省、自治区、直辖市人民检察院可根据实际情况逐步建立复核制度。目前，有条件的可建立文件检验复核小组，以解决疑难复杂案件的复核任务。

文件检验复核小组除本系统的文检技术骨干外，还可聘请有关专家参加。

第三十四条　同一技术部门内的文检技术人员在检案时，应实行互相复核制度。

第三十五条　在检验中，如遇重大疑难案件或由于技术水平和技术设备条件所限，难以做出结论以及讨论仍对鉴定结论持有分歧意见时，可逐级呈送上级刑事技术部门复核。

第三十六条　文件检验复核小组经过复核，仍有不同意见时，不实行少数服从多数，允许保留分歧意见，并应将不同意见如实向送检单位介绍。

第七章 其他

第三十七条 加强文件检验的科学研究。各级检察机关的文检技术人员，都应在实践中注意总结经验，开展以应用为主的科研活动，开拓文件检验领域，建立起具有检察机关特点的文件检验学。

第三十八条 文检技术人员在工作中有显著贡献或科研成果者，除组织交流或推广，应及时给予表扬和奖励，有重大突破者应破格晋升。

第三十九条 本细则自印发之日起试行。

最高人民检察院关于印发《人民检察院鉴定机构登记管理办法》、《人民检察院鉴定人登记管理办法》和《人民检察院鉴定规则（试行）》的通知

（高检发办字〔2006〕33号）

各省、自治区、直辖市人民检察院，军事检察院，新疆生产建设兵团人民检察院：

《人民检察院鉴定机构登记管理办法》《人民检察院鉴定人登记管理办法》和《人民检察院鉴定规则（试行）》已经2006年11月1日最高人民检察院第十届检察委员会第六十二次会议通过，现予印发，于2007年1月1日起实施。实施中有何问题和意见及建议，请及时报最高人民检察院。

2006年11月30日

人民检察院鉴定机构登记管理办法

第一章 总则

第一条 为规范人民检察院鉴定机构登记管理工作，根据《全国人民代表大会常务委员会关于司法鉴定管理问题的决定》和其他有关规定，结合检察工作实际，制定本办法。

第二条 本办法所称鉴定机构，是指在人民检察院设立的，取得鉴定机构资格并开展鉴定工作的部门。

第三条 鉴定机构登记管理工作，应当遵循依法、严格、公正、及时的原则，保证登记管理工作规范、有序、高效开展。

第二章 登记管理部门

第四条 人民检察院鉴定机构登记管理实行两级管理制度。

最高人民检察院负责本院和省级人民检察院鉴定机构的登记管理工作。

省级人民检察院负责所辖地市级、县区级人民检察院鉴定机构的登记管理工作。

第五条 最高人民检察院检察技术部门和各省级人民检察院检察技术部门是人民检察院

鉴定机构的登记管理部门，具体负责鉴定机构资格的登记、审核、延续、变更、注销、复议、名册编制与公告、监督及处罚等。

第六条　登记管理部门不得收取任何登记管理费用。

登记管理的有关业务经费分别列入最高人民检察院和省级人民检察院的年度经费预算。

第三章　资格登记

第七条　鉴定机构经登记管理部门核准登记，取得《人民检察院鉴定机构资格证书》，方可进行鉴定工作。

第八条　鉴定机构登记的事项包括：名称、地址、负责人、所属单位、鉴定业务范围、鉴定人名册、鉴定仪器设备等。

第九条　申请鉴定机构资格，应当具备下列条件：

（一）具有检察技术部门单位建制；

（二）具有适合鉴定工作的办公和业务用房；

（三）具有明确的鉴定业务范围；

（四）具有在业务范围内进行鉴定必需的仪器、设备；

（五）具有在业务范围内进行鉴定必需的依法通过计量认证或者实验室认可的检测实验室；

（六）具有三名以上开展该鉴定业务的鉴定人；

（七）具有完备的鉴定工作管理制度。

第十条　申请鉴定机构资格，应当向登记管理部门提交下列材料：

（一）《人民检察院鉴定机构资格登记申请表》；

（二）所属鉴定人所持《人民检察院鉴定人资格证书》的复印件；

（三）办公和业务用房平面比例图；

（四）鉴定采用的技术标准目录；

（五）鉴定机构内部管理工作制度；

（六）登记管理部门要求提交的其他材料。

第十一条　鉴定机构可以申请登记下列鉴定业务：

（一）法医类鉴定；

（二）物证类鉴定；

（三）声像资料鉴定；

（四）司法会计鉴定；

（五）心理测试。

根据检察业务工作需要，最高人民检察院可以增加其他需要登记管理的鉴定业务。

第十二条　登记管理部门收到登记申请材料后，应当及时进行审查，并在二十日以内作出决定。对准予登记的，经检察长批准，颁发《人民检察院鉴定机构资格证书》。对不予登记的，书面通知申请单位。

提交材料不全的，登记审核期限从材料补齐之日起计算。

第十三条　《人民检察院鉴定机构资格证书》由最高人民检察院统一制发。

《人民检察院鉴定机构资格证书》分为正本和副本，正本和副本具有同等的效力。正本悬挂于鉴定机构住所内醒目位置，副本主要供外出办理鉴定有关业务时使用。

《人民检察院鉴定机构资格证书》有效期限为六年，自颁发之日起计算。

第四章 资格审核与延续

第十四条 登记管理部门每两年进行一次鉴定机构资格的审核工作。鉴定机构报请审核时，应当提交下列材料：

（一）《人民检察院鉴定机构资格审核申请表》；

（二）《人民检察院鉴定机构资格证书》；

（三）资格审核申请报告。主要内容包括：仪器设备的配置、维护和使用情况，鉴定文书档案和证物保管情况，所属鉴定人及其履行职务情况，鉴定人技能培训情况等；

（四）需要提交的其他材料。

第十五条 鉴定机构具有下列情形之一的，审核为不合格：

（一）鉴定质量检查不合格的；

（二）违反程序受理鉴定业务的；

（三）仪器设备、业务用房不符合鉴定要求的；

（四）鉴定文书档案和证物保管不符合规定的；

（五）管理不善，无法保证鉴定质量的；

（六）未按规定办理变更登记手续的；

（七）擅自增加鉴定业务或者扩大受理鉴定业务范围的。

第十六条 登记管理部门对审核合格的鉴定机构，应当在其《人民检察院鉴定机构资格证书》上加盖"鉴定资格审核合格意见"，并及时返还鉴定机构。对审核不合格的，暂扣《人民检察院鉴定机构资格证书》，并书面通知被审核鉴定机构所在人民检察院，限期改正。

第十七条 《人民检察院鉴定机构资格证书》有效期限届满需要延续的，鉴定机构应当在申请审核的同时提交《人民检察院鉴定机构资格延续申请表》。

登记管理部门对审核合格并准予延续登记的，自准予延续登记之日起，重新计算《人民检察院鉴定机构资格证书》的有效期。

第五章 资格变更与注销

第十八条 鉴定机构改变住所、负责人的，可以申请变更登记。鉴定机构改变名称、鉴定业务范围的，应当申请变更登记。申请变更登记的，应当向登记管理部门提交下列材料：

（一）《人民检察院鉴定机构变更登记申请表》；

（二）《人民检察院鉴定机构资格证书》；

（三）变更业务范围所涉及人员的《人民检察院鉴定人资格证书》复印件；

（四）登记管理部门要求提交的其他材料。

第十九条 登记管理部门收到变更登记申请材料后，应当在二十日内作出决定。对准予变更登记的，重新颁发《人民检察院鉴定机构资格证书》。对不予变更登记的，书面通知申请单位。

提交材料不全的，审核期限从材料补齐之日起计算。

第二十条 鉴定机构具有下列情形之一的，登记管理部门应当注销其鉴定资格：

（一）鉴定机构提出注销申请的；

（二）鉴定人数不符合设立条件的；

（三）无正当理由，逾期三个月不提交审核申请的；

（四）其他应当注销的情形。

第二十一条 鉴定机构资格被注销的，登记管理部门应当书面通知鉴定机构所在的人民检察院，收回《人民检察院鉴定机构资格证书》。

第六章 复议程序

第二十二条 对登记管理部门作出不予登记、审核不合格、不予变更登记、注销鉴定资格的决定以及其他处理决定有异议的，鉴定机构可以在相关通知书送达之日起三十日以内，向登记管理部门提交复议申请书和相关证明材料。

第二十三条 登记管理部门在收到复议申请后，应当以集体研究的方式进行复议，并在二十日以内做出复议决定，书面通知提出复议申请的单位。

第七章 名册编制与公告

第二十四条 省级人民检察院登记管理部门应当及时将所辖鉴定机构资格的登记、变更、注销情况报最高人民检察院登记管理部门备案。

第二十五条 最高人民检察院统一编制《人民检察院鉴定机构名册》。

第二十六条 《人民检察院鉴定机构名册》以及鉴定机构资格的变更、注销情况应当及时在人民检察院专线网及机关内部刊物上予以公告，并同时抄送最高人民法院、公安部和国家安全部。

第八章 监督与处罚

第二十七条 登记管理部门应当对所辖范围内的鉴定机构进行不定期检查。

第二十八条 登记管理部门对举报、投诉鉴定机构的，应当及时进行调查处理。涉及违法违纪的，移送有关部门处理。

第二十九条 鉴定机构出具错误鉴定意见或者发生重大责任事故的，应当在发现鉴定意见错误或者发生重大责任事故三日以内，向登记管理部门书面报告。

省级人民检察院登记管理部门应当及时将鉴定意见错误或者发生重大责任事故的情况上报最高人民检察院登记管理部门。

第三十条 鉴定机构资格审核不合格的，登记管理部门应当暂停其部分鉴定业务或者全部鉴定业务。

鉴定机构对被暂停的鉴定业务不得出具鉴定意见。

第三十一条 鉴定机构具有下列情形之一的，登记管理部门应当予以警告、通报批评。必要时，注销其鉴定资格；情节严重的，应当取消其鉴定资格：

（一）违反程序受理鉴定业务的；

（二）擅自增加鉴定业务或者扩大受理鉴定业务范围的；

（三）登记管理部门责令改正，逾期不改的；

（四）提供虚假申报材料骗取登记的；

（五）发现鉴定意见错误或者发生重大责任事故不及时报告的。

鉴定资格被取消之日起一年以内，不得重新申请鉴定资格。

第三十二条 鉴定机构具有下列情形之一的，登记管理部门应当移送并建议有关部门给予相关责任人相应的行政处分；构成犯罪的，依法追究其刑事责任：

（一）弄虚作假，徇私舞弊造成严重后果的；

（二）强行要求鉴定人进行鉴定，造成人身伤害、财产损失、环境污染等重大责任事故的；

（三）法律、法规规定的其他情形。

第九章 附则

第三十三条 鉴定机构登记管理工作文书由最高人民检察院制定。

第三十四条 本办法自 2007 年 1 月 1 日起实施，最高人民检察院此前有关规定与本办法不一致的，以本办法为准。

第三十五条 本办法由最高人民检察院负责解释。

人民检察院鉴定人登记管理办法

第一章 总则

第一条 为规范人民检察院鉴定人登记管理工作，根据《全国人民代表大会常务委员会关于司法鉴定管理问题的决定》和其他有关规定，结合检察工作实际，制定本办法。

第二条 本办法所称鉴定人，是指依法取得鉴定人资格，在人民检察院鉴定机构中从事法医类、物证类、声像资料、司法会计鉴定以及心理测试等工作的专业技术人员。

第三条 鉴定人的登记管理工作，应当遵循依法、严格、公正、及时的原则，保证登记管理工作规范、有序、高效开展。

第二章 登记管理部门

第四条 人民检察院鉴定人登记管理实行两级管理制度。

最高人民检察院负责本院和省级人民检察院鉴定人的登记管理工作。

省级人民检察院负责所辖地市级、县区级人民检察院鉴定人的登记管理工作。

第五条 最高人民检察院检察技术部门和各省级人民检察院检察技术部门是人民检察院鉴定人的登记管理部门，具体负责鉴定人资格的登记、审核、延续、变更、注销、复议、名册编制与公告、监督及处罚等。

第六条 登记管理部门不得收取任何登记管理费用。

登记管理的有关业务经费分别列入最高人民检察院和省级人民检察院的年度经费预算。

第三章 资格登记

第七条 鉴定人经登记管理部门核准登记，取得《人民检察院鉴定人资格证书》，方可进行鉴定工作。

第八条 遵守国家法律、法规和检察人员职业道德，身体状况良好，适应鉴定工作需要的检察技术人员具备下列条件之一的，可以申请鉴定人资格：

（一）具有与所申请从事的鉴定业务相关的高级专业技术职称；

（二）具有与所申请从事的鉴定业务相关的专业执业资格或者高等院校相关专业本科以上学历，从事相关工作五年以上；

（三）具有与所申请从事的鉴定业务相关工作十年以上经历和较强的专业技能。

第九条　申请鉴定人资格，由所在鉴定机构向登记管理部门提交下列材料：

（一）《人民检察院鉴定人资格登记申请表》；

（二）学历证书、专业技术培训证明材料的复印件；

（三）申请人的《专业技术职务任职资格证书》、相关专业执业资格证明材料的复印件；

（四）登记管理部门要求提交的其他材料。

第十条　登记管理部门收到登记申请材料后，应当及时进行审查，并在二十日以内作出决定。对准予登记的，经检察长批准，颁发《人民检察院鉴定人资格证书》。对不予登记的，书面通知申请单位。

提交材料不全的，核准登记期限从材料补齐之日起计算。

第十一条　《人民检察院鉴定人资格证书》由最高人民检察院统一制发。

《人民检察院鉴定人资格证书》有效期为六年，自颁发之日起计算。

第四章　资格审核与延续

第十二条　登记管理部门每两年进行一次鉴定人资格的审核工作。接受审核的鉴定人应当提交下列材料，由所在鉴定机构向登记管理部门集中报送：

（一）《人民检察院鉴定人资格审核申请表》；

（二）《人民检察院鉴定人资格证书》；

（三）审核期内本人鉴定工作总结；

（四）需要提交的其他材料。

第十三条　鉴定人具有下列情形之一的，审核为不合格：

（一）未从事相关专业工作的；

（二）无正当理由不接受专业技能培训或者培训不合格的；

（三）在社会鉴定机构兼职的；

（四）未经所在鉴定机构同意擅自受理委托鉴定的；

（五）违反鉴定程序或者技术操作规程出具错误鉴定意见的；

（六）被投诉两次以上，查证属实的。

第十四条　登记管理部门对审核合格的鉴定人，应当在其《人民检察院鉴定人资格证书》上加盖"鉴定资格审核合格章"，并及时返还送审的鉴定机构。对审核不合格的，暂扣其《人民检察院鉴定人资格证书》，并书面通知被审核人所在鉴定机构，同时抄送鉴定人所在单位，限期改正。

第十五条　《人民检察院鉴定人资格证书》有效期限届满需要延续的，鉴定人应当在申请审核的同时提交《人民检察院鉴定人资格延续申请表》。

登记管理部门对审核合格并准予延续登记的，自准予延续登记之日起，重新计算《人民检察院鉴定人资格证书》的有效期。

第五章 资格变更与注销

第十六条 鉴定人变更鉴定业务、鉴定机构的应当申请变更登记,由所在鉴定机构向登记管理部门提交下列材料:

(一)《人民检察院鉴定人变更登记申请表》;

(二)《人民检察院鉴定人资格证书》;

(三)变更鉴定业务所需的学历证书、专业技术培训证明材料的复印件;

(四)变更鉴定业务所需的《专业技术职务任职资格证书》、相关专业执业资格证明材料的复印件;

(五)登记管理部门要求提交的其他材料。

第十七条 鉴定人在本省、自治区、直辖市检察系统内跨鉴定机构调动工作的,由调出鉴定机构将鉴定人申请变更的相关材料交登记管理部门。

鉴定人跨省、自治区、直辖市检察系统调动工作的,由调出鉴定机构将鉴定人申请变更的相关材料交原登记管理部门,原登记管理部门负责将相关材料转交调入地登记管理部门。

第十八条 登记管理部门收到变更登记申请材料后,应当在二十日以内作出决定。对准予变更登记的,重新颁发《人民检察院鉴定人资格证书》。对不予变更登记的,书面通知申请单位。

提交材料不全的,审核期限从材料补齐之日起计算。

第十九条 鉴定人具有下列情形之一的,所在鉴定机构应当向登记管理部门申请注销其鉴定资格,登记管理部门也可以直接注销其鉴定资格:

(一)调离专业技术工作岗位的;

(二)无正当理由,逾期三个月不提交审核申请的;

(三)因身体健康等原因,无法正常履职的;

(四)其他应当注销的情形。

第二十条 鉴定人资格被注销的,登记管理部门应当书面通知鉴定人所在鉴定机构,同时抄送鉴定人所在单位,收回《人民检察院鉴定人资格证书》。

第六章 复议程序

第二十一条 对登记管理部门作出的不予登记、审核不合格、不予变更登记、注销鉴定资格的决定及其他处理决定有异议的,鉴定人可以在相关通知书送达之日起三十日以内,通过其所在鉴定机构向登记管理部门提交复议申请书以及相关证明材料。

第二十二条 登记管理部门在接到复议申请后,应当以集体研究的方式进行复议,并在二十日以内做出复议决定,书面通知复议申请人所在鉴定机构,同时抄送鉴定人所在单位。

第七章 名册编制与公告

第二十三条 省级人民检察院登记管理部门应当将所辖鉴定人资格的登记、变更、注销情况报最高人民检察院登记管理部门备案。

第二十四条 最高人民检察院统一编制《人民检察院鉴定人名册》。

第二十五条 《人民检察院鉴定人名册》以及鉴定人资格的变更、注销情况应当及时在人民检察院专线网以及机关内部刊物上予以公告，并同时抄送最高人民法院、公安部和国家安全部。

第八章　监督与处罚

第二十六条　人民检察院鉴定人应当在登记管理部门核准登记的鉴定业务范围内从事鉴定工作。

未取得《人民检察院鉴定人资格证书》，未通过鉴定人资格审核，以及鉴定资格被注销的人员，不得从事鉴定工作。

第二十七条　登记管理部门对举报、投诉鉴定人的，应当及时进行调查处理，涉及违法违纪的移送有关部门处理。

第二十八条　鉴定人具有下列情形之一的，登记管理部门应当给予警告、通报批评。必要时，注销其鉴定资格；情节严重的，取消其鉴定资格：

（一）提供虚假证明材料或者以其他手段骗取资格登记的；

（二）在社会鉴定机构兼职的；

（三）未经所在鉴定机构同意擅自受理委托鉴定的；

（四）违反鉴定程序或者技术操作规程出具错误鉴定意见的；

（五）无正当理由，拒绝鉴定的；

（六）经人民法院通知，无正当理由拒绝出庭的；

（七）登记管理部门责令改正，逾期不改的。

鉴定资格被取消之日起一年以内，不得重新申请鉴定资格。

第二十九条　鉴定人具有下列情形之一的，登记管理部门应当移送并建议有关部门给予相应的行政处分，构成犯罪的，依法追究刑事责任，并终身不授予鉴定资格：

（一）故意出具虚假鉴定意见的；

（二）严重违反规定，出具错误鉴定意见，造成严重后果的；

（三）违反法律、法规的其他情形。

第九章　附则

第三十条　鉴定人登记管理工作文书由最高人民检察院制定。

第三十一条　本办法自 2007 年 1 月 1 日起实施，最高人民检察院此前有关规定与本办法不一致的，以本办法为准。

第三十二条　本办法由最高人民检察院负责解释。

人民检察院鉴定规则(试行)

第一章 总则

第一条 为规范人民检察院鉴定工作,根据《中华人民共和国刑事诉讼法》和《全国人民代表大会常务委员会关于司法鉴定管理问题的决定》等有关规定,结合检察工作实际,制定本规则。

第二条 本规则所称鉴定,是指人民检察院鉴定机构及其鉴定人运用科学技术或者专门知识,就案件中某些专门性问题进行鉴别和判断并出具鉴定意见的活动。

第三条 鉴定工作应当遵循依法、科学、客观、公正、独立的原则。

第二章 鉴定机构、鉴定人

第四条 本规则所称鉴定机构,是指在人民检察院设立的,取得鉴定机构资格并开展鉴定工作的部门。

第五条 本规则所称鉴定人,是指取得鉴定人资格,在人民检察院鉴定机构中从事法医类、物证类、声像资料、司法会计鉴定以及心理测试等工作的专业技术人员。

第六条 鉴定人享有下列权利:

(一)了解与鉴定有关的案件情况,要求委托单位提供鉴定所需的材料;

(二)进行必要的勘验、检查;

(三)查阅与鉴定有关的案件材料,询问与鉴定事项有关的人员;

(四)对违反法律规定委托的案件、不具备鉴定条件或者提供虚假鉴定材料的案件,有权拒绝鉴定;

(五)对与鉴定无关问题的询问,有权拒绝回答;

(六)与其他鉴定人意见不一致时,有权保留意见;

(七)法律、法规规定的其他权利。

第七条 鉴定人应当履行下列义务:

(一)严格遵守法律、法规和鉴定工作规章制度;

(二)保守案件秘密;

(三)妥善保管送检的检材、样本和资料;

(四)接受委托单位与鉴定有关问题的咨询;

(五)出庭接受质证;

(六)法律、法规规定的其他义务。

第八条 鉴定人有下列情形之一的,应当自行回避,委托单位也有权要求鉴定人回避:

(一)是本案的当事人或者是当事人的近亲属的;

(二)本人或者其近亲属和本案有利害关系的;

(三)担任过本案的证人或者诉讼代理人的;

(四)重新鉴定时,是本案原鉴定人的;

(五)其他可能影响鉴定客观、公正的情形。

鉴定人自行提出回避的,应当说明理由,由所在鉴定机构负责人决定是否回避。

委托单位要求鉴定人回避的，应当提出书面申请，由检察长决定是否回避。

第三章 委托与受理

第九条 鉴定机构可以受理人民检察院、人民法院和公安机关以及其他侦查机关委托的鉴定。

第十条 人民检察院内部委托的鉴定实行逐级受理制度，对其他机关委托的鉴定实行同级受理制度。

第十一条 人民检察院各业务部门向上级人民检察院或者对外委托鉴定时，应当通过本院或者上级人民检察院检察技术部门统一协助办理。

第十二条 委托鉴定应当以书面委托为依据，客观反映案件基本情况、送检材料和鉴定要求等内容。鉴定机构受理鉴定时，应当制作委托受理登记表。

第十三条 鉴定机构对不符合法律规定、办案程序和不具备鉴定条件的委托，应当拒绝受理。

第四章 鉴定

第十四条 鉴定机构接受鉴定委托后，应当指派两名以上鉴定人共同进行鉴定。根据鉴定需要可以聘请其他鉴定机构的鉴定人参与鉴定。

第十五条 具备鉴定条件的，一般应当在受理后十五个工作日以内完成鉴定；特殊情况不能完成的，经检察长批准，可以适当延长，并告知委托单位。

第十六条 鉴定应当严格执行技术标准和操作规程。需要进行实验的，应当记录实验时间、条件、方法、过程、结果等，并由实验人签名，存档备查。

第十七条 具有下列情形之一的，鉴定机构可以接受案件承办单位的委托，进行重新鉴定：

（一）鉴定意见与案件中其他证据相矛盾的；

（二）有证据证明鉴定意见确有错误的；

（三）送检材料不真实的；

（四）鉴定程序不符合法律规定的；

（五）鉴定人应当回避而未回避的；

（六）鉴定人或者鉴定机构不具备鉴定资格的；

（七）其他可能影响鉴定客观、公正情形的。

重新鉴定时，应当另行指派或者聘请鉴定人。

第十八条 鉴定事项有遗漏或者发现新的相关重要鉴定材料的，鉴定机构可以接受委托，进行补充鉴定。

第十九条 遇有重大、疑难、复杂的专门性问题时，经检察长批准，鉴定机构可以组织会检鉴定。

会检鉴定人可以由本鉴定机构的鉴定人与聘请的其他鉴定机构的鉴定人共同组成；也可以全部由聘请的其他鉴定机构的鉴定人组成。

会检鉴定人应当不少于三名，采取鉴定人分别独立检验，集体讨论的方式进行。

会检鉴定应当出具鉴定意见。鉴定人意见有分歧的，应当在鉴定意见中写明分歧的内容和理由，并分别签名或者盖章。

第五章 鉴定文书

第二十条 鉴定完成后，应当制作鉴定文书。鉴定文书包括鉴定书、检验报告等。

第二十一条 鉴定文书应当语言规范，内容完整，描述准确，论证严谨，结论科学。

鉴定文书应当由鉴定人签名，有专业技术职称的，应当注明，并加盖鉴定专用章。

第二十二条 鉴定文书包括正本和副本，正本交委托单位，副本由鉴定机构存档备查。

第二十三条 鉴定文书的归档管理，依照人民检察院立卷归档管理的相关规定执行。

第六章 出庭

第二十四条 鉴定人接到人民法院的出庭通知后，应当出庭。因特殊情况不能出庭的，应当向法庭说明原因。

第二十五条 鉴定人在出庭前，应当准备出庭需要的相关材料。

鉴定人出庭时，应当遵守法庭规则，依法接受法庭质证，回答与鉴定有关的询问。

第七章 附则

第二十六条 本规则自 2007 年 1 月 1 日起实施，最高人民检察院此前有关规定与本规则不一致的，以本规则为准。

第二十七条 本规则由最高人民检察院负责解释。

第四编　公安部关于刑事司法鉴定的文件汇编

公安部令

（第 84 号）

《公安机关鉴定人登记管理办法》已经 2005 年 11 月 7 日公安部部长办公会议通过，现予发布，自 2006 年 3 月 1 日起施行。

2005 年 12 月 29 日

公安机关鉴定人登记管理办法

第一章　总则

第一条　为规范公安机关鉴定人资格登记管理工作，适应打击犯罪、保护人民、维护社会治安稳定和司法公正的需要，根据《全国人民代表大会常务委员会关于司法鉴定管理问题的决定》和有关法律、法规，结合公安机关实际，制定本办法。

第二条　本办法所称的鉴定人，是指依法取得鉴定人资格并被公安机关鉴定机构聘任，从事法医类、痕迹检验、理化检验、文件检验、声像资料检验、电子物证检验、心理测试和警犬鉴别等检验鉴定工作的专业技术人员。

第三条　本办法所称的鉴定，是指公安机关鉴定机构及其鉴定人为解决案（事）件中的专门性问题，运用自然科学、社会科学理论和成果，依法对有关的人身、尸体、生物检材、痕迹、物品等，进行检验、出具鉴定意见的科学实证活动。

第四条　鉴定人登记管理工作，应当根据国家有关法律法规和本办法的规定，遵循依法、公正、及时的原则，保证登记管理工作规范、有序、高效。

第二章　登记管理部门

第五条　公安部和各省、自治区、直辖市公安厅、局设立或者指定统一的登记管理部门，负责公安机关鉴定人鉴定资格的审核登记、年审、变更、注销、复议、名册编制与公告、监督管理与处罚等。

第六条 公安部登记管理部门负责各省、自治区、直辖市公安厅、局，以及部属科研机构、院校、专业技术协会的鉴定人的登记管理工作。

各省、自治区、直辖市公安厅、局登记管理部门负责所属地市级、县级公安机关，以及省级公安机关所属院校、医院、专业技术协会的鉴定人的登记管理工作。

第七条 登记管理部门不得收取鉴定资格登记申请人和鉴定人的任何登记管理费用。

登记管理部门的有关业务经费分别列入公安部和各省、自治区、直辖市公安厅、局的年度经费预算。

第三章 资格登记

第八条 公安机关鉴定机构的鉴定人，经登记管理部门核准登记，取得《鉴定人资格证书》，方可从事鉴定工作。

《鉴定人资格证书》由公安部统一制作。

《鉴定人资格证书》有效期限为五年，自颁发之日起计算。

第九条 个人申请鉴定人资格，应当具备下列条件：

（一）在职或者离退休的具有专门技术知识和技能的人民警察；

（二）遵守国家法律、法规，具有人民警察职业道德；

（三）具有与所申请从事鉴定业务相关的高级专业技术职务资格；或者具有与所申请从事鉴定业务相关的法医官、鉴定官专业技术职务执业资格或者高等院校相关专业本科以上学历，从事相关工作五年以上；或者具有与所申请从事鉴定业务相关工作十年以上经历和较强的专业技能；

（四）所在机构已经取得或者正在申请《鉴定机构资格证书》；

（五）身体状况良好，适应鉴定工作需要。

第十条 个人申请鉴定人资格，应当向登记管理部门提交下列材料：

（一）《鉴定人资格登记申请表》；

（二）学历证明和专业技能培训《结业证书》复印件；

（三）法医官、鉴定官聘任证书或者《专业技术职务任职资格证书》复印件；

（四）个人从事与申请鉴定业务有关的工作总结；

（五）登记管理部门要求提交的其他材料。

个人申请鉴定人资格，由所在鉴定机构向登记管理部门提交申请登记材料。

第十一条 登记管理部门收到申请登记材料后，应当在二十日内作出是否授予鉴定资格的决定，情况特殊的，可以延长至三十日。提交申请材料不全的，期限从补齐材料之日起计算。

登记管理部门对符合登记条件的，应当作出授予鉴定资格的决定，在十日内颁发《鉴定人资格证书》；对不符合登记条件的，应当作出不授予鉴定资格的决定。

第四章 年度审验

第十二条 登记管理部门每两年对鉴定人资格审验一次。

年度审验时，鉴定人应当填写《鉴定人资格年度审验表》，连同《鉴定人资格证书》一并交由鉴定人所在鉴定机构，逐级向登记管理部门集中报送。

第十三条　登记管理部门收到鉴定人年度审验材料后，应当在十五日内作出审验是否合格的决定。

登记管理部门对年度审验合格的，在《鉴定人资格证书》上加盖"年度审验合格章"，并及时将《鉴定人资格证书》送达鉴定人所在鉴定机构；对年度审验不合格的，暂扣其《鉴定人资格证书》，并及时将《年度审验不合格通知书》送达鉴定人所在鉴定机构。

第十四条　鉴定人有下列情形之一的，年度审验不合格：

（一）所审验年度内未从事鉴定工作的；

（二）无正当理由不接受专业技能培训或者培训不合格的；

（三）未经所在鉴定机构同意擅自受理鉴定的；

（四）因违反技术规程出具错误鉴定意见的；

（五）同一审验年度内被鉴定委托人正当投诉两次以上的。

第五章　资格的变更、注销

第十五条　鉴定人调换鉴定机构，以及增减登记鉴定项目或者鉴定专业内容，应当向登记管理部门申请变更登记。

第十六条　在本省、自治区、直辖市内跨鉴定机构调动工作的，鉴定人应当填写《鉴定人变更登记申请表》，由调出鉴定机构将该申请表转交原登记管理部门。

跨省、自治区、直辖市调动工作的，鉴定人应当填写《鉴定人变更登记申请表》，由调出鉴定机构将该申请表转交原登记管理部门，原登记管理部门负责将鉴定人的档案和《鉴定人变更登记申请表》寄给调入地登记管理部门。

第十七条　登记管理部门收到鉴定人变更登记申请后，应当在十五日内作出是否准予变更登记的决定。

准予变更登记的，登记管理部门收回原《鉴定人资格证书》，重新颁发《鉴定人资格证书》；不准予变更登记的，应当向申请变更登记的鉴定人说明理由。

第十八条　鉴定人有下列情形之一的，应当主动向登记管理部门申请注销资格，登记管理部门也可以直接注销其鉴定资格：

（一）连续两年未从事鉴定工作的；

（二）无正当理由，三年以上没有参加专业技能培训的；

（三）年度审验不合格在责令改正期限内没有改正的；

（四）经人民法院依法通知，无正当理由拒绝出庭作证的；

（五）提供虚假证明或者采取其他欺诈手段骗取登记的；

（六）同一审验年度内出具错误鉴定意见两次以上的；

（七）违反保密规定造成严重后果的；

（八）登记管理部门书面警告后仍在其他鉴定机构兼职的；

（九）限制行为能力或者丧失行为能力的。

第十九条　鉴定人的鉴定资格注销后，登记管理部门应当向鉴定人所在单位发出《注销鉴定人资格通知书》，收回《鉴定人资格证书》。

第二十条　因本办法第十八条第（一）、（二）、（三）、（四）款被注销鉴定资格的，具备登记条件或者改正后，可以重新申请鉴定人资格。

因本办法第十八条第(五)、(六)、(七)、(八)、(九)款被注销鉴定资格的,被注销鉴定资格之日起一年内不得申请鉴定人资格。

第六章　复议

第二十一条　个人对登记管理部门作出不授予鉴定资格、年度审验不合格、不予变更登记、注销鉴定资格决定不服的,可以在接到有关通知后的三十日内向登记管理部门申请复议。

第二十二条　登记管理部门接到有关复议申请后,应当以集体研究方式进行复议,在十五日内作出决定,并送达申请复议人及其所在单位。

第七章　名册编制与公告

第二十三条　各省、自治区、直辖市公安厅、局登记管理部门,应当将本地鉴定人的登记情况报公安部登记管理部门备案。

第二十四条　公安部登记管理部门应当将授予鉴定资格的人员编入《公安机关鉴定人名册》。

公安部登记管理部门应当及时向最高人民法院、最高人民检察院抄送《公安机关鉴定人名册》和鉴定人资格变更、注销情况。

第二十五条　登记管理部门应当建立鉴定人档案。

鉴定人档案包括本办法第十条第(一)至(五)项,以及鉴定人资格的年度审验、变更、注销等资料。

第二十六条　登记管理部门应当在公安部公报和人民公安报上对《公安机关鉴定人名册》和鉴定人资格变更、注销情况进行公告。必要时,还应当提供给其他全国范围内发行的报纸刊登。

第八章　监督管理与处罚

第二十七条　鉴定人应当在登记管理部门核准登记的鉴定范围内从事鉴定工作。

未取得《鉴定人资格证书》、未通过年度审验,以及鉴定资格被注销的人员,不得从事鉴定工作。

第二十八条　登记管理部门对公民、法人和其他组织举报、投诉鉴定人的,应当及时进行调查,并根据调查结果依法进行处理。

第二十九条　鉴定人违反本办法有关规定,情节轻微的,除适用第十四条外,登记管理部门还可以依法给予书面警告、责令改正的处罚。责令改正期限一般不得超过三个月。

第三十条　有下列情形之一的,终身不授予鉴定资格:

(一)故意出具虚假鉴定意见的;

(二)严重违反规定,出具两次以上错误鉴定意见并导致冤假错案的;

(三)受过开除警籍或者开除公职处分的。

第九章　附则

第三十一条　铁路、交通、民航、森林公安机关及海关缉私部门的鉴定人登记管理工作,依照本办法规定向所在地公安机关登记管理部门申请登记。

　　第三十二条　本办法自 2006 年 3 月 1 日起施行。本办法实施以前公安部发布的规章中的有关规定与本办法不一致的，以本办法为准。

附件 1

鉴定人资格证书

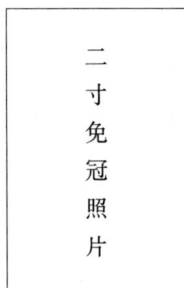

　　　　　　　　　　　根据《公安机关鉴定人登记管理办法》之规定，
　　　　　　　　　特授予你　　　　　资格。

二寸免冠照片

姓名：

鉴定专业：　　　　　　　　　　发证机关：

　　　　　　　　　　　　　　　发证日期：20　　年　　月　　日

证书编号：　　　　　　　　　　有效期至：20　　年　　月　　日

附件 2

鉴定人资格登记申请表

姓名		性别		出生年月		民族		贴照片处
所在鉴定机构								
鉴定机构地址				邮政编码				
毕业院校				毕业时间		年　　月		
所学专业			最高学历			学位		
技术资格及取得时间				技术职务及取得时间				
联系电话			传真			移动电话		
所申请的鉴定项目类别								
本人工作简历						申请人签字：　　20　　年　　月　　日		

续上表

所在鉴定机构意见	负责人签名： （请盖公章）　　20　　年　月　日	同级公安机关意见	负责人签名： （请盖公章）　　20　　年　月　日
登记管理部门审核意见			负责人签名： （请盖公章）　　20　　年　月　日

附件 3

鉴定人资格年度审验表

姓名		性别		出生年月		民族		贴照片处
所在鉴定机构								
机构地址				邮政编码				
联系电话			传真			移动电话		
取得鉴定资格时间				鉴定项目				
初次取得证书时间				鉴定人资格证书编号				
审验年度工作总结　　本人签字：　　20　　年　月　日								

所在鉴定机构意见	负责人签名： （请盖公章）　　20　　年　月　日	同级公安机关意见	负责人签名： （请盖公章）　　20　　年　月　日
登记管理部门审核意见			负责人签名： （请盖公章）　　20　　年　月　日

附件4

鉴定人资格年度审验不合格通知书

鉴定人资格年度审验不合格通知书 （副本/存根）	鉴定人资格年度审验不合格通知书
字〔20 〕 号	字〔20 〕 号
： 你单位鉴定人＿＿＿＿＿＿＿因违反《公安机关鉴定人登记管理办法》＿＿＿条＿＿＿款之规定，其鉴定人资格年度审验不合格。 特此通知。	： 你单位鉴定人＿＿＿＿＿＿＿因违反《公安机关鉴定人登记管理办法》＿＿＿条＿＿＿款之规定，其鉴定人资格年度审验不合格。 特此通知。
（管理部门章） 20 年 月 日	（管理部门章） 20 年 月 日

附件5

鉴定人资格变更登记申请表

姓名		性别		出生年月		民族		
所在鉴定机构							贴照片处	
机构地址				邮政编码				
联系电话			传真			移动电话		
取得鉴定资格时间				鉴定项目				
初次取得证书时间			鉴定人资格证书编号					
根据《公安机关鉴定人登记管理办法》第十五条之规定，申请变更的事项和理由如下： 本人签字： 20 年 月 日								
所在鉴定机构意见	负责人签名： （请盖公章） 20 年 月 日			同级公安机关意见	负责人签名： （请盖公章） 20 年 月 日			
登记管理部门审核意见	负责人签名： （请盖公章） 20 年 月 日							

附件6

注销鉴定人资格通知书

注销鉴定人资格通知书 （副本/存根） 字〔20　〕　号	注销鉴定人资格通知书 字〔20　〕　号
： 　　你单位鉴定人＿＿＿＿＿＿＿＿违反《公安机关鉴定人登记管理办法》＿＿＿＿＿＿＿条＿＿＿＿＿款之规定，现决定对其鉴定资格予以注销，请协助收回其《鉴定人资格证书》，于接此通知书后的15日内寄至＿＿＿＿＿＿＿＿＿＿＿＿＿＿＿＿。 　　特此通知。 （管理部门章） 20　年　月　日	： 　　你单位鉴定人＿＿＿＿＿＿＿＿违反《公安机关鉴定人登记管理办法》＿＿＿＿＿＿＿条＿＿＿＿＿款之规定，现决定对其鉴定资格予以注销，请协助收回其《鉴定人资格证书》，于接此通知书后的15日内寄至＿＿＿＿＿＿＿＿＿＿＿＿＿＿＿＿。 　　特此通知。 （管理部门章） 20　年　月　日

附件7

申请人/鉴定人复议申请表

姓名		性别		出生年月	
所在鉴定机构					
地址				邮政编码	
联系电话		传真		移动电话	
申请复议的项目类别				申请时间	
申请人因对＿＿＿＿登记管理部门作出的"＿＿＿字〔20　〕＿＿＿号"决定不服而申请复议，主要理由如下： 申请人签名或盖章：　20　年　月　日					
所在鉴定机构意见	负责人签名： （请盖公章）　　20　年　月　日		同级公安机关意见	负责人签名： （请盖公章）　　20　年　月　日	
登记管理部门审核意见				负责人签名： （请盖公章）　　20　年　月　日	

附件8

复议决定通知书

（副本/存根）

字〔20 〕 号

＿＿＿＿＿＿＿的＿＿＿＿＿＿对本登记管理部门的"字〔20 〕 号"决定不服。20 年 月 日收到上述单位＿＿＿＿＿＿的申请复议请求。经集体复议认为，＿＿＿＿＿＿＿＿，根据《公安机关鉴定人登记管理办法》第＿＿＿＿＿＿条之规定，决定＿＿＿＿＿＿＿。

（鉴定机构印）

20 年 月 日

复议时间：

参加复议人员：

批准人：

填发人：

复议决定通知书

字〔20 〕 号

＿＿＿＿＿＿＿＿：

你单位的＿＿＿＿＿＿＿对本登记管理部门作出的"字〔20 〕 号"决定不服而提出的复议请求，于20 年 月 日收到。经集体复议认为，＿＿＿＿＿＿，根据《公安机关鉴定人登记管理办法》第＿＿＿＿＿＿条之规定，决定＿＿＿＿＿＿＿。

（鉴定机构印）

20 年 月 日

附件9

责令改正通知书

（副本/存根）

字〔20 〕 号

＿＿＿＿＿：

你单位鉴定人＿＿＿＿＿＿违反《公安机关鉴定人登记管理办法》＿＿＿＿条＿＿＿＿款之规定，根据有关规定，提出改正意见如下：

（管理部门章）

20 年 月 日

责令改正通知书

字〔20 〕 号

＿＿＿＿＿：

你单位鉴定人＿＿＿＿＿＿违反《公安机关鉴定人登记管理办法》＿＿＿＿条＿＿＿＿款之规定，根据有关规定，提出改正意见如下：

（管理部门章）

20 年 月 日

公安机关鉴定规则

为进一步规范公安机关鉴定工作，适应司法改革对公安机关鉴定工作的新要求，公安部2017年2月16日发布了《公安部关于发布〈公安机关鉴定规则〉和鉴定文书式样的通知》（公通字〔2017〕6 号)。中国共产党第十八届四中全会发布《中共中央关于全面推进依法治国若干重大问题的决定》明确提出了全面推进依法治国的指导思想、总体目标、基本原则,提出要"推进以审判为中心的诉讼制度改革"思路。同时,从 2012 年开始,全国人大对三大诉讼法做了重大修改,在此大背景下我国司法工作迎来了改革的契机,随之启动了"以审判为中心的刑事诉讼制度改革"工作。2016 年 10 月"两高三部"发布了《关于推进以审判为中心的刑事诉讼制度改革的意见》(以下简称《意见》),明确提出了"建立健全符合裁判要求、适应各类案件特点的证据收集指引。探索建立命案等重大案件检查、搜查、辨认、指认等过程录音录像制度。完善技术侦查证据的移送、审查、法庭调查和使用规则以及庭外核实程序。统一司法鉴定标准和程序。完善见证人制度"。"对物证、书证等实物证据,一般应当提取原物、原件,确保证据的真实性。需要鉴定的,应当及时送检。证据之间有矛盾的,应当及时查证。所有证据应当妥善保管,随案移送"。"完善对证人、鉴定人的法庭质证规则。落实证人、鉴定人、侦查人员出庭作证制度,提高出庭作证率"。为此,公安部对实施了近 10 年的《公安机关鉴定规则》进行修订。

修订后的《公安机关鉴定规则》共分 12 章 60 条,增加了"补充鉴定、重新鉴定""出庭作证"两章。在内容上,增加了鉴定人发现违反鉴定程序,检材、样本和其他材料虚假或者鉴定意见错误的,可以向鉴定机构申请撤销鉴定的权利;对鉴定人回避的程序作出了较大调整,增加了程序性、救济性内容;对鉴定委托相关事项也作出了修改,删除了鉴定委托书的具体内容要求,增加了危险样本的鉴定规定;在鉴定实施方面,删除了一些繁琐不必要的规定;增加了重新鉴定、补充鉴定的情形和程序要求;鉴定文书规定为《鉴定书》和《检验报告》两种,删除了《检验意见书》;对鉴定文书制作的程序、内容等做了较大调整;对鉴定人出庭作证的程序、要求做了符合诉讼法的规定;增加了"送检人的法律责任"。

《公安机关鉴定规则》的发布,对于规范公安机关鉴定工作、保证鉴定工作在符合法律、符合诉讼程序上具有重要的意义;对于规范公安机关鉴定机构和鉴定人的鉴定行为,保障鉴定质量、提升鉴定意见的法律效力、证据价值具有重要意义;对于加强公安鉴定队伍建设、提升公安鉴定能力,具有深远的影响。

公安机关鉴定规则
(公通字〔2017〕6 号)

第一章 总 则

第一条 为规范公安机关鉴定工作,保证鉴定质量,维护司法公正,根据《中华人民共和国刑事诉讼法》《中华人民共和国民事诉讼法》《中华人民共和国行政诉讼法》《全国人民代表大会常务委员会关于司法鉴定管理问题的决定》和有关法律法规,结合公安机关工作实际,制定本规则。

第二条 本规则所称的鉴定,是指为解决案(事)件调查和诉讼活动中某些专门性问题,公安机关鉴定机构的鉴定人运用自然科学和社会科学的理论成果与技术方法,对人身、尸体、生物检材、痕迹、文件、视听资料、电子数据及其他相关物品、物质等进行检验、鉴别、分析、判断,并出具鉴定意见或检验结果的科学实证活动。

第三条 本规则所称的鉴定机构,是指根据《公安机关鉴定机构登记管理办法》,经公安机关登记管理部门核准登记,取得鉴定机构资格证书并开展鉴定工作的机构。

第四条 本规则所称的鉴定人,是指根据《公安机关鉴定人登记管理办法》,经公安机关登记管理部门核准登记,取得鉴定人资格证书并从事鉴定工作的专业技术人员。

第五条 公安机关的鉴定工作,是国家司法鉴定工作的重要组成部分。公安机关鉴定机构及其鉴定人依法出具的鉴定文书,可以在刑事司法和行政执法活动,以及事件、事故、自然灾害等调查处置中应用。

第六条 公安机关鉴定机构及其鉴定人应当遵循合法、科学、公正、独立、及时、安全的工作原则。

第七条 公安机关应当保障所属鉴定机构开展鉴定工作所必需的人员编制、基础设施、仪器设备和有关经费等。

第二章 鉴定人的权利与义务

第八条 鉴定人享有下列权利:

(一)了解与鉴定有关的案(事)件情况,开展与鉴定有关的调查、实验等;

(二)要求委托鉴定单位提供鉴定所需的检材、样本和其他材料;

(三)在鉴定业务范围内表达本人的意见;

(四)与其他鉴定人的鉴定意见不一致时,可以保留意见;

(五)对提供虚假鉴定材料或者不具备鉴定条件的,可以向所在鉴定机构提出拒绝鉴定;

(六)发现违反鉴定程序,检材、样本和其他材料虚假或者鉴定意见错误的,可以向所在鉴定机构申请撤销鉴定意见;

(七)法律、法规规定的其他权利。

第九条 鉴定人应当履行下列义务:

(一)遵守国家有关法律、法规;

(二)遵守职业道德和职业纪律;

(三)遵守鉴定工作原则和鉴定技术规程;

(四)按规定妥善接收、保管、移交与鉴定有关的检材、样本和其他材料;

(五)依法出庭作证;

(六)保守鉴定涉及的国家秘密、商业秘密和个人隐私;

(七)法律、法规规定的其他义务。

第三章 鉴定人的回避

第十条 具有下列情形之一的,鉴定人应当自行提出回避申请;没有自行提出回避申请的,有关公安机关负责人应当责令其回避;当事人及其法定代理人也有权要求其回避:

(一)是本案当事人或者当事人的近亲属的;

(二)本人或者其近亲属与本案有利害关系的;

(三)担任过本案证人、辩护人、诉讼代理人的;

(四)担任过本案侦查人员的;

(五)是重新鉴定事项的原鉴定人的;

(六)担任过本案专家证人,提供过咨询意见的;

（七）其他可能影响公正鉴定的情形。

第十一条　鉴定人自行提出回避申请的，应当说明回避的理由；口头提出申请的，公安机关应当记录在案。

当事人及其法定代理人要求鉴定人回避的，应当提出申请，并说明理由；口头提出申请的，公安机关应当记录在案。

第十二条　鉴定人的回避，由县级以上公安机关负责人决定。

第十三条　当事人及其法定代理人对鉴定人提出回避申请的，公安机关应当在收到回避申请后二日以内作出决定并通知申请人；情况复杂的，经县级以上公安机关负责人批准，可以在收到回避申请后五日以内作出决定。

第十四条当事人或者其法定代理人对驳回申请回避的决定不服的，可以在收到驳回申请回避决定书后五日以内向作出决定的公安机关申请复议。

公安机关应当在收到复议申请后五日以内作出复议决定并书面通知申请人。

第十五条　在作出回避决定前，申请或者被申请回避的鉴定人不得停止与申请回避鉴定事项有关的检验鉴定工作。在作出回避决定后，申请或者被申请回避的鉴定人不得再参与申请回避鉴定事项相关的检验鉴定工作。

第四章　鉴定的委托

第十六条　公安机关办案部门对与案（事）件有关需要检验鉴定的人身、尸体、生物检材、痕迹、文件、视听资料、电子数据及其它相关物品、物质等，应当及时委托鉴定。

第十七条　本级公安机关鉴定机构有鉴定能力的，应当委托该机构；超出本级公安机关鉴定机构鉴定项目或者鉴定能力范围的，应当向上级公安机关鉴定机构逐级委托；特别重大案（事）件的鉴定或者疑难鉴定，可以向有鉴定能力的公安机关鉴定机构委托。

第十八条　因技术能力等原因，需要委托公安机关以外的鉴定机构进行鉴定的，应当严格管理。各省级公安机关应当制定对外委托鉴定管理办法以及对外委托鉴定机构和鉴定人名册。

第十九条　委托鉴定单位应当向鉴定机构提交：

（一）鉴定委托书；

（二）证明送检人身份的有效证件；

（三）委托鉴定的检材；

（四）鉴定所需的比对样本；

（五）鉴定所需的其他材料。

委托鉴定单位应当指派熟悉案（事）件情况的两名办案人员送检。

第二十条　委托鉴定单位提供的检材，应当是原物、原件。无法提供原物、原件的，应当提供符合本专业鉴定要求的复印件、复制件。所提供的复印件、复制件应当有复印、复制无误的文字说明，并加盖委托鉴定单位公章。送检的检材、样本应当使用规范包装，标识清楚。

第二十一条　委托鉴定单位及其送检人向鉴定机构介绍的情况、提供的检材和样本应当客观真实，来源清楚可靠。委托鉴定单位应当保证鉴定材料的真实性、合法性。

对受到污染、可能受到污染或者已经使用过的原始检材、样本，应当作出文字说明。

对具有爆炸性、毒害性、放射性、传染性等危险的检材、样本，应当作出文字说明和明显标识，并在排除危险后送检；因鉴定工作需要不能排除危险的，应当采取相应防护措施。不能排除危险或者无法有效防护，可能危及鉴定人员和机构安全的，不得送检。

第二十二条　委托鉴定单位及其送检人不得暗示或者强迫鉴定机构及其鉴定人作出某种鉴定意见。

第二十三条　具有下列情形之一的，公安机关办案部门不得委托该鉴定机构进行鉴定：

（一）未取得合法鉴定资格证书的；

（二）超出鉴定项目或者鉴定能力范围的；

（三）法律、法规规定的其他情形。

第五章　鉴定的受理

第二十四条　鉴定机构可以受理下列委托鉴定：

（一）公安系统内部委托的鉴定；

（二）人民法院、人民检察院、国家安全机关、司法行政机关、军队保卫部门，以及监察、海关、工商、税务、审计、卫生计生等其他行政执法机关委托的鉴定；

（三）金融机构保卫部门委托的鉴定；

（四）其他党委、政府职能部门委托的鉴定。

第二十五条　鉴定机构应当在公安机关登记管理部门核准的鉴定项目范围内受理鉴定事项。

第二十六条　鉴定机构可以内设专门部门或者专门人员负责受理委托鉴定工作。

第二十七条　鉴定机构受理鉴定时，按照下列程序办理：

（一）查验委托主体和委托文件是否符合要求；

（二）听取与鉴定有关的案（事）件情况介绍；

（三）查验可能具有爆炸性、毒害性、放射性、传染性等危险的检材或者样本，对确有危险的，应当采取措施排除或者控制危险。

（四）核对检材和样本的名称、数量和状态，了解检材和样本的来源、采集和包装方法等；

（五）确认是否需要补送检材和样本；

（六）核准鉴定的具体要求；

（七）鉴定机构受理人与委托鉴定单位送检人共同填写鉴定事项确认书，一式两份，鉴定机构和委托鉴定单位各持一份。

第二十八条　鉴定事项确认书应当包括下列内容：

（一）鉴定事项确认书编号；

（二）鉴定机构全称和受理人姓名；

（三）委托鉴定单位全称和委托书编号；

（四）送检人姓名、职务、证件名称及号码和联系电话；

（五）鉴定有关案（事）件名称、案件编号；

（六）案（事）件情况摘要；

（七）收到的检材和样本的名称、数量、性状、包装，检材的提取部位和提取方法等情况；

（八）鉴定要求；

（九）鉴定方法和技术规范；

（十）鉴定机构与委托鉴定单位对鉴定时间以及送检检材和样本等使用、保管、取回事项进行约定，并由送检人和受理人分别签字。

第二十九条 鉴定机构对检验鉴定可能造成检材、样本损坏或者无法留存的，应当事先征得委托鉴定单位同意，并在鉴定事项确认书中注明。

第三十条 具有下列情形之一的，鉴定机构不予受理：

（一）超出本规则规定的受理范围的；

（二）违反鉴定委托程序的；

（三）委托其他鉴定机构正在进行相同内容鉴定的；

（四）超出本鉴定机构鉴定项目范围或者鉴定能力的；

（五）检材、样本不具备鉴定条件的或危险性未排除的；

（六）法律、法规规定的其他情形。

鉴定机构对委托鉴定不受理的，应当经鉴定机构负责人批准，并向委托鉴定单位出具《不予受理鉴定告知书》。

第六章 鉴定的实施

第三十一条 鉴定工作实行鉴定人负责制度。鉴定人应当独立进行鉴定。

鉴定的实施，应当由两名以上具有本专业鉴定资格的鉴定人负责。

第三十二条 必要时，鉴定机构可以聘请本机构以外的具有专门知识的人员参与，为鉴定提供专家意见。

第三十三条 鉴定机构应当在受理鉴定委托之日起十五个工作日内作出鉴定意见，出具鉴定文书。法律法规、技术规程另有规定，或者侦查破案、诉讼活动有特别需要，或者鉴定内容复杂、疑难及检材数量较大的，鉴定机构可以与委托鉴定单位另行约定鉴定时限。

需要补充检材、样本的，鉴定时限从检材、样本补充齐全之日起计算。

第三十四条 实施鉴定前，鉴定人应当查看鉴定事项确认书，核对受理鉴定的检材和样本，明确鉴定任务和鉴定方法，做好鉴定的各项准备工作。

第三十五条 鉴定人应当按照本专业的技术规范和方法实施鉴定，并全面、客观、准确地记录鉴定的过程、方法和结果。

多人参加鉴定，鉴定人有不同意见的，应当注明。

第三十六条 具有下列情形之一的，鉴定机构及其鉴定人应当中止鉴定：

（一）因存在技术障碍无法继续进行鉴定的；

（二）需补充鉴定材料无法补充的；

（三）委托鉴定单位书面要求中止鉴定的；

（四）因不可抗力致使鉴定无法继续进行的；

（五）委托鉴定单位拒不履行鉴定委托书规定的义务，被鉴定人拒不配合或者鉴定活动受到严重干扰，致使鉴定无法继续进行的。

中止鉴定原因消除后，应当继续进行鉴定。鉴定时限从批准继续鉴定之日起重新计算。

中止鉴定或者继续鉴定，由鉴定机构负责人批准。

第三十七条　中止鉴定原因确实无法消除的，鉴定机构应当终止鉴定，将有关检材和样本等及时退还委托鉴定单位，并出具书面说明。

终止鉴定，由鉴定机构负责人批准。

第三十八条　根据鉴定工作需要，省级以上公安机关可以依托所属鉴定机构按鉴定专业设立鉴定专家委员会。

鉴定专家委员会应当根据本规则规定，按照鉴定机构的指派对辖区有争议和疑难鉴定事项提供专家意见。

第三十九条　鉴定专家委员会的成员应当具有高级专业技术资格或者职称。

鉴定专家委员会可以聘请公安机关外的技术专家。

鉴定专家委员会组织实施鉴定时，相同专业的鉴定专家人数应当是奇数且不得少于三人。

第四十条　对鉴定意见，办案人员应当进行审查。

对经审查作为证据使用的鉴定意见，公安机关应当及时告知犯罪嫌疑人、被害人或者其法定代理人。

第四十一条　犯罪嫌疑人、被害人对鉴定意见有异议提出申请，以及办案部门或者办案人员对鉴定意见有疑义的，公安机关可以将鉴定意见送交其他有专门知识的人员提出意见。必要时，询问鉴定人并制作笔录附卷。

第七章　补充鉴定、重新鉴定

第四十二条　对有关人员提出的补充鉴定申请，经审查，发现有下列情形之一的，经县级以上公安机关负责人批准，应当补充鉴定：

（一）鉴定内容有明显遗漏的；

（二）发现新的有鉴定意义的证物的；

（三）对鉴定证物有新的鉴定要求的；

（四）鉴定意见不完整，委托事项无法确定的；

（五）其他需要补充鉴定的情形。

经审查，不存在上述情形的，经县级以上公安机关负责人批准，作出不准予补充鉴定的决定，并在作出决定后三日以内书面通知申请人。

第四十三条　对有关人员提出的重新鉴定申请，经审查，发现有下列情形之一的，经县级以上公安机关负责人批准，应当重新鉴定：

（一）鉴定程序违法或者违反相关专业技术要求的；

（二）鉴定机构、鉴定人不具备鉴定资质和条件的；

（三）鉴定人故意作出虚假鉴定或者违反回避规定的；

（四）鉴定意见依据明显不足的；

（五）检材虚假或者被损坏的；

（六）其他应当重新鉴定的情形。

重新鉴定，应当另行指派或者聘请鉴定人。

经审查，不存在上述情形的，经县级以上公安机关负责人批准，作出不准予重新鉴定的决定，并在作出决定后三日以内书面通知申请人。

第四十四条 进行重新鉴定,可以另行委托其他鉴定机构进行鉴定。鉴定机构应当从列入鉴定人名册的鉴定人中,选择与原鉴定人专业技术资格或者职称同等以上的鉴定人实施。

第八章 鉴定文书

第四十五条 鉴定文书分为《鉴定书》和《检验报告》两种格式。

客观反映鉴定的由来、鉴定过程,经过检验、论证得出鉴定意见的,出具《鉴定书》。

客观反映鉴定的由来、鉴定过程,经过检验直接得出检验结果的,出具《检验报告》。

鉴定后,鉴定机构应当出具鉴定文书,并由鉴定人及授权签字人在鉴定文书上签名,同时附上鉴定机构和鉴定人的资质证明或者其他证明文件。

第四十六条 鉴定文书应当包括:

(一)标题;

(二)鉴定文书的唯一性编号和每一页的标识;

(三)委托鉴定单位名称、送检人姓名;

(四)鉴定机构受理鉴定委托的日期;

(五)案件名称或者与鉴定有关的案(事)件情况摘要;

(六)检材和样本的描述;

(七)鉴定要求;

(八)鉴定开始日期和实施鉴定的地点;

(九)鉴定使用的方法;

(十)鉴定过程;

(十一)《鉴定书》中应当写明必要的论证和鉴定意见,《检验报告》中应当写明检验结果;

(十二)鉴定人的姓名、专业技术资格或者职称、签名;

(十三)完成鉴定文书的日期;

(十四)鉴定文书必要的附件;

(十五)鉴定机构必要的声明。

第四十七条 鉴定文书的制作应当符合以下要求:

(一)鉴定文书格式规范、文字简练、图片清晰、资料齐全、卷面整洁、论证充分、表述准确;使用规范的文字和计量单位。

(二)鉴定文书正文使用打印文稿,并在首页唯一性编号和末页成文日期上加盖鉴定专用章。鉴定文书内页纸张两页以上的,应当在内页纸张正面右侧边缘中部骑缝加盖鉴定专用章。

(三)鉴定文书制作正本、副本各一份。正本交委托鉴定单位,副本由鉴定机构存档。

(四)鉴定文书存档文件包括:鉴定文书副本、审批稿、检材和样本照片或者检材和样本复制件、检验记录、检验图表、实验记录、鉴定委托书、鉴定事项确认书、鉴定文书审批表等资料。

(五)补充鉴定或者重新鉴定的,应当单独制作鉴定文书。

第四十八条 鉴定机构应当指定授权签字人、实验室负责人审核鉴定文书。审批签发鉴定文书,应当逐一审验下列内容:

(一)鉴定主体是否合法;

（二）鉴定程序是否规范；

（三）鉴定方法是否科学；

（四）鉴定意见是否准确；

（五）文书制作是否合格；

（六）鉴定资料是否完备。

第四十九条　鉴定文书制作完成后，鉴定机构应当及时通知委托鉴定单位领取，或者按约定的方式送达委托鉴定单位。

委托鉴定单位应当在约定时间内领取鉴定文书。

鉴定文书和相关检材、样本的领取情况，由领取人和鉴定机构经办人分别签字。

第五十条　委托鉴定单位有要求的，鉴定机构应当向其解释本鉴定意见的具体含义和使用注意事项。

第九章　鉴定资料和检材样本的管理

第五十一条　鉴定机构和委托鉴定单位应当在职责范围内妥善管理鉴定资料和相应检材、样本。

第五十二条　具有下列情形之一的，鉴定完成后应当永久保存鉴定资料：

（一）涉及国家秘密没有解密的；

（二）未破获的刑事案件；

（三）可能或者实际被判处有期徒刑十年以上、无期徒刑、死刑的案件；

（四）特别重大的火灾、交通事故、责任事故和自然灾害；

（五）办案部门或者鉴定机构认为有永久保存必要的；

（六）法律、法规规定的其他情形。

其他案（事）件的鉴定资料保存三十年。

第十章　出庭作证

第五十三条　公诉人、当事人或者辩护人、诉讼代理人对鉴定意见有异议，经人民法院依法通知的，公安机关鉴定人应当出庭作证。

第五十四条　鉴定人出庭作证时，应当依法接受法庭质证，回答与鉴定有关的询问。

第五十五条　公安机关应当对鉴定人出庭作证予以保障，并保证鉴定人的安全。

第十一章　鉴定工作纪律与责任

第五十六条　鉴定人应当遵守下列工作纪律：

（一）不得擅自受理任何机关、团体和个人委托的鉴定；

（二）不得擅自参加任何机关、团体和个人组织的鉴定活动；

（三）不得违反规定会见当事人及其代理人；

（四）不得接受当事人及其代理人的宴请或者礼物；

（五）不得擅自向当事人及其代理人或者其他无关人员泄露鉴定事项的工作情况；

（六）不得违反检验鉴定技术规程要求；

（七）不得以任何形式泄露委托鉴定涉及的国家秘密、商业秘密和个人隐私；

（八）不得在其他面向社会提供有偿鉴定服务的组织中兼职。

第五十七条 鉴定机构及其鉴定人违反本规则有关规定，情节轻微的，按照《公安机关鉴定机构登记管理办法》、《公安机关鉴定人登记管理办法》有关规定处理。

第五十八条 鉴定人在鉴定工作中玩忽职守、以权谋私、收受贿赂，或者故意损毁检材、泄露鉴定意见情节、后果严重的，或者故意作虚假鉴定、泄露国家秘密的，依据有关法律、法规进行处理；构成犯罪的，依法追究刑事责任。

第五十九条 送检人具有以下行为的，依照有关规定追究相应责任：

（一）暗示、强迫鉴定机构、鉴定人作出某种鉴定意见，导致冤假错案或者其他严重后果的；

（二）故意污染、损毁、调换检材的；

（三）因严重过失致使检材污染、减损、灭失，导致无法鉴定或者作出错误鉴定的；

（四）未按照规定对检材排除风险或者作出说明，危及鉴定人、鉴定机构安全的。

第十二章　附　则

第六十条 本规则自发布之日起施行。此前有关规定与本规则不一致的，以本规则为准。

公安部令

（第 83 号）

《公安机关鉴定机构登记管理办法》已经 2005 年 11 月 7 日公安部部长办公会议通过，现予发布，自 2006 年 3 月 1 日起施行。

2005 年 12 月 29 日

公安机关鉴定机构登记管理办法

第一章　总　则

第一条 为规范公安机关鉴定机构资格登记管理工作，适应打击犯罪、保护人民、维护社会治安稳定和司法公正的需要，根据《全国人民代表大会常务委员会关于司法鉴定管理问题的决定》和有关法律、法规，结合公安机关实际，制定本办法。

第二条 本办法所称公安机关鉴定机构（以下简称鉴定机构），是指公安机关及其所属的科研机构、院校、医院和专业技术协会等依法设立并开展鉴定工作的组织。

第三条 本办法所称的鉴定，是指公安机关鉴定机构及其鉴定人为解决案（事）件中的专门性问题，运用自然科学、社会科学理论和成果，依法对有关的人身、尸体、生物检材、痕迹、物品等，进行检验、出具鉴定意见的科学实证活动。

第四条　鉴定机构的登记管理工作应当根据国家有关法律法规和本办法的规定，遵循严格、公正、及时的原则，保证登记管理工作的规范、有序、高效。

第二章　登记管理部门

第五条　公安部和各省、自治区、直辖市公安厅、局设立或者指定统一的登记管理部门，负责鉴定机构资格的审核登记、延续、变更、注销、复议、名册编制与公告、监督管理与处罚等。

第六条　公安部登记管理部门负责各省、自治区、直辖市公安厅、局，以及部属科研机构、院校和专业技术协会的鉴定机构的登记管理工作。

省、自治区、直辖市公安厅、局登记管理部门负责所属地市级、县级公安机关，以及省级公安机关所属院校、医院和专业技术协会的鉴定机构的登记管理工作。

第七条　登记管理部门不得收取鉴定资格登记申请单位和鉴定机构的任何登记管理费用。

登记管理部门的有关业务经费分别列入公安部和各省、自治区、直辖市公安厅、局的年度经费预算。

第三章　资格登记

第八条　鉴定机构经登记管理部门核准登记，取得《鉴定机构资格证书》，方可进行鉴定工作。

《鉴定机构资格证书》由公安部统一制发。

《鉴定机构资格证书》分为正本和副本，正本和副本具有同等的法律效力。《鉴定机构资格证书》正本悬挂于鉴定机构住所内醒目位置，副本主要供外出办理鉴定有关业务时使用。

《鉴定机构资格证书》有效期限为五年，自颁发之日起计算。

第九条　鉴定机构登记的事项包括：名称、住所、法定代表人或主要负责人、鉴定人、鉴定业务范围、注册固定资产、使用技术标准目录等。

第十条　单位申请设立鉴定机构，应当具备下列条件：

（一）有单位名称和固定住所；

（二）有适合鉴定工作的办公和业务用房；

（三）有明确的鉴定业务范围；

（四）有在业务范围内进行鉴定必须的仪器、设备；

（五）有在业务范围内进行鉴定必须的依法通过计量认证或者实验室认可的实验室；

（六）有在业务范围内进行鉴定必须的资金保障；

（七）有开展该鉴定项目的三名以上的鉴定人；

（八）有完备的检验鉴定工作管理制度。

第十一条　单位申请设立鉴定机构，应当向登记管理部门提交与本单位有关的下列材料：

（一）《鉴定机构资格登记申请表》；

（二）所有鉴定人的名册；

(三)所有鉴定人的专业技术职务或者资格证书、学历证书的复印件；

(四)办公和业务用房的平面比例图；

(五)检验鉴定的仪器设备登记表；

(六)检验鉴定采用的技术标准目录；

(七)鉴定机构内部管理工作制度；

(八)鉴定机构的法人代表证明，或者同级公安机关负责人关于保证鉴定人独立开展鉴定工作的书面承诺；

(九)应当提交的其他材料。

第十二条 地市级以上公安机关的鉴定机构可以申报登记开展下列检验鉴定项目：

(一)法医类检验鉴定，包括法医临床、法医物证(可以单独申报开展 DNA 检测)、法医病理、法医人类学和法医毒理等检验鉴定；

(二)痕迹检验鉴定，包括手印、足迹、工具、枪弹痕迹、车辆痕迹和号码、玻璃制品、纺织品、锁具和钥匙、牲畜蹄迹、整体分离痕迹和其他特殊痕迹物证的检验鉴定；

(三)理化检验鉴定，包括毒物、毒品、药品、炸药、爆炸残留物、塑料、橡胶、油漆、纤维、助燃剂和其他微量物质的检验鉴定；

(四)文件检验鉴定，包括笔迹、印章、伪造货币、证件、票据、污损文件、印刷文件和打印文件等检验鉴定；

(五)声像资料检验鉴定，包括场所、物证和人相等照片、录像检验，以及语音分析与识别、视听资料等检验鉴定；

(六)电子证据检验鉴定，包括对计算机存储设备和其他电子设备中存储的电子数据的检验鉴定；

(七)心理测试，利用仪器设备对人个体进行心理分析；

(八)警犬鉴别，利用警用工作犬对人个体气味进行辨识。

根据科学技术发展和公安工作需要，鉴定机构可以申请开展其他鉴定项目。

第十三条 县级公安机关的鉴定机构可以申报登记开展下列检验鉴定项目：

(一)法医类检验鉴定，包括法医临床、法医物证等检验鉴定；

(二)痕迹检验鉴定，包括手印、足迹、工具、车辆痕迹和号码、锁具和钥匙等的检验鉴定；

(三)文件检验鉴定，包括印章、证件、票据等检验鉴定；

(四)声像资料检验鉴定，包括场所、物证和人相等照片、录像检验等检验鉴定；

(五)心理测试，利用仪器设备对人个体进行心理分析；

(六)警犬鉴别，利用警用工作犬对人个体气味进行辨识。

第十四条 省、自治区、直辖市公安厅、局，部属科研机构、院校、医院和专业技术协会等申请设立鉴定机构，应当向公安部登记管理部门提交申请材料。

省、自治区、直辖市公安厅、局所属科研机构、院校、医院和专业技术协会，以及地市级公安机关申请设立鉴定机构，应当向所在省、自治区、直辖市公安厅、局登记管理部门提交申请材料。

县级公安机关申请设立鉴定机构，应当由地市级公安机关向所在省、自治区、直辖市公安厅、局登记管理部门提交申请材料。

第十五条　登记管理部门收到申请登记材料后，应当在二十日内作出是否准予登记的决定，情况特殊的，可以延长至三十日。提交申请材料不全的，期限从补齐材料之日起计算。

登记管理部门对一个单位内部设立两个以上鉴定机构的，应当严格控制。

登记管理部门对符合登记条件的，应当作出准予登记的决定，在期限内颁发《鉴定机构资格证书》；对不符合登记条件的，作出不予登记的决定。

第四章　资格的延续、变更与注销

第十六条　《鉴定机构资格证书》有效期限届满需要延续的，鉴定机构应当在有效期限届满三十日前向登记管理部门报送《公安机关鉴定机构资格延续登记申请表》。

第十七条　登记管理部门收到延续登记申请后，应当在二十日内作出是否准予延续登记的决定。准予延续登记的，重新颁发《鉴定机构资格证书》。

第十八条　有下列情形之一的，应当向原登记管理部门申请变更登记。

(一)变更鉴定机构住所的；

(二)变更鉴定机构主要负责人的；

(三)变更鉴定机构的鉴定专业的；

(四)变更鉴定机构名称的。

鉴定机构申请变更登记，应当提交《公安机关鉴定机构资格变更登记申请表》。

第十九条　登记管理部门收到鉴定机构变更登记申请后，应当在十五日内作出是否准予变更登记的决定。准予变更登记的，重新颁发《鉴定机构资格证书》。

第二十条　鉴定机构有下列情形之一的，应当主动向登记管理部门申请注销鉴定资格，登记管理部门也可以直接注销其鉴定资格：

(一)鉴定人人数达不到登记条件的；

(二)因技术用房、仪器设备、鉴定人能力的缺陷已无法保证鉴定质量的；

(三)年度考核不合格的；

(四)由于管理不善鉴定人出具错误的同一认定鉴定意见，或者鉴定人故意出具虚假鉴定意见的；

(五)提供虚假申报材料骗取登记的；

(六)因主管部门变化需要注销登记的；

(七)《鉴定机构资格证书》有效期限届满，未申请延续的；

(八)法律、法规规定的其他情形。

第二十一条　鉴定机构的鉴定资格注销后，登记管理部门应当向鉴定机构的主管部门发出《注销鉴定机构资格通知书》，收回《鉴定机构资格证书》。

第二十二条　被注销鉴定资格的鉴定机构，经改正后符合登记条件的，可以重新申请登记。

第五章　复议

第二十三条　鉴定机构对登记管理部门作出不予登记、不予延续登记、不予变更登记或者注销登记的决定不服的，可以在收到相应通知后三十日内向登记管理部门申请复议。

第二十四条　登记管理部门收到有关复议申请后，应当以集体研究方式进行复议，在十五日内作出复议决定，并在十日内将《复议决定通知书》送达申请复议的单位。

第六章　名册编制与公告

第二十五条　各省、自治区、直辖市公安厅、局登记管理部门，应当将本地鉴定机构登记情况报公安部登记管理部门备案。

第二十六条　公安部登记管理部门应当将已经准予登记的鉴定机构统一编入《公安机关鉴定机构名册》。

公安部登记管理部门应当及时向最高人民法院、最高人民检察院抄送《公安机关鉴定机构名册》以及鉴定机构资格变更、注销的情况。

第二十七条　登记管理部门应当建立鉴定机构档案。

鉴定机构档案包括本办法第十一条第（一）至（九）项，以及资格的延续、变更、注销等资料。

第二十八条　登记管理部门应当在公安部公报和人民公安报上对《公安机关鉴定机构名册》和鉴定机构变更、注销情况进行公告。必要时，还应当提供给其他全国范围内发行的报纸刊登。

第七章　监督管理与处罚

第二十九条　登记管理部门应当对鉴定机构进行年度考核。考核内容包括：

（一）鉴定的基础设施和工作环境情况；

（二）鉴定用仪器设备的配置、维护和使用情况；

（三）鉴定工作业绩情况；

（四）鉴定人技能培训情况；

（五）鉴定文书档案和证物保管情况；

（六）鉴定工作规章制度和执行情况；

（七）遵守鉴定程序、技术标准和鉴定质量管理情况等。

第三十条　登记管理部门对公民、法人和其他组织举报、投诉鉴定机构的，应当及时进行调查，并根据调查结果依法进行处理。

第三十一条　登记管理部门对鉴定机构违反本办法的，可以下达《责令改正通知书》，责令其在三个月内改正。

第三十二条　鉴定机构出具错误鉴定意见、发生重大责任事故，应当在发现鉴定意见错误、发生重大责任事故三日内，向登记管理部门书面报告。

省级登记管理部门接到鉴定意见错误、发生重大责任事故书面报告后，应当及时将情况上报公安部登记管理部门。

第三十三条　鉴定机构有下列情形之一的，登记管理部门应当立即暂停其部分鉴定业务或者全部鉴定业务：

（一）不能保证鉴定质量的；

（二）无法完成所登记的鉴定业务的；

（三）仪器设备不符合鉴定要求的；

（四）未按规定办理变更登记手续的；

（五）擅自增加鉴定项目或者扩大受理鉴定范围的。

被暂停的鉴定业务，鉴定机构不得出具鉴定意见。

第三十四条　鉴定机构有下列情形之一的，登记管理部门应当予以通报批评：

（一）出现错误鉴定意见的；

（二）因过错鉴定资格被注销的；

（三）发现鉴定意见错误或者发生重大责任事故不及时报告的；

（四）登记管理部门限期改正逾期不改的；

（五）擅自增加收费项目或者提高收费标准的。

第三十五条　鉴定机构有下列情形之一的，登记管理部门将视情建议有关部门对有关责任人给予相应的行政处罚；构成犯罪的，依法追究其刑事责任：

（一）弄虚作假，出具错误鉴定意见，造成严重后果，导致冤假错案的；

（二）在应当知道具有危险、危害的情况下，强行要求鉴定人员进行检验鉴定，造成人身伤害、财产损坏、环境污染等重大责任事故的。

第八章　附则

第三十六条　铁路、交通、民航、森林公安机关及海关缉私部门的鉴定机构登记管理工作，依照本办法规定向所在地公安机关登记管理部门申请登记。

第三十七条　本办法自 2006 年 3 月 1 日起施行。本办法实施以前公安部发布的规章中的有关规定与本办法不一致的，以本办法为准。

附件1

鉴定机构资格证书

字〔20　　〕　　号

鉴定机构全称：

法定代表人或机构负责人：

鉴定业务范围：

鉴定项目：

发证机关：

发证日期：20　　年　　月　　日

有效期至：20　　年　　月　　日

附件2

鉴定机构资格登记申请表

申报单位(盖章):　　　　　　　　　　　　　　　　填报日期:20　　年 月 日

机构全称			联系电话	
地址			传真	
网址			邮编	
法定代表人		行政职务		技术职务	
机构负责人		行政职务		技术职务	
申请登记业务范围					
申请登记的鉴定项目					
县或市级公安机关意见	负责人签名: 20　　年 月 日		市或省级公安机关意见	负责人签名: 20　　年 月 日	

附件3

申请设立鉴定机构单位专业技术人员名册

序号	姓名	性别	出生年月	文化程度	从事专业	从事专业年限	专业技术资格	技术职务等级		备注
								鉴定官	法医官	

附件4

申请设立鉴定机构单位仪器设备登记表

填报单位(盖章):

序号	仪器设备(固定资产)的名称	购入日期	单位	数量	价值万元	主要用途	性能状态或计量检测情况
		年　　月					
		年　　月					
		年　　月					
		年　　月					
		年　　月					
		年　　月					
		年　　月					
		年　　月					
		年　　月					
		年　　月					
		年　　月					
		年　　月					
		年　　月					
		年　　月					

机构负责人签字:　　　　　填报人签字:　　　　　　　填报日期:20　　年　月　日

附件5

申请设立鉴定机构单位采用技术标准目录

序号	技术标准名称	标准编号	国家标准	行业标准	强制性	推荐性	采用时间
							年　　月
							年　　月
							年　　月
							年　　月
							年　　月
							年　　月
							年　　月

续上表

序号	技术标准名称	标准编号	国家标准	行业标准	强制性	推荐性	采用时间
							年　　月
							年　　月
							年　　月
							年　　月
							年　　月
							年　　月
							年　　月
							年　　月

附件6

公安机关鉴定机构资格延续登记申请表

申报单位(盖章)：　　　　　　　　　　　　　　　填报日期：20　年　月　日

机构全称				联系电话	
地址				传真	
网址				邮编	
法定代表人		行政职务		技术职务	
机构负责人		行政职务		技术职务	
鉴定机构资格证号	字〔20　　〕　号		申请延续至	20　年　月　日	
延续登记 业务范围					
延续登记鉴定项目					
县或市级公安机关意见	负责人签名： 20　年　月　日		市或省级公安机关意见	负责人签名： 20　年　月　日	
登记管理部门意见				负责人签名： 20　年　月　日	

附件7

公安机关鉴定机构资格变更登记申请表

申报单位(盖章)：　　　　　　　　　　　　　　　填报日期：20　年　月　日

机构全称			联系电话	
地址			传真	
网址			邮编	
法定代表人		行政职务		技术职务	
机构负责人		行政职务		技术职务	
鉴定机构资格证号	字〔20　〕　号		实际变更日期	20　年 月 日

变更事项及主要理由：

延续登记鉴定项目	
县或市级公安机关意见	负责人签名： 20　年 月 日
市或省级公安机关意见	负责人签名： 20　年 月 日
登记管理部门意见	(同意变更的新证号为：　字〔20　〕　号) 负责人签名： 20　年 月 日

附件8

<table>
<tr><td>

注销鉴定机构资格通知书

(副本/存根)

字〔20　〕　号

：

　　因你单位所属的_____违反《公安机关鉴定机构登记管理办法》_____条_____款之规定，现决定注销其鉴定资格，请协助收回该鉴定机构的《鉴定机构资格证书》。

　　特此通知。

(管理部门章)
20　年 月 日

</td><td>

注销鉴定机构资格通知书

字〔20　〕　号

：

　　因你单位所属的_____违反《公安机关鉴定机构登记管理办法》_____条_____款之规定，现决定注销其鉴定资格，请协助收回该鉴定机构的《鉴定机构资格证书》。

　　特此通知。

(管理部门章)
20　年 月 日

</td></tr>
</table>

附件9

复议决定通知书

（副本/存根）

字〔20　　〕　　号

_____对本登记管理部门
作出的"　　字〔20　　〕　　号"决定不服。20
　　年　月　　日收到上述鉴定机构的申请复议请
求。经复议认为，_____，根据《公安机关
鉴定机构登记管理办法》第_____条之规定，决定
_____。

（鉴定机构印）
20　　年　月　日

复议时间：
参加复议人员：
批准人：
填发人：

复议决定通知书

（副本/存根）

字〔20　　〕　　号

_____对本登记管理部门
作出的"　　字〔20　　〕　　号"决定不服。20
　　年　月　　日收到上述鉴定机构的申请复议请
求。经复议认为，_____，根据《公安机关
鉴定机构登记管理办法》第_____条之规定，决定
_____。

（鉴定机构印）
20　　年　月　日

附件10

责令改正通知书

（副本/存根）

字〔20　　〕　　号

：
你单位违反《公安机关鉴定登记管理办法》
_____条_____款之规定。
根据有关规定，提出改正意见如下：

（管理部门章）
20　　年　月　日

责令改正通知书

（副本/存根）

字〔20　　〕　　号

：
你单位违反《公安机关鉴定登记管理办法》
_____条_____款之规定。
根据有关规定，提出改正意见如下：

（管理部门章）
20　　年　月　日

公安部、卫生部令

（第115号）

　　《吸毒成瘾认定办法》已经2010年11月19日公安部部长办公会议通过，并经卫生部同意，现予发布，自2011年4月1日起施行。

公安部部长　孟建柱
卫生部部长　陈　竺
2011年1月30日

吸毒成瘾认定办法

第一条　为规范吸毒成瘾认定工作，科学认定吸毒成瘾人员，依法对吸毒成瘾人员采取戒毒措施和提供戒毒治疗，根据《中华人民共和国禁毒法》，制定本办法。

第二条　本办法所称吸毒成瘾，是指吸毒人员因反复使用毒品而导致的慢性复发性脑病，表现为不顾不良后果、强迫性寻求及使用毒品的行为，同时伴有不同程度的个人健康及社会功能损害。

第三条　本办法所称吸毒成瘾认定，是指公安机关或者其委托的戒毒医疗机构通过对吸毒人员进行人体生物样本检测、收集其吸毒证据或者根据生理、心理、精神的症状、体征等情况，判断其是否成瘾以及是否成瘾严重的工作。

本办法所称戒毒医疗机构，是指符合《戒毒医疗服务管理暂行办法》规定的专科戒毒医院和设有戒毒治疗科室的其他医疗机构。

第四条　公安机关在执法活动中发现吸毒人员，应当进行吸毒成瘾认定；因技术原因认定有困难的，可以委托有资质的戒毒医疗机构进行认定。

第五条　承担吸毒成瘾认定工作的戒毒医疗机构，由省级卫生行政部门会同同级公安机关指定。

第六条　公安机关认定吸毒成瘾，应当由两名以上人民警察进行，并在作出人体生物样本检测结论的二十四小时内提出认定意见，由认定人员签名，经所在单位负责人审核，加盖所在单位印章。

有关证据材料，应当作为认定意见的组成部分。

第七条　吸毒人员同时具备以下情形的，公安机关认定其吸毒成瘾：

（一）经人体生物样本检测证明其体内含有毒品成分；

（二）有证据证明其有使用毒品行为；

（三）有戒断症状或者有证据证明吸毒史，包括曾经因使用毒品被公安机关查处或者曾经进行自愿戒毒等情形。

戒断症状的具体情形，参照卫生部制定的《阿片类药物依赖诊断治疗指导原则》和《苯丙胺类药物依赖诊断治疗指导原则》确定。

第八条　吸毒成瘾人员具有下列情形之一的，公安机关认定其吸毒成瘾严重：

（一）曾经被责令社区戒毒、强制隔离戒毒（含《禁毒法》实施以前被强制戒毒或者劳教戒毒）、社区康复或者参加过戒毒药物维持治疗，再次吸食、注射毒品的；

（二）有证据证明其采取注射方式使用毒品或者多次使用两类以上毒品的；

（三）有证据证明其使用毒品后伴有聚众淫乱、自伤自残或者暴力侵犯他人人身、财产安全等行为的。

第九条　公安机关在吸毒成瘾认定过程中实施人体生物样本检测，依照公安部制定的《吸毒检测程序规定》的有关规定执行。

第十条　公安机关承担吸毒成瘾认定工作的人民警察，应当同时具备以下条件：

（一）具有二级警员以上警衔及两年以上相关执法工作经历；

（二）经省级公安机关、卫生行政部门组织培训并考核合格。

第十一条　公安机关委托戒毒医疗机构进行吸毒成瘾认定的，应当在吸毒人员末次吸毒的七十二小时内予以委托并提交委托函。超过七十二小时委托的，戒毒医疗机构可以不予受理。

第十二条　承担吸毒成瘾认定工作的戒毒医疗机构及其医务人员，应当依照《戒毒医疗服务管理暂行办法》的有关规定进行吸毒成瘾认定工作。

第十三条　戒毒医疗机构认定吸毒成瘾，应当由两名承担吸毒成瘾认定工作的医师进行。

第十四条　承担吸毒成瘾认定工作的医师，应当同时具备以下条件：

（一）符合《戒毒医疗服务管理暂行办法》的有关规定；

（二）从事戒毒医疗工作不少于三年；

（三）具有中级以上专业技术职务任职资格。

第十五条　戒毒医疗机构对吸毒人员采集病史和体格检查时，委托认定的公安机关应当派有关人员在场协助。

第十六条　戒毒医疗机构认为需要对吸毒人员进行人体生物样本检测的，委托认定的公安机关应当协助提供现场采集的检测样本。

戒毒医疗机构认为需要重新采集其他人体生物检测样本的，委托认定的公安机关应当予以协助。

第十七条　戒毒医疗机构使用的检测试剂，应当是经国家食品药品监督管理局批准的产品，并避免与常见药物发生交叉反应。

第十八条　戒毒医疗机构及其医务人员应当依照诊疗规范、常规和有关规定，结合吸毒人员的病史、精神症状检查、体格检查和人体生物样本检测结果等，对吸毒人员进行吸毒成瘾认定。

第十九条　戒毒医疗机构应当自接受委托认定之日起三个工作日内出具吸毒成瘾认定报告，由认定人员签名并加盖戒毒医疗机构公章。认定报告一式二份，一份交委托认定的公安机关，一份留存备查。

第二十条　委托戒毒医疗机构进行吸毒成瘾认定的费用由委托单位承担。

第二十一条　各级公安机关、卫生行政部门应当加强对吸毒成瘾认定工作的指导和管理。

第二十二条　任何单位和个人不得违反规定泄露承担吸毒成瘾认定工作相关工作人员及被认定人员的信息。

第二十三条　公安机关、戒毒医疗机构以及承担认定工作的相关人员违反本办法规定的，依照有关法律法规追究责任。

第二十四条　本办法自 2011 年 4 月 1 日起施行。

吸毒检测程序规定

（2009 年 9 月 27 日中华人民共和国公安部令第 110 号发布，根据 2016 年 12 月 16 日公安部令第 141 号《公安部关于修改〈吸毒检测程序规定〉的决定》修订）

第一条　为规范公安机关吸毒检测工作，保护当事人的合法权益，根据《中华人民共和国禁毒法》《戒毒条例》等有关法律规定，制定本规定。

第二条 吸毒检测是运用科学技术手段对涉嫌吸毒的人员进行生物医学检测，为公安机关认定吸毒行为提供科学依据的活动。

吸毒检测的对象，包括涉嫌吸毒的人员，被决定执行强制隔离戒毒的人员，被公安机关责令接受社区戒毒和社区康复的人员，以及戒毒康复场所内的戒毒康复人员。

第三条 吸毒检测分为现场检测、实验室检测、实验室复检。

第四条 现场检测由县级以上公安机关或者其派出机构进行。

实验室检测由县级以上公安机关指定的取得检验鉴定机构资格的实验室或者有资质的医疗机构进行。

实验室复检由县级以上公安机关指定的取得检验鉴定机构资格的实验室进行。

实验室检测和实验室复检不得由同一检测机构进行。

第五条 吸毒检测样本的采集应当使用专用器材。现场检测器材应当是国家主管部门批准生产或者进口的合格产品。

第六条 检测样本为采集的被检测人员的尿液、血液、唾液或者毛发等生物样本。

第七条 被检测人员拒绝接受检测的，经县级以上公安机关或者其派出机构负责人批准，可以对其进行强制检测。

第八条 公安机关采集、送检、检测样本，应当由两名以上工作人员进行；采集女性被检测人尿液检测样本，应当由女性工作人员进行。

采集的检测样本经现场检测结果为阳性的，应当分别保存在 A、B 两个样本专用器材中并编号，由采集人和被采集人共同签字封存，采用检材适宜的条件予以保存，保存期不得少于六个月。

第九条 现场检测应当出具检测报告，由检测人签名，并加盖检测的公安机关或者其派出机构的印章。

现场检测结果应当当场告知被检测人，并由被检测人在检测报告上签名。被检测人拒不签名的，公安民警应当在检测报告上注明。

第十条 被检测人对现场检测结果有异议的，可以在被告知检测结果之日起的三日内，向现场检测的公安机关提出实验室检测申请。

公安机关应当在接到实验室检测申请后的三日内作出是否同意进行实验室检测的决定，并将结果告知被检测人。

第十一条 公安机关决定进行实验室检测的，应当在作出实验室检测决定后的三日内，将保存的 A 样本送交县级以上公安机关指定的具有检验鉴定资格的实验室或者有资质的医疗机构。

第十二条 接受委托的实验室或者医疗机构应当在接到检测样本后的三日内出具实验室检测报告，由检测人签名，并加盖检测机构公章后，送委托实验室检测的公安机关。公安机关收到检测报告后，应当在二十四小时内将检测结果告知被检测人。

第十三条 被检测人对实验室检测结果有异议的，可以在被告知检测结果后的三日内，向现场检测的公安机关提出实验室复检申请。

公安机关应当在接到实验室复检申请后的三日内作出是否同意进行实验室复检的决定，并将结果告知被检测人。

第十四条　公安机关决定进行实验室复检的，应当在作出实验室复检决定后的三日内，将保存的 B 样本送交县级以上公安机关指定的具有检验鉴定资格的实验室。

第十五条　接受委托的实验室应当在接到检测样本后的三日内出具检测报告，由检测人签名，并加盖专用鉴定章后，送委托实验室复检的公安机关。公安机关收到检测报告后，应当在二十四小时内将检测结果告知被检测人。

第十六条　接受委托的实验室检测机构或者实验室复检机构认为送检样本不符合检测条件的，应当报县级以上公安机关或者其派出机构负责人批准后，由公安机关根据检测机构的意见，重新采集检测样本。

第十七条　被检测人是否申请实验室检测和实验室复检，不影响案件的正常办理。

第十八条　现场检测费用、实验室检测、实验室复检的费用由公安机关承担。

第十九条　公安机关、鉴定机构或者其工作人员违反本规定，有下列情形之一的，应当依照有关规定，对相关责任人给予纪律处分或者行政处分；构成犯罪的，依法追究刑事责任：

（一）因严重不负责任给当事人合法权益造成重大损害的；

（二）故意提供虚假检测报告的；

（三）法律、行政法规规定的其他情形。

第二十条　吸毒检测的技术标准由公安部另行制定。

第二十一条　本规定所称"以上""内"皆包含本级或者本数，"日"是指工作日。

第二十二条　本规定自 2010 年 1 月 1 日起施行。

最高人民法院　最高人民检察院　公安部　司法部 新闻出版署关于公安部光盘生产源鉴定中心行使行政、 司法鉴定权有关问题的通知

（公通字〔2000〕21 号）

各省、自治区、直辖市高级人民法院，人民检察院，公安厅、局，司法厅、局，新闻出版局及有关音像行政管理部门；解放军军事法院、军事检察院，新疆生产建设兵团公安局：

为适应"扫黄""打非"、保护知识产权工作的需要，解决目前各地办案过程中遇到的光盘生产源无法识别的问题，经中央机构编制委员会办公室批准，公安部组建了光盘生产源鉴定中心（设在广东省深圳市，以下简称鉴定中心）。目前，鉴定中心的各项筹备工作已完毕，所开发研制的光盘生产源识别方法已通过了由最高人民法院、最高人民检察院、公安部、司法部和国家新闻出版署派员组成的专家委员会的评审鉴定，具备了行政、司法鉴定能力。现将有关问题通知如下：

一、鉴定范围和内容

鉴定中心负责对各地人民法院、人民检察院、公安机关、司法行政机关、新闻出版行政机关、音像行政管理部门和其他行政执法机关在办理制黄贩黄、侵权盗版案件中所查获的光盘及母盘进行鉴定，确定送检光盘及母盘的生产企业。

企事业单位因业务工作需要，提出鉴定申请的，鉴定中心也可以进行上述鉴定。

二、鉴定程序

办案单位认为需要进行行政、司法鉴定的，应持有本单位所在地县级以上人民法院、人民检察院、公安机关、司法行政机关或其他行政执法机关出具的公函；新闻出版行政机关、音像行政管理部门办案需要鉴定的，由当地省级以上新闻出版机关、音像行政管理部门出具委托鉴定公函。

企事业单位需要鉴定的，由本单位向鉴定中心出具委托鉴定公函。鉴定中心在接受鉴定委托后，应立即组织2名以上专业技术人员进行鉴定，在30天以内出具《中华人民共和国公安部光盘生产源鉴定书》（见附件），并报公安部治安管理局备案。

委托鉴定可通过寄递方式提出。

三、鉴定费用

鉴定中心接受人民法院、人民检察院、公安机关、司法行政机关、新闻出版行政机关、音像行政管理部门或其他行政执法机关委托鉴定的，不收取鉴定费用。

鉴定中心接受企事业单位委托鉴定的，按照国家有关规定收费鉴定费用。

四、鉴定的法律效力

鉴定中心出具的鉴定书可以作为定案依据。

本通知自发布之日起执行。

附件：《中华人民共和国公安部光盘生产源鉴定书》（样本略）

2000 年 3 月 9 日

公安部关于涉弩违法犯罪行为的处理及性能鉴定问题的批复
（公复字〔2006〕2 号）

天津市公安局：

你局《关于对弩的法律适用及性能鉴定问题的请示》（津公法指〔2006〕14 号）收悉。现批复如下：

一、弩是一种具有一定杀伤能力的运动器材，但其结构和性能不符合《中华人民共和国枪支管理法》对枪支的定义，不属于枪支范畴。因此，不能按照《最高人民法院关于审理非法制造、买卖、运输枪支、弹药、爆炸物等刑事案件具体应用法律若干问题的解释》（法释〔2001〕15 号）追究刑事责任，仍应按照《公安部、国家工商行政管理局关于加强弩管理的通知》（公治〔1999〕1646 号）的规定，对非法制造、销售、运输、持有弩的登记收缴，消除社会治安隐患。

二、对弩的鉴定工作，不能参照公安部《公安机关涉案枪支弹药性能鉴定工作规定》（公通字〔2001〕68 号）进行。鉴于目前社会上非法制造、销售、运输、持有的弩均为制式产品，不存在非制式弩的情况，因此不需要进行技术鉴定。

公安部
2006 年 5 月 25 日

公安部关于印发《公安机关涉案枪支弹药性能鉴定工作规定》的通知

（公通字〔2010〕67号）

各省、自治区、直辖市公安厅、局，新疆生产建设兵团公安局：

为进一步规范和完善涉案枪支弹药鉴定工作，公安部对2001年印发的《公安机关涉案枪支弹药性能鉴定工作规定》（公通字〔2001〕68号）进行了修订。现将修订后的《公安机关涉案枪支弹药性能鉴定工作规定》印发给你们，请认真贯彻执行。原《公安机关涉案枪支弹药性能鉴定工作规定》同时废止。各地执行中遇到的问题，请及时报部。

公安部

2010年12月7日

公安机关涉案枪支弹药性能鉴定工作规定

为规范对涉案枪支、弹药的鉴定工作，确保鉴定合法、准确、公正，特制定本规定。

一、鉴定范围。公安机关在办理涉枪刑事案件中需要鉴定涉案枪支、弹药性能的，适用本规定。

本规定所称制式枪支、弹药，是指按照国家标准或公安部、军队下达的战术技术指标要求，经国家有关部门或军队批准定型，由合法企业生产的各类枪支、弹药，包括国外制造和历史遗留的各类旧杂式枪支、弹药。

本规定所称非制式枪支、弹药，是指未经有关部门批准定型或不符合国家标准的各类枪支、弹药，包括自制、改制的枪支、弹药和枪支弹药生产企业研制工作中的中间产品。

二、鉴定机关。涉案枪支、弹药的鉴定由地（市）级公安机关负责，当事人或者办案机关有异议的，由省级公安机关复检一次。各地可委托公安机关现有刑事技术鉴定部门开展枪支、弹药的鉴定工作。

三、鉴定标准。

（一）凡是制式枪支、弹药，无论是否能够完成击发动作，一律认定为枪支、弹药。

（二）凡是能发射制式弹药的非制式枪支（包括自制、改制枪支），一律认定为枪支。对能够装填制式弹药，但因缺少个别零件或锈蚀不能完成击发，经加装相关零件或除锈后能够发射制式弹药的非制式枪支，一律认定为枪支。

（三）对不能发射制式弹药的非制式枪支，按照《枪支致伤力的法庭科学鉴定判据》（GA/T 718－2007）的规定，当所发射弹丸的枪口比动能大于等于1.8焦耳/平方厘米时，一律认定为枪支。

（四）对制式枪支、弹药专用散件（零部件），能够由制造厂家提供相关零部件图样（复印件）和件号的，一律认定为枪支、弹药散件（零部件）。

（五）对非制式枪支、弹药散件（零部件），如具备与制式枪支、弹药专用散件（零部件）相同功能的，一律认定为枪支、弹药散件（零部件）。

四、鉴定程序。对枪支弹药的鉴定需经过鉴定、复核两个步骤，并应当由不同的人员分别进行。复核人应当按照鉴定操作流程的全过程进行复核，防止发生错误鉴定。鉴定完成后，应当制作《枪支、弹药鉴定书》。《枪支、弹药鉴定书》中的鉴定结论应当准确、简明，同时应当标明鉴定人、复核人身份并附有本人签名，加盖鉴定单位印章。《枪支、弹药鉴定书》应附检材、样本照片等附件。

五、鉴定时限。一般的鉴定和复检应当在十五日内完成。疑难复杂的，应当在三十日内完成。

公安部对《关于鉴定淫秽物品有关问题的请示》的批复

（公复字〔1998〕8 号）

江苏省公安厅：

你厅《关于鉴定淫秽物品有关问题的请示》（苏公厅〔1998〕459 号）收悉。现批复如下：

鉴于近年来各地公安机关查获淫秽物品数量不断增加、查禁任务日趋繁重的情况，为及时打击处理走私、制作、贩卖、传播淫秽物品的违法犯罪分子，今后各地公安机关查获的物品，需审查认定是否为淫秽物品的，可以由县级以上公安机关治安部门负责鉴定工作，但要指定两名政治、业务素质过硬的同志共同进行，其他人员一律不得参加。当事人提出不同意见需重新鉴定的，由上一级公安机关治安部门会同同级新闻出版、音像归口管理等部门重新鉴定。对送审鉴定和收缴的淫秽物品，由县级以上公安机关治安部门统一集中，登记造册，适时组织全部销毁。

对于淫秽物品鉴定工作中与新闻出版、音像归口管理等部门的配合问题，仍按现行规定执行。

公安部关于淫秽电影鉴定问题的批复

安徽省公安厅：

你厅《关于淫秽电影鉴定问题的请示》（皖公明发〔1996〕1736 号）收悉。经研究并商广播电影电视部同意，现批复如下：

1.根据我国《电影管理条例》，所有中外电影片均需经我国电影行政管理部门审查通过才可公映，否则是非法的，应依法严厉打击。

2.对办案中查获的淫秽影片，由地（市）以上公安机关鉴定。对于认定不准或有争议的，送省、自治区、直辖市公安厅、局会同省级广播电影电视部门共同鉴定。

3.公安机关参加对淫秽电影的鉴定，应指派 2 至 3 名政治思想好、作风正派的同志负责，其他人员一律不准参加，严禁借鉴定之机扩大观看范围。

公安部关于刑事案件现场勘验检查中正确适用提取和扣押措施的批复

（公复字〔2009〕3号）

广东省公安厅：

你厅《关于刑事案件现场勘验检查过程中如何适用扣押或提取的请示》（粤公请字〔2008〕319号）收悉。现批复如下：

一、对于刑事案件现场勘验、检查中发现的与犯罪有关的痕迹、物品和文件，以及《公安机关刑事案件现场勘验检查规则》第六十条规定的物品，都应当提取，并填写《现场勘验检查笔录》中的《现场勘验检查提取痕迹物证登记表》。

二、对于刑事案件现场勘验、检查中提取的物品或者文件，属于下列情形之一的，应当扣押，并当场开具《扣押物品、文件清单》一式三份，其中一份装订在现场勘验、检查卷宗中。

（一）经过现场调查、检验甄别，认为该物品或者文件可用以证明犯罪嫌疑人有罪或者无罪的；

（二）现场难以确定有关物品或者文件可否用以证明犯罪嫌疑人有罪或者无罪，需要进一步甄别和采取控制保全措施的；

（三）法律、法规禁止持有的物品、文件。

公安部

二〇〇九年六月十九日

公安部关于印发《公安机关涉案财物管理若干规定》的通知

（公通字〔2015〕21号）

各省、自治区、直辖市公安厅、局，新疆生产建设兵团公安局：

为贯彻落实中共中央办公厅、国务院办公厅《关于全面深化公安改革若干重大问题的框架意见》（中办发〔2015〕17号）和《关于进一步规范刑事诉讼涉案财物处置工作的意见》（中办发〔2015〕7号），加强公安机关涉案财物管理，保护公民、法人和其他组织的合法财产权益，保障办案工作顺利进行，公安部对《公安机关涉案财物管理若干规定》（公通字〔2010〕57号）进行了修订完善，现印发给你们。请结合本地实际，认真贯彻落实。

各地执行情况和遇到的问题，请及时报部。

公安部

2015年7月22日

公安机关涉案财物管理若干规定

第一章　总则

第一条　为进一步规范公安机关涉案财物管理工作，保护公民、法人和其他组织的合法财产权益，保障办案工作依法有序进行，根据有关法律、法规和规章，制定本规定。

第二条　本规定所称涉案财物，是指公安机关在办理刑事案件和行政案件过程中，依法采取查封、扣押、冻结、扣留、调取、先行登记保存、抽样取证、追缴、收缴等措施提取或者固定，以及从其他单位和个人接收的与案件有关的物品、文件和款项，包括：

（一）违法犯罪所得及其孳息；

（二）用于实施违法犯罪行为的工具；

（三）非法持有的淫秽物品、毒品等违禁品；

（四）其他可以证明违法犯罪行为发生、违法犯罪行为情节轻重的物品和文件。

第三条　涉案财物管理实行办案与管理相分离、来源去向明晰、依法及时处理、全面接受监督的原则。

第四条　公安机关管理涉案财物，必须严格依法进行。任何单位和个人不得贪污、挪用、私分、调换、截留、坐支、损毁、擅自处理涉案财物。

对于涉及国家秘密、商业秘密、个人隐私的涉案财物，应当保密。

第五条　对涉案财物采取措施，应当严格依照法定条件和程序进行，履行相关法律手续，开具相应法律文书。严禁在刑事案件立案之前或者行政案件受案之前对财物采取查封、扣押、冻结、扣留措施，但有关法律、行政法规另有规定的除外。

第六条　公安机关对涉案财物采取措施后，应当及时进行审查。经查明确实与案件无关的，应当在三日以内予以解除、退还，并通知有关当事人。对与本案无关，但有证据证明涉及其他部门管辖的违纪、违法、犯罪行为的财物，应当依照相关法律规定，连同有关线索移送有管辖权的部门处理。

对涉案财物采取措施，应当为违法犯罪嫌疑人及其所扶养的亲属保留必需的生活费用和物品；根据案件具体情况，在保证侦查活动正常进行的同时，可以允许有关当事人继续合理使用有关涉案财物，并采取必要的保值保管措施，以减少侦查办案对正常办公和合法生产经营的影响。

第七条　公安机关对涉案财物进行保管、鉴定、估价、公告等，不得向当事人收取费用。

第二章　涉案财物的保管

第八条　公安机关应当完善涉案财物管理制度，建立办案部门与保管部门、办案人员与保管人员相互制约制度。

公安机关应当指定一个部门作为涉案财物管理部门，负责对涉案财物实行统一管理，并设立或者指定专门保管场所，对各办案部门经手的全部涉案财物或者价值较大、管理难度较高的涉案财物进行集中保管。涉案财物集中保管的范围，由地方公安机关根据本地区实际情况确定。

对于价值较低、易于保管，或者需要作为证据继续使用，以及需要先行返还被害人、被侵害人的涉案财物，可以由办案部门设置专门的场所进行保管。

办案部门应当指定不承担办案工作的民警负责本部门涉案财物的接收、保管、移交等管理工作；严禁由办案人员自行保管涉案财物。

第九条 公安机关应当设立或者指定账户，作为本机关涉案款项管理的唯一合规账户。

办案部门扣押涉案款项后，应当立即将其移交涉案财物管理部门。涉案财物管理部门应当对涉案款项逐案设立明细账，存入唯一合规账户，并将存款回执交办案部门附卷保存。但是，对于具有特定特征、能够证明某些案件事实而需要作为证据使用的现金，应当交由涉案财物管理部门或者办案部门涉案财物管理人员，作为涉案物品进行管理，不再存入唯一合规账户。

第十条 公安机关应当建立涉案财物集中管理信息系统，对涉案财物信息进行实时、全程录入和管理，并与执法办案信息系统关联。涉案财物管理人员应当对所有涉案财物逐一编号，并将案由、来源、财物基本情况、保管状态、场所和去向等信息录入信息系统。

第十一条 对于不同案件、不同种类的涉案财物，应当分案、分类保管。

涉案财物保管场所和保管措施应当适合被保管财物的特性，符合防火、防盗、防潮、防蛀、防磁、防腐蚀等安全要求。涉案财物保管场所应当安装视频监控设备，并配备必要的储物容器、一次性储物袋、计量工具等物品。有条件的地方，可以会同人民法院、人民检察院等部门，建立多部门共用的涉案财物管理中心，对涉案财物进行统一管理。

对于易燃、易爆、毒害性、放射性等危险物品，鲜活动植物，大宗物品，车辆、船舶、航空器等大型交通工具，以及其他对保管条件、保管场所有特殊要求的涉案财物，应当存放在符合条件的专门场所。公安机关没有具备保管条件的场所的，可以委托具有相应条件、资质或者管理能力的单位代为保管。

依法对文物、金银、珠宝、名贵字画等贵重财物采取查封、扣押、扣留等措施的，应当拍照或者录像，并及时鉴定、估价；必要时，可以实行双人保管。

未经涉案财物管理部门或者管理涉案财物的办案部门负责人批准，除保管人员以外的其他人员不得进入涉案财物保管场所。

第十二条 办案人员依法提取涉案财物后，应当在二十四小时以内按照规定将其移交涉案财物管理部门或者本部门的涉案财物管理人员，并办理移交手续。

对于采取查封、冻结、先行登记保存等措施后不在公安机关保管的涉案财物，办案人员应当在采取有关措施后的二十四小时以内，将相关法律文书和清单的复印件移交涉案财物管理人员予以登记。

第十三条 因情况紧急，需要在提取后的二十四小时以内开展鉴定、辨认、检验、检查等工作的，经办案部门负责人批准，可以在上述工作完成后的二十四小时以内将涉案财物移交涉案财物管理人员，并办理移交手续。

异地办案或者在偏远、交通不便地区办案的，应当在返回办案单位后的二十四小时以内办理移交手续；行政案件在提取后的二十四小时以内已将涉案财物处理完毕的，可以不办理移交手续，但应当将处理涉案财物的相关手续附卷保存。

第十四条 涉案财物管理人员对办案人员移交的涉案财物，应当对照有关法律文书当场查验核对、登记入册，并与办案人员共同签名。

对于缺少法律文书、法律文书对必要事项记载不全或者实物与法律文书记载严重不符的，涉案财物管理人员可以拒绝接收涉案财物，并应当要求办案人员补齐相关法律文书、信息或者财物。

第十五条　因讯问、询问、鉴定、辨认、检验、检查等办案工作需要，经办案部门负责人批准，办案人员可以向涉案财物管理人员调用涉案财物。调用结束后，应当在二十四小时以内将涉案财物归还涉案财物管理人员。

因宣传教育等工作需要调用涉案财物的，应当经公安机关负责人批准。

涉案财物管理人员应当详细登记调用人、审批人、时间、事由、期限、调用的涉案财物状况等事项。

第十六条　调用人应当妥善保管和使用涉案财物。调用人归还涉案财物时，涉案财物管理人员应当进行检查、核对。对于有损毁、短少、调换、灭失等情况的，涉案财物管理人员应当如实记录，并报告调用人所属部门负责人和涉案财物管理部门负责人。因鉴定取样等事由导致涉案财物出现合理损耗的，不需要报告，但调用人应当向涉案财物管理人员提供相应证明材料和书面说明。

调用人未按照登记的调用时间归还涉案财物的，涉案财物管理人员应当报告调用人所属部门负责人；有关负责人应当责令调用人立即归还涉案财物。确需继续调用涉案财物的，调用人应当按照原批准程序办理延期手续，并交由涉案财物管理人员留存。

第十七条　办案部门扣押、扣留涉案车辆时，应当认真查验车辆特征，并在清单或者行政强制措施凭证中详细载明当事人的基本情况、案由、厂牌型号、识别代码、牌照号码、行驶里程、重要装备、车身颜色、车辆状况等情况。

对车辆内的物品，办案部门应当仔细清点。对与案件有关，需要作为证据使用的，应当依法扣押；与案件无关的，通知当事人或者其家属、委托的人领取。

公安机关应当对管理的所有涉案车辆进行专门编号登记，严格管理，妥善保管，非因法定事由并经公安机关负责人批准，不得调用。

对船舶、航空器等交通工具采取措施和进行管理，参照前三款规定办理。

第三章　涉案财物的处理

第十八条　公安机关应当依据有关法律规定，及时办理涉案财物的移送、返还、变卖、拍卖、销毁、上缴国库等工作。

对刑事案件中作为证据使用的涉案财物，应当随案移送；对于危险品、大宗大型物品以及容易腐烂变质等不宜随案移送的物品，应当移送相关清单、照片或者其他证明文件。

第十九条　有关违法犯罪事实查证属实后，对于有证据证明权属明确且无争议的被害人、被侵害人合法财产及其孳息，凡返还不损害其他被害人、被侵害人或者利害关系人的利益，不影响案件正常办理的，应当在登记、拍照或者录像和估价后，报经县级以上公安机关负责人批准，开具发还清单并返还被害人、被侵害人。办案人员应当在案卷材料中注明返还的理由，并将原物照片、发还清单和被害人、被侵害人的领取手续存卷备查。

领取人应当是涉案财物的合法权利人或者其委托的人，办案人员或者公安机关其他工作人员不得代为领取。

第二十条　对于刑事案件依法撤销、行政案件因违法事实不能成立而作出不予行政处罚决定的，除依照法律、行政法规有关规定另行处理的以外，公安机关应当解除对涉案财物采取的相关措施并返还当事人。

人民检察院决定不起诉、人民法院作出无罪判决，涉案财物由公安机关管理的，公安机关应当根据人民检察院的书面通知或者人民法院的生效判决，解除对涉案财物采取的相关措施并返还当事人。

人民法院作出有罪判决，涉案财物由公安机关管理的，公安机关应当根据人民法院的生效判决，对涉案财物作出处理。人民法院的判决没有明确涉案财物如何处理的，公安机关应当征求人民法院意见。

第二十一条 对于因自身材质原因易损毁、灭失、腐烂、变质而不宜长期保存的食品、药品及其原材料等物品，长期不使用容易导致机械性能下降、价值贬损的车辆、船舶等物品，市场价格波动大的债券、股票、基金份额等财产和有效期即将届满的汇票、本票、支票等，权利人明确的，经其本人书面同意或者申请，并经县级以上公安机关主要负责人批准，可以依法变卖、拍卖，所得款项存入本单位唯一合规账户；其中，对于冻结的债券、股票、基金份额等财产，有对应的银行账户的，应当将变现后的款项继续冻结在对应账户中。

对涉案财物的变卖、拍卖应当坚持公开、公平原则，由县级以上公安机关商本级人民政府财政部门统一组织实施，严禁暗箱操作。

善意第三人等案外人与涉案财物处理存在利害关系的，公安机关应当告知其相关诉讼权利。

第二十二条 公安机关在对违法行为人、犯罪嫌疑人依法作出限制人身自由的处罚或者采取限制人身自由的强制措施时，对其随身携带的与案件无关的财物，应当按照《公安机关代为保管涉案人员随身财物若干规定》有关要求办理。

第二十三条 对于违法行为人、犯罪嫌疑人或者其家属、亲友给予被害人、被侵害人退、赔款物的，公安机关应当通知其向被害人、被侵害人或者其家属、委托的人直接交付，并将退、赔情况及时书面告知公安机关。公安机关不得将退、赔款物作为涉案财物扣押或者暂存，但需要作为证据使用的除外。

被害人、被侵害人或者其家属、委托的人不愿意当面接收的，经其书面同意或者申请，公安机关可以记录其银行账号，通知违法行为人、犯罪嫌疑人或者其家属、亲友将退、赔款项汇入该账户。

公安机关应当将双方的退赔协议或者交付手续复印附卷保存，并将退赔履行情况记录在案。

第四章　监督与救济

第二十四条 公安机关应当将涉案财物管理工作纳入执法监督和执法质量考评范围；定期或者不定期组织有关部门对本机关及办案部门负责管理的涉案财物进行核查，防止涉案财物损毁、灭失或者被挪用、不按规定及时移交、移送、返还、处理等；发现违法采取措施或者管理不当的，应当责令有关部门及时纠正。

第二十五条 公安机关纪检、监察、警务督察、审计、装备财务、警务保障、法制等部门在各自职权范围内对涉案财物管理工作进行监督。

公安机关负责人在审批案件时，应当对涉案财物情况一并进行严格审查，发现对涉案财物采取措施或者处理不合法、不适当的，应当责令有关部门立即予以纠正。

法制部门在审核案件时，发现对涉案财物采取措施或者处理不合法、不适当的，应当通知办案部门及时予以纠正。

第二十六条 办案人员有下列行为之一的，应当根据其行为的情节和后果，依照有关规定追究责任；涉嫌犯罪的，移交司法机关依法处理：

（一）对涉案财物采取措施违反法定程序的；

（二）对明知与案件无关的财物采取查封、扣押、冻结等措施的；

（三）不按照规定向当事人出具有关法律文书的；

（四）提取涉案财物后，在规定的时限内无正当理由不向涉案财物管理人员移交涉案财物的；

（五）擅自处置涉案财物的；

（六）依法应当将有关财物返还当事人而拒不返还，或者向当事人及其家属等索取费用的；

（七）因故意或者过失，致使涉案财物损毁、灭失的；

（八）其他违反法律规定的行为。

案件审批人、审核人对于前款规定情形的发生负有责任的，依照前款规定处理。

第二十七条 涉案财物管理人员不严格履行管理职责，有下列行为之一的，应当根据其行为的情节和后果，依照有关规定追究责任；涉嫌犯罪的，移交司法机关依法处理：

（一）未按照规定严格履行涉案财物登记、移交、调用等手续的；

（二）因故意或者过失，致使涉案财物损毁、灭失的；

（三）发现办案人员不按照规定移交、使用涉案财物而不及时报告的；

（四）其他不严格履行管理职责的行为。

调用人有前款第一项、第二项行为的，依照前款规定处理。

第二十八条 对于贪污、挪用、私分、调换、截留、坐支、损毁涉案财物，以及在涉案财物拍卖、变卖过程中弄虚作假、中饱私囊的有关领导和直接责任人员，应当依照有关规定追究责任；涉嫌犯罪的，移交司法机关依法处理。

第二十九条 公安机关及其工作人员违反涉案财物管理规定，给当事人造成损失的，公安机关应当依法予以赔偿，并责令有故意或者重大过失的有关领导和直接责任人员承担部分或者全部赔偿费用。

第三十条 在对涉案财物采取措施、管理和处置过程中，公安机关及其工作人员存在违法违规行为，损害当事人合法财产权益的，当事人和辩护人、诉讼代理人、利害关系人有权向公安机关提出投诉、控告、举报、复议或者国家赔偿。公安机关应当依法及时受理，并依照有关规定进行处理；对于情况属实的，应当予以纠正。

上级公安机关发现下级公安机关存在前款规定的违法违规行为，或者对投诉、控告、举报或者复议事项不按照规定处理的，应当责令下级公安机关限期纠正，下级公安机关应当立即执行。

第五章　附　则

第三十一条 各地公安机关可以根据本规定，结合本地和各警种实际情况，制定实施细则，并报上一级公安机关备案。

第三十二条 本规定自 2015 年 9 月 1 日起施行。2010 年 11 月 4 日印发的《公安机关涉案财物管理若干规定》(公通字〔2010〕57 号)同时废止。公安部此前制定的有关涉案财物管理的规范性文件与本规定不一致的,以本规定为准。

最高人民法院、最高人民检察院、公安部关于印发《办理毒品犯罪案件毒品提取、扣押、称量、取样和送检程序若干问题的规定》的通知

(公禁毒〔2016〕511 号)

各省、自治区、直辖市高级人民法院,人民检察院,公安厅、局,新疆维吾尔自治区高级人民法院生产建设兵团分院,新疆生产建设兵团人民检察院、公安局:

为进一步规范毒品犯罪案件中毒品的提取、扣押、称量、取样和送检工作,最高人民法院、最高人民检察院、公安部制定了《办理毒品犯罪案件毒品提取、扣押、称量、取样和送检程序若干问题的规定》。现印发给你们,请认真贯彻执行。执行中遇到的问题,请及时分别层报最高人民法院、最高人民检察院、公安部。

最高人民法院
最高人民检察院
公安部
2016 年 5 月 24 日

办理毒品犯罪案件毒品提取、扣押、称量、取样和送检程序若干问题的规定

第一章 总 则

第一条 为规范毒品的提取、扣押、称量、取样和送检程序,提高办理毒品犯罪案件的质量和效率,根据《中华人民共和国刑事诉讼法》《最高人民法院关于适用〈中华人民共和国刑事诉讼法〉的解释》《人民检察院刑事诉讼规则(试行)》《公安机关办理刑事案件程序规定》等有关规定,结合办案工作实际,制定本规定。

第二条 公安机关对于毒品的提取、扣押、称量、取样和送检工作,应当遵循依法、客观、准确、公正、科学和安全的原则,确保毒品实物证据的收集、固定和保管工作严格依法进行。

第三条 人民检察院、人民法院办理毒品犯罪案件,应当审查公安机关对毒品的提取、扣押、称量、取样、送检程序以及相关证据的合法性。

毒品的提取、扣押、称量、取样、送检程序存在瑕疵,可能严重影响司法公正的,人民检察院、人民法院应当要求公安机关予以补正或者作出合理解释。经公安机关补正或者作出合理解释的,可以采用相关证据;不能补正或者作出合理解释的,对相关证据应当依法予以排除,不得作为批准逮捕、提起公诉或者判决的依据。

第二章　提取、扣押

第四条　侦查人员应当对毒品犯罪案件有关的场所、物品、人身进行勘验、检查或者搜查，及时准确地发现、固定、提取、采集毒品及内外包装物上的痕迹、生物样本等物证，依法予以扣押。必要时，可以指派或者聘请具有专门知识的人，在侦查人员的主持下进行勘验、检查。

侦查人员对制造毒品、非法生产制毒物品犯罪案件的现场进行勘验、检查或者搜查时，应当提取并当场扣押制造毒品、非法生产制毒物品的原料、配剂、成品、半成品和工具、容器、包装物以及上述物品附着的痕迹、生物样本等物证。

提取、扣押时，不得将不同包装物内的毒品混合。

现场勘验、检查或者搜查时，应当对查获毒品的原始状态拍照或者录像，采取措施防止犯罪嫌疑人及其他无关人员接触毒品及包装物。

第五条　毒品的扣押应当在有犯罪嫌疑人在场并有见证人的情况下，由两名以上侦查人员执行。

毒品的提取、扣押情况应当制作笔录，并当场开具扣押清单。

笔录和扣押清单应当由侦查人员、犯罪嫌疑人和见证人签名。犯罪嫌疑人拒绝签名的，应当在笔录和扣押清单中注明。

第六条　对同一案件在不同位置查获的两个以上包装的毒品，应当根据不同的查获位置进行分组。

对同一位置查获的两个以上包装的毒品，应当按照以下方法进行分组：

（一）毒品或者包装物的外观特征不一致的，根据毒品及包装物的外观特征进行分组；

（二）毒品及包装物的外观特征一致，但犯罪嫌疑人供述非同一批次毒品的，根据犯罪嫌疑人供述的不同批次进行分组；

（三）毒品及包装物的外观特征一致，但犯罪嫌疑人辩称其中部分不是毒品或者不知是否为毒品的，对犯罪嫌疑人辩解的部分疑似毒品单独分组。

第七条　对查获的毒品应当按其独立最小包装逐一编号或者命名，并将毒品的编号、名称、数量、查获位置以及包装、颜色、形态等外观特征记录在笔录或者扣押清单中。

在毒品的称量、取样、送检等环节，毒品的编号、名称以及对毒品外观特征的描述应当与笔录和扣押清单保持一致；不一致的，应当作出书面说明。

第八条　对体内藏毒的案件，公安机关应当监控犯罪嫌疑人排出体内的毒品，及时提取、扣押并制作笔录。笔录应当由侦查人员和犯罪嫌疑人签名；犯罪嫌疑人拒绝签名的，应当在笔录中注明。在保障犯罪嫌疑人隐私权和人格尊严的情况下，可以对排毒的主要过程进行拍照或者录像。

必要时，可以在排毒前对犯罪嫌疑人体内藏毒情况进行透视检验并以透视影像的形式固定证据。

体内藏毒的犯罪嫌疑人为女性的，应当由女性工作人员或者医师检查其身体，并由女性工作人员监控其排毒。

第九条　现场提取、扣押等工作完成后，一般应当由两名以上侦查人员对提取、扣押的毒品及包装物进行现场封装，并记录在笔录中。

封装应当在有犯罪嫌疑人在场并有见证人的情况下进行；应当使用封装袋封装毒品并加密封口，或者使用封条贴封包装，作好标记和编号，由侦查人员、犯罪嫌疑人和见证人在封口处、贴封处或者指定位置签名并签署封装日期。犯罪嫌疑人拒绝签名的，侦查人员应当注明。

确因情况紧急、现场环境复杂等客观原因无法在现场实施封装的，经公安机关办案部门负责人批准，可以及时将毒品带至公安机关办案场所或者其他适当的场所进行封装，并对毒品移动前后的状态进行拍照固定，作出书面说明。

封装时，不得将不同包装内的毒品混合。对不同组的毒品，应当分别独立封装，封装后可以统一签名。

第十条 必要时，侦查人员应当对提取、扣押和封装的主要过程进行拍照或者录像。

照片和录像资料应当反映提取、扣押和封装活动的主要过程以及毒品的原始位置、存放状态和变动情况。照片应当附有相应的文字说明，文字说明应当与照片反映的情况相对应。

第十一条 公安机关应当设置专门的毒品保管场所或者涉案财物管理场所，指定专人保管封装后的毒品及包装物，并采取措施防止毒品发生变质、泄漏、遗失、损毁或者受到污染等。

对易燃、易爆、具有毒害性以及对保管条件、保管场所有特殊要求的毒品，在处理前应当存放在符合条件的专门场所。公安机关没有具备保管条件的场所的，可以借用其他单位符合条件的场所进行保管。

第三章 称量

第十二条 毒品的称量一般应当由两名以上侦查人员在查获毒品的现场完成。

不具备现场称量条件的，应当按照本规定第九条的规定对毒品及包装物封装后，带至公安机关办案场所或者其他适当的场所进行称量。

第十三条 称量应当在有犯罪嫌疑人在场并有见证人的情况下进行，并制作称量笔录。

对已经封装的毒品进行称量前，应当在有犯罪嫌疑人在场并有见证人的情况下拆封，并记录在称量笔录中。

称量笔录应当由称量人、犯罪嫌疑人和见证人签名。犯罪嫌疑人拒绝签名的，应当在称量笔录中注明。

第十四条 称量应当使用适当精度和称量范围的衡器。称量的毒品质量不足一百克的，衡器的分度值应当达到零点零一克；一百克以上且不足一千克的，分度值应当达到零点一克；一千克以上且不足十千克的，分度值应当达到一克；十千克以上且不足一百千克的，分度值应当达到十克；一百千克以上且不足一吨的，分度值应当达到一百克；一吨以上的，分度值应当达到一千克。

称量前，称量人应当将衡器示数归零，并确保其处于正常的工作状态。

称量所使用的衡器应当经过法定计量检定机构检定并在有效期内，一般不得随意搬动。

法定计量检定机构出具的计量检定证书复印件应当归入证据材料卷，并随案移送。

第十五条 对两个以上包装的毒品，应当分别称量，并统一制作称量笔录，不得混合后称量。

对同一组内的多个包装的毒品，可以采取全部毒品及包装物总质量减去包装物质量的方式确定毒品的净质量;称量时,不同包装物内的毒品不得混合。

第十六条 多个包装的毒品系包装完好、标识清晰完整的麻醉药品、精神药品制剂的,可以按照其包装、标识或者说明书上标注的麻醉药品、精神药品成分的含量计算全部毒品的质量,或者从相同批号的药品制剂中随机抽取三个包装进行称量后,根据麻醉药品、精神药品成分的含量计算全部毒品的质量。

第十七条 对体内藏毒的案件,应当将犯罪嫌疑人排出体外的毒品逐一称量,统一制作称量笔录。

犯罪嫌疑人供述所排出的毒品系同一批次或者毒品及包装物的外观特征相似的,可以按照本规定第十五条第二款规定的方法进行称量。

第十八条 对同一容器内的液态毒品或者固液混合状态毒品,应当采用拍照或者录像等方式对其原始状态进行固定,再统一称量。必要时,可以对其原始状态固定后,再进行固液分离并分别称量。

第十九条 现场称量后将毒品带回公安机关办案场所或者送至鉴定机构取样的,应当按照本规定第九条的规定对毒品及包装物进行封装。

第二十条 侦查人员应当对称量的主要过程进行拍照或者录像。

照片和录像资料应当清晰显示毒品的外观特征、衡器示数和犯罪嫌疑人对称量结果的指认情况。

第四章 取样

第二十一条 毒品的取样一般应当在称量工作完成后,由两名以上侦查人员在查获毒品的现场或者公安机关办案场所完成。必要时,可以指派或者聘请具有专门知识的人进行取样。

在现场或者公安机关办案场所不具备取样条件的,应当按照本规定第九条的规定对毒品及包装物进行封装后,将其送至鉴定机构并委托鉴定机构进行取样。

第二十二条 在查获毒品的现场或者公安机关办案场所取样的,应当在有犯罪嫌疑人在场并有见证人的情况下进行,并制作取样笔录。

对已经封装的毒品进行取样前,应当在有犯罪嫌疑人在场并有见证人的情况下拆封,并记录在取样笔录中。

取样笔录应当由取样人、犯罪嫌疑人和见证人签名。犯罪嫌疑人拒绝签名的,应当在取样笔录中注明。

必要时,侦查人员应当对拆封和取样的主要过程进行拍照或者录像。

第二十三条 委托鉴定机构进行取样的,对毒品的取样方法、过程、结果等情况应当制作取样笔录,但鉴定意见包含取样方法的除外。

取样笔录应当由侦查人员和取样人签名,并随案移送。

第二十四条 对单个包装的毒品,应当按照下列方法选取或者随机抽取检材:

(一)粉状。将毒品混合均匀,并随机抽取约一克作为检材;不足一克的全部取作检材。

(二)颗粒状、块状。随机选择三个以上不同的部位,各抽取一部分混合作为检材,混合后的检材质量不少于一克;不足一克的全部取作检材。

(三)膏状、胶状。随机选择三个以上不同的部位,各抽取一部分混合作为检材,混合后的检材质量不少于三克；不足三克的全部取作检材。

（四）胶囊状、片剂状。先根据形状、颜色、大小、标识等外观特征进行分组；对于外观特征相似的一组，从中随机抽取三粒作为检材，不足三粒的全部取作检材。

（五）液态。将毒品混合均匀，并随机抽取约二十毫升作为检材；不足二十毫升的全部取作检材。

（六）固液混合状态。按照本款以上各项规定的方法，分别对固态毒品和液态毒品取样；能够混合均匀成溶液的，可以将其混合均匀后按照本款第五项规定的方法取样。

对其他形态毒品的取样，参照前款规定的取样方法进行。

第二十五条　对同一组内两个以上包装的毒品，应当按照下列标准确定选取或者随机抽取独立最小包装的数量，再根据本规定第二十四条规定的取样方法从单个包装中选取或者随机抽取检材：

（一）少于十个包装的，应当选取所有的包装；

（二）十个以上包装且少于一百个包装的，应当随机抽取其中的十个包装；

（三）一百个以上包装的，应当随机抽取与包装总数的平方根数值最接近的整数个包装。

对选取或者随机抽取的多份检材，应当逐一编号或者命名，且检材的编号、名称应当与其他笔录和扣押清单保持一致。

第二十六条　多个包装的毒品系包装完好、标识清晰完整的麻醉药品、精神药品制剂的，可以从相同批号的药品制剂中随机抽取三个包装，再根据本规定第二十四条规定的取样方法从单个包装中选取或者随机抽取检材。

第二十七条　在查获毒品的现场或者公安机关办案场所取样的，应当使用封装袋封装检材并加密封口，作好标记和编号，由取样人、犯罪嫌疑人和见证人在封口处或者指定位置签名并签署封装日期。犯罪嫌疑人拒绝签名的，侦查人员应当注明。

从不同包装中选取或者随机抽取的检材应当分别独立封装，不得混合。

对取样后剩余的毒品及包装物，应当按照本规定第九条的规定进行封装。选取或者随机抽取的检材应当由专人负责保管。在检材保管和送检过程中，应当采取妥善措施防止其发生变质、泄漏、遗失、损毁或者受到污染等。

第二十八条　委托鉴定机构进行取样的，应当使用封装袋封装取样后剩余的毒品及包装物并加密封口，作好标记和编号，由侦查人员和取样人在封口处签名并签署封装日期。

第二十九条　对取样后剩余的毒品及包装物，应当及时送至公安机关毒品保管场所或者涉案财物管理场所进行妥善保管。

对需要作为证据使用的毒品，不起诉决定或者判决、裁定（含死刑复核判决、裁定）发生法律效力后方可处理。

第五章　送检

第三十条　对查获的全部毒品或者从查获的毒品中选取或者随机抽取的检材，应当由两名以上侦查人员自毒品被查获之日起三日以内，送至鉴定机构进行鉴定。

具有案情复杂、查获毒品数量较多、异地办案、在交通不便地区办案等情形的，送检时限可以延长至七日。

公安机关应当向鉴定机构提供真实、完整、充分的鉴定材料，并对鉴定材料的真实性、合法性负责。

第三十一条　侦查人员送检时，应当持本人工作证件、鉴定聘请书等材料，并提供鉴定事项相关的鉴定资料；需要复核、补充或者重新鉴定的，还应当持原鉴定意见复印件。

第三十二条　送检的侦查人员应当配合鉴定机构核对鉴定材料的完整性、有效性，并检查鉴定材料是否满足鉴定需要。

公安机关鉴定机构应当在收到鉴定材料的当日作出是否受理的决定，决定受理的，应当与公安机关办案部门签订鉴定委托书；不予受理的，应当退还鉴定材料并说明理由。

第三十三条　具有下列情形之一的，公安机关应当委托鉴定机构对查获的毒品进行含量鉴定：

（一）犯罪嫌疑人、被告人可能被判处死刑的；

（二）查获的毒品系液态、固液混合物或者系毒品半成品的；

（三）查获的毒品可能大量掺假的；

（四）查获的毒品系成分复杂的新类型毒品，且犯罪嫌疑人、被告人可能被判处七年以上有期徒刑的；

（五）人民检察院、人民法院认为含量鉴定对定罪量刑有重大影响而书面要求进行含量鉴定的。

进行含量鉴定的检材应当与进行成分鉴定的检材来源一致，且一一对应。

第三十四条　对毒品原植物及其种子、幼苗，应当委托具备相应资质的鉴定机构进行鉴定。当地没有具备相应资质的鉴定机构的，可以委托侦办案件的公安机关所在地的县级以上农牧、林业行政主管部门，或者设立农林相关专业的普通高等学校、科研院所出具检验报告。

第六章　附则

第三十五条　本规定所称的毒品，包括毒品的成品、半成品、疑似物以及含有毒品成分的物质。

毒品犯罪案件中查获的其他物品，如制毒物品及其半成品、含有制毒物品成分的物质、毒品原植物及其种子和幼苗的提取、扣押、称量、取样和送检程序，参照本规定执行。

第三十六条　本规定所称的"以上""以内"包括本数，"日"是指工作日。

第三十七条　扣押、封装、称量或者在公安机关办案场所取样时，无法确定犯罪嫌疑人、犯罪嫌疑人在逃或者犯罪嫌疑人在异地被抓获且无法及时到场的，应当在有见证人的情况下进行，并在相关笔录、扣押清单中注明。

犯罪嫌疑人到案后，公安机关应当以告知书的形式告知其扣押、称量、取样的过程、结果。犯罪嫌疑人拒绝在告知书上签名的，应当将告知情况形成笔录，一并附卷；犯罪嫌疑人对称量结果有异议，有条件重新称量的，可以重新称量，并制作称量笔录。

第三十八条　毒品的提取、扣押、封装、称量、取样活动有见证人的，笔录材料中应当写明见证人的姓名、身份证件种类及号码和联系方式，并附其常住人口信息登记表等材料。

下列人员不得担任见证人：

（一）生理上、精神上有缺陷或者年幼，不具有相应辨别能力或者不能正确表达的人；

（二）犯罪嫌疑人的近亲属，被引诱、教唆、欺骗、强迫吸毒的被害人及其近亲属，以及其他与案件有利害关系并可能影响案件公正处理的人；

（三）办理该毒品犯罪案件的公安机关、人民检察院、人民法院的工作人员、实习人员或者其聘用的协勤、文职、清洁、保安等人员。

由于客观原因无法由符合条件的人员担任见证人或者见证人不愿签名的，应当在笔录材料中注明情况，并对相关活动进行拍照并录像。

第三十九条 本规定自 2016 年 7 月 1 日起施行。

公安部关于印发《公安机关缴获毒品管理规定》的通知

（公禁毒〔2016〕486 号）

各省、自治区、直辖市公安厅、局，新疆生产建设兵团公安局：

为规范公安机关缴获毒品管理工作，保障毒品刑事案件、行政案件顺利办理，公安部对《公安机关缴获毒品管理规定》进行了修订完善，现印发给你们。请结合本地实际，认真贯彻落实。

各地执行情况和遇到的问题，请及时报部。

公安部

2016 年 5 月 19 日

公安机关缴获毒品管理规定

第一章 总则

第一条 为进一步规范公安机关缴获毒品管理工作，保障毒品案件的顺利办理，根据有关法律、行政法规和规章，制定本规定。

第二条 公安机关（含铁路、交通、民航、森林公安机关和海关缉私机构、边防管理部门）对办理毒品刑事案件、行政案件过程中依法扣押、收缴的毒品进行保管、移交、入库、调用、出库、处理等工作，适用本规定。

第三条 各级公安机关应当高度重视毒品管理工作，建立健全毒品管理制度，强化监督，确保安全，严防流失，适时销毁。

第二章 毒品的保管

第四条 省级公安机关禁毒部门负责对缴获毒品实行集中统一保管。

办理毒品案件的公安派出所、出入境边防检查机关以及除省级公安机关禁毒部门外的县级以上公安机关办案部门（以下统称办案部门）负责临时保管缴获毒品。

经省级公安机关禁毒部门批准并报公安部禁毒局备案，设区的市一级公安机关禁毒部门可以对缴获毒品实行集中统一保管。

第五条 有条件的公安机关可以指定涉案财物管理部门负责临时保管缴获毒品。

经省级公安机关批准并报公安部禁毒局备案，设区的市一级公安机关涉案财物管理部门可以对缴获毒品实行集中统一保管。

第六条　公安机关鉴定机构负责临时保管鉴定剩余的毒品检材和留存备查的毒品检材。

对不再需要保留的毒品检材，公安机关鉴定机构应当及时交还委托鉴定的办案部门或者移交同级公安机关禁毒部门。

第七条　公安机关集中统一保管毒品的，应当划设独立的房间或者场地，设置长期固定的专用保管仓库；临时保管毒品的，应当设置保管仓库或者使用专用保管柜。

毒品保管仓库应当符合避光、防潮、通风和保密的要求，安装防盗安全门、防护栏、防火设施、通风设施、控温设施、视频监控系统和入侵报警系统。

毒品专用保管仓库不得存放其他物品。

第八条　办案部门应当指定不承担办案或者鉴定工作的民警负责本部门毒品的接收、保管、移交等管理工作。

毒品保管仓库和专用保险柜应当由专人负责看守。毒品保管实行双人双锁制度；毒品入库双人验收，出库双人复核，做到账物相符。

第九条　办案部门和负责毒品保管的涉案财物管理部门应当设立毒品保管账册并保存二十年备查。

有条件的省级公安机关，可以建立缴获毒品管理信息系统，对毒品进行实时、全程录入和管理，并与执法办案信息系统关联。

第十条　对易燃、易爆、具有毒害性以及对保管条件、保管场所有特殊要求的毒品，在处理前应当存放在符合条件的专门场所。公安机关没有具备保管条件的场所的，可以借用其他单位符合条件的场所进行保管。

对借用其他单位的场所保管的毒品，公安机关应当派专人看守或者进行定期检查。

第十一条　公安机关应当采取安全保障措施，防止保管的毒品发生泄漏、遗失、损毁或者受到污染等。

毒品保管人员应当定期检查毒品保管仓库和毒品保管柜并清点保管的毒品，及时发现和排除安全隐患。

第三章　毒品的移交、入库

第十二条　对办理毒品案件过程中发现的毒品，办案人员应当及时固定、提取，依法予以扣押、收缴。

办案人员应当在缴获毒品的现场对毒品及其包装物进行封装，并及时完成称量、取样、送检等工作；确因客观原因无法在现场实施封装的，应当经办案部门负责人批准。

第十三条　办案人员依法扣押、收缴毒品后，应当在二十四小时以内将毒品移交本部门的毒品保管人员，并办理移交手续。

异地办案或者在偏远、交通不便地区办案的，办案人员应当在返回办案单位后的二十四小时以内办理移交手续。

需要将毒品送至鉴定机构进行取样、鉴定的，经办案部门负责人批准，办案人员可以在送检完成后的二十四小时以内办理移交手续。

第十四条　除禁毒部门外的其他办案部门应当在扣押、收缴毒品之日起七日以内将毒品移交所在地的县级或者设区的市一级公安机关禁毒部门。

具有案情复杂、缴获毒品数量较大、异地办案等情形的,移交毒品的时间可以延长至二十日。

第十五条 刑事案件侦查终结、依法撤销或者对行政案件作出行政处罚决定、终止案件调查后,县级公安机关禁毒部门应当及时将临时保管的毒品移交上一级公安机关禁毒部门。

对因犯罪嫌疑人或者违法行为人无法确定、负案在逃等客观原因无法侦查终结或者无法作出行政处罚决定的案件,应当在立案或者受案后的一年以内移交。

第十六条 不起诉决定或者判决、裁定(含死刑复核判决、裁定)发生法律效力,或者行政处罚决定已过复议诉讼期限后,负责临时保管毒品的设区的市一级公安机关禁毒部门应当及时将临时保管的毒品移交省级公安机关禁毒部门集中统一保管。

第十七条 公安机关指定涉案财物管理部门负责保管毒品的,禁毒部门应当及时将本部门缴获的毒品和其他办案部门、鉴定机构移交的毒品移交同级涉案财物管理部门。

负责临时保管毒品的涉案财物管理部门应当依照本规定第十五条、第十六条的规定及时移交临时保管的毒品。

第十八条 毒品保管人员对本部门办案人员或者其他办案部门、鉴定机构移交的毒品,应当当场检查毒品及其包装物的封装是否完好以及封装袋上的标记、编号、签名等是否清晰、完整,并对照有关法律文书对移交的毒品逐一查验、核对。

对符合条件可以办理入库的毒品,毒品保管人员应当将入库毒品登记造册,详细登记移交毒品的种类、数量、封装情况、移交单位、移交人员、移交时间等情况,在《扣押清单》《证据保全清单》或者《收缴/追缴物品清单》上签字并留存一份备查。

对缺少法律文书、法律文书对必要事项记载不全、移交的毒品与法律文书记载不符或者移交的毒品未按规定封装的,毒品保管人员可以拒绝接收,并应当要求办案人员及时补齐相关法律文书、信息或者按规定封装后移交。

第四章 毒品的调用、出库

第十九条 因讯问、询问、鉴定、辨认、检验等办案工作需要,经本条第二款规定的负责人审批,办案人员可以调用毒品。

调用办案部门保管的毒品的,应当经办案部门负责人批准;调用涉案财物管理部门保管的毒品的,应当经涉案财物管理部门所属公安机关的禁毒部门负责人批准;除禁毒部门外的其他办案部门调用禁毒部门保管的毒品的,应当经负责毒品保管的禁毒部门负责人批准。

人民法院、人民检察院在案件诉讼过程中需要调用毒品的,应当由办案部门依照前两款的规定办理调用手续。

第二十条 因开展禁毒宣传教育、缉毒犬训练、教学科研等工作需要调用集中统一保管的毒品的,应当经省级或者经授权的设区的市一级公安机关分管禁毒工作的负责人批准。

第二十一条 毒品保管人员应当对照批准文件核对调用出库的毒品,详细登记调用人、审批人、调用事由、调用期限、出库时间以及出库毒品的状态和数量等事项。

第二十二条 调用人应当按照批准的调用目的使用毒品,并采取措施妥善保管调用的毒品,防止流失或者出现缺损、调换、灭失等情况。

调用人应当在调用结束后的二十四小时以内将毒品归还毒品保管人员。

调用人归还毒品时,毒品保管人员应当对照批准文件进行核对,检查包装,复称重量;

必要时，可以进行检验或者鉴定。经核对、检查无误，毒品保管人员应当重新办理毒品入库手续。

对出现缺损、调换、灭失等情况的，毒品保管人员应当如实记录，并报告调用人所属部门；毒品在调用过程中出现分解、潮解等情况的，调用人应当作出书面说明；因鉴定取样、实验研究等情况导致调用毒品发生合理损耗的，调用人应当提供相应的证明材料。

第二十三条　公安机关需要运输毒品的，应当由两名以上民警负责押运或者通过安全可靠的运输渠道进行运输。

负责押运的民警应当自启运起全程携带相关证明文件。

运输毒品过程中，公安机关应当采取安全保障措施，防止毒品发生泄漏、遗失、损毁或者受到污染等。

第五章　毒品的处理

第二十四条　缴获毒品不随案移送人民检察院、人民法院，但办案部门应当将其清单、照片或者其他证明文件随案移送。

对需要作为证据使用的毒品，不起诉决定或者判决、裁定（含死刑复核判决、裁定）发生法律效力，或者行政处罚决定已过复议诉讼期限后方可销毁。

第二十五条　对集中统一保管的毒品，除因办案、留样备查等工作需要少量留存外，省级公安机关或者经授权的市一级公安机关应当适时组织销毁。

其他任何部门或者个人不得以任何理由擅自处理毒品。

第二十六条　需要销毁毒品的，应当由负责毒品集中统一保管的禁毒部门提出销毁毒品的种类、数量和销毁的地点、时间、方式等，经省级公安机关负责人批准，方可销毁。

第二十七条　毒品保管人员应当对照批准文件核对出库销毁的毒品，并将毒品出库情况登记造册。

公安机关需要销毁毒品的，应当制定安全保卫方案和突发事件应急处理预案；必要时，可以邀请检察机关和环境保护主管部门派员监督；有条件的，可以委托具有危险废物无害化处理资质的单位进行销毁。

第二十八条　设区的市一级公安机关禁毒部门应当于每年 12 月 31 日前将本年度保管毒品的入库量、出库量、库存量、销毁量和缴获毒品管理工作情况报省级公安机关禁毒部门备案。

省级公安机关禁毒部门应当于每年 1 月 31 日前将上年度保管毒品的入库量、出库量、库存量、销毁量和本省（自治区、直辖市）缴获毒品管理工作情况报公安部禁毒局备案。

第六章　监督

第二十九条　各级公安机关分管禁毒工作的负责人对毒品管理工作承担重要领导责任，各级公安机关禁毒部门和负责毒品保管的涉案财物管理部门的主要负责人对毒品管理工作承担主要领导责任。

第三十条　各级公安机关应当将毒品管理工作纳入执法监督和执法质量考评范围，定期或者不定期地组织有关部门对本机关和办案部门负责保管的毒品进行核查，防止流失、毁灭或者不按规定移交、调用、处理等；发现毒品管理不当的，应当责令立即改正。

第三十一条 未按本规定严格管理毒品，致使毒品流失、毁灭或者导致严重后果的，应当依照有关规定追究相关责任人和毒品管理人员的责任；涉嫌犯罪的，移送司法机关依法追究刑事责任。

第七章 附则

第三十二条 本规定所称的公安机关禁毒部门，包括县级以上地方公安机关毒品犯罪侦查部门以及县级以上地方公安机关根据公安部有关规定确定的承担禁毒工作职责的业务部门。

本规定所称的毒品，包括毒品的成品、半成品、疑似物以及其他含有毒品成分的物质，但不包括含有毒品成分的人体生物样本。

第三十三条 本规定所称的"以上""以内"包括本数，"日"是指工作日。

第三十四条 各地公安机关可以根据本规定，结合本地和各警种实际情况，制定缴获毒品管理的具体办法，并报上一级公安机关备案。

第三十五条 公安机关从其他部门和个人接收毒品的管理，依照本规定执行。

第三十六条 本规定自 2016 年 7 月 1 日起施行。2001 年 8 月 23 日印发的《公安机关缴获毒品管理规定》（公禁毒〔2001〕218 号）同时废止。

第五编 司法部关于刑事司法鉴定的文件汇编

最高人民法院、司法部关于建立司法鉴定管理与使用衔接机制的意见

（司发通〔2016〕98 号）

各省、自治区、直辖市高级人民法院、司法厅（局），解放军军事法院，新疆维吾尔自治区高级人民法院生产建设兵团分院，新疆生产建设兵团司法局：

为贯彻落实党的十八届四中、五中全会精神，充分发挥司法鉴定在审判活动中的积极作用，最高人民法院、司法部根据《全国人民代表大会常务委员会关于司法鉴定管理问题的决定》（以下简称《决定》），就建立司法鉴定管理与使用衔接机制提出以下意见。

一、加强沟通协调，促进司法鉴定管理与使用良性互动

建立司法鉴定管理与使用衔接机制，规范司法鉴定工作，提高司法鉴定质量，是发挥司法鉴定作用，适应以审判为中心的诉讼制度改革的重要举措。人民法院和司法行政机关要充分认识司法鉴定管理与使用衔接机制对于促进司法公正、提高审判质量与效率的重要意义，立足各自职能定位，加强沟通协调，共同推动司法鉴定工作健康发展，确保审判活动的顺利进行。

司法行政机关要严格按照《决定》规定履行登记管理职能，切实加强对法医类、物证类、声像资料、环境损害司法鉴定以及根据诉讼需要由司法部商最高人民法院、最高人民检察院确定的其他应当实行登记管理的鉴定事项的管理，严格把握鉴定机构和鉴定人准入标准，加强对鉴定能力和质量的管理，规范鉴定行为，强化执业监管，健全淘汰退出机制，清理不符合规定的鉴定机构和鉴定人，推动司法鉴定工作依法有序进行。

人民法院要根据审判工作需要，规范鉴定委托，完善鉴定材料的移交程序，规范技术性证据审查工作，规范庭审质证程序，指导和保障鉴定人出庭作证，加强审查判断鉴定意见的能力，确保司法公正。

人民法院和司法行政机关要以问题为导向，进一步理顺司法活动与行政管理的关系，建立常态化的沟通协调机制，开展定期和不定期沟通会商，协调解决司法鉴定委托与受理、鉴定人出庭作证等实践中的突出问题，不断健全完善相关制度。

人民法院和司法行政机关要积极推动信息化建设，建立信息交流机制，开展有关司法鉴

定程序规范、名册编制、公告等政务信息和相关资料的交流传阅，加强鉴定机构和鉴定人执业资格、能力评估、奖惩记录、鉴定人出庭作证等信息共享，推动司法鉴定管理与使用相互促进。

二、完善工作程序，规范司法鉴定委托与受理

委托与受理是司法鉴定的关键环节，是保障鉴定活动顺利实施的重要条件。省级司法行政机关要适应人民法院委托鉴定需要，依法科学、合理编制鉴定机构和鉴定人名册，充分反映鉴定机构和鉴定人的执业能力和水平，在向社会公告的同时，提供多种获取途径和检索服务，方便人民法院委托鉴定。

人民法院要加强对委托鉴定事项特别是重新鉴定事项的必要性和可行性的审查，择优选择与案件审理要求相适应的鉴定机构和鉴定人。

司法行政机关要严格规范鉴定受理程序和条件，明确鉴定机构不得违规接受委托；无正当理由不得拒绝接受人民法院的鉴定委托；接受人民法院委托鉴定后，不得私自接收当事人提交而未经人民法院确认的鉴定材料；鉴定机构应规范鉴定材料的接收和保存，实现鉴定过程和检验材料流转的全程记录和有效控制；鉴定过程中需要调取或者补充鉴定材料的，由鉴定机构或者当事人向委托法院提出申请。

三、加强保障监督，确保鉴定人履行出庭作证义务

鉴定人出庭作证对于法庭通过质证解决鉴定意见争议具有重要作用。人民法院要加强对鉴定意见的审查，通过强化法庭质证解决鉴定意见争议，完善鉴定人出庭作证的审查、启动和告知程序，在开庭前合理期限以书面形式告知鉴定人出庭作证的相关事项。人民法院要为鉴定人出庭提供席位、通道等，依法保障鉴定人出庭作证时的人身安全及其他合法权益。经人民法院同意，鉴定人可以使用视听传输技术或者同步视频作证室等作证。刑事法庭可以配置同步视频作证室，供依法应当保护或其他确有保护必要的鉴定人作证时使用，并可采取不暴露鉴定人外貌、真实声音等保护措施。

鉴定人在人民法院指定日期出庭发生的交通费、住宿费、生活费和误工补贴，按照国家有关规定应当由当事人承担的，由人民法院代为收取。

司法行政机关要监督、指导鉴定人依法履行出庭作证义务。对于无正当理由拒不出庭作证的，要依法严格查处，追究鉴定人和鉴定机构及机构代表人的责任。

四、严处违法违规行为，维持良好司法鉴定秩序

司法鉴定事关案件当事人切身利益，对于司法鉴定违法违规行为必须及时处置，严肃查处。司法行政机关要加强司法鉴定监督，完善处罚规则，加大处罚力度，促进鉴定人和鉴定机构规范执业。监督信息应当向社会公开。鉴定人和鉴定机构对处罚决定有异议的，可依法申请行政复议或者提起行政诉讼。人民法院在委托鉴定和审判工作中发现鉴定机构或鉴定人存在违规受理、无正当理由不按照规定或约定时限完成鉴定、经人民法院通知无正当理由拒不出庭作证等违法违规情形的，可暂停委托其从事人民法院司法鉴定业务，并告知司法行政机关或发出司法建议书。司法行政机关按照规定的时限调查处理，并将处理结果反馈人民法院。鉴定人或者鉴定机构经依法认定有故意作虚假鉴定等严重违法行为的，由省级人民政府

司法行政部门给予停止从事司法鉴定业务三个月至一年的处罚；情节严重的，撤销登记；构成犯罪的，依法追究刑事责任；人民法院可视情节不再委托其从事人民法院司法鉴定业务；在执业活动中因故意或者重大过失给当事人造成损失的，依法承担民事责任。

人民法院和司法行政机关要根据本地实际情况，切实加强沟通协作，根据本意见建立灵活务实的司法鉴定管理与使用衔接机制，发挥司法鉴定在促进司法公正、提高司法公信力、维护公民合法权益和社会公平正义中的重要作用。

最高人民法院

司法部

2016 年 10 月 9 日

最高人民法院、最高人民检察院、公安部、国家安全部、司法部关于国家级司法鉴定机构遴选结果的通知

（司发通〔2010〕179 号）

各省、自治区、直辖市高级人民法院、人民检察院、公安厅（局）、国家安全厅（局）、司法厅（局），新疆维吾尔自治区高级人民法院生产建设兵团分院，新疆生产建设兵团人民检察院、公安局、司法局：

为了贯彻落实中央关于司法鉴定体制改革精神和全国人大常委会《关于司法鉴定管理问题的决定》，按照中央政法委员会《关于进一步完善司法鉴定管理体制　遴选国家级司法鉴定机构的意见》（政法〔2008〕2 号）的要求，由司法部牵头，会同最高人民法院、最高人民检察院、公安部、国家安全部、科技部等部门组成国家级司法鉴定机构遴选委员会，履行国家级司法鉴定机构的遴选职责。在中央政法委员会的领导下，国家级司法鉴定机构遴选委员会制定了《国家级司法鉴定机构遴选办法》《国家级司法鉴定机构评审标准》和《国家级司法鉴定机构遴选工作方案》，并组织开展国家级司法鉴定机构遴选工作。经过各部门评审推荐、专家统一审核和遴选委员会研究确定并报中央政法委员会批准，确定以下 10 家机构为"国家级司法鉴定机构"（机构按部门顺序，排名不分先后；各机构通过国家级司法鉴定机构评审的鉴定类别和鉴定事项附后）：

1. 最高人民检察院司法鉴定中心

2. 公安部物证鉴定中心

3. 北京市公安司法鉴定中心

4. 上海市公安司法鉴定中心

5. 广东省公安司法鉴定中心

6. 北京市国家安全局司法鉴定中心

7. 司法鉴定科学技术研究所司法鉴定中心

8. 法大法庭科学技术鉴定研究所

9. 中山大学法医鉴定中心

10.西南政法大学司法鉴定中心

通过遴选，逐步建设、形成一批"技术领先、布局合理、功能齐全、资源共享"的国家级司法鉴定机构，既是推进司法鉴定体制改革，完善司法鉴定管理体制的重要任务，也是保证政法机关依法正确履行诉讼职能，切实维护公民权益的重要举措；既有利于促进司法公正，提高司法效率，树立司法权威，及时解决多头重复鉴定、久鉴不决和鉴定意见"打架"等突出问题，又关系到维护人民群众切身利益、维护政法机关社会形象和维护社会公平正义的大局。

各级政法机关要充分认识遴选建设国家级司法鉴定机构工作的重要意义，依法发挥国家级司法鉴定机构解决重大疑难、特殊复杂鉴定问题的重要作用，增强司法鉴定保障司法、服务诉讼的能力水平，提高司法鉴定的科学性、权威性和社会公信力。国家级司法鉴定机构遴选工作是一项社会系统工程，各部门要进一步加强相互支持和相互配合，坚持以改革促发展，形成推动司法鉴定体制机制创新和完善的合力。

国家级司法鉴定机构的主管部门要以这次遴选工作为契机，坚持以评促建、重在提高的要求，进一步明确鉴定机构的建设目标和发展方向；进一步加大经费投入、人才引进、技术创新等方面的扶持力度；进一步加强管理、监督和评价检查，引导鉴定机构不断创新提高，推动科技进步，带动全行业能力建设、队伍建设和质量建设，

这次遴选出的国家级司法鉴定机构，要在新的起点上，进一步拓宽服务领域，强化质量控制，提高能力水平，切实成为依法执业、诚实守信、客观公正、廉洁自律的典范；要牢固树立大局意识、法律意识、责任意识、服务意识，抓住机遇，发挥优势，突出特色，持续改进，走专业化、职业化和高起点、高水平发展道路，努力实现科学发展。

附件：国家级司法鉴定机构鉴定类别和鉴定事项目录

中华人民共和国最高人民法院
中华人民共和国最高人民检察院
中华人民共和国公安部
中华人民共和国国家安全部
中华人民共和国司法部
2010 年 9 月 30 日

附件：

国家级司法鉴定机构鉴定类别和鉴定事项目录

（机构按部门顺序，排名不分先后）

一、最高人民检察院司法鉴定中心

序号	鉴定类别/事项		鉴定项目		限制范围	备注
			序号	名称		
1	法医病理		1	死亡原因鉴定		
			2	死亡时间鉴定		
			3	死亡方式鉴定		
			4	致伤物推断鉴定		
2	法医临床		1	损伤程度鉴定		
			2	伤残程度鉴定		
3	法医毒物	毒品类	1	海洛因		
			2	甲基苯胺		
			3	亚甲基二氧甲基苯丙胺（MDMA）		
			4	氯胺酮		
		杀鼠剂类	1	毒鼠强		
4	文书		1	笔迹		
			2	印章印文及各类安全标记		
			3	污损文件		
			4	其它（变造文件）		
5	声像资料	录音资料	1	语言识别和分析		
			2	录音检验		
			3	噪声分析		
			4	降噪及提高语音信噪比		
		电子数据	1	电子数据的提取、固定与恢复		
			2	电子数据的分析与鉴定		
			3	信息系统分析与鉴定（软件相似性）		

二、公安部物证鉴定中心

序号	鉴定类别/事项	鉴定项目		限制范围	备注
		序号	名称		
1	法医病理	1	死亡原因鉴定		
		2	死亡时间鉴定		
		3	死亡方式鉴定		
		4	致伤物推断鉴定		
		5	其他(种属、性别、年龄、身高、颅像重合、容貌复原)		
2	法医物证		血液(斑)		
		1	人血红蛋白		
		2	STR 及性别		
		3	人类线粒体 DNA		
			精液(斑)		
		1	人前列腺特异抗原		
		2	STR 及性别		
		3	人类线粒体 DNA		
			软组织		
		1	STR 及性别		
		2	人类线粒体 DNA		
			毛发		
		1	STR 及性别		
		2	人类线粒体 DNA		
			唾液(斑)		
		1	STR 及性别		
		2	人类线粒体 DNA		
			骨骼		
		1	STR 及性别		
		2	人类线粒体 DNA		
			牙齿		
		1	STR 及性别		
		2	人类线粒体 DNA		
			粪便		
		1	STR 及性别		
		2	人类线粒体 DNA		
			尿液(斑)		
		1	STR 及性别		
		2	人类线粒体 DNA		

续上表

序号	鉴定类别/事项		鉴定项目		限制范围	备注
		序号	名称			
3	法医毒物	杀鼠剂类	1	毒鼠强		
			2	氟乙酸		
		医用合成药类	1	巴比妥		
			2	苯巴比妥		
			3	速可眠		
			4	戊巴比妥		
			5	异戊巴比妥		
			6	硫喷妥		
			7	氯丙嗪		
			8	异丙嗪		
			9	奋乃静		
			10	利多卡因		
			11	普鲁卡因		
			12	丁卡因		
			13	布比卡因		
			14	苯唑卡因		
			15	氯喹		
			16	利眠宁		
			17	安定		
			18	阿米替林		
			19	多虑平		
			20	三甲丙咪嗪		
			21	氯丙咪嗪		
			22	丙咪嗪		
		杀虫剂类	1	二氯苯醚菊酯		
			2	氯氰菊酯		
			3	杀灭菊酯		
			4	溴氰菊酯		
			5	有机磷		
			6	灭多威		

续上表

序号	鉴定类别/事项	鉴定项目		限制范围	备注
		序号	名称		
3	法医毒物	有毒动物	1	斑蝥素		
		天然药物类	1	士的宁		
			2	马钱子碱		
		挥发性毒物类	1	甲醇		
			2	乙醇		
			3	正丙醇		
			4	乙醛		
			5	丙酮		
			6	异丙醇		
			7	正丁醇		
			8	异戊醇		
			9	苯		
			10	甲苯		
			11	乙苯		
			12	二甲苯		
			13	氰氢酸		
		气体毒物	1	磷化氢		
		毒品类	1	海洛因		
			2	吗啡		
			3	可待因		
			4	蒂巴因		
			5	罂粟碱		
			6	那可汀		
			7	4,5-亚甲基二氧基安非他明(MDA)		
			8	3,4-亚甲基二氧基甲基安非他明(MDMA)		
			9	苯丙胺		
			10	甲基苯丙胺		
			11	四氢大麻酚		
			12	大麻酚		
			13	大麻二酚		
			14	可卡因		
			15	哌替啶		
			16	氯胺酮		

续上表

序号	鉴定类别/事项		鉴定项目	限制范围	备注
		序号	名称		
4	文书	1	笔迹		
		2	印刷文件		
		3	印章印文及各类安全标记		
		4	货币票证		
		5	污损文件		
		6	文件制成时间		
		7	朱墨时序		
		8	模糊记载（模糊字迹的显现）		
		9	其它（言语的地域特征、年龄特征、文化程度特征、职业特征、病态特征的鉴别、变造文件）		
5	痕迹	人体乳突纹线			
		1	指纹		
		2	掌纹		
		足迹			
		1	鞋印		
		2	袜印		
		3	赤脚印		
		线形痕迹			
		凹陷痕迹			
		钥匙及锁具			
		轮胎痕迹			
		金属号码			
		1	车辆号码		
		2	枪支号码		
		整体分离痕迹			
		射击弹头及弹壳痕迹			
		枪支及枪弹确定			
		弹着点及弹道痕迹			
		炸药爆炸力及炸药量			
		雷管、导火（爆）索及爆炸装置			

续上表

序号	鉴定类别/事项	鉴定项目		限制范围	备注
		序号	名称		
6	微量	1	石油产品及残留物(汽油、煤油、柴油及残留物、重质矿物油)		
		2	炸药残留物		
		3	枪弹射击残留物		
		4	油漆涂料		
		5	橡胶		
		6	塑料		
		7	纤维		
		8	染料与色素		
		9	玻璃		
		10	墨水		
		11	纸张		
		12	油墨		
		13	黏合剂		
		14	金属类(焊锡)		
7	声像资料	录音资料			
		1	语言识别和分析		
		2	录音检验		
		3	噪声分析		
		4	降噪及提高语音信噪比		
		图像			
		1	图像处理		
		照相			
		1	可见光照相		
		2	红外照相		
		3	紫外照相		
		4	光致发光检验		
		电子数据			
		1	电子数据的提取、固定与恢复		
		2	电子数据的分析与鉴定		
		3	信息系统分析与鉴定(软件相似性、信息系统功能(包括软件))		

三、北京市公安司法鉴定中心

序号	鉴定类别/事项	鉴定项目		限制范围	备注
		序号	名称		
1	法医病理	1	死亡原因鉴定		
		2	死亡时间鉴定		
		3	死亡方式鉴定		
		4	致伤物推断鉴定		
		5	其他(种属、性别、年龄、身高、颅像重合、活体骨龄)		
2	法医临床	1	损伤程度鉴定		
3	法医物证	血液(斑) 1	人血红蛋白		
		2	STR 及性别		
		3	人类线粒体 DNA		
		精液(斑) 1	人前列腺特异抗原		
		2	STR 及性别		
		软组织 1	STR 及性别		
		2	人类线粒体 DNA		
		毛发 1	STR 及性别		
		2	人类线粒体 DNA		
		骨骼 1	STR 及性别		
		2	人类线粒体 DNA		
		牙齿 1	STR 及性别		
		2	人类线粒体 DNA		
		指甲 1	STR 及性别		
		2	人类线粒体 DNA		
		脱落细胞 1	STR 及性别		
		2	人类线粒体 DNA		

续上表

序号	鉴定类别/事项		鉴定项目		限制范围	备注
			序号	名称		
4	法医毒物	医用合成药类	1	巴比妥		
			2	苯巴比妥		
			3	速可眠		
			4	戊巴比妥		
			5	异戊巴比妥		
			6	硫喷妥		
			7	氯丙嗪		
			8	异丙嗪		
			9	奋乃静		
			10	三氟拉嗪		
			11	太尔登		
			12	安定		
			13	去甲安定		
			14	利眠宁		
			15	三唑仑		
			16	阿普唑仑		
			17	硝基安定		
			18	羟基安定		
			19	舒乐安定		
			20	氯硝安定		
			21	氟硝安定		
			22	劳拉安定		
			23	咪哒唑仑		
			24	苯妥英钠		
			25	水合氯醛		
			26	苯佐卡因		
			27	利多卡因		
			28	普鲁卡因		
			29	丁卡因		
			30	布比卡因		
			31	导眠能		

续上表

序号	鉴定类别/事项		鉴定项目		限制范围	备注
		序号	名称			
4	法医毒物	医用合成药类	32	芬那露		
			33	强痛定		
			34	氯氮平		
			35	扑尔敏		
			36	非那西汀		
			37	阿米替林		
			38	多虑平		
			39	三甲丙咪嗪		
			40	氯丙咪嗪		
			41	丙咪嗪		
			42	氨基比林		
			43	扑热息痛		
			44	心律平		
			45	安眠酮		
			46	卡马西平		
			47	西地那非		
		杀虫剂类	1	敌敌畏		
			2	甲拌磷		
			3	内吸磷		
			4	乐果		
			5	氧化乐果		
			6	甲基对流磷		
			7	乙基对流磷		
			8	杀螟松		
			9	二氯苯醚菊酯		
			10	胺菊酯		
			11	杀灭菊酯		
			12	溴氰菊酯		
			13	甲氰菊酯		
			14	氯氰菊酯		
			15	呋喃丹		

续上表

序号	鉴定类别/事项		鉴定项目		限制范围	备注
		序号	名称			
4	法医毒物	杀虫剂类	16	叶蝉散		
			17	灭多威		
			18	西维因		
			19	速灭威		
		杀鼠剂类	1	敌鼠		
			2	溴敌隆		
			3	杀鼠迷		
			4	杀鼠灵		
			5	大隆		
			6	杀它仗		
			7	毒鼠强		
			8	氟乙酰胺		
			9	氟乙酸		
		水溶性无机毒类	1	亚硝酸盐		
			2	盐卤		
			3	盐酸		
			4	硫酸		
			5	硝酸		
			6	氢氧化钠		
			7	氢氧化钾		
		挥发性毒物类	1	甲醇		
			2	乙醇		
			3	正丙醇		
			4	氰化物		
			5	酚		
			6	来苏水		
		金属毒物类	1	砷		
			2	汞		
		天然药物类	1	乌头生物碱		
			2	马钱子		
			3	士的宁		

续上表

序号	鉴定类别/事项		鉴定项目		限制范围	备注
			序号	名称		
4	法医毒物	天然药物类	4	阿托品		
		毒品类	1	鸦片		
			2	吗啡		
			3	可待因		
			4	海洛因		
			5	O^6（或O^3）- 单乙酰基吗啡		
			6	苯丙胺		
			7	甲基苯丙胺		
			8	3，4 - 亚甲基二氧甲基苯丙胺（MDMA）		
			9	4，5 - 亚甲基二氧苯丙胺（MDA）		
			10	亚甲基二氧乙基苯丙胺（MDEA）		
			11	三甲苯乙胺		
			12	大麻酚		
			13	四氢大麻酚		
			14	大麻二酚		
			15	LSD		
			16	可卡因		
			17	美沙酮		
			18	度冷丁		
			19	丁丙诺非		
			20	曲马朵		
			21	安啡拉酮		
			22	芬太尼		
			23	氯胺酮		
			24	二氢埃托啡		
		其他/易制毒	1	醋酸酐		
			2	氯化铵		
			3	三氯甲烷		

续上表

序号	鉴定类别/事项		鉴定项目		限制范围	备注
		序号	名称			
4	法医毒物		4	丙酮		
			5	乙醚		
			6	硫酸		
			7	盐酸		
			8	麻黄碱		
			9	假麻黄碱		
			10	1-苯基-2-丙酮		
			11	氯化亚砜		
		其它/易制毒	12	甲苯		
			13	氯化钯		
			14	苯乙酸		
			15	硫酸钡		
			16	醋酸钠		
			17	黄樟脑		
			18	异黄樟脑		
			19	胡椒醛		
			20	3,4-亚甲基二氧苯基-2-丙酮		
			21	高锰酸钾		
			22	丁酮		
			23	邻氨基苯甲酸		
			24	N-乙酰邻氨基苯甲酸		
			25	麦角新碱		
			26	麦角胺		
			27	麦角酸		
			28	哌啶		
		气体毒物类	1	甲烷		
			2	乙烷		
			3	丙烷		
			4	丁烷		
			5	戊烷		
			6	丙烯		
			7	丁烯		
			8	硫化氢		
			9	一氧化碳		

续上表

序号	鉴定类别/事项		鉴定项目		限制范围	备注
		序号	名称			
5	文书	1	笔迹			
		2	印刷文件			
		3	印章印文及各类安全标记			
6	痕迹	人体乳突纹线	1	指纹		
			2	掌纹		
		足迹	1	鞋印		
			2	袜印		
			3	赤脚印		
		线形痕迹				
		凹陷痕迹				
		金属号码	1	车辆号码		
		整体分离痕迹				
		射击弹头及弹壳痕迹				
		枪支及枪弹确定				
		雷管、导火（爆）索及爆炸装置				
7	微量		1	石油产品及残留物（汽油、煤油、柴油及残留物）		
			2	炸药残留物		
			3	枪弹射击残留物		
			4	油漆涂料		
			5	金属类		
			6	塑料		
			7	纤维		
			8	玻璃		
8	声像资料	照相	1	可见光照相		
			2	紫外照相		
		电子数据	1	电子数据的提取、固定与恢复		
			2	电子数据的分析与鉴定		

四、上海市公安司法鉴定中心

序号	鉴定类别/事项	鉴定项目		限制范围	备注
		序号	名称		
1	法医临床	1	伤残程度鉴定（交通事故）		
		2	损伤程度鉴定		
2	法医物证		血液（斑）		
		1	人血红蛋白		
		2	STR 及性别		
		3	人类线粒体 DNA		
			精液（斑）		
		1	人前列腺特异抗原		
		2	STR 及性别		
		3	人类线粒体 DNA		
			软组织		
		1	STR 及性别		
		2	人类线粒体 DNA		
			毛发		
		1	STR 及性别		
		2	人类线粒体 DNA		
			唾液（斑）		
		1	STR 及性别		
		2	人类线粒体 DNA		
			骨骼		
		1	STR 及性别		
		2	人类线粒体 DNA		
			牙齿		
		1	STR 及性别		
		2	人类线粒体 DNA		
			指甲		
		1	STR 及性别		
		2	人类线粒体 DNA		
			尿液（斑）		
		1	STR 及性别		
		2	人类线粒体 DNA		
3	法医毒物	医用合成药类			
		1	巴比妥	只做定性	
		2	苯巴比妥	只做定性	
		3	速可眠	只做定性	
		4	异戊巴比妥	只做定性	
		5	硫喷妥	只做定性	
		6	氯丙嗪	只做定性	
		7	异丙嗪	只做定性	
		8	安定	只做定性	
		9	利眠宁	只做定性	
		10	三唑仑		

续上表

序号	鉴定类别/事项	鉴定项目		限制范围	备注
		序号	名称		
3	法医毒物	11	阿普唑仑	只做定性	
	医用合成药类	12	硝基安定	只做定性	
		13	咪达唑仑	只做定性	
		14	奥沙西泮	只做定性	
		15	舒乐安定	只做定性	
		16	氯硝安定	只做定性	
		17	氯氮平	只做定性	
		18	阿米替林	只做定性	
		19	多虑平	只做定性	
		20	安眠酮	只做定性	
		21	咖啡因	只做定性	
		22	扑热息痛	只做定性	
		23	非那西汀	只做定性	
	杀虫剂类	1	敌敌畏	只做定性	
		2	甲胺磷	只做定性	
		3	乙酰甲胺磷	只做定性	
		4	乐果	只做定性	
		5	氧化乐果	只做定性	
		6	乙基对硫磷	只做定性	
		7	二氯苯醚菊酯	只做定性	
		8	胺菊酯	只做定性	
		9	杀灭菊酯	只做定性	
		10	溴氰菊酯	只做定性	
		11	甲氰菊酯	只做定性	
		12	氯氰菊酯	只做定性	
		13	呋喃丹	只做定性	
	—	14	灭多威	只做定性	
	杀鼠剂类	1	毒鼠强	只做定性	
	气体毒物类	1	乙醇		
		2	一氧化碳		

续上表

序号	鉴定类别/事项		鉴定项目		限制范围	备注
		序号	名称			
3	法医毒物	毒品类	1	吗啡	只做定性	
			2	可待因	只做定性	
			3	海洛因		
			4	单乙酰吗啡	只做定性	
			5	乙酰可待因	只做定性	
			6	LSD		
			7	苯丙胺		
			8	甲基苯丙胺		
			9	亚甲基二氧甲基苯丙胺（MDMA）		
			10	亚甲基二氧苯丙胺（MDA）		
			11	四氢大麻酚	只做定性	
			12	可卡因	只做定性	
			13	度冷丁	只做定性	
			14	氯胺酮		
		挥发性毒物类	1	氯仿	只做定性	
			2	丙酮	只做定性	
			3	乙醚	只做定性	
			4	甲醇	只做定性	
			5	乙酸甲酯	只做定性	
			6	乙醇	只做定性	
			7	正己烷	只做定性	
			8	异丙醇	只做定性	
			9	甲苯	只做定性	
			10	乙酸乙酯	只做定性	
			11	二氯甲烷	只做定性	
			12	苯	只做定性	
			13	丁酮	只做定性	
		其它/易制毒	1	麻黄碱	只做定性	
			2	伪麻黄碱	只做定性	
			3	1－苯基－2－丙酮	只做定性	
			4	苯乙酸	只做定性	
			5	黄樟脑	只做定性	

续上表

序号	鉴定类别/事项		序号	名称	限制范围	备注
3	法医毒物	其它/易制毒	6	异黄樟脑	只做定性	
			7	胡椒醛	只做定性	
			8	3，4-亚甲基二氧苯基-2-丙酮	只做定性	
			9	邻氨基苯甲酸	只做定性	
			10	N-乙酰邻氨基苯甲酸	只做定性	
4	文书		1	笔迹		
			2	印章印文及各类安全标记		
			3	其他（变造文件）		
5	痕迹	人体乳突纹线	1	指纹		
		射击弹头及弹壳痕迹				
6	微量		1	石油产品及残留物（汽油）		
			2	炸药残留物（TNT）		
			3	纤维		
			4	金属类		
			5	催泪化学品（辣椒素）		
			6	其他（硫酸根离子、硝酸根离子、氯离子）		
7	声像资料	照相	1	紫外照相		

五、广东省公安司法鉴定中心

序号	鉴定类别/事项	序号	名称	限制范围	备注
1	法医病理	1	死亡原因鉴定		
		2	死亡时间鉴定		
		3	死亡方式鉴定		
		4	致伤物推断鉴定		
2	法医临床	1	损伤程度鉴定		

续上表

序号	鉴定类别/事项		鉴定项目		限制范围	备注
		序号	名称			
3	法医物证		血液（斑）	1	人血红蛋白	
				2	STR 及性别	
		精液（斑）	1	人前列腺特异抗原		
			2	STR 及性别		
		软组织	1	STR 及性别		
		毛发	1	STR 及性别		
		唾液（斑）	1	STR 及性别		
		骨骼	1	STR 及性别		
		牙齿	1	STR 及性别		
		粪便	1	STR 及性别		
4	法医毒物	毒品类	1	海洛因		
			2	苯丙胺		
			3	甲基苯丙胺		
			4	亚甲二氧基苯丙胺		
			5	亚甲二氧基甲基苯丙胺		
			6	氯胺酮		
		杀鼠剂类	1	毒鼠强		
		挥发性毒物	1	乙醇		
5	文书		1	笔迹		
			2	印刷文件		
			3	印章印文及各类安全标记		
			4	货币票证		
			5	污损文件		
			6	朱墨时序		
			7	文件制成时间（印章印文）		

续上表

序号	鉴定类别/事项		鉴定项目		限制范围	备注
		序号	名称			
6	痕迹	人体乳突纹线	1	指纹		
			2	掌纹		
		足迹	1	鞋印		
			2	袜印		
			3	赤脚印		
		线形痕迹				
		凹陷痕迹				
		金属号码	1	车辆号码		
		整体分离痕迹				
		射击弹头及弹壳痕迹				
7	微量物证		1	枪弹射击残留物		
			2	油漆涂料		
			3	炸药残留物(TNT)		
8	声像资料	录音资料	1	语音识别和分析		
		图像	1	图像处理(去噪、增强、复原等)		
		照相	1	可见光照相		
			2	红外照相		
			3	紫外照相		
			4	光致发光检验		

六、北京市国家安全局司法鉴定中心

序号	鉴定类别/事项		鉴定项目		限制范围	备注
		序号	名称			
1	法医物证	血液(斑)	1	人血红蛋白		
			2	STR及性别		
		毛发	1	STR及性别		
		唾液(斑)	1	STR及性别		

续上表

序号	鉴定类别/事项		鉴定项目		限制范围	备注
			序号	名称		
2	法医毒物	毒品	1	吗啡	只做定性	
			2	可待因	只做定性	
			3	O^6-单乙酰基吗啡	只做定性	
			4	海洛因		
			5	苯丙胺	只做定性	
			6	甲基苯丙胺	只做定性	
			7	四氢大麻酚	只做定性	
			8	可卡因	只做定性	
		医用合成药类	1	苯巴比妥	只做定性	
			2	速可眠	只做定性	
			3	异戊巴比妥	只做定性	
			4	安定	只做定性	
			5	利眠宁	只做定性	
			6	三唑仑	只做定性	
		杀虫剂类	1	敌敌畏	只做定性	
			2	甲拌磷	只做定性	
			3	氯氰菊酯	只做定性	
			4	溴氰菊酯	只做定性	
		杀鼠剂类	1	毒鼠强	只做定性	
3	文书		1	笔迹		
4	痕迹	人体乳突纹线	1	指纹		
			2	掌纹		
5	微量物证		1	其他(隐性书写材料、电子级水类)	只做定性	
6	声像资料	照相	1	可见光照相		
			2	光致发光检验		
			3	紫外光照相		
		电子数据	1	电子数据的提取、固定与恢复		
			2	电子数据的分析与鉴定		
			3	信息系统分析与鉴定（软件相似性）		

七、司法鉴定科学技术研究所司法鉴定中心

序号	鉴定类别/事项	鉴定项目		限制范围	备注
		序号	名称		
1	法医病理	1	死亡原因鉴定		
		2	死亡时间鉴定		
		3	死亡方式鉴定		
		4	损伤时间的鉴定		
		5	致伤物推断鉴定		
2	法医临床	1	损伤程度鉴定		
		2	伤残程度鉴定		
		3	男子性功能评定		
		4	视觉功能评定		
		5	听觉功能评定		
		6	其他(骨龄鉴定、前庭功能评定)		
3	法医精神病	1	精神状态评定		
		2	行为能力评定		
		3	精神伤残评定		
		4	劳动能力评定		
4	法医物证	血液(斑)	1	人血红蛋白及 DNA 种属鉴定		
			2	STR 及性别		
			3	人类线粒体 DNA		
		精液(斑)	1	人前列腺特异抗原		
			2	STR 及性别		
		软组织	1	STR 及性别		
			2	人类线粒体 DNA		
		羊水	1	STR 及性别		
			2	人类线粒体 DNA		
		毛发	1	STR 及性别		
			2	人类线粒体 DNA		
		唾液(斑)	1	STR 及性别		
		骨骼	1	STR 及性别		
			2	人类线粒体 DNA		

续上表

序号	鉴定类别/事项		鉴定项目		限制范围	备注
		序号	名称			
4	法医物证	牙齿	1	STR 及性别		
			2	人类线粒体 DNA		
		指甲	1	人类线粒体 DNA		
		脱落细胞	1	STR 及性别		
		血液	1	ABO 血型		
5	法医毒物	毒品	1	吗啡		
			2	单乙酰吗啡		
			3	海洛因		
			4	度冷丁		
			5	苯丙胺		
			6	甲基苯丙胺		
			7	3,4-亚甲基二氧甲基苯丙胺（MDMA）		
			8	4,5-亚甲基二氧苯丙胺（MDA）		
			9	大麻酚		
			10	四氢大麻酚		
			11	大麻二酚		
			12	$\triangle^9$-四氢大麻酸		
			13	氯胺酮		
		医用合成药类	1	巴比妥		
			2	苯巴比妥		
			3	速可眠		
			4	异戊巴比妥		
			5	硫喷妥		
			6	地西泮		
			7	氯硝西泮		
			8	硝基安定		
			9	艾司唑仑		
			10	阿普唑仑		

续上表

序号	鉴定类别/事项		鉴定项目		限制范围	备注
		序号	名称			
5	法医毒物	医用合成药类	11	三唑仑		
			12	咪达唑仑		
			13	氯丙嗪		
			14	异丙嗪		
			15	阿米替林		
			16	多虑平		
			17	丙咪嗪		
			18	氯氮平		
			19	利多卡因		
			20	咖啡因		
		天然药物类	1	尼古丁		
			2	阿托品		
			3	乌头碱		
			4	新乌头碱		
			5	次乌头碱		
		杀虫剂类	1	敌敌畏		
			2	甲胺磷		
			3	乙酰甲胺磷		
			4	马拉硫磷		
			5	乐果		
			6	甲基对硫磷		
			7	对硫磷		
			8	呋喃丹		
			9	速灭威		
			10	灭多威		
			11	氰戊菊酯		
			12	氯氰菊酯		
			13	溴氰菊酯		
			14	胺菊酯		
			15	二氯苯醚菊酯		
		杀鼠剂类	1	毒鼠强		

续上表

序号	鉴定类别/事项		鉴定项目		限制范围	备注
		序号	名称			
5	法医毒物	挥发性毒物类	1	氰化物		
			2	甲醇		
			3	乙醇		
		气体毒物类	1	碳氧血红蛋白饱和度		
		天然药物类	1	乌头碱		
			2	新乌头碱		
			3	次乌头碱		
		金属毒物类	1	铬		
			2	镉		
			3	砷		
			4	铊		
			5	铅		
6	文书		1	笔迹		
			2	印刷文件		
			3	印章印文及各类安全标记		
			4	污损文件		
			5	文件制成时间(印章印文)		
			6	朱墨时序		
			7	其他(变造文件)		
7	微量		1	纸张		
			2	墨水		
			3	油墨		
			4	黏合剂		
			5	油漆涂料		
			6	其他(墨粉)		
8	声像资料	录音资料	1	语言识别和分析		
			2	录音检验		
			3	噪声分析		
			4	降噪及提高语音信噪比		

续上表

序号	鉴定类别/事项		鉴定项目		限制范围	备注
		序号	名称			
8	声像资料	图像	1	图像处理(去噪、增强、复原等)		
			2	图像鉴定		
			3	其他		
		录像	4	录像技术		

八、中国政治大学法庭科学技术鉴定研究所

序号	鉴定类别/事项	鉴定项目		限制范围
		序号	名称	
1	法医病理	1	死亡原因鉴定	
		2	死亡时间鉴定	
		3	死亡方式鉴定	
		4	致伤物推断鉴定	
2	法医临床	1	损伤程度鉴定	
		2	伤残程度鉴定	
		3	视觉	
		4	听觉	
3	文书	1	笔迹	
		2	印章印文及各类安全标记	
		3	印刷文件	
		4	其他(变造文件)	

九、中山大学法医鉴定中心

序号	鉴定类别/事项	鉴定项目		限制范围
		序号	名称	
1	法医病理	1	死亡原因鉴定	
		2	死亡时间鉴定	
		3	死亡方式鉴定	
		4	损伤时间鉴定	
		5	致伤物推断鉴定	

续上表

序号	鉴定类别/事项		鉴定项目		限制范围
		序号	名称		
2	法医物证		血液（斑）	1	人血红蛋白
				2	STR及性别
			精液（斑）	1	人前列腺特异抗原
				2	STR及性别
			软组织	1	STR及性别
			毛发	1	STR及性别
			唾液（斑）	1	STR及性别
			羊水	1	STR及性别
			体液（斑）	1	STR及性别

十、西南政法大学司法鉴定中心

序号	鉴定类别/事项	鉴定项目		限制范围	备注
		序号	名称		
1	文书	1	笔迹		
		2	印章印文及各类安全标记		
		3	印刷文件		
		4	文件制成时间（印章印文）		
		5	其他（变造文件）		

最高人民法院、最高人民检察院、公安部、国家安全部、司法部关于做好司法鉴定机构和司法鉴定人备案登记工作的通知

（司发通〔2008〕165号）

各省、自治区、直辖市高级人民法院、人民检察院、公安厅（局）、国家安全厅（局）、司法厅（局），新疆生产建设兵团高级人民法院、人民检察院、公安局、国家安全局、司法局：

根据中共中央关于司法鉴定体制改革精神和全国人民代表大会常务委员会《关于司法鉴定管理问题的决定》（以下简称《决定》），按照中央政法委员会《关于进一步完善司法鉴定管理体制 遴选国家级司法鉴定机构的意见》（政法〔2008〕2号）的要求，为进一步完善司法鉴定体制，现就检察机关、公安机关、国家安全机关所属司法鉴定机构和司法鉴定人（以下简称鉴定机构、鉴定人）备案登记工作的有关事宜通知如下：

一、检察机关、公安机关、国家安全机关所属鉴定机构和鉴定人实行所属部门直接管理和司法行政机关备案登记相结合的管理模式。检察机关、公安机关、国家安全机关管理本系统所属鉴定机构和鉴定人，履行对本系统所属鉴定机构和鉴定人的资格审查、年度审验、资格延续与变更注销、颁发鉴定资格证书、系统内部名册编制、技术考核、业务指导管理、队伍建设和监督检查等职责；司法行政机关对经检察机关、公安机关、国家安全机关审查合格的所属鉴定机构和鉴定人进行备案登记，编制和更新国家鉴定机构、鉴定人的名册并公告。

国家安全机关所属鉴定机构、鉴定人的备案登记、名册编制和公告工作，按照国家安全部、司法部《关于印发〈国家安全机关司法鉴定人和司法鉴定机构名册管理办法〉的通知》（国安发〔2008〕20号）中的有关规定执行。

二、备案登记工作的程序和要求。参加备案登记的鉴定机构、鉴定人经检察机关、公安机关按照职能分工，统一组织、依法审查合格后，由司法行政机关备案登记、编制名册并公告。

（一）最高人民检察院、公安部和省级检察机关、公安机关分别向同级司法行政机关送交备案登记材料。最高人民检察院、公安部直接管理、审查合格的鉴定机构和鉴定人的相关材料统一送交司法部，由司法部分送鉴定机构、鉴定人执业所在区域的省级司法行政机关进行备案登记；省级检察机关、公安机关直接管理、审查合格的鉴定机构和鉴定人的相关材料送交同级司法行政机关进行备案登记。

（二）检察机关、公安机关送交以下备案登记材料：（1）检察机关、公安机关所属鉴定机构、鉴定人备案登记的公函。（2）鉴定机构备案登记表一份，包括机构名称、所在省（地市、县）、鉴定机构资格证编号、机构主管机关名称、住所、邮编、电话、机构负责人，司法鉴定业务范围（鉴定事项），鉴定机构所属鉴定人姓名、性别、技术职务或者技术职称、执业类别，以及主管部门颁发的鉴定人资格证编号（详见附件1、2，同时送电子文档）。（3）检察机关、公安机关所属各级鉴定机构主管部门的联系方式、联系人，以及投诉监督电话。

（三）司法行政机关应当及时进行备案登记、编制名册和公告工作。（1）省级司法行政机关收到检察机关、公安机关送交的备案登记材料后，应当在一个月内完成备案登记工作，并出具同意备案登记的公函。（2）备案登记后的鉴定机构和鉴定人按系统单独编制名册，并依照有关法律规定进行公告，公告的内容要与备案登记的内容一致。（3）司法部负责按系统分别汇编和公布《国家司法鉴定人和司法鉴定机构名册》（检察机关卷、公安机关卷）。鉴于检察机关、公安机关的工作性质，备案登记的鉴定机构向社会公告，备案登记的鉴定人向人民法院、人民检察院、公安机关、国家安全机关、司法行政机关通报。

（四）检察机关、公安机关所属鉴定机构经司法行政机关备案登记、编制名册和公告后，可以加挂"某某司法鉴定中心"的牌子，依法开展司法鉴定有关工作。

（五）检察机关、公安机关所属的鉴定机构、鉴定人经司法行政机关备案登记后发生新增、变更、注销、撤销等情形的，经主管的检察机关、公安机关审核后，按照备案登记的程序，办理相关备案登记、编制名册和公告等手续。

（六）检察机关、公安机关负责备案登记后所属鉴定机构、鉴定人的投诉查处工作。

（七）备案登记的有效期为五年。期限届满前三个月，司法部会同最高人民检察院、公安部统一组织进行重新备案登记。

（八）备案登记、名册编制和公告所需的费用，由司法行政机关向当地财政部门申请。

三、备案登记工作的时间安排。首次备案登记工作从 2008 年 12 月开始至 2009 年元月底结束。检察机关、公安机关应当于 2008 年 12 月底前完成向司法行政机关送交备案登记材料的工作，省级司法行政机关应当于 2009 年元月底前完成备案登记工作。司法部根据备案登记情况，于 2009 年 2 月底前完成检察机关、公安机关按系统《国家司法鉴定人和司法鉴定机构名册》的编制和公告工作。

各级检察机关、公安机关和司法行政机关要高度重视，加强沟通协调，共同研究制定实施方案，明确分工，落实责任，相互配合，共同确保按时完成备案登记工作。备案登记工作中遇到的问题，及时反馈各系统主管部门。

附件：1. 检察机关司法鉴定机构备案登记表

2. 公安机关司法鉴定机构备案登记表

附件 1：

检察机关司法鉴定机构备案登记表

鉴定机构名称＿＿＿＿＿＿＿＿＿＿＿

所在省（地市、县）＿＿＿＿＿＿＿＿＿＿＿

鉴定机构资格证编号＿＿＿＿＿＿＿＿＿＿＿

机构主管机关（签章）＿＿＿＿＿＿＿＿＿＿＿

填表说明

一、应按所列栏目认真填写，所填内容要真实、准确、完整。

二、本登记表应采用 A4 规格纸印制，可自行双面复印。

三、除签名需用蓝、黑墨水填写外，其他内容可打印。

四、表内数字一律用阿拉伯数字填写。

五、报备表格一份，同时附电子版。

备案登记司法鉴定机构名称				
住所地址	地址		邮编	
	电话		传真	
机构负责人	姓名		性别	
	职务	职称	电话	
司法鉴定业务范围（鉴定事项）				
机构负责人签名或者签章				年　月　日

本鉴定机构所属鉴定人名单

序号	姓名	性别	鉴定人资格证编号	技术职务或者技术职称	执业类别	备注

附件2：

公安机关司法鉴定机构备案登记表

鉴定机构名称＿＿＿＿＿＿＿＿＿＿＿＿

所在省（地市、县）＿＿＿＿＿＿＿＿＿＿＿＿

鉴定机构资格证编号＿＿＿＿＿＿＿＿＿＿＿＿

机构主管机关（签章）＿＿＿＿＿＿＿＿＿＿＿＿

填表说明

一、应按所列栏目认真填写，所填内容要真实、准确、完整。

二、本登记表应采用 A4 规格纸印制，可自行双面复印。

三、除签名需用蓝、黑墨水填写外，其他内容可打印。

四、表内数字一律用阿拉伯数字填写。

五、报备表格一份，同时附电子版。

备案登记司法鉴定机构名称					
住所地址	地址		邮编		
	电话		传真		
机构负责人	姓名		性别		
	职务		职称	电话	
司法鉴定业务范围（鉴定事项）					
机构负责人签名或者签章				年 月 日	

本鉴定机构所属鉴定人名单

序号	姓名	性别	鉴定人资格证编号	技术职务或者技术职称	执业类别	备注

最高人民法院、最高人民检察院、公安部、司法部、国家卫生计生委关于印发《暂予监外执行规定》的通知

（司发通〔2014〕112 号）

各省、自治区、直辖市高级人民法院、人民检察院、公安厅（局）、司法厅（局）、卫生计生委，新疆维吾尔自治区高级人民法院生产建设兵团分院、新疆生产建设兵团人民检察院、公安局、司法局、监狱管理局、卫生局：

为了正确贯彻实施修改后的刑事诉讼法，进一步完善暂予监外执行制度，保障暂予监外执行工作严格依法规范进行，按照中央司法体制改革的要求，最高人民法院、最高人民检察院、公安部、司法部、国家卫生计生委联合制定了《暂予监外执行规定》，现予以印发，请认真贯彻执行。对于实施情况及遇到的问题，请分别及时报告最高人民法院、最高人民检察院、公安部、司法部、国家卫生计生委。

最高人民法院

最高人民检察院

公安部

司法部

国家卫生计生委

2014 年 10 月 24 日

暂予监外执行规定

第一条 为了规范暂予监外执行工作，严格依法适用暂予监外执行，根据刑事诉讼法、监狱法等有关规定，结合刑罚执行工作实际，制定本规定。

第二条 对罪犯适用暂予监外执行，分别由下列机关决定或者批准：

（一）在交付执行前，由人民法院决定；

（二）在监狱服刑的，由监狱审查同意后提请省级以上监狱管理机关批准；

（三）在看守所服刑的，由看守所审查同意后提请设区的市一级以上公安机关批准。

对有关职务犯罪罪犯适用暂予监外执行，还应当依照有关规定逐案报请备案审查。

第三条 对暂予监外执行的罪犯，依法实行社区矫正，由其居住地的社区矫正机构负责执行。

第四条 罪犯在暂予监外执行期间的生活、医疗和护理等费用自理。

罪犯在监狱、看守所服刑期间因参加劳动致伤、致残被暂予监外执行的，其出监、出所后的医疗补助、生活困难补助等费用，由其服刑所在的监狱、看守所按照国家有关规定办理。

第五条 对被判处有期徒刑、拘役或者已经减为有期徒刑的罪犯，有下列情形之一，可以暂予监外执行：

（一）患有属于本规定所附《保外就医严重疾病范围》的严重疾病，需要保外就医的；

（二）怀孕或者正在哺乳自己婴儿的妇女；

（三）生活不能自理的。

对被判处无期徒刑的罪犯，有前款第二项规定情形的，可以暂予监外执行。

第六条 对需要保外就医或者属于生活不能自理，但适用暂予监外执行可能有社会危险性，或者自伤自残，或者不配合治疗的罪犯，不得暂予监外执行。

对职务犯罪、破坏金融管理秩序和金融诈骗犯罪、组织（领导、参加、包庇、纵容）黑社会性质组织犯罪的罪犯适用保外就医应当从严审批，对患有高血压、糖尿病、心脏病等严重疾病，但经诊断短期内没有生命危险的，不得暂予监外执行。

对在暂予监外执行期间因违法违规被收监执行或者因重新犯罪被判刑的罪犯，需要再次适用暂予监外执行的，应当从严审批。

第七条 对需要保外就医或者属于生活不能自理的累犯以及故意杀人、强奸、抢劫、绑架、放火、爆炸、投放危险物质或者有组织的暴力性犯罪的罪犯，原被判处死刑缓期二年执行或者无期徒刑的，应当在减为有期徒刑后执行有期徒刑七年以上方可适用暂予监外执行；原被判处十年以上有期徒刑的，应当执行原判刑期三分之一以上方可适用暂予监外执行。

对未成年罪犯、六十五周岁以上的罪犯、残疾人罪犯，适用前款规定可以适度从宽。

对患有本规定所附《保外就医严重疾病范围》的严重疾病，短期内有生命危险的罪犯，可以不受本条第一款规定关于执行刑期的限制。

第八条 对在监狱、看守所服刑的罪犯需要暂予监外执行的，监狱、看守所应当组织对罪犯进行病情诊断、妊娠检查或者生活不能自理的鉴别。罪犯本人或者其亲属、监护人也可以向监狱、看守所提出书面申请。

监狱、看守所对拟提请暂予监外执行的罪犯，应当核实其居住地。需要调查其对所居住社区影响的，可以委托居住地县级司法行政机关进行调查。

监狱、看守所应当向人民检察院通报有关情况。人民检察院可以派员监督有关诊断、检查和鉴别活动。

第九条 对罪犯的病情诊断或者妊娠检查，应当委托省级人民政府指定的医院进行。医院出具的病情诊断或者检查证明文件，应当由两名具有副高以上专业技术职称的医师共同作出，经主管业务院长审核签名，加盖公章，并附化验单、影像学资料和病历等有关医疗文书复印件。

对罪犯生活不能自理情况的鉴别，由监狱、看守所组织有医疗专业人员参加的鉴别小组进行。鉴别意见由组织鉴别的监狱、看守所出具，参与鉴别的人员应当签名，监狱、看守所的负责人应当签名并加盖公章。

对罪犯进行病情诊断、妊娠检查或者生活不能自理的鉴别，与罪犯有亲属关系或者其他利害关系的医师、人员应当回避。

第十条 罪犯需要保外就医的，应当由罪犯本人或者其亲属、监护人提出保证人，保证人由监狱、看守所审查确定。

罪犯没有亲属、监护人的，可以由其居住地的村(居)民委员会、原所在单位或者社区矫正机构推荐保证人。

保证人应当向监狱、看守所提交保证书。

第十一条 保证人应当同时具备下列条件：

(一)具有完全民事行为能力，愿意承担保证人义务；

(二)人身自由未受到限制；

(三)有固定的住处和收入；

(四)能够与被保证人共同居住或者居住在同一市、县。

第十二条 罪犯在暂予监外执行期间，保证人应当履行下列义务：

(一)协助社区矫正机构监督被保证人遵守法律和有关规定；

(二)发现被保证人擅自离开居住的市、县或者变更居住地，或者有违法犯罪行为，或者需要保外就医情形消失，或者被保证人死亡的，立即向社区矫正机构报告；

(三)为被保证人的治疗、护理、复查以及正常生活提供帮助；

(四)督促和协助被保证人按照规定履行定期复查病情和向社区矫正机构报告的义务。

第十三条 监狱、看守所应当就是否对罪犯提请暂予监外执行进行审议。经审议决定对罪犯提请暂予监外执行的，应当在监狱、看守所内进行公示。对病情严重必须立即保外就医的，可以不公示，但应当在保外就医后三个工作日以内在监狱、看守所内公告。

公示无异议或者经审查异议不成立的，监狱、看守所应当填写暂予监外执行审批表，连同有关诊断、检查、鉴别材料、保证人的保证书，提请省级以上监狱管理机关或者设区的市一级以上公安机关批准。已委托进行核实、调查的，还应当附县级司法行政机关出具的调查评估意见书。

监狱、看守所审议暂予监外执行前，应当将相关材料抄送人民检察院。决定提请暂予监外执行的，监狱、看守所应当将提请暂予监外执行书面意见的副本和相关材料抄送人民检察院。人民检察院可以向决定或者批准暂予监外执行的机关提出书面意见。

第十四条 批准机关应当自收到监狱、看守所提请暂予监外执行材料之日起十五个工作日以内作出决定。批准暂予监外执行的，应当在五个工作日以内将暂予监外执行决定书送达监狱、看守所，同时抄送同级人民检察院、原判人民法院和罪犯居住地社区矫正机构。暂予监外执行决定书应当上网公开。不予批准暂予监外执行的，应当在五个工作日以内将不予批准暂予监外执行决定书送达监狱、看守所。

第十五条 监狱、看守所应当向罪犯发放暂予监外执行决定书，及时为罪犯办理出监、出所相关手续。

在罪犯离开监狱、看守所之前，监狱、看守所应当核实其居住地，书面通知其居住地社区矫正机构，并对其进行出监、出所教育，书面告知其在暂予监外执行期间应当遵守的法律和有关监督管理规定。罪犯应当在告知书上签名。

第十六条 监狱、看守所应当派员持暂予监外执行决定书及有关文书材料，将罪犯押送至居住地，与社区矫正机构办理交接手续。监狱、看守所应当及时将罪犯交接情况通报人民检察院。

第十七条 对符合暂予监外执行条件的，被告人及其辩护人有权向人民法院提出暂予监外执行的申请，看守所可以将有关情况通报人民法院。对被告人、罪犯的病情诊断、妊娠检查或者生活不能自理的鉴别，由人民法院依照本规定程序组织进行。

第十八条　人民法院应当在执行刑罚的有关法律文书依法送达前，作出是否暂予监外执行的决定。

人民法院决定暂予监外执行的，应当制作暂予监外执行决定书，写明罪犯基本情况、判决确定的罪名和刑罚、决定暂予监外执行的原因、依据等，在判决生效后七日以内将暂予监外执行决定书送达看守所或者执行取保候审、监视居住的公安机关和罪犯居住地社区矫正机构，并抄送同级人民检察院。

人民法院决定不予暂予监外执行的，应当在执行刑罚的有关法律文书依法送达前，通知看守所或者执行取保候审、监视居住的公安机关，并告知同级人民检察院。监狱、看守所应当依法接收罪犯，执行刑罚。

人民法院在作出暂予监外执行决定前，应当征求人民检察院的意见。

第十九条　人民法院决定暂予监外执行，罪犯被羁押的，应当通知罪犯居住地社区矫正机构，社区矫正机构应当派员持暂予监外执行决定书及时与看守所办理交接手续，接收罪犯档案；罪犯被取保候审、监视居住的，由社区矫正机构与执行取保候审、监视居住的公安机关办理交接手续。

第二十条　罪犯原服刑地与居住地不在同一省、自治区、直辖市，需要回居住地暂予监外执行的，原服刑地的省级以上监狱管理机关或者设区的市一级以上公安机关监所管理部门应当书面通知罪犯居住地的监狱管理机关、公安机关监所管理部门，由其指定一所监狱、看守所接收罪犯档案，负责办理罪犯收监、刑满释放等手续，并及时书面通知罪犯居住地社区矫正机构。

第二十一条　社区矫正机构应当及时掌握暂予监外执行罪犯的身体状况以及疾病治疗等情况，每三个月审查保外就医罪犯的病情复查情况，并根据需要向批准、决定机关或者有关监狱、看守所反馈情况。

第二十二条　罪犯在暂予监外执行期间因犯新罪或者发现判决宣告以前还有其他罪没有判决的，侦查机关应当在对罪犯采取强制措施后二十四小时以内，将有关情况通知罪犯居住地社区矫正机构；人民法院应当在判决、裁定生效后，及时将判决、裁定的结果通知罪犯居住地社区矫正机构和罪犯原服刑或者接收其档案的监狱、看守所。

罪犯按前款规定被判处监禁刑罚后，应当由原服刑的监狱、看守所收监执行；原服刑的监狱、看守所与接收其档案的监狱、看守所不一致的，应当由接收其档案的监狱、看守所收监执行。

第二十三条　社区矫正机构发现暂予监外执行罪犯依法应当收监执行的，应当提出收监执行的建议，经县级司法行政机关审核同意后，报决定或者批准机关。决定或者批准机关应当进行审查，作出收监执行决定的，将有关的法律文书送达罪犯居住地县级司法行政机关和原服刑或者接收其档案的监狱、看守所，并抄送同级人民检察院、公安机关和原判人民法院。

人民检察院发现暂予监外执行罪犯依法应当收监执行而未收监执行的，由决定或者批准机关同级的人民检察院向决定或者批准机关提出收监执行的检察建议。

第二十四条　人民法院对暂予监外执行罪犯决定收监执行的，决定暂予监外执行时剩余刑期在三个月以下的，由居住地公安机关送交看守所收监执行；决定暂予监外执行时剩余刑期在三个月以上的，由居住地公安机关送交监狱收监执行。

监狱管理机关对暂予监外执行罪犯决定收监执行的，原服刑或者接收其档案的监狱应当立即赴羁押地将罪犯收监执行。

公安机关对暂予监外执行罪犯决定收监执行的，由罪犯居住地看守所将罪犯收监执行。

监狱、看守所将罪犯收监执行后，应当将收监执行的情况报告决定或者批准机关，并告知罪犯居住地县级人民检察院和原判人民法院。

第二十五条 被决定收监执行的罪犯在逃的，由罪犯居住地县级公安机关负责追捕。公安机关将罪犯抓捕后，依法送交监狱、看守所执行刑罚。

第二十六条 被收监执行的罪犯有法律规定的不计入执行刑期情形的，社区矫正机构应当在收监执行建议书中说明情况，并附有关证明材料。批准机关进行审核后，应当及时通知监狱、看守所向所在地的中级人民法院提出不计入执行刑期的建议书。人民法院应当自收到建议书之日起一个月以内依法对罪犯的刑期重新计算作出裁定。

人民法院决定暂予监外执行的，在决定收监执行的同时应当确定不计入刑期的期间。

人民法院应当将有关的法律文书送达监狱、看守所，同时抄送同级人民检察院。

第二十七条 罪犯暂予监外执行后，刑期即将届满的，社区矫正机构应当在罪犯刑期届满前一个月以内，书面通知罪犯原服刑或者接收其档案的监狱、看守所按期办理刑满释放手续。

人民法院决定暂予监外执行罪犯刑期届满的，社区矫正机构应当及时解除社区矫正，向其发放解除社区矫正证明书，并将有关情况通报原判人民法院。

第二十八条 罪犯在暂予监外执行期间死亡的，社区矫正机构应当自发现之日起五日以内，书面通知决定或者批准机关，并将有关死亡证明材料送达罪犯原服刑或者接收其档案的监狱、看守所，同时抄送罪犯居住地同级人民检察院。

第二十九条 人民检察院发现暂予监外执行的决定或者批准机关、监狱、看守所、社区矫正机构有违法情形的，应当依法提出纠正意见。

第三十条 人民检察院认为暂予监外执行不当的，应当自接到决定书之日起一个月以内将书面意见送交决定或者批准暂予监外执行的机关，决定或者批准暂予监外执行的机关接到人民检察院的书面意见后，应当立即对该决定进行重新核查。

第三十一条 人民检察院可以向有关机关、单位调阅有关材料、档案，可以调查、核实有关情况，有关机关、单位和人员应当予以配合。

人民检察院认为必要时，可以自行组织或者要求人民法院、监狱、看守所对罪犯重新组织进行诊断、检查或者鉴别。

第三十二条 在暂予监外执行执法工作中，司法工作人员或者从事诊断、检查、鉴别等工作的相关人员有玩忽职守、徇私舞弊、滥用职权等违法违纪行为的，依法给予相应的处分；构成犯罪的，依法追究刑事责任。

第三十三条 本规定所称生活不能自理，是指罪犯因患病、身体残疾或者年老体弱，日常生活行为需要他人协助才能完成的情形。

生活不能自理的鉴别参照《劳动能力鉴定—职工工伤与职业病致残等级分级》（GB/T16180－2006）执行。进食、翻身、大小便、穿衣洗漱、自主行动等五项日常生活行为中有三项需要他人协助才能完成，且经过六个月以上治疗、护理和观察，自理能力不能恢复的，可以认定为生活不能自理。六十五周岁以上的罪犯，上述五项日常生活行为有一项需要他人协助才能完成即可视为生活不能自理。

第三十四条 本规定自 2014 年 12 月 1 日起施行。最高人民检察院、公安部、司法部1990 年 12 月 31 日发布的《罪犯保外就医执行办法》同时废止。

附件：保外就医严重疾病范围

保外就医严重疾病范围

罪犯有下列严重疾病之一，久治不愈，严重影响其身心健康的，属于适用保外就医的疾病范围：

一、严重传染病

1. 肺结核伴空洞并反复咯血；肺结核合并多脏器并发症；结核性脑膜炎。

2. 急性、亚急性或慢性重型病毒性肝炎。

3. 艾滋病病毒感染者和病人伴有需要住院治疗的机会性感染。

4. 其他传染病，如Ⅲ期梅毒并发主要脏器病变的，流行性出血热，狂犬病，流行性脑脊髓膜炎及新发传染病等监狱医院不具备治疗条件的。

二、反复发作的，无服刑能力的各种精神病，如脑器质性精神障碍、精神分裂症、心境障碍、偏执性精神障碍等，但有严重暴力行为或倾向，对社会安全构成潜在威胁的除外。

三、严重器质性心血管疾病

1. 心脏功能不全：心脏功能在 NYHA 三级以上，经规范治疗未见好转。（可由冠状动脉粥样硬化性心脏病、高血压性心脏病、风湿性心脏病、肺源性心脏病、先天性心脏病、心肌病、重度心肌炎、心包炎等引起。）

2. 严重心律失常：如频发多源室性期前收缩或有 R on T 表现、导致血流动力学改变的心房纤颤、二度以上房室传导阻滞、阵发性室性心动过速、病态窦房结综合征等。

3. 急性冠状动脉综合征（急性心肌梗死及重度不稳定型心绞痛），冠状动脉粥样硬化性心脏病有严重心绞痛反复发作，经规范治疗仍有严重冠状动脉供血不足表现。

4. 高血压病达到很高危程度的，合并靶器官受损。具体参见注释中靶器官受损相应条款。

5. 主动脉瘤、主动脉夹层动脉瘤等需要手术的心血管动脉瘤和黏液瘤等需要手术的心脏肿瘤；或者不需要、难以手术治疗，但病情严重危及生命或者存在严重并发症，且监狱医院不具备治疗条件的心血管疾病。

6. 急性肺栓塞。

四、严重呼吸系统疾病

1. 严重呼吸功能障碍：由支气管、肺、胸膜疾病引起的中度以上呼吸功能障碍，经规范治疗未见好转。

2. 支气管扩张反复咯血，经规范治疗未见好转。

3. 支气管哮喘持续状态，反复发作，动脉血氧分压低于 60 mmHg，经规范治疗未见好转。

五、严重消化系统疾病

1. 肝硬化失代偿期（肝硬化合并上消化道出血、腹水、肝性脑病、肝肾综合征等）。

2. 急性出血性坏死性胰腺炎。

3. 急性及亚急性肝衰竭、慢性肝衰竭加急性发作或慢性肝衰竭。

4. 消化道反复出血，经规范治疗未见好转且持续重度贫血。

5. 急性梗阻性化脓性胆管炎，经规范治疗未见好转。

6. 肠道疾病：如克罗恩病、肠伤寒合并肠穿孔、出血坏死性小肠炎、全结肠切除、小肠切除四分之三等危及生命的。

六、各种急、慢性肾脏疾病引起的肾功能不全失代偿期，如急性肾衰竭、慢性肾小球肾炎、慢性肾盂肾炎、肾结核、肾小动脉硬化、免疫性肾病等。

七、严重神经系统疾病及损伤

1. 严重脑血管疾病、颅内器质性疾病并有昏睡以上意识障碍、肢体瘫痪、视力障碍等经规范治疗未见好转。如脑出血、蛛网膜下腔出血、脑血栓形成、脑栓塞、脑脓肿、乙型脑炎、结核性脑膜炎、化脓性脑膜炎及严重的脑外伤等。

2. 各种脊髓疾病及周围神经疾病与损伤所致的肢体瘫痪、大小便失禁经规范治疗未见好转，生活难以自理。如脊髓炎、高位脊髓空洞症、脊髓压迫症、运动神经元疾病（包括肌萎缩侧索硬化、进行性脊肌萎缩症、原发性侧索硬化和进行性延髓麻痹）等；周围神经疾病，如多发性神经炎、周围神经损伤等；急性炎症性脱髓鞘性多发性神经病；慢性炎症性脱髓鞘性多发性神经病。

3. 癫痫大发作，经规范治疗未见好转，每月发作仍多于两次。

4. 重症肌无力或进行性肌营养不良等疾病，严重影响呼吸和吞咽功能。

5. 锥体外系疾病所致的肌张力障碍（肌张力过高或过低）和运动障碍（包括震颤、手足徐动、舞蹈样动作、扭转痉挛等出现生活难以自理）。如帕金森病及各类帕金森综合症、小舞蹈病、慢性进行性舞蹈病、肌紧张异常、秽语抽动综合症、迟发性运动障碍、投掷样舞动、阵发性手足徐动症、阵发性运动源性舞蹈手足徐动症、扭转痉挛等。

八、严重内分泌代谢性疾病合并重要脏器功能障碍，经规范治疗未见好转。如脑垂体瘤需要手术治疗、肢端肥大症、尿崩症、柯兴氏综合征、原发性醛固酮增多症、嗜铬细胞瘤、甲状腺功能亢进危象、甲状腺机能减退症出现严重心脏损害或出现黏液性水肿昏迷，甲状旁腺机能亢进及甲状旁腺机能减退症出现高钙危象或低钙血症。

糖尿病合并严重并发症：糖尿病并发心、脑、肾、眼等严重并发症或伴发症，或合并难以控制的严重继发感染、严重酮症酸中毒或高渗性昏迷，经规范治疗未见好转。

心：诊断明确的冠状动脉粥样硬化性心脏，并出现以下情形之一的：1. 有心绞痛反复发作，经规范治疗未见好转仍有明显的冠状动脉供血不足的表现；2. 心功能三级；3. 心律失常（频发或多型性室早、新发束支传导阻滞、交界性心动过速、心房纤颤、心房扑动、二度及以上房室传导阻滞、阵发性室性心动过速、窦性停搏等）。

脑：诊断明确的脑血管疾病，出现痴呆、失语、肢体肌力达 IV 级以下。

肾：诊断明确的糖尿病肾病，肌酐达到 177 mmol/L 以上水平。

眼：诊断明确的糖尿病视网膜病变，达到增殖以上。

九、严重血液系统疾病

1. 再生障碍性贫血。

2. 严重贫血并有贫血性心脏病、溶血危象、脾功能亢进其中一项，经规范治疗未见好转。

3. 白血病、骨髓增生异常综合征。

4. 恶性组织细胞病、嗜血细胞综合征。

5. 淋巴瘤、多发性骨髓瘤。

6. 严重出血性疾病，有重要器官、体腔出血的，如原发性血小板减少性紫癜、血友病等，经规范治疗未见好转。

十、严重脏器损伤和术后并发症，遗有严重功能障碍，经规范治疗未见好转

1. 脑、脊髓损伤治疗后遗有中度以上智能障碍，截瘫或偏瘫，大小便失禁，功能难以

恢复。

2. 胸、腹腔重要脏器及气管损伤或手术后，遗有严重功能障碍，胸腹腔内慢性感染、重度粘连性梗阻，肠瘘、胰瘘、胆瘘、肛瘘等内外瘘形成反复发作；严重循环或呼吸功能障碍，如外伤性湿肺不易控制。

3. 肺、肾、肾上腺等器官一侧切除，对侧仍有病变或有明显功能障碍。

十一、各种严重骨、关节疾病及损伤

1. 双上肢，双下肢，一侧上肢和一侧下肢因伤、病在腕或踝关节以上截肢或失去功能不能恢复。双手完全失去功能或伤、病致手指缺损 6 个以上，且 6 个缺损的手指中有半数以上在掌指关节处离断，且必须包括两个拇指缺失。

2. 脊柱并一个主要关节或两个以上主要关节(肩、膝、髋、肘)因伤、病发生强直畸形，经规范治疗未见好转，脊柱伸屈功能完全丧失。

3. 严重骨盆骨折合并尿道损伤，经治疗后遗有运动功能障碍或遗有尿道狭窄、闭塞或感染，经规范治疗未见好转。

4. 主要长骨的慢性化脓性骨髓炎，反复急性发作，病灶内出现大块死骨或合并病理性骨折，经规范治疗未见好转。

十二、五官伤、病后，出现严重的功能障碍，经规范治疗未见好转

1. 伤、病后双眼矫正视力 <0.1，经影像检查证实患有白内障、眼外伤、视网膜剥离等需要手术治疗。内耳伤、病所致的严重前庭功能障碍、平衡失调，经规范治疗未见好转。

2. 咽、喉损伤后遗有严重疤痕挛缩，造成呼吸道梗阻受阻，严重影响呼吸功能和吞咽功能。

3. 上下颌伤、病经治疗后二度张口困难、严重咀嚼功能障碍。

十三、周围血管病经规范治疗未见好转，患肢有严重肌肉萎缩或干、湿性坏疽，如进展性脉管炎，高位深静脉栓塞等。

十四、非临床治愈期的各种恶性肿瘤。

十五、暂时难以确定性质的肿瘤，有下列情形之一的：

1. 严重影响机体功能而不能进行彻底治疗。

2. 身体状况进行性恶化。

3. 有严重后遗症，如偏瘫、截瘫、胃瘘、支气管食管瘘等。

十六、结缔组织疾病及其他风湿性疾病造成两个以上脏器严重功能障碍或单个脏器功能障碍失代偿，经规范治疗未见好转，如系统性红斑狼疮、硬皮病、皮肌炎、结节性多动脉炎等。

十七、寄生虫侵犯脑、肝、肺等重要器官或组织，造成继发性损害，伴有严重功能障碍者，经规范治疗未见好转。

十八、经职业病诊断机构确诊的以下职业病：

1. 尘肺病伴严重呼吸功能障碍，经规范治疗未见好转。

2. 职业中毒，伴有重要脏器功能障碍，经规范治疗未见好转。

3. 其他职业病并有瘫痪、中度智能障碍、双眼矫正视力 <0.1、严重血液系统疾病、严重精神障碍等其中一项，经规范治疗未见好转。

十九、年龄在六十五周岁以上同时患有两种以上严重疾病，其中一种病情必须接近上述一项或几项疾病程度。

注释：

1. 本范围所列严重疾病诊断标准应符合省级以上卫生行政部门、中华医学会制定并下发的医学诊疗常规、诊断标准、规范和指南。

2. 凡是确定诊断和确定脏器、肢体功能障碍必须具有诊疗常规所明确规定的相应临床症状、体征和客观医技检查依据。

3. 本范围所称"经规范治疗未见好转",是指临床上经常规治疗至少半年后病情恶化或未见好转。

4. 本范围所称"反复发作",是指发作间隔时间小于一个月,且至少发作三次及以上。

5. 本范围所称"严重心律失常",是指临床上可引起严重血流动力学障碍,预示危及生命的心律失常。一般出现成对室性期前收缩、多形性室性期前收缩、阵发性室性心动过速、室性期前收缩有 R on T 现象、病态窦房结综合征、心室扑动或心室颤动等。

6. 本范围所称"意识障碍",是指各种原因导致的迁延性昏迷 1 个月以上和植物人状态。

7. 本范围所称"视力障碍",是指各种原因导致的患眼低视力 2 级。

8. 艾滋病和艾滋病机会性感染诊断依据应符合《艾滋病和艾滋病病毒感染诊断标准》（WS293—2008）、《艾滋病诊疗指南》（中华医学会感染病分会,2011 年）等技术规范。其中,艾滋病合并肺孢子菌肺炎、活动性结核病、巨细胞病毒视网膜炎、马尼菲青霉菌病、细菌性肺炎、新型隐球菌脑膜炎等六种艾滋病机会性感染的住院标准应符合《卫生部办公厅关于印发艾滋病合并肺孢子菌肺炎等六个艾滋病机会感染病种临床路径的通知》（卫办医政发〔2012〕107 号）。上述六种以外的艾滋病机会性感染住院标准可参考《艾滋病诊疗指南》（中华医学会感染病分会,2011 年）及《实用内科学》（第 13 版）等。

9. 精神病的危险性按照《卫生部关于印发〈重性精神疾病管理治疗工作规范（2012 年版）〉的通知》（卫疾控发〔2012〕20 号）进行评估。

10. 心功能判定:心功能不全,表现出心悸、心律失常、低血压、休克,甚至发生心搏骤停。按发生部位和发病过程分为左侧心功能不全（急性、慢性）、右侧心功能不全（急性、慢性）和全心功能不全（急性、慢性）。出现心功能不全症状后,其心功能可分为四级。

Ⅰ级:体力活动不受限制。

Ⅱ级:静息时无不适,但稍重于日常生活活动量即致乏力、心悸、气促或者心绞痛。

Ⅲ级:体力活动明显受限,静息时无不适,但低于日常活动量即致乏力、心悸、气促或心绞痛。

Ⅳ级:任何体力活动均引起症状,静息时亦可有心力衰竭或者心绞痛。

11. 高血压判定:按照《中国高血压防治指南 2010》执行。

血压水平分类和定义（mmHg）

分级	收缩压（SBP）	舒张压（DBP）
正常血压	<120	和 <80
正常高值血压	120 ~139	和/或 80 ~89
高血压 1 级（轻度）	140 ~159	和/或 90 ~99
高血压 2 级（中度）	160 ~179	和/或 100 ~109
高血压 3 级（重度）	≥180	和/或 ≥110
单纯性收缩期高血压	≥140	和 <90

高血压危险分层

其他危险因素和病史	血压（mmHg）		
	1 级 SBP140～159 或 DBP90～99	2 级 SBP160～179 或 DBP100～109	3 级 SBP≥180 或 DBP≥110
无其他 CVD 危险因素	低危	中危	高危
1－2 个 CVD 危险因素	中危	中危	很高危
≥3 个 CVD 危险因素或靶器官损伤	高危	高危	很高危
临床并发症或合并糖尿病	很高危	很高危	很高危

注：CVD 为心血管危险因素

影响高血压患者心血管预后的重要因素

心血管危险因素	靶器官损害	伴临床疾患
·高血压（1～3 级） ·男性 >55 岁；女性 >65 岁 ·吸烟 ·糖耐量受损（餐后 2h 血糖 7.8～11.0 mmol/L）和（或）空腹血糖受损（6.1～6.9 mmol/L） ·血脂异常 TC≥5.7 mmol/L（220 mg/dl）或 LDL_C >3.3 mmol/L（130 mg/dl）或 HDL_C <1.0 mmol/L（4.mg/dl） ·早发心血管病家族史（一般亲属发病年龄男性 <55 岁；女性 <65 岁） ·腹型肥胖（腰围：男性≥90 cm，女性≥85 cm）或肥胖（BMI≥28 kg/m²） ·血同型半胱氨酸升高（≥10 μmol/L）	·左心室肥厚 心电图：Sokolow_Lyon >38mm 或 Cornell >2440 mm·ms；超声心动图 LVMI：男≥125g/m²，女≥120 g/m² ·颈动脉超声 IMT≥0.9mm 或动脉粥样斑块 ·颈－股动脉脉搏波速度≥12m/s ·踝/臂血压指数 <0.9 ·eGFR 降低（eGFR <60 ml·min⁻¹·1.73 m²）或血清肌酐轻度升高：男性 115－133 μmol/L（1.3－1.5 mg/dl），女性 107－124 μmol/L（1.2～1.4 mg/dl） ·微量白蛋白尿：30－300 mg/24 h 或白蛋白/肌酐比：≥30 mg/g（3.5 mg/mmol）	·脑血管病：脑出血，缺血性脑卒中短暂性脑缺血发作 ·心脏疾病：心肌梗死史，心绞痛，冠状动脉血动重建史，慢性心力衰竭 ·肾脏疾病：糖尿病肾病，肾功能受损，血肌酐：男性≥133 μmol/L（1.5 mg/dl），女性≥124 μmol/L（1.4 mg/dl），蛋白尿（≥300 mg/24 h） ·外周血管疾病 ·视网膜病变：出血或渗出，视盘水肿 ·糖尿病：空腹血糖≥7.0 mmol/L（126 mg/dl），餐后 2h 血糖≥11.1 mmol/L（200 mg/dl），糖化血红蛋白≥6.5%

注：TC：总胆固醇；LDL_C：低密度脂蛋白胆固醇；HDL_C：高密度脂蛋白胆固醇；BMI：体质指数；LVMI：左心室质量指数；IMT：颈动脉内中膜厚度；eGFR：估算的肾小球滤过率。

12. 呼吸功能障碍判定：参照《道路交通事故受伤人员伤残评定》（GB 18667—2002）和《劳动能力鉴定—职工工伤与职业病致残程度鉴定标准》（GB T 16180—2006），结合医学实践执行。症状：自觉气短、胸闷不适、呼吸费力。体征：呼吸频率增快，幅度加深或者变浅，或者伴周期节律异常，鼻翼扇动，紫绀等。实验室检查提示肺功能损害。在保外就医诊断实践中,判定呼吸功能障碍必须综合产生呼吸功能障碍的病理基础、临床表现和相关医技检查结果如血气分析,全面分析。

呼吸困难分级

Ⅰ级(轻度):平路快步行走、登山或上楼梯时气短明显。

Ⅱ级(中度):一般速度平路步行100米即有气短,体力活动大部分受限。

Ⅲ级(重度):稍活动如穿衣、谈话即有气短,体力活动完全受限。

Ⅳ级(极重度):静息时亦有气短。

肺功能损伤分级

	FVC	FEV1	MVV	FEV1/FVC	RV/TLC	DLco
正常	>80	>80	>80	>70	<35	>80
轻度损伤	60~79	60~79	60~79	55~69	36~45	60~79
中度损伤	40~59	40~59	40~59	35~54	46~55	45~59
重度损伤	<40	<40	<40	<35	>55	<45

注:FVC、FEV1、MVV、DLco均为占预计值百分数,单位为%。

FVC:用力肺活量;FEV1:1秒钟用力呼气容积;MVV:分钟最大通气量;RV/TLC:残气量/肺总量;DLco:一氧化碳弥散量。

低氧血症分级

正常:Po2 为13.3 kPa~10.6 kPa(100 mmHg~80 mmHg);

轻度:Po2 为10.5 kPa~8.0 kPa(79 mmHg~60 mmHg);

中度:Po2 为7.9 kPa~5.3 kPa(59 mmHg~40 mmHg);

重度:Po2 <5.3 kPa(<40 mmHg)。

13. 肝功能损害程度判定

A. 肝功能损害分度

分度	中毒症状	血浆白蛋白	血内胆红质	腹水	脑症	凝血酶原时间	谷丙转氨酶
重度	重度	<2.5 g%	>10 mg%	顽固性	明显	明显延长	供参考
中度	中度	2.5~3.0 g%	5~10 mg%	无或者少量,治疗后消失	无或者轻度	延长	供参考
轻度	轻度	3.0~3.5 g%	1.5~5 mg%	无	无	稍延长(较对照组>3 s)	供参考

B. 肝衰竭:肝衰竭的临床诊断需要依据病史、临床表现和辅助检查等综合分析而确定,参照中华医学会《肝衰竭诊治指南(2012年版)》执行。

(1)急性肝衰竭(急性重型肝炎):急性起病,2周内出现Ⅱ度及以上肝性脑病并有以下表现:①极度乏力,并有明显厌食、腹胀、恶心、呕吐等严重消化道症状。②短期内黄疸进行性加深。③出血倾向明显,PTA≤40%,且排除其他原因。④肝脏进行性缩小。

(2)亚急性肝衰竭(亚急性重型肝炎):起病较急,15天~26周出现以下表现者:①极度乏力，有明显的消化道症状。②黄疸迅速加深，血清总胆红素大于正常值上限10倍或每日上升≥17.1μmol/L。③凝血酶原时间明显延长，PTA≤40%并排除其他原因者。

（3）慢加急性（亚急性）肝衰竭（慢性重型肝炎）：在慢性肝病基础上，短期内发生急性肝功能失代偿的主要临床表现。

（4）慢性肝衰竭：在肝硬化基础上，肝功能进行性减退和失代偿。诊断要点为：①有腹水或其他门静脉高压表现。②可有肝性脑病。③血清总胆红素升高，白蛋白明显降低。④有凝血功能障碍，PTA≤40%。

C.肝性脑病

肝性脑病 West - Haven 分级标准

肝性脑病分级	临床要点
0 级	没有能觉察的人格或行为变化
	无扑翼样震颤
1 级	轻度认知障碍
	欣快或抑郁
	注意时间缩短
	加法计算能力降低
	可引出扑翼样震颤
2 级	倦怠或淡漠
	轻度定向异常（时间和空间定向）
	轻微人格改变
	行为错乱，语言不清
	减法计算能力异常
	容易引出扑翼样震颤
3 级	嗜睡到半昏迷*，但是对语言刺激有反应
	意识模糊
	明显的定向障碍
	扑翼样震颤可能无法引出
4 级	昏迷**（对语言和强刺激无反应）

注：1-4级即Ⅰ-Ⅳ度。按照意识障碍以觉醒度改变为主分类，*半昏迷即中度昏迷，**昏迷即深昏迷。

14.急、慢性肾功能损害程度判定：参照《实用内科学》（第十三版）和《内科学》（第七版）进行综合判定。急性肾损伤的原因有肾前性、肾实质性及肾后性三类。每类又有少尿型和非少尿型两种。慢性肾脏病患者肾功能损害分期与病因、病变进展程度、部位、转归以及诊断时间有关。分期：

慢性肾脏病肾功能损害程度分期

CKD 分期	肾小球滤过率(GFR)或 eGFR	主要临床症状
Ⅰ期	≥90 毫升/分	无症状
Ⅱ期	60~89 毫升/分	基本无症状
Ⅲ期	30~59 毫升/分	乏力;轻度贫血;食欲减退
Ⅳ期	15~29 毫升/分	贫血;代谢性酸中毒;水电解质紊乱
Ⅴ期	<15 毫升/分	严重酸中毒和全身各系统症状

注:eGFR:基于血肌酐估计的肾小球滤过率。

15.肢体瘫痪的判定:参照《神经病学》(第2版)判定。肢体瘫,以肌力测定判断肢体瘫痪程度。在保外就医诊断实践中,判定肢体瘫痪须具备疾病的解剖(病理)基础,0级、1级、2级肌力可认定为肢体瘫痪。

0%;0级:肌肉完全瘫痪,毫无收缩。

10%;1级:可看到或者触及肌肉轻微收缩,但不能产生动作。

25%;2级:肌肉在不受重力影响下,可进行运动,即肢体能在床面上移动,但不能抬高。

50%;3级:在和地心引力相反的方向中尚能完成其动作,但不能对抗外加的阻力。

75%;4级:能对抗一定的阻力,但较正常人为低。

100%;5级:正常肌力。

16.生活难以自理的判定:参照《劳动能力鉴定——职工工伤与职业病致残程度鉴定标准》(GBT 16180-2006),结合医学实践执行。

17.视力障碍判定:眼伤残鉴定依据为眼球或视神经器质性损伤所致的视力、视野、立体视功能障碍及其他解剖结构和功能的损伤或破坏。

(1)主观检查:凡损伤眼裸视或者加用矫正镜片(包括接触镜、针孔镜等)远视力<0.3为视力障碍。

(2)客观检查:眼底照相、视觉电生理、眼底血管造影,眼科影像学检查如相干光断层成像(OCT)等以明确视力残疾实际情况,并确定对应的具体疾病状态。

视力障碍标准:

低视力:1级:矫正视力<0.3;2级:矫正视力<0.1。

盲:矫正视力<0.05。

最高人民法院、最高人民检察院、公安部、国家安全部、司法部关于发布《人体损伤程度鉴定标准》的公告

为进一步加强人身损伤程度鉴定标准化、规范化工作,现将《人体损伤程度鉴定标准》发

布，自2014年1月1日起施行。《人体重伤鉴定标准》(司发〔1990〕070号)、《人体轻伤鉴定标准(试行)》(法(司)发〔1990〕6号)和《人体轻微伤的鉴定》(GA/T 146－1996)同时废止。

最高人民法院

最高人民检察院

公安部

国家安全部

司法部

2013年8月30日

人体损伤程度鉴定标准

1　范围

本标准规定了人体损伤程度鉴定的原则、方法、内容和等级划分。本标准适用于《中华人民共和国刑法》及其他法律、法规所涉及的人体损伤程度鉴定。

2　规范性引用文件

下列文件对于本文件的应用是必不可少的。本标准引用文件的最新版本适用于本标准。GB18667 道路交通事故受伤人员伤残评定 GB/T16180 劳动能力鉴定职工工伤与职业病致残等级 GB/T26341－2010 残疾人残疾分类和分级

3　术语和定义

3.1　重伤使人肢体残废、毁人容貌、丧失听觉、丧失视觉、丧失其他器官功能或者其他对于人身健康有重大伤害的损伤，包括重伤一级和重伤二级。

3.2　轻伤使人肢体或者容貌损害，听觉、视觉或者其他器官功能部分障碍或者其他对于人身健康有中度伤害的损伤，包括轻伤一级和轻伤二级。

3.3　轻微伤各种致伤因素所致的原发性损伤，造成组织器官结构轻微损害或者轻微功能障碍。

4　总则

4.1　鉴定原则

4.1.1 遵循实事求是的原则，坚持以致伤因素对人体直接造成的原发性损伤及由损伤引起的并发症或者后遗症为依据，全面分析，综合鉴定。

4.1.2 对于以原发性损伤及其并发症作为鉴定依据的，鉴定时应以损伤当时伤情为主，损伤的后果为辅，综合鉴定。

4.1.3 对于以容貌损害或者组织器官功能障碍作为鉴定依据的，鉴定时应以损伤的后果为主，损伤当时伤情为辅，综合鉴定。

4.2　鉴定时机

4.2.1 以原发性损伤为主要鉴定依据的，伤后即可进行鉴定；以损伤所致的并发症为主要鉴定依据的，在伤情稳定后进行鉴定。

4.2.2 以容貌损害或者组织器官功能障碍为主要鉴定依据的，在损伤90日后进行鉴定；在特殊情况下可以根据原发性损伤及其并发症出具鉴定意见，但须对有可能出现的后遗症加以说明，必要时应进行复检并予以补充鉴定。

4.2.3 疑难、复杂的损伤，在临床治疗终结或者伤情稳定后进行鉴定。

4.3 伤病关系处理原则

4.3.1 损伤为主要作用的，既往伤/病为次要或者轻微作用的，应依据本标准相应条款进行鉴定。

4.3.2 损伤与既往伤/病共同作用的，即二者作用相当的，应依据本标准相应条款适度降低损伤程度等级，即等级为重伤一级和重伤二级的，可视具体情况鉴定为轻伤一级或者轻伤二级，等级为轻伤一级和轻伤二级的，均鉴定为轻微伤。

4.3.3 既往伤/病为主要作用的，即损伤为次要或者轻微作用的，不宜进行损伤程度鉴定，只说明因果关系。

5 损伤程度分级

5.1 颅脑、脊髓损伤

5.1.1 重伤一级

a)植物生存状态。

b)四肢瘫(三肢以上肌力3级以下)。

c)偏瘫、截瘫(肌力2级以下)，伴大便、小便失禁。

d)非肢体瘫的运动障碍(重度)。

e)重度智能减退或者器质性精神障碍，生活完全不能自理。

5.1.2 重伤二级

a)头皮缺损面积累计75.0 cm^{2}以上。

b)开放性颅骨骨折伴硬脑膜破裂。

c)颅骨凹陷性或者粉碎性骨折，出现脑受压症状和体征，须手术治疗。

d)颅底骨折，伴脑脊液漏持续4周以上。

e)颅底骨折，伴面神经或者听神经损伤引起相应神经功能障碍。

f)外伤性蛛网膜下腔出血，伴神经系统症状和体征。

g)脑挫(裂)伤，伴神经系统症状和体征。

h)颅内出血，伴脑受压症状和体征。

i)外伤性脑梗死，伴神经系统症状和体征。

j)外伤性脑脓肿。

k)外伤性脑动脉瘤，须手术治疗。

l)外伤性迟发性癫痫。

m)外伤性脑积水，须手术治疗。

n)外伤性颈动脉海绵窦瘘。

o)外伤性下丘脑综合征。

p)外伤性尿崩症。

q)单肢瘫(肌力3级以下)。

r)脊髓损伤致重度肛门失禁或者重度排尿障碍。

5.1.3 轻伤一级

a)头皮创口或者瘢痕长度累计20.0 cm以上。

b)头皮撕脱伤面积累计50.0 cm^{2}以上；头皮缺损面积累计24.0 cm^{2}以上。

c）颅骨凹陷性或者粉碎性骨折。

d）颅底骨折伴脑脊液漏。

e）脑挫（裂）伤；颅内出血；慢性颅内血肿；外伤性硬脑膜下积液。

f）外伤性脑积水；外伤性颅内动脉瘤；外伤性脑梗死；外伤性颅内低压综合征。

g）脊髓损伤致排便或者排尿功能障碍（轻度）。

h）脊髓挫裂伤。

5.1.4 轻伤二级

a）头皮创口或者瘢痕长度累计 8.0 cm 以上。

b）头皮撕脱伤面积累计 20.0 cm² 以上；头皮缺损面积累计 10.0 cm² 以上。

c）帽状腱膜下血肿范围 50.0 cm² 以上。

d）颅骨骨折。

e）外伤性蛛网膜下腔出血。

f）脑神经损伤引起相应神经功能障碍。

5.1.5 轻微伤

a）头部外伤后伴有神经症状。

b）头皮擦伤面积 5.0 cm² 以皮挫伤；头皮下血肿。

c）头皮创口或者瘢痕。

5.2　面部、耳廓损伤

5.2.1 重伤一级

a）容貌毁损（重度）。

5.2.2 重伤二级

a）面部条状瘢痕（50% 以上位于中心区），单条长度 10.0 cm 以上，或者两条以上长度累计 15.0 cm 以上。

b）面部块状瘢痕（50% 以上位于中心区），单块面积 6.0 cm² 以上，或者两块以上面积累计 10.0 cm² 以上。

c）面部片状细小瘢痕或者显著色素异常，面积累计达面部 30%。

d）一侧眼球萎缩或者缺失。

e）眼睑缺失相当于一侧上眼睑 1/2 以上。

f）一侧眼睑重度外翻或者双侧眼睑中度外翻。

g）一侧上睑下垂完全覆盖瞳孔。

h）一侧眼眶骨折致眼球内陷 0.5 cm 以上。

i）一侧鼻泪管和内眦韧带断裂。

j）鼻部离断或者缺损 30% 以上。

k）耳廓离断、缺损或者挛缩畸形累计相当于一侧耳廓面积 50% 以上。

l）口唇离断或者缺损致牙齿外露 3 枚以上。

m）舌体离断或者缺损达舌系带。

n）牙齿脱落或者牙折共 7 枚以上。

o）损伤致张口困难Ⅲ度。

p）面神经损伤致一侧面肌大部分瘫痪，遗留眼睑闭合不全和口角歪斜。

q) 容貌毁损(轻度)。

5.2.3 轻伤一级

a) 面部单个创口或者瘢痕长度 6.0 cm 以上；多个创口或者瘢痕长度累计 10.0 cm 以上。

b) 面部块状瘢痕，单块面积 4.0 cm² 以上；多块面积累计 7.0 cm² 以上。

c) 面部片状细小瘢痕或者明显色素异常，面积累计 30.0 cm² 以上。

d) 眼睑缺失相当于一侧上眼睑 1/4 以上。

e) 一侧眼睑中度外翻；双侧眼睑轻度外翻。

f) 一侧上眼睑下垂覆盖瞳孔超过 1/2。

g) 两处以上不同眶壁骨折；一侧眶壁骨折致眼球内陷 0.2 cm 以上。

h) 双侧泪器损伤伴溢泪。

i) 一侧鼻泪管断裂；一侧内眦韧带断裂。

j) 耳廓离断、缺损或者挛缩畸形累计相当于一侧耳廓面积 30% 以上。

k) 鼻部离断或者缺损 15% 以上。

l) 口唇离断或者缺损致牙齿外露 1 枚以上。

m) 牙齿脱落或者牙折共 4 枚以上。

n) 损伤致张口困难 II 度。

o) 腮腺总导管完全断裂。

p) 面神经损伤致一侧面肌部分瘫痪，遗留眼睑闭合不全或者口角歪斜。

5.2.4 轻伤二级

a) 面部单个创口或者瘢痕长度 4.5 cm 以上；多个创口或者瘢痕长度累计 6.0 cm 以上。

b) 面颊穿透创，皮肤创口或者瘢痕长度 1.0 cm 以上。

c) 口唇全层裂创，皮肤创口或者瘢痕长度 1.0 cm 以上。

d) 面部块状瘢痕，单块面积 3.0 cm² 以上或多块面积累计 5.0 cm² 以上。

e) 面部片状细小瘢痕或者色素异常，面积累计 8.0 cm² 以上。

f) 眶壁骨折(单纯眶内壁骨折除外)。

g) 眼睑缺损。

h) 一侧眼睑轻度外翻。

i) 一侧上眼睑下垂覆盖瞳孔。

j) 一侧眼睑闭合不全。

k) 一侧泪器损伤伴溢泪。

l) 耳廓创口或者瘢痕长度累计 6.0 cm 以上。

m) 耳廓离断、缺损或者挛缩畸形累计相当于一侧耳廓面积 15% 以上。

n) 鼻尖或者一侧鼻翼缺损。

o) 鼻骨粉碎性骨折；双侧鼻骨骨折；鼻骨骨折合并上颌骨额突骨折；鼻骨骨折合并鼻中隔骨折；双侧上颌骨突突骨折。

p) 舌缺损。

q) 牙齿脱落或者牙折 2 枚以上。

r) 腮腺、颌下腺或者舌下腺实质性损伤。

s) 损伤致张口困难 I 度。

t)颌骨骨折(牙槽突骨折及一侧上颌骨额突骨折除外)。

u)颧骨骨折。

5.2.5 轻微伤

a)面部软组织创。

b)面部损伤留有瘢痕或者色素改变。

c)面部皮肤擦伤,面积2.0 cm² 以上;面部软组织挫伤;面部划伤4.0 cm 以上。

d)眶内壁骨折。

e)眼部挫伤;眼部外伤后影响外观。

f)耳廓创。

g)鼻骨骨折;鼻出血。

h)上颌骨额突骨折。

i)口腔黏膜破损;舌损伤。

j)牙齿脱落或者缺损;牙槽突骨折;牙齿松动2枚以上或者Ⅲ度松动1枚以上。

5.3   听器听力损伤

5.3.1 重伤一级

a)双耳听力障碍(≥91dB HL)。

5.3.2 重伤二级

a)一耳听力障碍(≥91dB HL)。

b)一耳听力障碍(≥81dB HL),另一耳听力障碍(≥41dB HL)。

c)一耳听力障碍(≥81dB HL),伴同侧前庭平衡功能障碍。

d)双耳听力障碍(≥61dB HL)。

e)双侧前庭平衡功能丧失,睁眼行走困难,不能并足站立。

5.3.3 轻伤一级

a)双耳听力障碍(≥41dB HL)。

b)双耳外耳道闭锁。

5.3.4 轻伤二级

a)外伤性鼓膜穿孔6周不能自行愈合。

b)听骨骨折或者脱位;听骨链固定。

c)一耳听力障碍(≥41dB HL)。

d)一侧前庭平衡功能障碍,伴同侧听力减退。

e)一耳外耳道横截面1/2 以上狭窄。

5.3.5 轻微伤

a)外伤性鼓膜穿孔。

b)鼓室积血。

c)外伤后听力减退。

5.4   视器视力损伤

5.4.1 重伤一级

a)一眼眼球萎缩或者缺失,另一眼盲目3级。

b)一眼视野完全缺损,另一眼视野半径20°以下(视野有效值32%以下)。

c)双眼盲目4级。

5.4.2 重伤二级

a)一眼盲目3级。

b)一眼重度视力损害，另一眼中度视力损害。

c)一眼视野半径10°以下（视野有效值16%以下）。

d)双眼偏盲；双眼残留视野半径30°以下（视野有效值48%以下）。

5.4.3 轻伤一级

a)外伤性青光眼，经治疗难以控制眼压。

b)一眼虹膜完全缺损。

c)一眼重度视力损害；双眼中度视力损害。

d)一眼视野半径30°以下（视野有效值48%以下）；双眼视野半径50°以下（视野有效值80%以下）。

5.4.4 轻伤二级

a)眼球穿通伤或者眼球破裂伤；前房出血须手术治疗；房角后退；虹膜根部离断或者虹膜缺损超过1个象限；睫状体脱离；晶状体脱位；玻璃体积血；外伤性视网膜脱离；外伤性视网膜出血；外伤性黄斑裂孔；外伤性脉络膜脱离。

b)角膜斑翳或者血管翳；外伤性白内障；外伤性低眼压；外伤性青光眼。

c)瞳孔括约肌损伤致瞳孔显著变形或者瞳孔散大（直径0.6 cm以上）。

d)斜视；复视。

e)睑球粘连。

f)一眼矫正视力减退至0.5以下（或者较伤前视力下降0.3以上）；双眼矫正视力减退至0.7以下（或者较伤前视力下降0.2以上）；原单眼中度以上视力损害者，伤后视力降低一个级别。

g)一眼视野半径50°以下（视野有效值80%以下）。

5.4.5 轻微伤

a)眼球损伤影响视力。

5.5 颈部损伤

5.5.1 重伤一级

a)颈部大血管破裂。

b)咽喉部广泛毁损，呼吸完全依赖气管套管或者造口。

c)咽或者食管广泛毁损，进食完全依赖胃管或者造口。

5.5.2 重伤二级

a)甲状旁腺功能低下（重度）。

b)甲状腺功能低下，药物依赖。

c)咽部、咽后区、喉或者气管穿孔。

d)咽喉或者颈部气管损伤，遗留呼吸困难（3级）。

e)咽或者食管损伤，遗留吞咽功能障碍（只能进流食）。

f)喉损伤遗留发声障碍（重度）。

g)颈内动脉血栓形成，血管腔狭窄（50%以上）。

h）颈总动脉血栓形成，血管腔狭窄（25%以上）。

i）颈前三角区增生瘢痕，面积累计 30.0 cm² 以上。

5.5.3 轻伤一级

a）颈前部单个创口或者瘢痕长度 10.0 cm 以上；多个创口或者瘢痕长度累计 16.0 cm 以上。

b）颈前三角区瘢痕，单块面积 10.0 cm² 以上；多块面积累计 12.0 cm² 以上。

c）咽喉部损伤遗留发声或者构音障碍。

d）咽或者食管损伤，遗留吞咽功能障碍（只能进半流食）。

e）颈总动脉血栓形成；颈内动脉血栓形成；颈外动脉血栓形成；椎动脉血栓形成。

5.5.4 轻伤二级

a）颈前部单个创口或者瘢痕长度 5.0 cm 以上；多个创口或者瘢痕长度累计 8.0 cm 以上。

b）颈前部瘢痕，单块面积 4.0 cm² 以上，或者两块以上面积累计 6.0 cm² 以上。

c）甲状腺挫裂伤。

d）咽喉软骨骨折。

e）喉或者气管损伤。

f）舌骨骨折。

g）膈神经损伤。

h）颈部损伤出现窒息征象。

5.5.5 轻微伤

a）颈部创口或者瘢痕长度 1.0 cm 以上。

b）颈部擦伤面积 4.0 cm² 以上。

c）颈部挫伤面积 2.0 cm² 以上。

d）颈部划伤长度 5.0 cm 以上。

5.6　胸部损伤

5.6.1 重伤一级

a）心脏损伤，遗留心功能不全（心功能 IV 级）。

b）肺损伤致一侧全肺切除或者双肺三肺叶切除。

5.6.2 重伤二级

a）心脏损伤，遗留心功能不全（心功能 III 级）。

b）心脏破裂；心包破裂。

c）女性双侧乳房损伤，完全丧失哺乳功能；女性一侧乳房大部分缺失。

d）纵隔血肿或者气肿，须手术治疗。

e）气管或者支气管破裂，须手术治疗。

f）肺破裂，须手术治疗。

g）血胸、气胸或者血气胸，伴一侧肺萎陷 70% 以上，或者双侧肺萎陷均在 50% 以上。

h）食管穿孔或者全层破裂，须手术治疗。

i）脓胸或者肺脓肿；乳糜胸；支气管胸膜瘘；食管胸膜瘘；食管支气管瘘。

j）胸腔大血管破裂。

k)膈肌破裂。

5.6.3 轻伤一级

a)心脏挫伤致心包积血。

b)女性一侧乳房损伤,丧失哺乳功能。

c)肋骨骨折6处以上。

d)纵隔血肿;纵隔气肿。

e)血胸、气胸或者血气胸,伴一侧肺萎陷30%以上,或者双侧肺萎陷均在20%以上。

f)食管挫裂伤。

5.6.4 轻伤二级

a)女性一侧乳房部分缺失或者乳腺导管损伤。

b)肋骨骨折2处以上。

c)胸骨骨折;锁骨骨折;肩胛骨骨折。

d)胸锁关节脱位;肩锁关节脱位。

e)胸部损伤,致皮下气肿1周不能自行吸收。

f)胸腔积血;胸腔积气。

g)胸壁穿透创。

h)胸部挤压出现窒息征象。

5.6.5 轻微伤

a)肋骨骨折;肋软骨骨折。

b)女性乳房擦挫伤。

5.7 腹部损伤

5.7.1 重伤一级

a)肝功能损害(重度)。

b)胃肠道损伤致消化吸收功能严重障碍,依赖肠外营养。

c)肾功能不全(尿毒症期)。

5.7.2 重伤二级

a)腹腔大血管破裂。

b)胃、肠、胆囊或者胆道全层破裂,须手术治疗。

c)肝、脾、胰或者肾破裂,须手术治疗。

d)输尿管损伤致尿外渗,须手术治疗。

e)腹部损伤致肠瘘或者尿瘘。

f)腹部损伤引起弥漫性腹膜炎或者感染性休克。

g)肾周血肿或者肾包膜下血肿,须手术治疗。

h)肾功能不全(失代偿期)。

i)肾损伤致肾性高血压。

j)外伤性肾积水;外伤性肾动脉瘤;外伤性肾动静脉瘘。

k)腹腔积血或者腹膜后血肿,须手术治疗。

5.7.3 轻伤一级

a)胃、肠、胆囊或者胆道非全层破裂。

b) 肝包膜破裂；肝脏实质内血肿直径 2.0 cm 以上。

c) 脾包膜破裂；脾实质内血肿直径 2.0 cm 以上。

d) 胰腺包膜破裂。

e) 肾功能不全（代偿期）。

5.7.4 轻伤二级

a) 胃、肠、胆囊或者胆道挫伤。

b) 肝包膜下或者实质内出血。

c) 脾包膜下或者实质内出血。

d) 胰腺挫伤。

e) 肾包膜下或者实质内出血。

f) 肝功能损害（轻度）。

g) 急性肾功能障碍（可恢复）。

h) 腹腔积血或者腹膜后血肿。

i) 腹壁穿透创。

5.7.5 轻微伤

a) 外伤性血尿。

5.8　盆部及会阴损伤

5.8.1 重伤一级

a) 阴茎及睾丸全部缺失。

b) 子宫及卵巢全部缺失。

5.8.2 重伤二级

a) 骨盆骨折畸形愈合，致双下肢相对长度相差 5.0 cm 以上。

b) 骨盆不稳定性骨折，须手术治疗。

c) 直肠破裂，须手术治疗。

d) 肛管损伤致大便失禁或者肛管重度狭窄，须手术治疗。

e) 膀胱破裂，须手术治疗。

f) 后尿道破裂，须手术治疗。

g) 尿道损伤致重度狭窄。

h) 损伤致早产或者死胎；损伤致胎盘早期剥离或者流产，合并轻度休克。

i) 子宫破裂，须手术治疗。

j) 卵巢或者输卵管破裂，须手术治疗。

k) 阴道重度狭窄。

l) 幼女阴道 Ⅱ 度撕裂伤。

m) 女性会阴或者阴道 Ⅲ 度撕裂伤。

n) 龟头缺失达冠状沟。

o) 阴囊皮肤撕脱伤面积占阴囊皮肤面积 50% 以上。

p) 双侧睾丸损伤，丧失生育能力。

q) 双侧附睾或者输精管损伤，丧失生育能力。

r) 直肠阴道瘘；膀胱阴道瘘；直肠膀胱瘘。

s）重度排尿障碍。

5.8.3 轻伤一级

a）骨盆 2 处以上骨折；骨盆骨折畸形愈合；髋臼骨折。

b）前尿道破裂，须手术治疗。

c）输尿管狭窄。

d）一侧卵巢缺失或者萎缩。

e）阴道轻度狭窄。

f）龟头缺失 1/2 以上。

g）阴囊皮肤撕脱伤面积占阴囊皮肤面积 30% 以上。

h）一侧睾丸或者附睾缺失；一侧睾丸或者附睾萎缩。

5.8.4 轻伤二级

a）骨盆骨折。

b）直肠或者肛管挫裂伤。

c）一侧输尿管挫裂伤；膀胱挫裂伤；尿道挫裂伤。

d）子宫挫裂伤；一侧卵巢或者输卵管挫裂伤。

e）阴道撕裂伤。

f）女性外阴皮肤创口或者瘢痕长度累计 4.0 cm 以上。

g）龟头部分缺损。

h）阴茎撕脱伤；阴茎皮肤创口或者瘢痕长度 2.0 cm 以上；阴茎海绵体出血并形成硬结。

i）阴囊壁贯通创；阴囊皮肤创口或者瘢痕长度累计 4.0 cm 以上；阴囊内积血，2 周内未完全吸收。

j）一侧睾丸破裂、血肿、脱位或者扭转。

k）一侧输精管破裂。

l）轻度肛门失禁或者轻度肛门狭窄。

m）轻度排尿障碍。

n）外伤性难免流产；外伤性胎盘早剥。

5.8.5 轻微伤

a）会阴部软组织挫伤。

b）会阴创；阴囊创；阴茎创。

c）阴囊皮肤挫伤。

d）睾丸或者阴茎挫伤。

e）外伤性先兆流产。

5.9 脊柱四肢损伤

5.9.1 重伤一级

a）二肢以上离断或者缺失（上肢腕关节以上、下肢踝关节以上）。

b）二肢六大关节功能完全丧失。

5.9.2 重伤二级

a）四肢任一大关节强直畸形或者功能丧失 50% 以上。

b）臂丛神经干性或者束性损伤，遗留肌瘫（肌力 3 级以下）。

c）正中神经肘部以上损伤，遗留肌瘫（肌力 3 级以下）。

d）桡神经肘部以上损伤，遗留肌瘫（肌力 3 级以下）。

e）尺神经肘部以上损伤，遗留肌瘫（肌力 3 级以下）。

f）骶丛神经或者坐骨神经损伤，遗留肌瘫（肌力 3 级以下）。

g）股骨干骨折缩短 5.0 cm 以上、成角畸形 30°以上或者严重旋转畸形。

h）胫腓骨骨折缩短 5.0 cm 以上、成角畸形 30°以上或者严重旋转畸形。

i）膝关节挛缩畸形屈曲 30°以上。

j）一侧膝关节交叉韧带完全断裂遗留旋转不稳。

k）股骨颈骨折或者髋关节脱位，致股骨头坏死。

l）四肢长骨骨折不愈合或者假关节形成；四肢长骨骨折并发慢性骨髓炎。

m）一足离断或者缺失 50%以上；足跟离断或者缺失 50%以上。

n）一足的第一趾和其余任何二趾离断或者缺失；一足除第一趾外，离断或者缺失 4 趾。

o）两足 5 个以上足趾离断或者缺失，

p）一足第一趾及其相连的跖骨离断或者缺失。

q）一足除第一趾外，任何三趾及其相连的跖骨离断或者缺失。

5.9.3 轻伤一级

a）四肢任一大关节功能丧失 25%以上。

b）一节椎体压缩骨折超过 1/3 以上；二节以上椎体骨折；三处以上横突、棘突或者椎弓骨折。

c）膝关节韧带断裂伴半月板破裂。

d）四肢长骨骨折畸形愈合。

e）四肢长骨粉碎性骨折或者两处以上骨折。

f）四肢长骨骨折累及关节面。

g）股骨颈骨折未见股骨头坏死，

h）髌板断裂。

i）一足离断或者缺失 10%以上；

j）一足的第一趾离断或者缺失；一足除第一趾外的任何二趾离断或者缺失。

k）三个以上足趾离断或者缺失。已行假体置换。足跟离断或者缺失 20%以上。

l）除第一趾外任何一趾及其相连的跖骨离断或者缺失。

m）肢体皮肤创口或者瘢痕长度累计 45.0 cm 以上。

5.9.4 轻伤二级

a）四肢任一大关节功能丧失 10%以上。

b）四肢重要神经损伤。

c）四肢重要血管破裂。

d）椎骨骨折或者脊椎脱位（尾椎脱位不影响功能的除外）；外伤性椎间盘突出。

e）肢体大关节韧带断裂；半月板破裂。

f）四肢长骨骨折；髌骨骨折。

g）骨骺分离。

h）损伤致肢体大关节脱位。

i)第一趾缺失超过趾间关节；除第一趾外，任何二趾缺失超过趾间关节；一趾缺失。

j)两节趾骨骨折；一节趾骨骨折合并一跖骨骨折。

k)两跖骨骨折或者一跖骨完全骨折；距骨、跟骨、骰骨、楔骨或者足舟骨骨折；跖跗关节脱位。

l)肢体皮肤一处创口或者瘢痕长度10.0 cm以上；两处以上创口或者瘢痕长度累计15.0 cm以上。

5.9.5 轻微伤

a)肢体一处创口或者瘢痕长度1.0 cm以上；两处以上创口或者瘢痕长度累计1.5 cm以上；刺创深达肌层。

b)肢体关节、肌腱或者韧带损伤。

c)骨挫伤。

d)足骨骨折。

e)外伤致趾甲脱落，甲床暴露；甲床出血。

f)尾椎脱位。

5.10 手损伤

5.10.1 重伤一级

a)双手离断、缺失或者功能完全丧失。

5.10.2 重伤二级

a)手功能丧失累计达一手功能36%。

b)一手拇指挛缩畸形不能对指和握物。

c)一手除拇指外，其余任何三指挛缩畸形，不能对指和握物。

d)一手拇指离断或者缺失超过指间关节。

e)一手食指和中指全部离断或者缺失。

f)一手除拇指外的任何三指离断或者缺失均超过近侧指间关节。

5.10.3 轻伤一级

a)手功能丧失累计达一手功能16%。

b)一手拇指离断或者缺失未超过指间关节。

c)一手除拇指外的食指和中指离断或者缺失均超过远侧指间关节。

d)一手除拇指外的环指和小指离断或者缺失均超过近侧指间关节。

5.10.4 轻伤二级

a)手功能丧失累计达一手功能4%。

b)除拇指外的一个指节离断或者缺失。

c)两节指骨线性骨折或者一节指骨粉碎性骨折(不含第2至5指末节)。

d)舟骨骨折、月骨脱位或者掌骨完全性骨折。

5.10.5 轻微伤

a)手擦伤面积10.0 cm² 以上或者挫伤面积6.0 cm² 以上。

b)手一处创口或者瘢痕长度1.0 cm以上；两处以上创口或者瘢痕长度累计1.5 cm以上；刺伤深达肌层。

c)手关节或者肌腱损伤。

d)腕骨、掌骨或者指骨骨折。

e)外伤致指甲脱落，甲床暴露；甲床出血。

5.11　体表损伤

5.11.1 重伤二级

a)挫伤面积累计达体表面积30%。

b)创口或者瘢痕长度累计200.0 cm以上。

5.11.2 轻伤一级

a)挫伤面积累计达体表面积10%。

b)创口或者瘢痕长度累计40.0 cm以上。

c)撕脱伤面积100.0 cm^{2}以上。

d)皮肤缺损30.0 cm^{2}以上。

5.11.3 轻伤二级

a)挫伤面积达体表面积6%。

b)单个创口或者瘢痕长度10.0 cm以上；多个创口或者瘢痕长度累计15.0 cm以上。

c)撕脱伤面积50.0 cm^{2}以上。

d)皮肤缺损6.0 cm^{2}以上。

5.11.4 轻微伤

a)擦伤面积20.0 cm^{2}以上或者挫伤面积15.0 cm^{2}以上。

b)一处创口或者瘢痕长度1.0 cm以上；两处以上创口或者瘢痕长度累计1.5 cm以上；刺创深达肌层。

c)咬伤致皮肤破损。

5.12　其他损伤

5.12.1 重伤一级

a)深Ⅱ度以上烧烫伤面积达体表面积70%或者Ⅲ度面积达30%。

5.12.2 重伤二级

a)Ⅱ度以上烧烫伤面积达体表面积30%或者Ⅲ度面积达10%；面积低于上述程度但合并吸入有毒气体中毒或者严重呼吸道烧烫伤。

b)枪弹创，创道长度累计180.0 cm。

c)各种损伤引起脑水肿(脑肿胀)，脑疝形成。

d)各种损伤引起休克(中度)。

e)挤压综合征(Ⅱ级)。

f)损伤引起脂肪栓塞综合征(完全型)。

g)各种损伤致急性呼吸窘迫综合征(重度)。

h)电击伤(Ⅱ度)。

i)溺水(中度)。

j)脑内异物存留；心脏异物存留。

k)器质性阴茎勃起障碍(重度)。

5.12.3 轻伤一级

a)Ⅱ度以上烧烫伤面积达体表面积20%或者Ⅲ度面积达5%。

b)损伤引起脂肪栓塞综合征(不完全型)。

c)器质性阴茎勃起障碍(中度)。

5.12.4 轻伤二级

a) Ⅱ度以上烧烫伤面积达体表面积5%或者Ⅲ度面积达0.5%。

b)呼吸道烧伤。

c)挤压综合征(Ⅰ级)。

d)电击伤(Ⅰ度)。

e)溺水(轻度)。

f)各种损伤引起休克(轻度)。

g)呼吸功能障碍,出现窒息征象。

h)面部异物存留;眶内异物存留;鼻窦异物存留。

i)胸腔内异物存留;腹腔内异物存留;盆腔内异物存留。

j)深部组织内异物存留。

k)骨折内固定物损坏需要手术更换或者修复。

l)各种置入式假体装置损坏需要手术更换或者修复。

m)器质性阴茎勃起障碍(轻度)。

5.12.5 轻微伤

a)身体各部位骨皮质的砍(刺)痕;轻微撕脱性骨折,无功能障碍。

b)面部Ⅰ度烧烫伤面积10.0 cm² 以上;浅Ⅱ度烧烫伤。

c)颈部Ⅰ度烧烫伤面积15.0 cm² 以上;浅Ⅱ度烧烫伤面积2.0 cm² 以上。

d)体表Ⅰ度烧烫伤面积20.0 cm² 以上;浅Ⅱ度烧烫伤面积4.0 cm² 以上;深Ⅱ度烧烫伤。

6 附则

6.1 伤后因其他原因死亡的个体,其生前损伤比照本标准相关条款综合鉴定。

6.2 未列入本标准中的物理性、化学性和生物性等致伤因素造成的人体损伤,比照本标准中的相应条款综合鉴定。

6.3 本标准所称的损伤是指各种致伤因素所引起的人体组织器官结构破坏或者功能障碍。反应性精神病、癔症等,均为内源性疾病,不宜鉴定损伤程度。

6.4 本标准未作具体规定的损伤,可以遵循损伤程度等级划分原则,比照本标准相近条款进行损伤程度鉴定。

6.5 盲管创、贯通创,其创道长度可视为皮肤创口长度,并参照皮肤创口长度相应条款鉴定损伤程度。

6.6 牙折包括冠折、根折和根冠折,冠折须暴露髓腔。

6.7 骨皮质的砍(刺)痕或者轻微撕脱性骨折(无功能障碍)的,不构成本标准所指的轻伤。

6.8 本标准所称大血管是指胸主动脉、主动脉弓分支、肺动脉、肺静脉、上腔静脉和下腔静脉,腹主动脉、髂总动脉、髂外动脉、髂外静脉。

6.9 本标准四肢大关节是指肩、肘、腕、髋、膝、踝等六大关节。

6.10 本标准四肢重要神经是指臂丛及其分支神经(包括正中神经、尺神经、桡神经和肌皮神经等)和腰骶丛及其分支神经(包括坐骨神经、腓总神经、腓浅神经和胫神经等)。

6.11　本标准四肢重要血管是指与四肢重要神经伴行的同名动、静脉。

6.12　本标准幼女或者儿童是指年龄不满 14 周岁的个体。

6.13　本标准所称的假体是指植入体内替代组织器官功能的装置,如:颅骨修补材料、人工晶体、义眼座、固定义齿(种植牙)、阴茎假体、人工关节、起搏器、支架等,但可摘式义眼、义齿等除外。

6.14　移植器官损伤参照相应条款综合鉴定。

6.15　本标准所称组织器官包括再植或者再造成活的。

6.16　组织器官缺失是指损伤当时完全离体或者仅有少量皮肤和皮下组织相连,或者因损伤经手术切除的。器官离断(包括牙齿脱落),经再植、再造手术成功的,按损伤当时情形鉴定损伤程度。

6.17　对于两个部位以上同类损伤可以累加,比照相关部位数值规定高的条款进行评定。

6.18　本标准所涉及的体表损伤数值,0~6 岁按 50% 计算,7~10 岁按 60% 计算,11~14 岁按 80% 计算。

6.19　本标准中出现的数字均含本数。

附录 A
(规范性附录)
损伤程度等级划分原则

A.1 重伤一级

各种致伤因素所致的原发性损伤或者由原发性损伤引起的并发症,严重危及生命;遗留肢体严重残废或者重度容貌毁损;严重丧失听觉、视觉或者其他重要器官功能。

A.2 重伤二级

各种致伤因素所致的原发性损伤或者由原发性损伤引起的并发症,危及生命;遗留肢体残废或者轻度容貌毁损;丧失听觉、视觉或者其他重要器官功能。

A.3 轻伤一级

各种致伤因素所致的原发性损伤或者由原发性损伤引起的并发症,未危及生命;遗留组织器官结构、功能中度损害或者明显影响容貌。

A.4 轻伤二级

各种致伤因素所致的原发性损伤或者由原发性损伤引起的并发症,未危及生命;遗留组织器官结构、功能轻度损害或者影响容貌。

A.5 轻微伤

各种致伤因素所致的原发性损伤,造成组织器官结构轻微损害或者轻微功能障碍。

A.6 等级限度

重伤二级是重伤的下限,与重伤一级相衔接,重伤一级的上限是致人死亡;轻伤二级是轻伤的下限,与轻伤一级相衔接,轻伤一级的上限与重伤二级相衔接;轻微伤的上限与轻伤二级相衔接,未达轻微伤标准的,不鉴定为轻微伤。

附录B
（规范性附录）
功能损害判定基准和使用说明

B.1 颅脑损伤

B.1.1 智能（IQ）减退

极重度智能减退：IQ 低于 25；语言功能丧失；生活完全不能自理。

重度智能减退：IQ25～39 之间；语言功能严重受损，不能进行有效的语言交流；生活大部分不能自理。

中度智能减退：IQ40～54 之间；能掌握日常生活用语，但词汇贫乏，对周围环境辨别能力差，只能以简单的方式与人交往；生活部分不能自理，能做简单劳动。

轻度智能减退：IQ55～69 之间；无明显语言障碍，对周围环境有较好的辨别能力，能比较恰当的与人交往；生活能自理，能做一般非技术性工作。

边缘智能状态：IQ70～84 之间；抽象思维能力或者思维广度、深度机敏性显示不良；不能完成高级复杂的脑力劳动。

B.1.2 器质性精神障碍

有明确的颅脑损伤伴不同程度的意识障碍病史，并且精神障碍发生和病程与颅脑损伤相关。症状表现为：意识障碍；遗忘综合征；痴呆；器质性人格改变；精神病性症状；神经症样症状；现实检验能力或者社会功能减退。

B.1.3 生活自理能力

生活处理能力主要包括以下五项：

（1）进食。

（2）翻身。

（3）大、小便。

（4）穿衣、洗漱。

（5）自主行动。

生活完全不能自理：是指上述五项均需依赖护理者。

生活大部分不能自理：是指上述五项中三项以上需依赖护理者。

生活部分不能自理：是指上述五项中一项以上需依赖护理者。

B.1.4 肌瘫（肌力）

0 级：肌肉完全瘫痪，毫无收缩。

1 级：可看到或者触及肌肉轻微收缩，但不能产生动作。

2 级：肌肉在不受重力影响下，可进行运动，即肢体能在床面上移动，但不能抬高。

3 级：在和地心引力相反的方向中尚能完成其动作，但不能对抗外加的阻力。

4 级：能对抗一定的阻力，但较正常人为低。

5 级：正常肌力。

B.1.5 非肢体瘫珠运动障碍

非肢体瘫的运动障碍包括肌张力增高，共济失调，不自主运动或者震颤等。根据其对生活自理影响的程度划分为轻、中、重三度。

重度：不能自行进食，大小便，洗漱，翻身和穿衣，需要他人护理。

中度：上述动作困难，但在他人帮助下可以完成。

轻度：完成上述动作虽有一些困难，但基本可以自理。

B.1.6　外伤性迟发性癫痫应具备的条件

(1)确证的头部外伤史。

(2)头部外伤90日后仍被证实有癫痫的临床表现。

(3)脑电图检查(包括常规清醒脑电图检查、睡眠脑电图检查或者较长时间连续同步录像脑电图检查等)显示异常脑电图。

(4)影像学检查确证颅脑器质性损伤。

B.1.7　肛门失禁

重度：大便不能控制；肛门括约肌收缩力很弱或者丧失；肛门括约肌收缩反射很弱或者消失；直肠内压测定，肛门注水法 < 20 cmH$_2$O。

轻度：稀便不能控制；肛门括约肌收缩力较弱；肛门括约肌收缩反射较弱；直肠内压测定，肛门注水法 20 ~ 30 cmH$_2$O。

B.1.8　排尿障碍

重度：出现真性重度尿失禁或者尿潴留残余尿 ≥ 50 mL。

轻度：出现真性轻度尿失禁或者尿潴留残余尿 < 50 mL。

B.2　头面部损伤

B.2.1　眼睑外翻

重度外翻：睑结膜严重外翻，穹隆部消失。

中度外翻：睑结膜和睑板结膜外翻。

轻度外翻：睑结膜与眼球分离，泪点脱离泪阜。

B.2.2　容貌毁损

重度：面部瘢痕畸形，并有以下六项中四项者。(1)眉毛缺失；(2)双睑外翻或者缺失；(3)外耳缺失；(4)鼻缺失；(5)上、下唇外翻或者小口畸形；(6)颈颏粘连。

中度：具有以下六项中三项者。(1)眉毛部分缺失；(2)眼睑外翻或者部分缺失；(3)耳廓部分缺失；(4)鼻翼部分缺失；(5)唇外翻或者小口畸形；(6)颈部瘢痕畸形。

轻度：含中度畸形六项中二项者。

B.2.3　面部及中心区

面部的范围是指前额发际下，两耳屏前与下颌下缘之间的区域，包括额部、眶部、鼻部、口唇部、颏部、颧部、颊部、腮腺咬肌部。

面部中心区：以眉弓水平线为上横线，以下唇唇红缘中点处作水平线为下横线，以双侧外眦处作两条垂直线，上述四条线围绕的中央部分为中心区。

B.2.4　面瘫(面神经麻痹)

本标准涉及的面瘫主要是指外周性(核下性)面神经损伤所致。

完全性面瘫：是指面神经5个分支(颞支、颧支、颊支、下颌缘支和颈支)支配的全部颜面肌肉瘫痪，表现为：额纹消失，不能皱眉；眼睑不能充分闭合；鼻唇沟变浅；口角下垂，不能示齿，鼓腮，吹口哨，饮食时汤水流逸。

不完全性面瘫：是指面神经颧支、下颌支或者颞支和颊支损伤出现部分上述症状和体征。

B.2.5 张口困难分级

张口困难Ⅰ度：大张口时，只能垂直置入食指和中指。

张口困难Ⅱ度：大张口时，只能垂直置入示指。

张口困难Ⅲ度：大张口时，上、下切牙间距小于示指之横径。

B.3 听器听力损伤

听力损失计算应按照世界卫生组织推荐的听力减退分级的频率范围，取0.5、1、2、4kHz四个频率气导听阈级的平均值。如所得均值不是整数，则小数点后之尾数采用4舍5入法进为整数。

纯音听阈级测试时，如某一频率纯音气导最大声输出仍无反应时，以最大声输出值作为该频率听阈级。

听觉诱发电位测试时，若最大输出声强仍引不出反应波形的，以最大输出声强为反应阈值。在听阈评估时，听力学单位一律使用听力级(dB HL)。一般情况下，受试者听觉诱发电位反应阈要比其行为听阈高10~20 dB(该差值又称"校正值")，即受试者的行为听阈等于其听觉诱发电位反应阈减去"校正值"。听觉诱发电位检测实验室应建立自己的"校正值"，如果没有自己的"校正值"，则取平均值(15 dB)作为"较正值"。

纯音气导听阈级应考虑年龄因素，按照《纯音气导阈的年龄修正值》(GB 7582—87)听阈级偏差的中值(50%)进行修正，其中4000 Hz的修正值参考2000 Hz的数值。

表 B.1 纯音气导阈值的年龄修正值(GB 7582—87)

年龄	男			女		
	500 Hz	1000 Hz	2000 Hz	500 Hz	1000 Hz	2000 Hz
30	1	1	1	1	1	1
40	2	2	3	2	2	3
50	4	4	7	4	4	6
60	6	7	12	6	7	11
70	10	11	19	10	11	16

B.4 视觉器官损伤

B.4.1 盲及视力损害分级

表 B.2 盲及视力损害分级标准(2003 年，WHO)

分类	远视力低于	远视力等于或优于
轻度或无视力损害		0.3
中度视力损害(视力损害1级)	0.3	0.1
重度视力损害(视力损害2级)	0.1	0.05
盲(盲目3级)	0.05	0.02
盲(盲目4级)	0.02	光感
盲(盲目5级)		无光感

B.4.2　视野缺损

视野有效值计算公式：

$$实测视野有效值(\%) = \frac{8\,条子午线实测视野值}{500}$$

表 B.3　视野有效值与视野度数的换算

视野有效值(%)	视野度数
8	8°
16	10°
24	15°
32	20°
40	25°
48	30°
56	35°
64	40°
72	45°
80	50°
88	55°
96	60°

B.5　颈部损伤

B.5.1　甲状腺功能低下

重度：临床症状严重；T3、T4 或者 FT3、FT4 低于正常值，TSH > 50 μU/L。

中度：临床症状较重；T3、T4 或者 FT3、FT4 正常，TSH > 50 μU/L。

轻度：临床症状较轻；T3、T4 或者 FT3、FT4 正常，TSH，轻度增高但 < 50 μU/L。

B.5.2　甲状旁腺功能低下(以下分级需结合临床症状分析)

重度：空腹血钙 < 6 mg/dL。

中度：空腹血钙 6 ~ 7 mg/dL。

轻度：空腹血钙 7.1 ~ 8 mg/dL。

B.5.3　发声功能障碍

重度：声哑、不能出声。

轻度：发音过弱、声嘶、低调、粗糙、带鼻音。

B.5.4　构音障碍

严重构音障碍：表现为发音不分明，语不成句，难以听懂，甚至完全不能说话。

轻度构音障碍：表现为发音不准，吐字不清，语调速度、节律等异常，鼻音过重。

B.6　胸部损伤

B.6.1　心功能分级

Ⅰ级：体力活动不受限，日常活动不引起过度的乏力、呼吸困难或者心悸。即心功能代偿期。

Ⅱ级：体力活动轻度受限，休息时无症状，日常活动即可引起乏力、心悸、呼吸困难或者心绞痛。亦称Ⅰ度或者轻度心衰。

Ⅲ级：体力活动明显受限，休息时无症状，轻于日常的活动即可引上述症状。亦称Ⅱ度或者中度心衰。

Ⅳ级：不能从事任何体力活动，休息时亦有充血性心衰或心绞痛症状，任何体力活动后加重。亦称Ⅲ度或者重度心衰。

B.6.2 呼吸困难

1级：与同年龄健康者在平地一同步行无气短，但登山或者上楼时呈气短。

2级：平路步行1000 m无气短，但不能与同龄健康者保持同样速度，平路快步行走呈现气短，登山或者上楼时气短明显。

3级：平路步行100 m即有气短。

4级：稍活动(如穿衣、谈话)即气短。

B.6.3 窒息征象

临床表现为面、颈、上胸部皮肤出现针尖大小的出血点，以面部与眼眶部为明显；球睑结膜下出现出血斑点。

B.7　腹部损伤

B.7.1 肝功能损害

表 B.4　肝功能损害分度

程度	血清蛋白	血清总胆红素	腹水	脑症	凝血酶原时间
重度	<2.5g/dL	>3.0 mg/dL	顽固性	明显	明显延长(较对照组>9秒)
中度	2.5～3.0 g/dL	2.0～3.0 mg/dL	无或者少量，治疗后消失	无或者轻度	延长(较对照组>9秒)
轻度	3.1～3.5g/dL	1.5～2.0 mg/dL	无	无	稍延长(较对照组>3秒)

B.7.2 肾功能不全

表 B.5　肾功能不全分期

分期	内生肌酐清除率	血尿素氮浓度	血肌酐浓度	临床症状
代偿期	降至正常的50% 50～70 mL/min	正常	正常	通常无明显临床症状
失代偿期	25～49 mL/min		>177 μmol/L(2 mg/dL)但 <450 μmol/L(5 mg/dL)	无明显临床症状， 可有轻度贫血；夜尿、多尿
尿毒症期	<25 mL/min	>21.4 mmol/L (60 mg/dL)	450～707 μmol/L (5～8 mg/dL)	常伴有酸中毒和严重 尿毒症临床症状

B.7.3 会阴及阴道撕裂

Ⅰ度：会阴部黏膜、阴唇系带、前庭黏膜、阴道黏膜等处有撕裂，但未累及肌层及筋膜。

Ⅱ度：撕裂伤累及盆底肌肉筋膜，但未累及肛门括约肌。

Ⅲ度：肛门括约肌全部或者部分撕裂，甚至直肠前壁亦被撕裂。

B.8 其他损伤

B.8.1 烧烫伤分度

表B.6 烧伤深度分度

程度		损伤组织	烧伤部位特点	愈后情况
Ⅰ度		表皮	皮肤红肿，有热、痛感，无水疱，干燥，局部温度稍有增高	不留瘢痕
Ⅱ度	浅Ⅱ度	真皮浅层	剧痛，表皮有大而薄的水疱，疱底有组织充血和明显水肿；组织坏死仅限于皮肤的真皮层，局部温度明显增高	不留瘢痕
	深Ⅱ度	真皮深层	痛，损伤已达真皮深层，水疱较小，表皮和真皮层大部分凝固和坏死。将已分离的表皮揭去，可见基底微湿，色泽苍白上有红出血点，局部温度较低	可留下瘢痕
Ⅲ度		全层皮肤或者皮下组织、肌肉、骨骼	不痛，皮肤全层坏死，干燥如皮革样，不起水疱，蜡白或者焦黄，炭化，知觉丧失，脂肪层的大静脉全部坏死，局部温度低，发凉	需自体皮肤移植，有瘢痕或者畸形

B.8.2 电击伤

Ⅰ度：全身症状轻微，只有轻度心悸。触电肢体麻木，全身无力，如极短时间内脱离电源，稍休息可恢复正常。

Ⅱ度：触电肢体麻木，面色苍白，心跳、呼吸增快，甚至昏厥、意识丧失，但瞳孔不散大。对光反射存在。

Ⅲ度：呼吸浅而弱、不规则，甚至呼吸骤停。心律不齐，有室颤或者心搏骤停。

B.8.3 溺水

重度：落水后3～4分钟，神志昏迷，呼吸不规则，上腹部膨胀，心音减弱或者心跳、呼吸停止。淹溺到死亡的时间一般为5～6分钟。

中度：落水后1～2分钟，神志模糊，呼吸不规则或者表浅，血压下降，心跳减慢，反射减弱。

轻度：刚落水片刻，神志清，血压升高，心率、呼吸增快。

B.8.4 挤压综合征

系人体肌肉丰富的四肢与躯干部位因长时间受压(例如暴力挤压)或者其他原因造成局部循环障碍，结果引起肌肉缺血性坏死，出现肢体明显肿胀、肌红蛋白尿及高血钾等为特征的急性肾功能衰竭。

Ⅰ级：肌红蛋白尿试验阳性，肌酸磷酸激酶(CPK)增高，而无肾衰等周身反应者。

Ⅱ级：肌红蛋白尿试验阳性，肌酸磷酸激酶(CPK)明显升高，血肌酐和尿素氮增高，少尿，有明显血浆渗入组织间隙，致有效血容量丢失，出现低血压者。

Ⅲ级：肌红蛋白尿试验阳性，肌酸磷酸激酶(CPK)显著升高，少尿或者尿闭，休克，代谢性酸中毒以及高血钾者。

B.8.5 急性呼吸窘迫综合征

急性呼吸窘迫综合征（ARDS）须具备以下条件：

（1）有发病的高危因素。

（2）急性起病，呼吸频率数和/或呼吸窘迫。

（3）低氧血症，$PaO_2/FiO_2 \leqslant 200$ mmHg。

（4）胸部 X 线检查两肺浸润影。

（5）肺毛细血管楔压（PCWP）$\leqslant 18$ mmHg，或者临床上除外心源性肺水肿。

凡符合以上 5 项可诊断为 ARDS。

表 B.7　急性呼吸窘迫综合征分度

程度	临床分极			血气分析分级	
	呼吸频率	临床表现	X 线示	吸空气	吸纯氧 15 分钟后
轻度	>35 次/分	无发绀	无异常或者纹理增多，边缘模糊	氧分压 <8.0 kPa 二氧化碳分压 <4.7 kPa	氧分压 <46.7 kPa Qs/Qt >10%
中度	>40 次/分	发绀，肺部有异常体征	斑片状阴影或者呈磨玻璃样改变，可见支气管气相	氧分压 <6.7 kPa 二氧化碳分压 <5.3 kPa	氧分压 <20.0 kPa Qs/Qt >20%
重度	呼吸极度窘迫	发绀进行性加重，肺广泛湿罗音或者实变	双肺大部分密度普遍增高，支气管气相明显	氧分压 <5.3 kPa(40 mmHg) 二氧化碳分压 >6.0 kPa	氧分压 <13.3 kPa Qs/Qt >30%

B.8.6 脂肪栓塞综合征

不完全型（或者称部分症候群型）：伤者骨折后出现胸部疼痛，咳呛震痛，胸闷气急，痰中带血，神疲身软，面色无华，皮肤出现瘀血点，上肢无力伸举，脉多细涩。实验室检查有明显低氧血症，预后一般良好。

完全型（或者称典型症候群型）：伤者创伤骨折后出现神志恍惚，严重呼吸困难，口唇紫绀，胸闷欲绝，脉细涩。本型初起表现为呼吸和心动过速、高热等非特异症状。此后出现呼吸窘迫、神志不清以至昏迷等神经系统症状，在眼结膜及肩、胸皮下可见散在瘀血点，实验室检查可见血色素降低，血小板减少，血沉增快以及出现低氧血症。肺部 X 线检查可见多变的进行性的肺部斑片状阴影改变和右心扩大。

B.8.7 休克分度

表 B.8　休克分度

程度	血压(收缩压)(kPa)	脉搏(次/分)	全身状况
轻度	12~13.3(90~100 mmHg)	90~100	尚好
中度	10~12(75~90 mmHg)	110~130	抑制、苍白、皮肤冷
重度	<10(<75 mmHg)	120~160	明显抑制
垂危	0		呼吸障碍、意识模糊

B.8.8　器质性阴茎勃起障碍

重度：阴茎无勃起反应，阴茎硬度及周径均无改变。

中度：阴茎勃起时最大硬度 >0 ，<40% ，每次勃起持续时间 <10 分钟。

轻度：阴茎勃起时最大硬度 ≥40% ，<60% ，每次勃起持续时间 <10 分钟。

附录 C
（资料性附录）
人体损伤程度鉴定常用技术

C.1　视力障碍检查

视力记录可采用小数记录或者 5 分记录两种方式。视力（指远距视力）经用镜片（包括接触镜、针孔镜等），纠正达到正常视力范围（0.8 以上）或者接近正常视力范围（0.4 - 0.8）的都不属视力障碍范围。

中心视力好而视野缩小，以注视点为中心，视野半径小于 10 度而大于 5 度者为盲目 3 级，如半径小于 5 度者为盲目 4 级。

周边视野检查：视野缩小系指因损伤致眼球注视前方而不转动所能看到的空间范围缩窄，以致难以从事正常工作、学习或者其它活动。

对视野检查要求，视标颜色：白色，视标大小：5mm，检查距离 330 mm，视野背景亮度：31.5asb。

周边视野缩小，鉴定以实测得八条子午线视野值的总和计算平均值，即有效视野值。

视力障碍检查具体方法参考《视觉功能障碍法医鉴定指南》（SF/Z JD0103004）。

C.2　听力障碍检查

听力障碍检查应符合《听力障碍的法医学评定》（GA/T 914）。

C.3　前庭平衡功能检查

本标准所指的前庭平衡功能丧失及前庭平衡功能减退，是指外力作用颅脑或者耳部，造成前庭系统的损伤。伤后出现前庭平衡功能障碍的临床表现，自发性前庭体征检查法和诱发性前庭功能检查法等有阳性发现（如眼震电图/眼震视图、静、动态平衡仪、前庭诱发电位等检查），结合听力检查和神经系统检查，以及影像学检查综合判定，确定前庭平衡功能是丧失，或者减退。

C.4　阴茎勃起功能检测

阴茎勃起功能检测应满足阴茎勃起障碍法医学鉴定的基本要求，具体方法参考《男子性功能障碍法医学鉴定规范》（SF/Z JD0103002）。

C.5　体表面积计算

九分估算法：成人体表面积视为 100%，将总体表面积划分为 11 个 9% 等面积区域，即头（面）颈部占一个 9%，双上肢占二个 9%，躯干前后及会阴部占三个 9%，臀部及双下肢占五个 9% +1%（见表 B2）。

表 C.1　体表面积的九分估算法

部位	面积(%)	按九分法面积(%)
头	6	1 × 9 = 9
颈	3	
前躯	13	3 × 9 = 24
后躯	13	
会阴	1	
双上臂	7	2 × 9 = 18
双前臂	6	
双手	5	
臀	5	5 × 9 + 1 = 46
双大腿	21	
双小腿	13	
双足	7	
全身合计	100	11 × 9 + 1 = 100

注:12 岁以下儿童体表面积:头颈部 = 9 + (12 – 年龄),双下肢 = 46 – (12 – 年龄)

手掌法:受检者五指并拢,一掌面相当其自身体表面积的 1%。

公式计算法:S(平方米) = 0.0061 × 身长(cm) + 0.0128 × 体重(kg) – 0.1529

C.6　肢体关节功能丧失程度评价

肢体关节功能评价使用说明(适用于四肢大关节功能评定):

1. 各关节功能丧失程度等于相应关节所有轴位(如腕关节有两个轴位)和所有方位(如腕关节有四个方位)功能丧失值的之和再除以相应关节活动的方位数之和。例如:腕关节掌屈 40 度,背屈 30 度,桡屈 15 度,尺屈 20 度。查表得相应功能丧失值分别为 30%、40%、60% 和 60%,求得腕关节功能丧失程度为 47.5%。如果掌屈伴肌力下降(肌力 3 级),查表得相应功能丧失值分别为 65%、40%、60% 和 60%。求得腕关节功能丧失程度为 56.25%。

2. 当关节活动受限于某一方位时,其同一轴位的另一方位功能丧失值以 100% 计。如腕关节掌屈和背屈轴位上的活动限制在掌屈 10 度与 40 度之间,则背屈功能丧失值以 100% 计,而掌屈以 40 度计,查表得功能丧失值为 30%,背屈功能以 100% 计,则腕关节功能丧失程度为 65%。

3. 对疑有关节病变(如退行性变)并影响关节功能时,伤侧关节功能丧失值应与对侧进行比较,即同时用查表法分别求出伤侧和对侧关节功能丧失值,并用伤侧关节功能丧失值减去对侧关节功能丧失值即为伤侧关节功能实际丧失值。

4. 由于本标准对于关节功能的评定已经考虑到肌力减退对于关节功能的影响,故在测量关节运动活动度时,应以关节被动活动度为准。

C.6.1　肩关节功能丧失程度评定

表 C.2　肩关节功能丧失程度　　　　　　　　　　　单位：%

	关节运动活动度	肌力				
		≤M1	M2	M3	M4	M5
前屈	≥171	100	75	50	25	0
	151~170	100	77	55	32	10
	131~150	100	80	60	40	20
	111~130	100	82	65	47	30
	91~110	100	85	70	55	40
	71~90	100	87	75	62	50
	51~70	100	90	80	70	60
	31~50	100	92	85	77	70
	≤30	100	95	90	85	80
后伸	≥41	100	75	50	25	0
	31~40	100	80	60	40	20
	21~30	100	85	70	55	40
	11~20	100	90	80	70	60
	≤10	100	95	90	85	80
外展	≥171	100	75	50	25	0
	151~170	100	77	55	32	10
	131~150	100	80	60	40	20
	111~130	100	82	65	47	30
	91~110	100	85	70	55	40
	71~90	100	87	75	62	50
	51~70	100	90	80	70	60
	31~50	100	92	85	77	70
	≤30	100	95	90	85	80
内收	≥41	100	75	50	25	0
	31~40	100	80	60	40	20
	21~30	100	85	70	55	40
	11~20	100	90	80	70	60
	≤10	100	95	90	85	80

续上表

	关节运动活动度	肌力				
		≤M1	M2	M3	M4	M5
内旋	≥81	100	75	50	25	0
	71~80	100	77	55	32	10
	61~70	100	80	60	40	20
	51~60	100	82	65	47	30
	41~50	100	85	70	55	40
	31~40	100	87	75	62	50
	21~30	100	90	80	70	60
	11~20	100	92	85	77	70
	≤10	100	95	90	85	80
外旋	≥81	100	75	50	25	0
	71~80	100	77	55	32	10
	61~70	100	80	60	40	20
	51~60	100	82	65	47	30
	41~50	100	85	70	55	40
	31~40	100	87	75	62	50
	21~30	100	90	80	70	60
	11~20	100	92	85	77	70
	≤10	100	95	90	85	80

C.6.2 肘关节功能丧失程度评定

表 C.3　肘关节功能丧失程度　　　　　　　　　　　　　　（%）

	关节运动活动度	肌力				
		≤M1	M2	M3	M4	M5
屈曲	≥41	100	75	50	25	0
	36~40	100	77	55	32	10
	31~35	100	80	60	40	20
	26~30	100	82	65	47	30
	21~25	100	85	70	55	40
	16~20	100	87	75	62	50
	11~15	100	90	80	70	60
	6~10	100	92	85	77	70
	≤5	100	95	90	85	80

续上表

	关节运动活动度	肌力				
		≤M1	M2	M3	M4	M5
伸展	81～90	100	75	50	25	0
	71～80	100	77	55	32	10
	61～70	100	80	60	40	20
	51～60	100	82	65	47	30
	41～50	100	85	70	55	40
	31～40	100	87	75	62	50
	21～30	100	90	80	70	60
	11～20	100	92	85	77	70
	≤10	100	95	90	85	80

注：为方便肘关节功能计算，此处规定肘关节以屈曲90度为中立位0度。

C.6.3 腕关节功能丧失程度评定

表 C.4　腕关节功能丧失程度　　　　　　　　　　　　　　　（％）

	关节运动活动度	肌力				
		≤M1	M2	M3	M4	M5
掌屈	≥61	100	75	50	25	0
	51～60	100	77	55	32	10
	41～50	100	80	60	40	20
	31～40	100	82	65	47	30
	26～30	100	85	70	55	40
	21～25	100	87	75	62	50
	16～20	100	90	80	70	60
	11～15	100	92	85	77	70
	≤10	100	95	90	85	80
背屈	≥61	100	75	50	25	0
	51～60	100	77	55	32	10
	41～50	100	80	60	40	20
	31～40	100	82	65	47	30
	26～30	100	85	70	55	40
	21～25	100	87	75	62	50
	16～20	100	90	80	70	60
	11～15	100	92	85	77	70
	≤10	100	95	90	85	80

续上表

	关节运动活动度	肌力				
		≤M1	M2	M3	M4	M5
桡屈	≥21	100	75	50	25	0
	16~20	100	80	60	40	20
	11~15	100	85	70	55	40
	6~10	100	90	80	70	60
	≤5	100	95	90	85	80
尺屈	≥41	100	75	50	25	0
	31~40	100	80	60	40	20
	21~30	100	85	70	55	40
	11~20	100	90	80	70	60
	≤10	100	95	90	85	80

C.6.4 髋关节功能丧失程度评定

表 C.5　髋关节功能丧失程度　　　　　　　　　　　　　　　　（%）

	关节运动活动度	肌力				
		≤M1	M2	M3	M4	M5
前屈	≥121	100	75	50	25	0
	106~120	100	77	55	32	10
	91~105	100	80	60	40	20
	76~90	100	82	65	47	30
	61~75	100	85	70	55	40
	46~60	100	87	75	62	50
	31~45	100	90	80	70	60
	16~30	100	92	85	77	70
	≤15	100	95	90	85	80
后伸	≥11	100	75	50	25	0
	6~10	100	85	70	55	20
	1~5	100	90	80	70	50
	0	100	95	90	85	80
外展	≥41	100	75	50	25	0
	31~40	100	80	60	40	20
	21~30	100	85	70	55	40
	11~20	100	90	80	70	60
	≤10	100	95	90	85	80

续上表

	关节运动活动度	肌力				
		≤M1	M2	M3	M4	M5
内收	≥16	100	75	50	25	0
	11~15	100	80	60	40	20
	6~10	100	85	70	55	40
	1~5	100	90	80	70	60
	0	100	95	90	85	80
外旋	≥41	100	75	50	25	0
	31~40	100	80	60	40	20
	21~30	100	85	70	55	40
	11~20	100	90	80	70	60
	≤10	100	95	90	85	80
内旋	≥41	100	75	50	25	0
	31~40	100	80	60	40	20
	21~30	100	85	70	55	40
	11~20	100	90	80	70	60
	≤10	100	95	90	85	80

注：表中前屈指屈膝位前屈。

C.6.5 膝关节功能丧失程度评定

表 C.6 膝关节功能丧失程度 （％）

	关节运动活动度	肌力				
		≤M1	M2	M3	M4	M5
屈曲	≥130	100	75	50	25	0
	116~129	100	77	55	32	10
	101~115	100	80	60	40	20
	86~100	100	82	65	47	30
	71~85	100	85	70	55	40
	61~70	100	87	75	62	50
	46~60	100	90	80	70	60
	31~45	100	92	85	77	70
	≤30	100	95	90	85	80

续上表

	关节运动活动度	肌力				
		≤M1	M2	M3	M4	M5
伸展	≤ -5	100	75	50	25	0
	-6 ~ -10	100	77	55	32	10
	-11 ~ -20	100	80	60	40	20
	-21 ~ -25	100	82	65	47	30
	-26 ~ -30	100	85	70	55	40
	-31 ~ -35	100	87	75	62	50
	-36 ~ -40	100	90	80	70	60
	-41 ~ -45	100	92	85	77	70
	≤46	100	95	90	85	80

注：表中负值表示膝关节伸展时到达功能位(直立位)所差的度数。

使用说明：考虑到膝关节同一轴位屈伸活动相互重叠，膝关节功能丧失程度的计算方法与其他关节略有不同，即根据关节屈曲与伸展运动活动度查表得出相应功能丧失程度，再求和即为膝关节功能丧失程度。当二者之和大于100%时，以100%计算。

C.6.6 踝关节功能丧失程度评定

表 C.7　踝关节功能丧失程度　　　　　　　　　　　　　　　　（%）

	关节运动活动度	肌力				
		≤M1	M2	M3	M4	M5
背屈	≥16	100	75	50	25	0
	11 ~ 15	100	80	60	40	20
	6 ~ 10	100	85	70	55	40
	1 ~ 5	100	90	80	70	60
	0	100	95	90	85	80
跖屈	≥41	100	75	50	25	0
	31 ~ 40	100	80	60	40	20
	21 ~ 30	100	85	70	55	40
	11 ~ 20	100	90	80	70	60
	≤10	100	95	90	85	80

C.7　手功能计算

C.7.1 手缺失和丧失功能的计算

一手拇指占一手功能的36%，其中末节和近节指节各占18%；食指、中指各占一手功能的18%，其中末节指节占8%，中节指节占7%，近节指节占3%；无名指和小指各占一手功能的9%，其中末节指节占4%，中节指节占3%，近节指节占2%。一手掌占一手功能的10%，其中第一掌骨占4%，第二、第三掌骨各占2%，第四、第五掌骨各占1%。本标准中，双手缺失或丧失功能的程度是按前面方法累加计算的结果。

C.7.2 手感觉丧失功能的计算

手感觉丧失功能是指因事故损伤所致手的掌侧感觉功能的丧失。手感觉丧失功能的计算按相应手功能丧失程度的50%计算。

司法鉴定工作

282	司法部	关于组建省级司法鉴定协调指导机构和规范面向社会服务的司法鉴定工作的通知	司发通〔1999〕092号	1999年8月24日
283	司法部	关于下发《司法鉴定执业分类规定(试行)》的通知	司发通〔2000〕159号	2000年11月29日
284	司法部	关于对司法鉴定地方立法和司法鉴定管理制度性质问题的批复	司复〔2001〕7号	2001年6月12日
285	司法部	关于将司法部司法鉴定科学技术研究所列为全国司法鉴定人继续教育基地的批复	司发函〔2003〕67号	2003年5月12日
286	司法部	关于学习贯彻《全国人大常委会关于司法鉴定管理问题的决定》的通知	司发通〔2005〕30号	2005年4月28日
287	司法部	关于印发《关于司法行政部门所属司法鉴定机构管理体制调整的意见》的通知	司发通〔2005〕58号	2005年7月18日
288	最高人民法院、最高人民检察院、公安部、国家安全部、司法部	关于做好《全国人民代表大会常务委员会关于司法鉴定管理问题的决定》施行前有关工作的通知	司发通〔2005〕62号	2005年7月27日
289	司法部办公厅	关于印发《司法行政机关司法鉴定登记管理文本格式(试行)》的通知	司办通〔2005〕65号	2005年8月26日
290	司法部司法鉴定体制改革工作办公室	关于部批司法鉴定机构调整管理方式的通知	司鉴字〔2006〕7号	2006年3月22日
291	司法部	关于贯彻执行《司法鉴定程序通则》的通知	司发通〔2007〕56号	2007年9月10日
292	司法部	关于印发《司法鉴定文书规范》和《司法鉴定协议书(示范文本)》的通知	司发通〔2007〕71号	2007年11月1日
293	司法部	关于印发《司法鉴定教育培训规定》的通知	司发通〔2007〕72号	2007年11月1日
294	司法部办公厅	关于法医精神病鉴定业务范围问题的复函	司办函〔2008〕130号	2008年7月2日

续上表

295	司法部、中国国家认证认可监督管理委员会	关于开展司法鉴定机构认证认可试点工作的通知	司发通〔2008〕116号	2008年7月25日
296	最高人民法院、最高人民检察院、公安部、国家安全部、司法部	关于做好司法鉴定机构和司法鉴定人备案登记工作的通知	司发通〔2008〕165号	2008年11月20日
297	司法部	关于开展法医临床司法鉴定人转岗培训工作的通知	司发通〔2009〕95号	2009年6月10日
298	司法部办公厅	关于贯彻执行《司法鉴定收费管理办法》的通知	司办通〔2009〕85号	2009年9月25日
299	司法部	关于《司法鉴定机构登记管理办法》第十一条和《司法鉴定人登记管理办法》第十条规定适用问题的批复	司复〔2009〕17号	2009年9月29日
300	司法部	关于印发《司法鉴定职业道德基本规范》的通知	司发〔2009〕24号	2009年12月23日
301	最高人民法院、最高人民检察院、公安部、司法部	关于印发《国家级司法鉴定机构遴选办法》和《国家级司法鉴定机构评审标准》的通知	司发通〔2009〕207号	2009年12月24日
302	司法部办公厅	关于推荐适用《文书鉴定通用规范》等25项司法鉴定技术规范的通知	司办通〔2010〕34号	2010年4月7日
303	司法部	关于印发《司法鉴定许可证和司法鉴定执业证管理办法》的通知	司发通〔2010〕83号	2010年4月12日
304	司法部	关于印发《司法鉴定人和司法鉴定机构名册》的通知	司发通〔2010〕84号	2010年4月12日
305	司法部	关于贯彻实施《司法鉴定执业活动投诉处理办法》进一步加强司法鉴定监督管理工作的通知	司发通〔2010〕126号	2010年8月20日
306	最高人民法院、最高人民检察院、公安部、国家安全部、司法部	关于国家级司法鉴定机构遴选结果的通知	司发通〔2010〕179号	2010年9月30日
307	司法部办公厅	关于同意军队所属司法鉴定机构和司法鉴定人备案登记的函	司办函〔2010〕343号	2010年12月17日
308	司法部办公厅	关于印发《司法鉴定高级专业技术职务任职资格评审细则》的通知	司办通〔2010〕51号	2010年6月4日
309	司法部办公厅	关于推荐适用《法医临床检验规范》等8项司法鉴定技术规范的通知	司办通〔2011〕20号	2011年3月17日
310	司法部	关于印发《司法鉴定机构仪器设备配置标准》的通知	司发通〔2011〕323号	2011年12月27日

续上表

311	司法部、国家认证认可监督管理委员会	关于全面推进司法鉴定机构认证认可工作的通知	司发通〔2012〕114 号	2012 年 4 月 12 日
312	司法部	关于认真贯彻落实精神卫生法做好精神障碍医学鉴定工作的通知	司发通〔2013〕104 号	2013 年 6 月 6 日
313	司法部	关于进一步加强司法鉴定投诉处理工作的意见	司发通〔2013〕126 号	2013 年 8 月 27 日
314	司法部办公厅	关于十家国家级司法鉴定机构通过资质审核的函	司办函〔2013〕183 号	2013 年 9 月 10 日
315	司法部	关于认真做好贯彻落实《人体损伤程度鉴定标准》工作的通知	司发通〔2013〕146 号	2013 年 10 月 9 日

司法部关于法医精神病鉴定业务范围问题的复函

（司办函〔2008〕130 号　2008 年 7 月 2 日）

吉林省司法厅：

　　你厅《关于如何界定法医精神病鉴定范围的请示》（吉司请字〔2008〕18 号）收悉，经研究，复函如下：

　　依据《全国人民代表大会常务委员会关于司法鉴定管理问题的决定》和《司法鉴定执业分类规定（试行）》（司发通〔2000〕159 号）的有关规定，法医精神鉴定的业务范围包括精神损伤程度的鉴定。

　　取得法医精神鉴定执业资质的司法鉴定机构和司法鉴定人，方能开展与法医精神鉴定有关的精神损伤程度的鉴定。

司法部关于印发《国家级司法鉴定机构遴选办法》和
《国家级司法鉴定机构评审标准》的通知

（司发通〔2009〕207 号）

各省、自治区、直辖市高级人民法院、人民检察院、公安厅（局）、国家安全厅（局）、司法厅（局），新疆维吾尔自治区高级人民法院生产建设兵团分院、新疆生产建设兵团人民检察院、公安局、司法局：

　　根据中央政法委员会《关于进一步完善司法鉴定管理体制 遴选国家级司法鉴定机构的意见》（政法〔2008〕2 号）的要求，为做好国家级司法鉴定机构遴选工作，经中央政法委员会审定，现印发《国家级司法鉴定机构遴选办法》和《国家级司法鉴定机构评审标准》，请遵照执行。

　　附件：1.《国家级司法鉴定机构遴选办法》

　　2.《国家级司法鉴定机构评审标准》

2009 年 12 月 24 日

附件1

国家级司法鉴定机构遴选办法

第一条 为保障国家级司法鉴定机构遴选工作顺利进行，依据《全国人民代表大会常务委员会关于司法鉴定管理问题的决定》以及中央政法委员会《关于进一步完善司法鉴定管理体制遴选国家级司法鉴定机构的意见》，制定本办法。

第二条 为完善鉴定争议解决机制，促进司法公正，提高司法效率，树立司法权威，国家级司法鉴定机构依照诉讼法律规定，接受委托进行鉴定。

第三条 遴选工作的原则是：严格依法办事、立足现有资源、统筹规划设计、合理调整布局、突出工作重点。

第四条 遴选工作应当坚持高起点、高标准，做到国家级司法鉴定机构区域布局合理、专业结构优化、鉴定功能齐全，保证诉讼机关依法履行职能，满足人民群众的诉讼需求。

第五条 国家级司法鉴定机构在从事法医类、物证类和声像资料类鉴定业务的司法鉴定机构中，按照法医病理鉴定、法医临床鉴定、法医精神病鉴定、法医物证鉴定、法医毒物鉴定、文书鉴定、痕迹鉴定、微量鉴定、声像资料鉴定等鉴定类别进行遴选。

第六条 在中央政法委员会领导下，由司法部牵头，会同最高人民法院、最高人民检察院、公安部、国家安全部和科技部等有关部门，组成国家级司法鉴定机构遴选委员会，履行遴选工作职责。遴选委员会办公室设在司法部司法鉴定管理局。

第七条 国家级司法鉴定机构应当符合下列基本条件：

（一）经司法行政机关审核登记或者备案登记；

（二）依法通过实验室认可或者检查机构认可；

（三）具备从事重大疑难和特殊复杂鉴定检案的能力，具有研发和采用新方法、新技术的技术创新能力；

（四）具有高素质专家型的鉴定人队伍，人员结构合理，人数达到一定规模；

（五）内部规章制度健全，鉴定质量管理体系完善，鉴定工作管理制度完备；

（六）具有先进、可靠的检测、检查设备和设施，工作场所、工作环境符合相关标准和规范的要求；

（七）具有满足鉴定工作需要的充足的运行费和设备更新费用；

（八）近10年内，司法鉴定机构及所属鉴定人没有因主观故意出具虚假鉴定意见等违法违纪行为，受到法律追究或者纪律处分的情形。

第八条 遴选国家级司法鉴定机构按以下程序进行：

（一）遴选委员会研究确定遴选数量、区域分布、专业类别等事宜，制定遴选工作方案，提出遴选工作要求；

（二）最高人民检察院、公安部、国家安全部、司法部分别对本系统设立或者登记管理的司法鉴定机构进行考核，组织专家进行评审，向遴选委员会提交推荐机构名单及相应材料；

（三）遴选委员会对各部门的推荐材料进行研究，听取专家评审组的意见，在一致认可的基础上，确定国家级司法鉴定机构名单及其鉴定类别和鉴定事项，经中央政法委审定后，向社会公布。

第九条 国家级司法鉴定机构应加强科学管理，加强科研和人才培养，不断提高鉴定水平，确保鉴定质量，发挥行业示范作用。

第十条　最高人民检察院、公安部、国家安全部和司法部每年对设在本系统或登记管理的国家级司法鉴定机构进行年度考核，并向遴选委员会提交考核报告。

第十一条　最高人民法院、最高人民检察院、公安部、国家安全部和司法部对于已不符合规定条件的国家级司法鉴定机构，及时向遴选委员会提出暂停或者撤销的建议。公民、法人或者其他组织发现国家级司法鉴定机构违反本办法规定的，可以向其推荐机关投诉。

第十二条　遴选委员会审议考核报告，对各有关部门的建议和投诉处理情况，应当及时组织调查，并根据调查结果做出处理。

第十三条　本办法自印发之日起施行。

附件2

国家级司法鉴定机构评审标准

第一条　为确保科学、公正、统一、规范地遴选国家级司法鉴定机构，结合司法鉴定行业实际，根据《国家级司法鉴定机构遴选办法》制定本标准。

第二条　本标准规定了国家级司法鉴定机构应当具备的条件和能力。国家级司法鉴定机构的考核、评审等应依据本标准进行。

第三条　国家级司法鉴定机构按照法医病理鉴定、法医临床鉴定、法医精神病鉴定、法医物证鉴定、法医毒物鉴定、文书鉴定、痕迹鉴定、微量鉴定、声像资料鉴定等鉴定类别进行遴选。

第四条　国家级司法鉴定机构应是经司法行政机关审核登记或者备案登记的司法鉴定机构。

第五条　国家级司法鉴定机构或其所在组织应是能够承担法律责任的实体。一般应当具有独立法人资格。非独立法人的需经法人授权，能够独立对外开展业务活动。

第六条　国家级司法鉴定机构应当依法通过实验室认可或者检查机构认可，具有健全的组织结构，完善的管理体系和质量控制制度，且所申报的鉴定类别及鉴定事项均列入认可的能力范围。

第七条　国家级司法鉴定机构应当建立并有效运行投诉处理制度。

第八条　国家级司法鉴定机构应当具有从事重大疑难和特殊复杂鉴定检案的能力，能够独立完成鉴定工作，不得分包，且每年完成一定数量该鉴定类别的检案。

第九条　国家级司法鉴定机构应当具有足够的固定资产，充足的运行费和设备更新费用。运行费和设备更新费至少达到每年1000万元。

第十条　国家级司法鉴定机构及所属司法鉴定人在近10年内，没有因主观故意出具虚假鉴定意见等违法违纪行为，受到法律追究或者纪律处分的情形。

第十一条　国家级司法鉴定机构应当具有专家型高素质的司法鉴定人队伍、合理的人员结构和适宜的人员规模。

（一）应当配备必需的司法鉴定人、技术人员和管理人员。司法鉴定人应占全体人员的60%以上，并且80%以上的司法鉴定人为所在司法鉴定机构的在编在岗人员，或签订5年以上的聘用协议；司法鉴定人应在一个鉴定机构中执业；

（二）所从事的鉴定类别中，应当拥有该专业领域同行公认的学术、技术权威和鉴定专家；

（三）从事法医病理、法医临床、法医精神病、法医毒物或者法医物证鉴定等鉴定类别的，每个鉴定类别应当具有 5 名以上专职司法鉴定人，其中具有该专业领域高级专业技术职称的不少于 2 名；从事文书鉴定、痕迹鉴定、微量鉴定和声像资料鉴定等鉴定类别的，每个鉴定类别应当具有 3 名以上专职司法鉴定人，其中具有该专业领域高级专业技术职称的不少于 2 名；

（四）具有完善的人才交流与培训制度，每名司法鉴定人每年参加不少于 40 学时的专业培训。

第十二条 国家级司法鉴定机构应当具备固定的工作场所，适宜的工作环境。实验室、样品室（物证室）、接案室、办公室、档案室、资料室等功能区域划分科学、设置合理，符合工作要求。

第十三条 国家级司法鉴定机构应当配备进行疑难复杂鉴定所需要的仪器设备及设施。

（一）仪器设备能够基本满足所申报鉴定类别内疑难复杂鉴定案件的需要；

（二）承担主要鉴定工作的大型检测设备应当是稳定性好、可靠性强及业内公认的先进设备；

（三）设备设施能够独立调配使用；

（四）定期进行仪器设备更新和补充，所用仪器设备应与当代的科学技术水平相一致。

第十四条 国家级司法鉴定机构应当采用先进、成熟的技术方法。使用的非标准方法应当经过确认。

国家级司法鉴定机构运用先进技术方法的能力，应当通过现场评审、能力验证、技术见证等方式予以证实。

第十五条 国家级司法鉴定机构应每年参加国家认可委认可的能力验证，对存在的问题进行整改。

第十六条 国家级司法鉴定机构应当具有自主研发和采用新方法、新技术的技术创新能力。

司法部关于印发《司法鉴定机构内部管理规范》的通知

（司发通〔2014〕49 号）

《司法鉴定机构内部管理规范》已经 2014 年 4 月 15 日第 8 次部长办公会议审议通过，现予印发，请认真贯彻执行。

司法部

2014 年 4 月 22 日

司法鉴定机构内部管理规范

第一条 为加强司法鉴定机构内部管理，促进司法鉴定机构规范化建设，根据《全国人大常委会关于司法鉴定管理问题的决定》和有关法律、行政法规以及司法部规章的规定，制定本规范。

第二条 本规范适用于经司法行政机关依法审核登记的司法鉴定机构。

第三条 司法鉴定机构内部管理是规范司法鉴定执业活动的重要基础。司法鉴定机构应当根据法律法规规章和本规范，建立完善机构内部管理制度，加强专业化、职业化、规范化和科学化建议，提高从业人员的政治素质、业务素质和职业道德素质。

司法鉴定机构应当接受司法行政机关和司法鉴定行业协会的管理、监督和指导。

第四条 具有法人资格的司法鉴定机构应当制定机构章程，包括下列内容：

（一）司法鉴定机构的名称、住所和注册资金；

（二）司法鉴定机构的宗旨和组织形式；

（三）司法鉴定机构的业务范围；

（四）司法鉴定机构负责人产生、变更程序和职责；

（五）司法鉴定人及其相关从业人员的权利和义务；

（六）司法鉴定机构内相关职能部门的设置和职责；

（七）司法鉴定机构章程变更、修改；

（八）司法鉴定机构内部执业管理、质量管理形式；

（九）司法鉴定机构资产来源、财务管理和使用分配形式；

（十）司法鉴定机构注销或者撤销后的终止程序及其资产处理；

（十一）其他需要载明的事项。

司法鉴定机构章程自省、自治区、直辖市司法行政机关作出准予设立司法鉴定机构决定之日起生效。

第五条 不具有法人资格的司法鉴定机构应当设立主体的授权书，内容包括机构负责人任免及职责、重大仪器设备购置或使用、财务管理、人员管理等。

设立主体应当按照授权书的规定对司法鉴定机构进行监督，并保障其独立开展司法鉴定活动。

第六条 司法鉴定机构法定代表人和机构负责人可以为同一人。机构负责人可以依章程产生，也可以由法定代表人授权或者申请设立主体任命。

司法鉴定机构负责人根据章程或者授权，对内负责管理鉴定机构内部事务和执业活动，对外代表鉴定机构，依法履行法定义务，承担管理责任。

第七条 司法鉴定机构应当秉承依法、科学、规范、诚信、合作的原则，根据鉴定业务需要依法聘用人员并保障其合法权益，保障司法鉴定人依法独立执业，维护鉴定人合法权益，保障司法鉴定人依法独立执业，维护鉴定人合法权益，规范鉴定人执业行为。

司法鉴定机构可以根据鉴定业务需要聘用司法鉴定人助理，辅助司法鉴定人开展司法鉴定业务活动，但不得在鉴定意见书上签名。司法鉴定人助理应当经省级司法行政机关备案。

第八条 司法鉴定机构在领取《司法鉴定许可证》后的六十日内，应当按照有关规定刻制印章、办理与机构执业活动有关的收费许可、税务登记、机构代码证件等依法执业手续，并将相关情况报送审核登记的司法行政机关备案。

第九条 司法鉴定机构的执业场所应当根据业务范围和执业类别要求，合理划分接待鉴定委托、保管鉴定材料、实施鉴定活动、存放鉴定档案等区域。

司法鉴定机构的仪器设备和标准物质应当按照鉴定业务所需的配置标准，及时购置、维护和更新。

第十条　司法鉴定机构应当在执业场所的显著位置公示下列信息：

（一）司法鉴定机构的业务范围和《司法鉴定许可证（正本）》证书；

（二）司法鉴定人姓名、职称、执业类别和执业证号；

（三）委托、受理和鉴定流程；

（四）司法鉴定收费项目和收费标准；

（五）职业道德和执业纪律；

（六）执业承诺和风险告知；

（七）投诉监督电话和联系人姓名；

（八）其他需要公示的内容。

第十一条　司法鉴定机构应当建立完善业务管理制度，统一受理鉴定委托、统一签订委托协议、统一指派鉴定人员、统一收取鉴定费用、统一建立鉴定材料审核、接收、保管、使用、退还和存档等工作制度。

第十二条　司法鉴定机构应当建立完善质量管理体系，明确质量组织、管理体系和内部运转程序，加强质量管理，提高鉴定质量。

第十三条　司法鉴定机构应当建立完善外部信息管理制度。外部信息的使用应当根据程序进行核查、验证；因专业技术问题需要外聘专家的，应当依照有关规定执行。

司法鉴定依据的外部信息、外聘专家意见及签名应当存入同一鉴定业务档案，存档备查。

第十四条　司法鉴定机构应当建立内部讨论和复核制度。对于重大疑难和特殊复杂问题的鉴定或者有争议案件的鉴定，应当组织鉴定人研究讨论，并做好书面记录。

第十五条　司法鉴定机构应当建立重大事项报告制度，受理具有重大社会影响案件委托后的 24 小时内，向所在地及省级司法行政机关报告相关信息。

第十六条　司法鉴定机构应当指定专人对鉴定文书的制作、校对、复核、鉴发、送达、时效等环节进行有效监管。

第十七条　司法鉴定机构应当根据本机构司法鉴定业务档案的制作、存储要求，配备档案管理人员，切实做好档案管理工作。

第十八条　司法鉴定机构应当规范管理司法鉴定人出庭作证有关事务，为鉴定人出庭作证提供必要条件和便利，监督鉴定人依法履行出庭作证的义务。

第十九条　司法鉴定机构应当建立完善司法鉴定风险告知、鉴定质量评估办法，建立执业风险基金。

第二十条　司法鉴定机构应当依法建立完善财务管理制度，单独建立账册。对外统一收取鉴定等费用，依法出具票据；对内按劳计酬，合理确定分配形式，逐步建立教育培训基金、执业责任保险基金和机构发展基金。

第二十一条　司法鉴定机构应当建立完善印章和证书管理制度。司法鉴定机构红印、司法鉴定专用章、财务专用章以及司法鉴定许可证等，除需要公示的，应当由机构指定专人统一管理并按规定使用。

第二十二条　司法鉴定机构应当加强执业活动的监督管理，指定专人负责投诉、核查立案、调查处理工作，回复司法行政机关或者司法鉴定行业协会转交的涉及本机构投诉事项的调查办理意见。对投诉中发现的问题，要采取有效方式及时加以解决。

第二十三条 司法鉴定机构受到暂停执业或者撤销登记处罚的，应当终止鉴定；已受理的鉴定委托尚未办结的，应当主动通知委托人办理清结手续。

司法鉴定人受到暂停执业或者撤销登记处罚的，鉴定机构应当监督鉴定人终止鉴定并清结尚未办结的鉴定委托；经委托人同意的，鉴定机构也可以执派其他鉴定人完成尚未办结的鉴定委托。

第二十四条 司法鉴定人拟变更执业机构的，司法鉴定机构应当责成其清结以往受理的鉴定委托，收回司法鉴定人执业证，并及时向司法行政机关办理相关注销手续。本机构相关从业人员自行解除聘用合同或者被辞退的，司法鉴定机构应当及时办理清退手续。

第二十五条 司法鉴定机构应当建立完善教育培训和业务考评制度，支持和保障本机构人员参加在岗培训、继续教育和学术交流与科研活动，定期组织本机构人员开展业务交流和专题讨论。

第二十六条 司法鉴定机构应当建立完善人事管理制度，负责办理本机构从业人员的执业证书、聘用合同、职称评聘、社会保障、执业保险等相关事务。合理规划人员的专业结构、技术职称和年龄结构。对本机构人员遵守职业道德、执业纪律等执业情况进行年度绩效评价、考核和奖惩。

第二十七条 各省、自治区、直辖市司法行政机关可以依据本规范，结合本地实际制定实施办法。

第二十八条 本规范自颁布之日起施行。

司法部关于印发《司法鉴定机构仪器设备配置标准》的通知
（司发通〔2011〕323号）

各省、自治区、直辖市司法厅（局），新疆生产建设兵团司法局：

为了适应诉讼活动和科技发展的需要，进一步提高司法鉴定机构的资质条件，结合司法鉴定行业的实际，我部对2006年颁布的《司法鉴定机构仪器设备基本配置标准（暂行）》（司发通〔2006〕57号）进行了修订。现将修订后的《司法鉴定机构仪器设备配置标准》（以下简称《配置标准》）印发给你们，自2012年3月1日起施行。

各地要严格按照《配置标准》开展司法鉴定机构登记管理工作。自本通知实施之日起，新申请设立司法鉴定机构的，应当达到《配置标准》要求。本通知实施前经司法行政机关审核登记的司法鉴定机构，应当在申请延续前，达到《配置标准》要求。

请各地将执行中遇到的问题及时报司法部司法鉴定管理局。

2011年12月27日

司法鉴定机构仪器设备配置标准

一、法医类

（一）法医病理鉴定

表1.1

序号	事项	场所	仪器配置	单位	配置类型	备注
01 02 03 04 05	死亡原因鉴定 死亡方式鉴定 死亡时间鉴定 损伤时间鉴定 致伤物推断鉴定	尸体解剖室	尸体解剖台	台	必备	应有可使用的尸体解剖室
			解剖、测量器械	台	必备	
			照明及消毒系统	套	必备	
			进排水系统	套	必备	
			照相设备	台	必备	
			抽送风系统	套	选配	
		组织器官取材、储存室	录像设备	台	必备	须配置组织器官储存室
			取材台（含取材器械）	台	必备	
			进排水系统、照明及消毒系统	套	必配	
			组织器官固定存放桶	套	必备	
			器官标本存放装置	个	必备	
			抽送风系统	套	选配	
			录像设备	台	选配	
		病理切片制片室	切片设备	台	必备	应有可使用的病理切片制片室
			脱水设备	台	必备	
			包埋设备	台	必备	
			染色设备	台	必备	
		病理切片诊断室	生物显微镜（放大倍数：40×~400×）	台	必备	须配置病理切片诊断室
			多人共览显微镜	台	选配	
			图像采集/拍摄系统	台	选配	
			图像处理系统	台	选配	
			病理切片全息图像扫描仪	台	选配	
		切片、蜡块存放室（柜）	切片存放柜	个	必备	须配置切片、蜡块存放室（柜）
			蜡块存放柜	个	必备	
		运尸工具	运尸车（包括担架、尸体存放舱等）	台	选配	
	法医病理鉴定技术支持	毒物分析实验室	具备挥发性毒物（含乙醇）、气体类毒物（含CO）、毒品（阿片类、苯丙胺类、大麻类）、有毒药物、有毒植物、动物、杀虫剂、杀鼠药、除草剂、金属毒物和无机毒物检测仪器设备	间	必备	死因鉴定项目应有可使用的满足本配置标准要求的毒物分析实验室
		影像学检查室	X线机、螺旋CT	间	选配	
		DNA同一认定实验室	具备血痕、毛发、肌肉、精斑、甲醛固定后组织、组织蜡块、组织切片的DNA同一性比对设备	间	选配	

（二）法医临床鉴定

表 1.2

序号	事项	仪器配置	单位	配置要求	备注
01 02	损伤程度鉴定 伤残程度评定	临床检查基本工具 （血压计、听诊器、叩诊锤、 关节量角器、直尺或卷尺、 国际标准视力表）	套	必备	适用于所有法医临床鉴定
		检查床	张	必备	
		身高体重仪	台	必备	
		阅片灯	个	必备	
		耳镜	个	必备	
		照相机（或摄像机）	台	必备	
		多功能电生理仪	台	选配	
03	视觉功能鉴定	视力表投影仪	台	必备	适用于视觉功能障碍鉴定
		裂隙灯	台	必备	
		眼底镜	个	必备	
		眼电生理仪	台	必备	
		验光仪（电脑自动验光仪或检影镜）	台	必备	
		检眼镜片箱	套	必备	
		眼底成像仪	台	选配	
		眼压测量仪	台	选配	
		视野计	台	选配	
		眼超声仪	台	选配	
		光学相干断层扫描仪（OCT）	台	选配	
04	听觉功能鉴定	纯音听力测试仪	台	必备	适用于听觉功能障碍鉴定
		中耳功能分析仪	台	必备	
		听觉脑干诱发电位仪	台	必备	
		鼓膜成像仪	台	选配	
		多频稳态诱发电位仪	台	选配	
		耳声发射仪	台	选配	
05	性功能鉴定	多功能神经诱发电位仪	台	必备	适用于男子性功能障碍鉴定
		视听性性刺激测试系统（AVSS））	台	必备	
		阴茎硬度测试仪（RigiScan）	台	必备	
		彩色超声仪	台	选配	
06	活体年龄鉴定	X线机	台	选配	适用于活体骨龄鉴定

(三)法医精神病鉴定

表 1.3

序号	事项	仪器配置	单位	配置要求	备注
01	精神状态鉴定	智力测验工具	套	必备	适用于司法精神病鉴定所有项目
02	法律能力评定（刑事责任能力、受审能力、服刑能力、性自我防卫能力、诉讼能力、民事行为能力、民事诉讼能力、作证能力等评定）	记忆测验工具	套	必备	
		人格测验工具	套	必备	
		精神症状评定量表（焦虑、抑郁、强迫、躁狂及简明精神病评定量表等）	套	必备	
		社会功能评定量表（日常生活能力量表（ADL）、社会功能缺陷筛选量表（SDSS）等）	套	必备	
03	精神损伤程度评定 精神伤残程度评定	脑电图或脑电地形图仪	台	必备（二选一）	
04	劳动能力评定 因果关系评定	摄像、录音设备	套	必备	
	精神疾病鉴定技术支持	监控系统	套	选配	应有可使用的满足本配置标准要求的实验室
		具备乙醇、阿片类、苯丙胺类、大麻类等滥用药物检测的仪器设备		选配	
		具备影像学检查的仪器设备		选配	

（四）法医物证鉴定

表1.4

序号	事项	仪器配置	单位	配置要求	备注
00		功能实验室：			法医物证鉴定的各功能实验室必须分区设置，且满足单向流程要求 ＊从事个体识别的实验室必须配备预检室
		采样室	间	必备	
		样品储存室（柜）	间（柜）	必备	
		预检室	间	必备＊	
		DNA 提取室（常规）	间	必备	
		DNA 提取室（微量）	间	选配＊	
		PCR 扩增室	间	必备	
		PCR 产物分析室	间	必备	
		基本设备：			
		移液器	套	必备＊	
		离心机（1000～10000 rpm）	台	必备	
		离心机（10000 rpm 以上）	台	必备	
		纯水仪	台	必备	
		振荡器	台	必备	
		恒温器	台	必备	
		灭菌设备	台	必备	
		冰箱	台	必备	
		紫外灯	台	必备	＊不同区域必须分别配备移液器 ＊＊从事个体识别的实验室所必备
		超净工作台	台	必备	
		分析天平（1mg）	台	必备	
		PCR 扩增仪	台	必备	
		遗传分析仪	台	必备	
		生物安全柜	台	选配＊＊	
		骨、牙 DNA 提取工具	套	选配	
		冷冻研磨机	台	选配	
		生物显微镜	台	选配	
		烘箱	台	选配	
		实时定量 PCR 仪	台	选配	
		核酸蛋白测定仪	台	选配	

序号	事项	仪器配置	单位	配置要求	备注
01	个体识别	人血(痕)预试验、确证试验、种属试验试剂	套	必备	
		人精斑(混合斑)预试验、确证试验、种属试验试剂	套	必备	
		常染色体 STR 检测试剂盒	套	必备	累积个体识别能力应大于0.999999999 必须配置2家公司的常染色体STR检测试剂盒(出现可疑结果,排除试剂原因)
		Y 染色体 STR 检测试剂盒	套	选配	精斑(混合斑)检材为必备
		线粒体测序试剂盒	套	选配	骨检材为必备
		X 染色体 STR 检测试剂盒	套	选配	
		DNA 定量试剂盒	套	选配	
02	亲权鉴定(三联体)	常染色体 STR 检测试剂盒	套	必备	累积非父排除率应大于0.9999 必须配置2家公司的常染色体STR检测试剂盒(出现可疑结果,排除试剂原因)
		Y 染色体 STR 检测试剂盒	套	选配	
		X 染色体 STR 检测试剂盒	套	选配	
		DNA 定量试剂盒	套	选配	
03	亲权鉴定(二联体)	常染色体 STR 检测试剂盒	套	必备	累积非父排除率应大于0.9999 必须配置2家公司的常染色体STR检测试剂盒(出现可疑结果,排除试剂原因)
		Y 染色体 STR 检测试剂盒	套	必备	
		X 染色体 STR 检测试剂盒	套	必备	
		DNA 定量试剂盒	套	选配	

（五）法医毒物鉴定

表 1.5

序号	事项	仪器配置	单位	配置要求	备注
00		基本设备：			适用所有法医毒物鉴定项目
		分析天平(0.1 mg)	台	必备	
		旋涡混合器	台	必备	
		离心机(4000 r)	台	必备	
		微量移液器	套	必备	
		玻璃器皿	套	必备	
		恒温水浴锅	台	必备	
		烘箱	台	必备	
		通风柜	个	必备	
		冰箱	台	必备	
		低温冰箱	台	选配	
		制纯水设备	台	选配	
		分析天平(0.01 mg)	台	选配	
01	气体毒物类检测	紫外/可见分光光度仪	台	必备(CO)	包括CO、液化石油气、硫化氢等参数
		气相色谱/质谱联用仪	台	必备	
		气相色谱仪或顶空气相色谱仪	台	选配	
		气体采样装置	个	选配	
02	乙醇检测	乙醇标准物质		必备	适用于单一乙醇分析
		气相色谱仪或顶空气相色谱仪	台	必备	
	挥发性毒物类检测	挥发性毒物标准物质或对照品		必备	包括其他醇类、氰化物、苯类衍生物等参数
		气相色谱仪或顶空气相色谱仪	台	必备	
		气相色谱/质谱联用仪	台	必备(非醇类检测)	
03	医用合成药类检测	有毒药物标准物质或对照品		必备	包括苯二氮卓类、吩噻嗪类、巴比妥类等安眠镇静药物和三环类抗抑郁药等参数
		气相色谱/质谱联用仪（可替代气相色谱仪）	台	必备（二选一）	
		液相色谱/质谱联用仪（可替代液相色谱仪）	台		
		气相色谱仪(NPD检测器、ECD检测器)	台	必备	
		高效液相色谱仪	台	选配	

续上表

序号	事项	仪器配置	单位	配置要求	备注
04	毒品类检测	毒品标准物质或对照品	台	必备	包括阿片类、苯丙胺类、大麻类、可卡因等参数
		气相色谱/质谱联用仪（可替代气相色谱仪）	台	必备（二选一）	
		液相色谱/质谱联用仪（可替代液相色谱仪）	台		
		气相色谱仪（NPD 检测器）	台	必备	
		高效液相色谱仪	台	选配	
05	杀虫剂检测	杀虫剂标准物质或对照品		必备	包括有机磷类、氨基甲酸酯类、拟除虫菊酯类等参数
		气相色谱/质谱联用仪（可替代气相色谱仪）	台	必备（二选一）	
		液相色谱/质谱联用仪（可替代液相色谱仪）	台		
		气相色谱仪（NPD 检测器、ECD 检测器、FPD 检测器）	台	必备	
		高效液相色谱仪	台	选配	
06	杀鼠药检测	杀鼠药标准物质或对照品		必备	包括氟乙酰胺、毒鼠强、磷化锌、抗凝血类等参数
		气相色谱/质谱联用仪（可替代气相色谱仪）	台	必备（二选一）	
		液相色谱/质谱联用仪（可替代液相色谱仪）	台		
		气相色谱仪（NPD 检测器）	台	必备	
		高效液相色谱仪	台	选配	
07	除草剂检测	除草剂标准物质或对照品		必备	包括百菌清、百草枯等参数
		气相色谱/质谱联用仪	台	必备	
		液相色谱/质谱联用仪	台	必备	
08	有毒植物类检测	有毒植物标准物质或对照品		必备	包括乌头、马钱子、莨菪生物碱、钩吻、夹竹桃等参数
		液相色谱/质谱联用仪（可替代液相色谱仪）	台	必备	
		气相色谱/质谱联用仪	台	选配	
		高效液相色谱仪	台	选配	
09	有毒动物类检测	有毒植动物标准物质或对照品		必备	包括河豚毒、斑蝥毒、蛇毒、蟾蜍毒、蜂毒等参数
		液相色谱/质谱联用仪（可替代液相色谱仪）	台	必备	
		气相色谱/质谱联用仪	台	选配	
		高效液相色谱仪	台	选配	

续上表

序号	事项	仪器配置	单位	配置要求	备注
10	金属毒物检测	金属毒物标准物质		必备	包括砷、汞、钡、铊、铅、铬、镁等参数
		样品消解设备	台	必备	
		电感耦合等离子体光谱仪	台	必备 （三选一）	
		电感耦合等离子体质谱仪	台		
		原子吸收分光光度计	台		
11	水溶性无机毒物检测	无机毒物标准物质或对照品		必备	包括亚硝酸盐、强酸、强碱等参数
		紫外/可见分光光度计	台	必备	
		离子色谱仪	台	选配	
		电感耦合等离子体光谱仪	台	选配	
		电感耦合等离子体质谱仪	台		
		原子吸收分光光度计	台		

二、物证类

（一）微量物证鉴定

表2.1

序号	事项	仪器配置	单位	配置要求	备注
00		基本设备			适用于所有微量物证鉴定项目
		分析天平(0.1 mg)	台	必备	
		旋涡混合器	台	必备	
		离心机（4000 r）	台	必备	
		微量移液器	套	必备	
		玻璃器皿	套	必备	
		恒温水浴锅	台	必备	
		烘箱	台	必备	
		通风柜	个	必备	
		制纯水设备	台	选配	
		分析天平(0.01 mg)	台	选配	
		超声波清洗器	台	选配	
		现场勘验和物证提取、包装、分离器材	套	必备	
		体视显微镜	台	必备	
		放大镜	台	必备	
		测量工具	套	必备	
		照相器材	套	必备	

续上表

序号	事项	仪器配置	单位	配置要求	备注
01	油漆分析	傅立叶变换红外光谱仪	台	必备	
		扫描电镜－能谱仪	台	必备 （三选一）	
		电感耦合等离子体质谱仪	台		
		X射线荧光光谱仪	台		
		激光拉曼光谱仪	台	选配	
		裂解气相色谱仪	台	选配	
		显微分光光度计	台	选配	
02	纤维分析	显微镜	台	必备	可选配其它荧光检验仪器
		傅立叶变换红外光谱仪	台	必备	
		差示扫描量热分析仪	台	选配	
		激光拉曼光谱仪	台	选配	
		显微分光光度计	台	选配	
03	玻璃分析	扫描电镜－能谱仪	台	必备 （四选一）	
		X射线荧光光谱仪	台		
		电感耦合等离子体质谱仪	台		
		电感耦合等离子体光谱仪	台		
		激光拉曼光谱仪	台	选配	
		折射率测试仪	台	选配	
		偏振光显微镜	台	选配	
		干涉显微镜	台	选配	
		差示扫描量热分析仪	台	选配	
		样品制备设备	台	选配	
04	纸张分析	扫描电镜－能谱仪	台	必备 （四选一）	
		X射线荧光光谱仪	台		
		电感耦合等离子体质谱仪	台		
		电感耦合等离子体光谱仪	台		
		生物显微镜	台	必备 （二选一）	
		纤维分析仪	台		
		多波段视频光谱检验设备	台	必备	
		激光拉曼光谱仪	台	选配 （二选一）	
		傅立叶变换红外光谱仪	台		
		显微分光光度计	台	选配	
		纸张厚度仪	台	选配	
		纸张粗糙度测试仪	台		
		纸张透气度仪	台		
		纸张白度色度仪	台		
		纸张光泽度仪	台		
		样品制备设备	台	选配	

续上表

序号	事项	仪器配置	单位	配置要求	备注
05	墨水分析	多波段视频光谱检验设备	台	必备	
		激光拉曼光谱仪	台	必备 （三选一）	
		显微分光光度计	台		
		傅立叶变换红外光谱仪	台		
		薄层色谱扫描仪	台	选配	
		气相色谱/质谱仪	台	选配	
		液相色谱/质谱仪	台	选配	
06	油墨分析	多波段视频光谱检验设备	台	必备	
		扫描电镜－能谱仪	台	必备 （四选一）	
		X射线荧光光谱仪	台		
		电感耦合等离子体质谱仪	台		
		电感耦合等离子体光谱仪	台		
		激光拉曼光谱仪	台	必备 （三选一）	
		显微分光光度计	台		
		傅立叶变换红外光谱仪	台		
		薄层色谱扫描仪	台	选配	
		气相色谱/质谱仪	台	选配	
		液相色谱/质谱仪	台	选配	
07	黏合剂分析	多波段视频光谱检验设备	台	必备	
		傅立叶变换红外光谱仪	台	必备	
		气相色谱/质谱仪	台	必备 （二选一）	
		裂解气相色谱仪	台		
		激光拉曼光谱仪	台	选配	
08	橡胶分析	扫描电镜－能谱仪	台	必备 （四选一）	
		X射线荧光光谱仪	台		
		电感耦合等离子体质谱仪	台		
		电感耦合等离子体光谱仪	台		
		裂解气相色谱/质谱仪	台	必备	
		傅立叶变换红外光谱仪	台	选配	
		样品制备设备	台	选配	

续上表

序号	事项	仪器配置	单位	配置要求	备注
09	塑料分析	扫描电镜－能谱仪	台	必备 （四选一）	
		X射线荧光光谱仪	台		
		电感耦合等离子体质谱仪	台		
		电感耦合等离子体光谱仪	台		
		傅立叶变换红外光谱仪	台	必备	
		激光拉曼光谱仪	台	选配	
		差示扫描量热分析仪	台	选配	
		裂解－气相/质谱仪	台	选配	
		样品制备设备	台	选配	
10	金属分析	扫描电镜－能谱仪	台	必备 （四选一）	
		X射线荧光光谱仪	台		
		电感耦合等离子体质谱仪	台		
		电感耦合等离子体光谱仪	台		
		样品制备设备	台	选配	
11	火药、炸药及其爆炸残留物分析	扫描电镜－能谱仪	台	必备	
		气相色谱/质谱联用仪	台	必备	
		薄层色谱仪	台	选配	
		傅立叶变换红外光谱仪	台	选配	
		激光拉曼光谱仪	台	选配	
		液相色谱/质谱仪	台	选配	
		毛细管电泳仪	台	选配	
		X射线衍射光谱仪	台	选配	
		离子色谱仪	台	选配	
12	枪弹射击残留物分析	扫描电镜－能谱仪	台	必备	
13	油脂分析	气相色谱/质谱联用仪	台	必备	
		傅立叶变换红外光谱仪	台	选配	

（二）文书物证鉴定

表 2.2

序号	事项	仪器配置	单位	配置类型	备注
00		基本设备：			适用于文件鉴定所有项目
		放大镜（5 倍以上）	1 台/人	必备	
		测量工具或软件（距离、角度、厚度等测量，精度应达到毫米级）	套	必备	
		体视显微镜（45 倍以上）	台	必备	
		高倍材料显微镜（200 倍以上）	台	必备	
		图像比对系统（包括图像的输入、处理、比对、编排、打印输出等功能）	套	必备	
		文检仪（包括紫外、红外、可见及荧光检验功能）	台	必备	
		静电压痕仪	台	必备	
01 02 03	笔迹鉴定 印章印文鉴定 印刷文件鉴定	图文测量、分析系统	套	选配	涉及文件材料检测应满足表 2.2"07 文件制作时间鉴定"要求
		比较显微镜	台	选配	
04	特种文件鉴定*	证照分析系统（证照防伪特征比对分析）	套	必备	至少应具备 1 种选配仪器 *特种文件是指"货币、证券、票据、证照"等文件
		显微分光光度仪	台	选配	
		激光拉曼光谱仪	台		
		显微红外光谱仪	台		
		X 射线荧光光谱仪	台	选配	
		扫描电镜能谱仪	台		
05	朱墨时序鉴定	荧光显微镜	台	必备（二选一）	
		激光共聚焦显微镜	台		
		扫描电镜	台		
		显微分光光度仪	台	必备（四选一）	
		激光拉曼光谱仪	台		
		显微红外光谱仪	台		
		光谱成像分析系统	台		

续上表

序号	事项	仪器配置	单位	配置类型	备注
06	污损文件鉴定	化学分析实验室	区域	必备	
		显微分光光度仪	台	必备 （四选一）	
		激光拉曼光谱仪	台		
		显微红外光谱仪	台		
		光谱成像分析系统	台		
		纸张检测系统（包括纸张的厚度、密度、光泽度、纤维等检测分析）	台	选配	
07	文件制作时间鉴定	化学分析实验室	区域	必备	需对文件材料（纸张、墨水、油墨、墨粉等）理化特性进行检测分析的，应满足微量物证鉴定中相应文件材料鉴定项目的仪器配置要求
		显微分光光度仪	台	必备 （四选一）	
		激光拉曼光谱仪	台		
		显微红外光谱仪	台		
		光谱成像分析系统	台		
		纸张检测系统（包括纸张的厚度、密度、光泽度、纤维等检测分析）	台	必备	
		薄层扫描仪	台	必备 （二选一）	
		热分析仪	台		
		X射线荧光光谱仪	台	必备 （二选一）	
		扫描电镜能谱仪	台		
		气相色谱仪	台	必备 （二选一）	
		高效液相色谱仪	台		
		气相色谱/质谱联用仪（可替代气相色谱仪）	台	必备 （二选一）	
		液相色谱/质谱联用仪（可替代液相色谱仪）	台		

（三）痕迹物证鉴定

表2.3

序号	事项	仪器配置	单位	配置类型	备注
00		基本设备：			适用于所有鉴定项目
		放大镜（5倍以上）	1台/人	必备	
		测量工具或软件（距离、角度、厚度等测量，精度应达到毫米级）	套	必备	
		体视显微镜（50倍以上）	台	必备	
		比较显微镜	台	必备	
		照相系统（满足显微照相、现场拍摄、实验室翻拍的需求）	套	必备	
		图像比对系统（包括图像的输入、处理、比对、编排、打印输出等功能）	套	必备	
01 02	指印鉴定 足迹鉴定	指印/足迹提取设备	套	必备	
		指印显现试剂/设备	套/台	潜在指印显现必备	
		多波段/特殊光源（如紫外、多波段强光源、激光等）	台		
		静电压痕显现仪	台	选配	
		计算机指印分析/识别系统	台	选配	
03 04 05 06	工具痕迹鉴定 整体分离痕迹鉴定 枪弹痕迹鉴定 交通事故痕迹鉴定	大型物体痕迹检验/拍摄系统	套	选配	
		图文测量/分析系统	台/套	选配	
		枪弹痕迹自动比对和分析系统	台	选配	
		枪弹收集设备	套	选配	

三、声像资料鉴定

表 3.1

序号	事项	仪器配置	单位	配置要求	备注
01	录音资料鉴定	高保真话筒	1台	必备	录音分析、处理系统须配备防范计算机病毒等恶意代码及网络入侵的措施
		高保真录音机	2台	必备	
		高保真耳机	1台	必备	
		录音采集设备	1台	必备	
		语音分析工作站（可含录音采集设备）	1套	必备	
		降噪处理系统（可含录音采集设备）	1套	必备	
		照相机	1台	必备	
		文件属性或元数据查看工具	1套	必备	
		综合性音频编辑软件	1套	选配	
		音频格式转换工具	1套	选配	
		只读接口	1台	选配	
		校验码计算工具	1套	选配	
		数据克隆工具	1套	选配	
		电子数据恢复、搜索、分析工具	1套	选配	
		手机数据提取、恢复工具	1套	选配	
		存储介质修复工具	1套	选配	
02	图像资料鉴定	照相机	1台	必备	图像分析、处理系统须配备防范计算机病毒等恶意代码及网络入侵的措施
		高分辨率扫描仪	1台	必备	
		录像采集设备	1台	必备	
		录像处理和分析工作站（可含录像采集设备）	1套	必备	
		综合性图像（静态）编辑软件	1套	必备	
		图像打印设备	1台	必备	
		文件属性或元数据查看工具	1套	必备	
		长时录像机	1台	选配	
		图像格式转换工具	1套	选配	
		综合性图像（动态）编辑软件	1套	必备	
		只读接口	1套	选配	
		校验码计算工具	1套	选配	
		数据克隆工具	1套	选配	
		电子数据恢复、搜索、分析工具	1套	选配	
		手机数据提取、恢复工具	1套	选配	
		存储介质修复工具	1套	选配	

表 3.2

序号	事项	仪器配置	单位	配置要求	备注
01	电子数据鉴定	照相机	1 台	必备	电子数据检验系统须配备防范计算机病毒等恶意代码及网络入侵的措施
		摄像机	1 台	必备	
		只读接口	1 套	必备	
		数据克隆工具	1 套	必备	
		校验码计算工具	1 套	必备	
		电子数据检验专用计算机	1 台	必备	
		综合性电子数据恢复、搜索、分析软件	1 套	必备	
		密码破解系统	1 套	选配	
		专业数据恢复工具	1 套	选配	
		磁盘阵列重组设备	1 套	选配	
		海量数据存储系统	1 套	选配	
		即时通信综合取证分析工具	1 套	选配	
		病毒及恶意代码综合分析工具	1 套	选配	
		专用电子文档与数据电文分析工具	1 套	选配	
		数据比较工具	1 套	选配	
		现场取证工具	1 套	选配	
		在线取证工具	1 套	选配	
		存储介质修复工具	1 套	选配	
		手机数据提取、恢复、分析系统	1 套	选配	
		MAC/LINUX 系统检验工具	1 套	选配	
		网络数据采集、分析工具	1 套	选配	
		其它必备工具(如读卡器、拆机工具等)	1 套	必备	

注: 根据鉴定项目的方法、内容, 以上所列仪器也可由具有相同功能的设备替代。

司法部关于印发《司法鉴定许可证和司法鉴定人执业证管理办法》的通知

（司发通〔2010〕83 号）

各省、自治区、直辖市司法厅（局）、新疆生产建设兵团司法局、监狱管理局：

《司法鉴定许可证》和《司法鉴定人执业证》是经司法行政机关审核登记获准行政许可的司法鉴定机构和司法鉴定人从事司法鉴定执业活动的有效证件。为了贯彻执行《全国人民代表大会常务委员会关于司法鉴定管理问题的决定》，配合《司法鉴定机构登记管理办法》（司法部第 95 号令）、《司法鉴定人登记管理办法》（司法部第 96 号令）的实施，保障司法鉴定机构和司法鉴定人依法开展司法鉴定活动，规范司法鉴定行业秩序和执业环境，经司法部 2010 年第 6 次部长办公会议审议通过，现将《司法鉴定许可证和司法鉴定人执业证管理办法》印发你们，请遵照执行。

司法部

2010 年 4 月 12 日

司法鉴定许可证和司法鉴定人执业证管理办法

第一条 为了规范司法鉴定许可证和司法鉴定人执业证管理工作，保障司法鉴定机构和司法鉴定人依法执业，根据《全国人民代表大会常务委员会关于司法鉴定管理问题的决定》和《司法鉴定机构登记管理办法》《司法鉴定人登记管理办法》等有关法律、法规、规章，制定本办法。

第二条 经司法行政机关审核登记的司法鉴定机构的《司法鉴定许可证》和司法鉴定人的《司法鉴定人执业证》的颁发、使用和管理工作，适用本办法。

第三条 《司法鉴定许可证》和《司法鉴定人执业证》是司法鉴定机构和司法鉴定人获准行政许可依法开展司法鉴定执业活动的有效证件。

第四条 司法部指导、监督全国《司法鉴定许可证》和《司法鉴定人执业证》的管理工作。

省级司法行政机关负责本行政区域内《司法鉴定许可证》《司法鉴定人执业证》颁发、使用等管理工作。根据需要可以委托下一级司法行政机关协助开展证书管理的有关工作。

第五条 《司法鉴定许可证》分为正本和副本。正本和副本具有同等法律效力。

《司法鉴定许可证》正本应当载明许可证号、机构名称、机构住所、法定代表人、机构负责人、业务范围、有效期限、颁证机关、颁证日期等。

《司法鉴定许可证》副本应当载明许可证号、机构名称、机构住所、法定代表人、机构负责人、资金数额、业务范围、颁证机关、颁证日期，以及司法鉴定机构登记事项变更记录等。

第六条 《司法鉴定人执业证》应当载明执业证号、鉴定人姓名、性别、身份证件号码、专业技术职称、行业执业资格、鉴定执业类别、所在鉴定机构、颁证机关、颁证日期，以及司法鉴定人登记事项变更记录等，同时贴附持证人 2 寸近期正面蓝底免冠彩色照片。

第七条 《司法鉴定许可证》和《司法鉴定人执业证》的证号是司法鉴定机构和司法鉴定

人的执业代码，每证一号，不得重复，由省级司法行政机关按照经审核登记的先后顺序统一编号。

第八条　《司法鉴定许可证》的证号由九位数字构成，按以下规则排序：第一、二位为省、自治区、直辖市代码；第三、四位为省、自治区、直辖市所属市（地）代码；第五、六位为颁证年度的后两位数字；第七、八、九位为司法鉴定机构审核登记的先后顺序号码。

省、自治区、直辖市代码采用国家标准代码。

第九条　《司法鉴定人执业证》的证号由十二位数字构成，前六位数字的编制规则与《司法鉴定许可证》证号前六位数字的编制规则相同，第七、八、九位为持证人所在司法鉴定机构审核登记的顺序号码，第十、十一、十二位为持证人经审核登记的先后顺序号码。

第十条　《司法鉴定许可证》和《司法鉴定人执业证》由司法部监制。证书填写应当使用国家规范汉字和符合国家标准的数字、符号，字迹清晰、工整、规范。如有更正，应当在更正处加盖登记机关红印。

第十一条　《司法鉴定许可证》正本和副本"颁证机关"栏应当加盖登记机关红印。

《司法鉴定人执业证》"颁证机关"栏应当加盖登记机关红印，司法鉴定人照片右下角骑缝处应当加盖登记机关钢印。

第十二条　《司法鉴定许可证》和《司法鉴定人执业证》的使用有效期为五年，自颁发证书之日起计算。证书"有效期限"栏应当注明五年有效期限的起止时间。

证书填写的颁证日期为司法鉴定机构、司法鉴定人经登记机关审核登记的日期。

第十三条　《司法鉴定许可证》正本用于公开悬挂在司法鉴定机构执业场所的显著位置；副本用于接受查验。

《司法鉴定人执业证》由司法鉴定人本人在执业活动中使用，并用于接受查验。

司法鉴定机构、司法鉴定人应当妥善保管证书，不得变造、涂改、抵押、出租、转借或者故意损毁。

第十四条　司法鉴定机构、司法鉴定人的登记事项依法变更的，登记机关应当在《司法鉴定许可证》副本、《司法鉴定人执业证》的变更记录页中予以注明，并加盖登记机关红印。

司法鉴定机构变更名称或者鉴定执业类别，登记机关应当为其换发证书，并收回原证书。换发的新证书的证号、有效期限及载明的其他登记事项应当与原证书一致。司法鉴定人变更执业机构的，登记机关经审核登记后应当为其颁发新的证书，并收回、注销原证书。

第十五条　司法鉴定机构、司法鉴定人在证书使用有效期届满前按规定申请延续，经审核符合延续条件的，登记机关应当在证书有效期届满前为其换发证书，并收回原证书；因故延缓申请延续的，司法鉴定机构、司法鉴定人应当书面说明理由，待延缓情形消除后，登记机关可以为其换发证书。

换发的新证书的证号、颁证日期及载明的登记事项应当与原证书一致，在"有效期限"栏中应当注明新证书五年有效期限的起止时间。

第十六条　《司法鉴定许可证》、《司法鉴定人执业证》遗失或者损坏的，司法鉴定机构、司法鉴定人应当及时向登记机关书面说明情况并申请补发。证书遗失的，应当在省级以上报刊或者登记机关指定的网站上刊登遗失声明；证书损坏的，应当在申请补发时将损坏的证书上交登记机关。

登记机关收到补发申请后，应当核实情况，及时予以补发。补发的证书载明的内容应当与原证书一致。

第十七条 司法鉴定机构、司法鉴定人受到停止执业处罚的，由作出处罚决定的司法行政机关扣缴其《司法鉴定许可证》、《司法鉴定人执业证》。处罚期满后予以发还。

第十八条 司法鉴定机构、司法鉴定人被依法撤销登记的，由作出撤销登记决定的司法行政机关收缴其《司法鉴定许可证》、《司法鉴定人执业证》；不能收回的，由司法行政机关公告吊销。

第十九条 司法鉴定机构有《司法鉴定机构登记管理办法》第二十七条规定情形，司法鉴定人有《司法鉴定人登记管理办法》第二十条规定情形，被登记机关注销登记的，登记机关应当及时收回、注销其《司法鉴定许可证》、《司法鉴定人执业证》；不能收回的，由登记机关公告注销。

第二十条 登记机关对收回并作废的《司法鉴定许可证》和《司法鉴定人执业证》，应当统一销毁。

第二十一条 司法鉴定机构、司法鉴定人在使用《司法鉴定许可证》、《司法鉴定人执业证》的过程中有违法违规行为的，由司法行政机关给予批评教育，并责令改正；情节严重的，依法给予相应处罚。

第二十二条 司法行政机关工作人员在发放、管理《司法鉴定许可证》和《司法鉴定人执业证》工作中，违法违规、滥用职权、玩忽职守的，应当依法给予行政处分；构成犯罪的，依法追究刑事责任。

第二十三条 本办法自发布之日起施行。

司法部令

（第 132 号）

《司法鉴定程序通则》已经 2015 年 12 月 24 日司法部部务会议修订通过，现将修订后的《司法鉴定程序通则》发布，自 2016 年 5 月 1 日起施行。

部长　吴爱英

2016 年 3 月 2 日

司法鉴定程序通则

第一章　总　则

第一条 为了规范司法鉴定机构和司法鉴定人的司法鉴定活动，保障司法鉴定质量，保障诉讼活动的顺利进行，根据《全国人民代表大会常务委员会关于司法鉴定管理问题的决定》和有关法律、法规的规定，制定本通则。

第二条 司法鉴定是指在诉讼活动中鉴定人运用科学技术或者专门知识对诉讼涉及的专

门性问题进行鉴别和判断并提供鉴定意见的活动。司法鉴定程序是指司法鉴定机构和司法鉴定人进行司法鉴定活动的方式、步骤以及相关规则的总称。

第三条　本通则适用于司法鉴定机构和司法鉴定人从事各类司法鉴定业务的活动。

第四条　司法鉴定机构和司法鉴定人进行司法鉴定活动，应当遵守法律、法规、规章，遵守职业道德和执业纪律，尊重科学，遵守技术操作规范。

第五条　司法鉴定实行鉴定人负责制度。司法鉴定人应当依法独立、客观、公正地进行鉴定，并对自己作出的鉴定意见负责。司法鉴定人不得违反规定会见诉讼当事人及其委托的人。

第六条　司法鉴定机构和司法鉴定人应当保守在执业活动中知悉的国家秘密、商业秘密，不得泄露个人隐私。

第七条　司法鉴定人在执业活动中应当依照有关诉讼法律和本通则规定实行回避。

第八条　司法鉴定收费执行国家有关规定。

第九条　司法鉴定机构和司法鉴定人进行司法鉴定活动应当依法接受监督。对于有违反有关法律、法规、规章规定行为的，由司法行政机关依法给予相应的行政处罚；对于有违反司法鉴定行业规范行为的，由司法鉴定协会给予相应的行业处分。

第十条　司法鉴定机构应当加强对司法鉴定人执业活动的管理和监督。司法鉴定人违反本通则规定的，司法鉴定机构应当予以纠正。

第二章　司法鉴定的委托与受理

第十一条　司法鉴定机构应当统一受理办案机关的司法鉴定委托。

第十二条　委托人委托鉴定的，应当向司法鉴定机构提供真实、完整、充分的鉴定材料，并对鉴定材料的真实性、合法性负责。司法鉴定机构应当核对并记录鉴定材料的名称、种类、数量、性状、保存状况、收到时间等。

诉讼当事人对鉴定材料有异议的，应当向委托人提出。

本通则所称鉴定材料包括生物检材和非生物检材、比对样本材料以及其他与鉴定事项有关的鉴定资料。

第十三条　司法鉴定机构应当自收到委托之日起七个工作日内作出是否受理的决定。对于复杂、疑难或者特殊鉴定事项的委托，司法鉴定机构可以与委托人协商决定受理的时间。

第十四条　司法鉴定机构应当对委托鉴定事项、鉴定材料等进行审查。对属于本机构司法鉴定业务范围，鉴定用途合法，提供的鉴定材料能够满足鉴定需要的，应当受理。

对于鉴定材料不完整、不充分，不能满足鉴定需要的，司法鉴定机构可以要求委托人补充；经补充后能够满足鉴定需要的，应当受理。

第十五条　具有下列情形之一的鉴定委托，司法鉴定机构不得受理：

（一）委托鉴定事项超出本机构司法鉴定业务范围的；

（二）发现鉴定材料不真实、不完整、不充分或者取得方式不合法的；

（三）鉴定用途不合法或者违背社会公德的；

（四）鉴定要求不符合司法鉴定执业规则或者相关鉴定技术规范的；

（五）鉴定要求超出本机构技术条件或者鉴定能力的；

（六）委托人就同一鉴定事项同时委托其他司法鉴定机构进行鉴定的；

(七)其他不符合法律、法规、规章规定的情形。

第十六条 司法鉴定机构决定受理鉴定委托的，应当与委托人签订司法鉴定委托书。司法鉴定委托书应当载明委托人名称、司法鉴定机构名称、委托鉴定事项、是否属于重新鉴定、鉴定用途、与鉴定有关的基本案情、鉴定材料的提供和退还、鉴定风险，以及双方商定的鉴定时限、鉴定费用及收取方式、双方权利义务等其他需要载明的事项。

第十七条 司法鉴定机构决定不予受理鉴定委托的，应当向委托人说明理由，退还鉴定材料。

第三章　司法鉴定的实施

第十八条 司法鉴定机构受理鉴定委托后，应当指定本机构具有该鉴定事项执业资格的司法鉴定人进行鉴定。

委托人有特殊要求的，经双方协商一致，也可以从本机构中选择符合条件的司法鉴定人进行鉴定。

委托人不得要求或者暗示司法鉴定机构、司法鉴定人按其意图或者特定目的提供鉴定意见。

第十九条 司法鉴定机构对同一鉴定事项，应当指定或者选择二名司法鉴定人进行鉴定；对复杂、疑难或者特殊鉴定事项，可以指定或者选择多名司法鉴定人进行鉴定。

第二十条 司法鉴定人本人或者其近亲属与诉讼当事人、鉴定事项涉及的案件有利害关系，可能影响其独立、客观、公正进行鉴定的，应当回避。

司法鉴定人曾经参加过同一鉴定事项鉴定的，或者曾经作为专家提供过咨询意见的，或者曾被聘请为有专门知识的人参与过同一鉴定事项法庭质证的，应当回避。

第二十一条 司法鉴定人自行提出回避的，由其所属的司法鉴定机构决定；委托人要求司法鉴定人回避的，应当向该司法鉴定人所属的司法鉴定机构提出，由司法鉴定机构决定。

委托人对司法鉴定机构作出的司法鉴定人是否回避的决定有异议的，可以撤销鉴定委托。

第二十二条 司法鉴定机构应当建立鉴定材料管理制度，严格监控鉴定材料的接收、保管、使用和退还。

司法鉴定机构和司法鉴定人在鉴定过程中应当严格依照技术规范保管和使用鉴定材料，因严重不负责任造成鉴定材料损毁、遗失的，应当依法承担责任。

第二十三条 司法鉴定人进行鉴定，应当依下列顺序遵守和采用该专业领域的技术标准、技术规范和技术方法：

(一)国家标准；

(二)行业标准和技术规范；

(三)该专业领域多数专家认可的技术方法。

第二十四条 司法鉴定人有权了解进行鉴定所需要的案件材料，可以查阅、复制相关资料，必要时可以询问诉讼当事人、证人。

经委托人同意，司法鉴定机构可以派员到现场提取鉴定材料。现场提取鉴定材料应当由不少于二名司法鉴定机构的工作人员进行，其中至少一名应为该鉴定事项的司法鉴定人。现场提取鉴定材料时，应当有委托人指派或者委托的人员在场见证并在提取记录上签名。

第二十五条　鉴定过程中，需要对无民事行为能力人或者限制民事行为能力人进行身体检查的，应当通知其监护人或者近亲属到场见证；必要时，可以通知委托人到场见证。

对被鉴定人进行法医精神病鉴定的，应当通知委托人或者被鉴定人的近亲属或者监护人到场见证。

对需要进行尸体解剖的，应当通知委托人或者死者的近亲属或者监护人到场见证。

到场见证人员应当在鉴定记录上签名。见证人员未到场的，司法鉴定人不得开展相关鉴定活动，延误时间不计入鉴定时限。

第二十六条　鉴定过程中，需要对被鉴定人身体进行法医临床检查的，应当采取必要措施保护其隐私。

第二十七条　司法鉴定人应当对鉴定过程进行实时记录并签名。记录可以采取笔记、录音、录像、拍照等方式。记录应当载明主要的鉴定方法和过程，检查、检验、检测结果，以及仪器设备使用情况等。记录的内容应当真实、客观、准确、完整、清晰，记录的文本资料、音像资料等应当存入鉴定档案。

第二十八条　司法鉴定机构应当自司法鉴定委托书生效之日起三十个工作日内完成鉴定。

鉴定事项涉及复杂、疑难、特殊技术问题或者鉴定过程需要较长时间的，经本机构负责人批准，完成鉴定的时限可以延长，延长时限一般不得超过三十个工作日。鉴定时限延长的，应当及时告知委托人。

司法鉴定机构与委托人对鉴定时限另有约定的，从其约定。

在鉴定过程中补充或者重新提取鉴定材料所需的时间，不计入鉴定时限。

第二十九条　司法鉴定机构在鉴定过程中，有下列情形之一的，可以终止鉴定：

（一）发现有本通则第十五条第二项至第七项规定情形的；

（二）鉴定材料发生耗损，委托人不能补充提供的；

（三）委托人拒不履行司法鉴定委托书规定的义务、被鉴定人拒不配合或者鉴定活动受到严重干扰，致使鉴定无法继续进行的；

（四）委托人主动撤销鉴定委托，或者委托人、诉讼当事人拒绝支付鉴定费用的；

（五）因不可抗力致使鉴定无法继续进行的；

（六）其他需要终止鉴定的情形。

终止鉴定的，司法鉴定机构应当书面通知委托人，说明理由并退还鉴定材料。

第三十条　有下列情形之一的，司法鉴定机构可以根据委托人的要求进行补充鉴定：

（一）原委托鉴定事项有遗漏的；

（二）委托人就原委托鉴定事项提供新的鉴定材料的；

（三）其他需要补充鉴定的情形。

补充鉴定是原委托鉴定的组成部分，应当由原司法鉴定人进行。

第三十一条　有下列情形之一的，司法鉴定机构可以接受办案机关委托进行重新鉴定：

（一）原司法鉴定人不具有从事委托鉴定事项执业资格的；

（二）原司法鉴定机构超出登记的业务范围组织鉴定的；

（三）原司法鉴定人应当回避没有回避的；

（四）办案机关认为需要重新鉴定的；

（五）法律规定的其他情形。

第三十二条　重新鉴定应当委托原司法鉴定机构以外的其他司法鉴定机构进行；因特殊原因，委托人也可以委托原司法鉴定机构进行，但原司法鉴定机构应当指定原司法鉴定人以外的其他符合条件的司法鉴定人进行。

接受重新鉴定委托的司法鉴定机构的资质条件应当不低于原司法鉴定机构，进行重新鉴定的司法鉴定人中应当至少有一名具有相关专业高级专业技术职称。

第三十三条　鉴定过程中，涉及复杂、疑难、特殊技术问题的，可以向本机构以外的相关专业领域的专家进行咨询，但最终的鉴定意见应当由本机构的司法鉴定人出具。

专家提供咨询意见应当签名，并存入鉴定档案。

第三十四条　对于涉及重大案件或者特别复杂、疑难、特殊技术问题或者多个鉴定类别的鉴定事项，办案机关可以委托司法鉴定行业协会组织协调多个司法鉴定机构进行鉴定。

第三十五条　司法鉴定人完成鉴定后，司法鉴定机构应当指定具有相应资质的人员对鉴定程序和鉴定意见进行复核；对于涉及复杂、疑难、特殊技术问题或者重新鉴定的鉴定事项，可以组织三名以上的专家进行复核。

复核人员完成复核后，应当提出复核意见并签名，存入鉴定档案。

第四章　司法鉴定意见书的出具

第三十六条　司法鉴定机构和司法鉴定人应当按照统一规定的文本格式制作司法鉴定意见书。

第三十七条　司法鉴定意见书应当由司法鉴定人签名。多人参加的鉴定，对鉴定意见有不同意见的，应当注明。

第三十八条　司法鉴定意见书应当加盖司法鉴定机构的司法鉴定专用章。

第三十九条　司法鉴定意见书应当一式四份，三份交委托人收执，一份由司法鉴定机构存档。司法鉴定机构应当按照有关规定或者与委托人约定的方式，向委托人发送司法鉴定意见书。

第四十条　委托人对鉴定过程、鉴定意见提出询问的，司法鉴定机构和司法鉴定人应当给予解释或者说明。

第四十一条　司法鉴定意见书出具后，发现有下列情形之一的，司法鉴定机构可以进行补正：

（一）图像、谱图、表格不清晰的；

（二）签名、盖章或者编号不符合制作要求的；

（三）文字表达有瑕疵或者错别字，但不影响司法鉴定意见的。

补正应当在原司法鉴定意见书上进行，由至少一名司法鉴定人在补正处签名。必要时，可以出具补正书。

对司法鉴定意见书进行补正，不得改变司法鉴定意见的原意。

第四十二条　司法鉴定机构应当按照规定将司法鉴定意见书以及有关资料整理立卷、归档保管。

第五章　司法鉴定人出庭作证

第四十三条　经人民法院依法通知，司法鉴定人应当出庭作证，回答与鉴定事项有关的问题。

第四十四条　司法鉴定机构接到出庭通知后，应当及时与人民法院确认司法鉴定人出庭的时间、地点、人数、费用、要求等。

第四十五条　司法鉴定机构应当支持司法鉴定人出庭作证，为司法鉴定人依法出庭提供必要条件。

第四十六条　司法鉴定人出庭作证，应当举止文明，遵守法庭纪律。

第六章　附则

第四十七条　本通则是司法鉴定机构和司法鉴定人进行司法鉴定活动应当遵守和采用的一般程序规则，不同专业领域对鉴定程序有特殊要求的，可以依据本通则制定鉴定程序细则。

第四十八条　本通则所称办案机关，是指办理诉讼案件的侦查机关、审查起诉机关和审判机关。

第四十九条　在诉讼活动之外，司法鉴定机构和司法鉴定人依法开展相关鉴定业务的，参照本通则规定执行。

第五十条　本通则自2016年5月1日起施行。司法部2007年8月7日发布的《司法鉴定程序通则》（司法部第107号令）同时废止。

司法部令

（第95号）

根据《全国人民代表大会常务委员会关于司法鉴定管理问题的决定》第十六条规定，《司法鉴定机构登记管理办法》已经国务院批准，于2005年9月30日公布施行。2000年8月14日公布的《司法鉴定机构登记管理办法》（司法部令第62号）同时废止。

部长　吴爱英

2005年9月29日

司法鉴定机构登记管理办法

第一章　总则

第一条　为了加强对司法鉴定机构的管理，规范司法鉴定活动，建立统一的司法鉴定管理体制，适应司法机关和公民、组织的诉讼需要，保障当事人的诉讼权利，促进司法公正与效率，根据《全国人民代表大会常务委员会关于司法鉴定管理问题的决定》和其他相关法律、法规，制定本办法。

第二条　司法鉴定机构从事《全国人民代表大会常务委员会关于司法鉴定管理问题的决定》第二条规定的司法鉴定业务，适用本办法。

第三条　本办法所称的司法鉴定机构是指从事《全国人民代表大会常务委员会关于司法鉴定管理问题的决定》第二条规定的司法鉴定业务的法人或者其他组织。

司法鉴定机构是司法鉴定人的执业机构，应当具备本办法规定的条件，经省级司法行政机关审核登记，取得《司法鉴定许可证》，在登记的司法鉴定业务范围内，开展司法鉴定活动。

第四条　司法鉴定管理实行行政管理与行业管理相结合的管理制度。

司法行政机关对司法鉴定机构及其司法鉴定活动依法进行指导、管理和监督、检查。司法鉴定行业协会依法进行自律管理。

第五条　全国实行统一的司法鉴定机构及司法鉴定人审核登记、名册编制和名册公告制度。

第六条　司法鉴定机构的发展应当符合统筹规划、合理布局、优化结构、有序发展的要求。

第七条　司法鉴定机构开展司法鉴定活动应当遵循合法、中立、规范、及时的原则。

第八条　司法鉴定机构统一接受委托，组织所属的司法鉴定人开展司法鉴定活动，遵守法律、法规和有关制度，执行统一的司法鉴定实施程序、技术标准和技术操作规范。

第二章　主管机关

第九条　司法部负责全国司法鉴定机构的登记管理工作，依法履行下列职责：

(一)制定全国司法鉴定发展规划并指导实施；

(二)指导和监督省级司法行政机关对司法鉴定机构的审核登记、名册编制和名册公告工作；

(三)制定全国统一的司法鉴定机构资质管理评估制度和司法鉴定质量管理评估制度并指导实施；

(四)组织制定全国统一的司法鉴定实施程序、技术标准和技术操作规范等司法鉴定技术管理制度并指导实施；

(五)指导司法鉴定科学技术研究、开发、引进与推广，组织司法鉴定业务的中外交流与合作；

(六)法律、法规规定的其他职责。

第十条　省级司法行政机关负责本行政区域内司法鉴定机构登记管理工作，依法履行下列职责：

(一)制定本行政区域司法鉴定发展规划并组织实施；

(二)负责司法鉴定机构的审核登记、名册编制和名册公告工作；

(三)负责司法鉴定机构的资质管理评估和司法鉴定质量管理评估工作；

(四)负责对司法鉴定机构进行监督、检查；

(五)负责对司法鉴定机构违法违纪的执业行为进行调查处理；

（六）组织司法鉴定科学技术开发、推广和应用；

（七）法律、法规和规章规定的其他职责。

第十一条　省级司法行政机关可以委托下一级司法行政机关协助办理本办法第十条规定的有关工作。

第十二条　司法行政机关负责监督指导司法鉴定行业协会及其专业委员会依法开展活动。

第三章　申请登记

第十三条　司法鉴定机构的登记事项包括：名称、住所、法定代表人或者鉴定机构负责人、资金数额、仪器设备和实验室、司法鉴定人、司法鉴定业务范围等。

第十四条　法人或者其他组织申请从事司法鉴定业务，应当具备下列条件：

（一）有自己的名称、住所；

（二）有不少于二十万至一百万元人民币的资金；

（三）有明确的司法鉴定业务范围；

（四）有在业务范围内进行司法鉴定必需的仪器、设备；

（五）有在业务范围内进行司法鉴定必需的依法通过计量认证或者实验室认可的检测实验室；

（六）每项司法鉴定业务有三名以上司法鉴定人。

第十五条　法人或者其他组织申请从事司法鉴定业务，应当提交下列申请材料：

（一）申请表；

（二）证明申请者身份的相关文件；

（三）住所证明和资金证明；

（四）相关的行业资格、资质证明；

（五）仪器、设备说明及所有权凭证；

（六）检测实验室相关资料；

（七）司法鉴定人申请执业的相关材料；

（八）相关的内部管理制度材料；

（九）应当提交的其他材料。

申请人应当对申请材料的真实性、完整性和可靠性负责。

第十六条　申请设立具有独立法人资格的司法鉴定机构，除应当提交本办法第十五条规定的申请材料外，还应当提交司法鉴定机构章程，按照司法鉴定机构名称管理的有关规定向司法行政机关报核其机构名称。

第十七条　司法鉴定机构在本省（自治区、直辖市）行政区域内设立分支机构的，分支机构应当符合本办法第十四条规定的条件，并经省级司法行政机关审核登记后，方可依法开展司法鉴定活动。

跨省（自治区、直辖市）设立分支机构的，除应当经拟设分支机构所在行政区域的省级司法行政机关审核登记外，还应当报经司法鉴定机构所在行政区域的省级司法行政机关同意。

第十八条　司法鉴定机构应当参加司法鉴定执业责任保险或者建立执业风险金制度。

第四章 审核登记

第十九条 法人或者其他组织申请从事司法鉴定业务，有下列情形之一的，司法行政机关不予受理，并出具不予受理决定书：

（一）法定代表人或者鉴定机构负责人受过刑事处罚或者开除公职处分的；

（二）法律、法规规定的其他情形。

第二十条 司法行政机关决定受理申请的，应当出具受理决定书，并按照法定的时限和程序完成审核工作。

司法行政机关应当组织专家，对申请人从事司法鉴定业务必需的仪器、设备和检测实验室进行评审，评审的时间不计入审核时限。

第二十一条 经审核符合条件的，省级司法行政机关应当作出准予登记的决定，颁发《司法鉴定许可证》；不符合条件的，作出不予登记的决定，书面通知申请人并说明理由。

第二十二条 《司法鉴定许可证》是司法鉴定机构的执业凭证，司法鉴定机构必须持有省级司法行政机关准予登记的决定及《司法鉴定许可证》，方可依法开展司法鉴定活动。

《司法鉴定许可证》由司法部统一监制，分为正本和副本。《司法鉴定许可证》正本和副本具有同等的法律效力。

《司法鉴定许可证》使用期限为五年，自颁发之日起计算。

《司法鉴定许可证》应当载明下列内容：

（一）机构名称；

（二）机构住所；

（三）法定代表人或者鉴定机构负责人姓名；

（四）资金数额；

（五）业务范围；

（六）使用期限；

（七）颁证机关和颁证时间；

（八）证书号码。

第二十三条 司法鉴定资源不足的地区，司法行政机关可以采取招标的方式审核登记司法鉴定机构。招标的具体程序、时限按照有关法律、法规的规定执行。

第五章 变更、延续和注销

第二十四条 司法鉴定机构要求变更有关登记事项的，应当及时向原负责登记的司法行政机关提交变更登记申请书和相关材料，经审核符合本办法规定的，司法行政机关应当依法办理变更登记手续。

第二十五条 司法鉴定机构变更后的登记事项，应当在《司法鉴定许可证》副本上注明。在《司法鉴定许可证》使用期限内获准变更的事项，使用期限应当与《司法鉴定许可证》的使用期限相一致。

第二十六条 《司法鉴定许可证》使用期限届满后，需要延续的，司法鉴定机构应当在使用期限届满三十日前，向原负责登记的司法行政机关提出延续申请，司法行政机关依法审核办理。延续的条件和需要提交的申请材料按照本办法第三章申请登记的有关规定执行。

不申请延续的司法鉴定机构,《司法鉴定许可证》使用期限届满后,由原负责登记的司法行政机关办理注销登记手续。

第二十七条　司法鉴定机构有下列情形之一的,原负责登记的司法行政机关应当依法办理注销登记手续:

(一)依法申请终止司法鉴定活动的;

(二)自愿解散或者停业的;

(三)登记事项发生变化,不符合设立条件的;

(四)《司法鉴定许可证》使用期限届满未申请延续的;

(五)法律、法规规定的其他情形。

第六章　名册编制和公告

第二十八条　凡经司法行政机关审核登记的司法鉴定机构及司法鉴定人,必须统一编入司法鉴定人和司法鉴定机构名册并公告。

第二十九条　省级司法行政机关负责编制本行政区域的司法鉴定人和司法鉴定机构名册,报司法部备案后,在本行政区域内每年公告一次。司法部负责汇总省级司法行政机关编制的司法鉴定人和司法鉴定机构名册,在全国范围内每五年公告一次。

未经司法部批准,其他部门和组织不得以任何名义编制司法鉴定人和司法鉴定机构名册或者类似名册。

第三十条　司法鉴定人和司法鉴定机构名册分为电子版和纸质版。电子版由司法行政机关负责公告,纸质版由司法行政机关组织司法鉴定机构在有关媒体上公告并正式出版。

第三十一条　司法机关和公民、组织可以委托列入司法鉴定人和司法鉴定机构名册的司法鉴定机构及司法鉴定人进行鉴定。

在诉讼活动中,对《全国人民代表大会常务委员会关于司法鉴定管理问题的决定》第二条所规定的鉴定事项发生争议,需要鉴定的,司法机关和公民、组织应当委托列入司法鉴定人和司法鉴定机构名册的司法鉴定机构及司法鉴定人进行鉴定。

第三十二条　编制、公告司法鉴定人和司法鉴定机构名册的具体程序、内容和格式由司法部另行制定。

第七章　监督管理

第三十三条　司法行政机关应当按照统一部署,依法对司法鉴定机构进行监督、检查。

公民、法人和其他组织对司法鉴定机构违反本办法规定的行为进行举报、投诉的,司法行政机关应当及时进行监督、检查,并根据调查结果进行处理。

第三十四条　司法行政机关可以就下列事项,对司法鉴定机构进行监督、检查:

(一)遵守法律、法规和规章的情况;

(二)遵守司法鉴定程序、技术标准和技术操作规范的情况;

(三)所属司法鉴定人执业的情况;

(四)法律、法规和规章规定的其他事项。

第三十五条　司法行政机关对司法鉴定机构进行监督、检查时,可以依法查阅或者要求司法鉴定机构报送有关材料。司法鉴定机构应当如实提供有关情况和材料。

第三十六条 司法行政机关对司法鉴定机构进行监督、检查时，不得妨碍司法鉴定机构的正常业务活动，不得索取或者收受司法鉴定机构的财物，不得谋取其他不正当利益。

第三十七条 司法行政机关对司法鉴定机构进行资质评估，对司法鉴定质量进行评估。评估结果向社会公开。

第八章 法律责任

第三十八条 法人或者其他组织未经登记，从事已纳入本办法调整范围司法鉴定业务的，省级司法行政机关应当责令其停止司法鉴定活动，并处以违法所得一至三倍的罚款，罚款总额最高不得超过三万元。

第三十九条 司法鉴定机构有下列情形之一的，由省级司法行政机关依法给予警告，并责令其改正：

（一）超出登记的司法鉴定业务范围开展司法鉴定活动的；

（二）未经依法登记擅自设立分支机构的；

（三）未依法办理变更登记的；

（四）出借《司法鉴定许可证》的；

（五）组织未取得《司法鉴定人执业证》的人员从事司法鉴定业务的；

（六）无正当理由拒绝接受司法鉴定委托的；

（七）违反司法鉴定收费管理办法的；

（八）支付回扣、介绍费，进行虚假宣传等不正当行为的；

（九）拒绝接受司法行政机关监督、检查或者向其提供虚假材料的；

（十）法律、法规和规章规定的其他情形。

第四十条 司法鉴定机构有下列情形之一的，由省级司法行政机关依法给予停止从事司法鉴定业务三个月以上一年以下的处罚；情节严重的，撤销登记：

（一）因严重不负责任给当事人合法权益造成重大损失的；

（二）具有本办法第三十九条规定的情形之一，并造成严重后果的；

（三）提供虚假证明文件或采取其他欺诈手段，骗取登记的；

（四）法律、法规规定的其他情形。

第四十一条 司法鉴定机构在开展司法鉴定活动中因违法和过错行为应当承担民事责任的，按照民事法律的有关规定执行。

第四十二条 司法行政机关工作人员在管理工作中滥用职权、玩忽职守造成严重后果的，依法追究相应的法律责任。

第四十三条 司法鉴定机构对司法行政机关的行政许可和行政处罚有异议的，可以依法申请行政复议。

第九章 附则

第四十四条 本办法所称司法鉴定机构不含《全国人民代表大会常务委员会关于司法鉴定管理问题的决定》第七条规定的鉴定机构。

第四十五条 本办法自公布之日起施行。2000年8月14日公布的《司法鉴定机构登记管理办法》（司法部令第62号）同时废止。

司法部令

（第96号）

根据《全国人民代表大会常务委员会关于司法鉴定管理问题的决定》第十六条规定，《司法鉴定人登记管理办法》已经国务院批准，于2005年9月30日公布施行。2000年8月14日公布的《司法鉴定人管理办法》（司法部令第63号）

同时废止。

部长　吴爱英

2005年9月29日

司法鉴定人登记管理办法

第一章　总则

第一条　为了加强对司法鉴定人的管理，规范司法鉴定活动，建立统一的司法鉴定管理体制，适应司法机关和公民、组织的诉讼需要，保障当事人的诉讼权利，促进司法公正和效率，根据《全国人民代表大会常务委员会关于司法鉴定管理问题的决定》和其他相关法律、法规，制定本办法。

第二条　司法鉴定人从事《全国人民代表大会常务委员会关于司法鉴定管理问题的决定》第二条规定的司法鉴定业务，适用本办法。

第三条　本办法所称的司法鉴定人是指运用科学技术或者专门知识对诉讼涉及的专门性问题进行鉴别和判断并提出鉴定意见的人员。

司法鉴定人应当具备本办法规定的条件，经省级司法行政机关审核登记，取得《司法鉴定人执业证》，按照登记的司法鉴定执业类别，从事司法鉴定业务。

司法鉴定人应当在一个司法鉴定机构中执业。

第四条　司法鉴定管理实行行政管理与行业管理相结合的管理制度。

司法行政机关对司法鉴定人及其执业活动进行指导、管理和监督、检查，司法鉴定行业协会依法进行自律管理。

第五条　全国实行统一的司法鉴定机构及司法鉴定人审核登记、名册编制和名册公告制度。

第六条　司法鉴定人应当科学、客观、独立、公正地从事司法鉴定活动，遵守法律、法规的规定，遵守职业道德和职业纪律，遵守司法鉴定管理规范。

第七条　司法鉴定人执业实行回避、保密、时限和错鉴责任追究制度。

第二章　主管机关

第八条　司法部负责全国司法鉴定人的登记管理工作，依法履行下列职责：

（一）指导和监督省级司法行政机关对司法鉴定人的审核登记、名册编制和名册公告工作；

（二）制定司法鉴定人执业规则和职业道德、职业纪律规范；

（三）制定司法鉴定人诚信等级评估制度并指导实施；

（四）会同国务院有关部门制定司法鉴定人专业技术职称评聘标准和办法；

（五）制定和发布司法鉴定人继续教育规划并指导实施；

（六）法律、法规规定的其他职责。

第九条 省级司法行政机关负责本行政区域内司法鉴定人的登记管理工作，依法履行下列职责：

（一）负责司法鉴定人的审核登记、名册编制和名册公告；

（二）负责司法鉴定人诚信等级评估工作；

（三）负责对司法鉴定人进行监督、检查；

（四）负责对司法鉴定人违法违纪执业行为进行调查处理；

（五）组织开展司法鉴定人专业技术职称评聘工作；

（六）组织司法鉴定人参加司法鉴定岗前培训和继续教育；

（七）法律、法规和规章规定的其他职责。

第十条 省级司法行政机关可以委托下一级司法行政机关协助办理本办法第九条规定的有关工作。

第三章 执业登记

第十一条 司法鉴定人的登记事项包括：姓名、性别、出生年月、学历、专业技术职称或者行业资格、执业类别、执业机构等。

第十二条 个人申请从事司法鉴定业务，应当具备下列条件：

（一）拥护中华人民共和国宪法，遵守法律、法规和社会公德，品行良好的公民；

（二）具有相关的高级专业技术职称；或者具有相关的行业执业资格或者高等院校相关专业本科以上学历，从事相关工作五年以上；

（三）申请从事经验鉴定型或者技能鉴定型司法鉴定业务的，应当具备相关专业工作十年以上经历和较强的专业技能；

（四）所申请从事的司法鉴定业务，行业有特殊规定的，应当符合行业规定；

（五）拟执业机构已经取得或者正在申请《司法鉴定许可证》；

（六）身体健康，能够适应司法鉴定工作需要。

第十三条 有下列情形之一的，不得申请从事司法鉴定业务：

（一）因故意犯罪或者职务过失犯罪受过刑事处罚的；

（二）受过开除公职处分的；

（三）被司法行政机关撤销司法鉴定人登记的；

（四）所在的司法鉴定机构受到停业处罚，处罚期未满的；

（五）无民事行为能力或者限制行为能力的；

（六）法律、法规和规章规定的其他情形。

第十四条 个人申请从事司法鉴定业务，应当由拟执业的司法鉴定机构向司法行政机关提交下列材料：

（一）申请表；

（二）身份证、专业技术职称、行业执业资格、学历、符合特殊行业要求的相关资格、从事相关专业工作经历、专业技术水平评价及业务成果等证明材料；

（三）应当提交的其他材料。

个人兼职从事司法鉴定业务的，应当符合法律、法规的规定，并提供所在单位同意其兼职从事司法鉴定业务的书面意见。

第十五条　司法鉴定人审核登记程序、期限参照《司法鉴定机构登记管理办法》中司法鉴定机构审核登记的相关规定办理。

第十六条　经审核符合条件的，省级司法行政机关应当作出准予执业的决定，颁发《司法鉴定人执业证》；不符合条件的，作出不予登记的决定，书面通知其所在司法鉴定机构并说明理由。

第十七条　《司法鉴定人执业证》由司法部统一监制。《司法鉴定人执业证》是司法鉴定人的执业凭证。

《司法鉴定人执业证》使用期限为五年，自颁发之日起计算。

《司法鉴定人执业证》应当载明下列内容：

（一）姓名；

（二）性别；

（三）身份证号码；

（四）专业技术职称；

（五）行业执业资格；

（六）执业类别；

（七）执业机构；

（八）使用期限；

（九）颁证机关和颁证时间；

（十）证书号码。

第十八条　司法鉴定人要求变更有关登记事项的，应当及时通过所在司法鉴定机构向原负责登记的司法行政机关提交变更登记申请书和相关材料，经审核符合本办法规定的，司法行政机关应当依法办理变更登记手续。

第十九条　《司法鉴定人执业证》使用期限届满后，需要继续执业的，司法鉴定人应当在使用期限届满三十日前通过所在司法鉴定机构，向原负责登记的司法行政机关提出延续申请，司法行政机关依法审核办理。延续申请的条件和需要提交的材料按照本办法第十二条、第十三条、第十四条、第十五条的规定执行。

不申请延续的司法鉴定人，《司法鉴定人执业证》使用期限届满后，由原负责登记的司法行政机关办理注销登记手续。

第二十条　司法鉴定人有下列情形之一的，原负责登记的司法行政机关应当依法办理注销登记手续：

（一）依法申请终止司法鉴定活动的；

（二）所在司法鉴定机构注销或者被撤销的；

（三）《司法鉴定人执业证》使用期限届满未申请延续的；

（四）法律、法规规定的其他情形。

第四章　权利和义务

第二十一条　司法鉴定人享有下列权利：

（一）了解、查阅与鉴定事项有关的情况和资料，询问与鉴定事项有关的当事人、证人等；

（二）要求鉴定委托人无偿提供鉴定所需要的鉴材、样本；

（三）进行鉴定所必需的检验、检查和模拟实验；

（四）拒绝接受不合法、不具备鉴定条件或者超出登记的执业类别的鉴定委托；

（五）拒绝解决、回答与鉴定无关的问题；

（六）鉴定意见不一致时，保留不同意见；

（七）接受岗前培训和继续教育；

（八）获得合法报酬；

（九）法律、法规规定的其他权利。

第二十二条　司法鉴定人应当履行下列义务：

（一）受所在司法鉴定机构指派按照规定时限独立完成鉴定工作，并出具鉴定意见；

（二）对鉴定意见负责；

（三）依法回避；

（四）妥善保管送鉴的鉴材、样本和资料；

（五）保守在执业活动中知悉的国家秘密、商业秘密和个人隐私；

（六）依法出庭作证，回答与鉴定有关的询问；

（七）自觉接受司法行政机关的管理和监督、检查；

（八）参加司法鉴定岗前培训和继续教育；

（九）法律、法规规定的其他义务。

第五章　监督管理

第二十三条　司法鉴定人应当在所在司法鉴定机构接受司法行政机关统一部署的监督、检查。

第二十四条　司法行政机关应当就下列事项，对司法鉴定人进行监督、检查：

（一）遵守法律、法规和规章的情况；

（二）遵守司法鉴定程序、技术标准和技术操作规范的情况；

（三）遵守执业规则、职业道德和职业纪律的情况；

（四）遵守所在司法鉴定机构内部管理制度的情况；

（五）法律、法规和规章规定的其他事项。

第二十五条　公民、法人和其他组织对司法鉴定人违反本办法规定的行为进行举报、投诉的，司法行政机关应当及时进行调查处理。

第二十六条　司法行政机关对司法鉴定人进行监督、检查或者根据举报、投诉进行调查时，可以依法查阅或者要求司法鉴定人报送有关材料。司法鉴定人应当如实提供有关情况和材料。

第二十七条　司法行政机关依法建立司法鉴定人诚信档案,对司法鉴定人进行诚信等级评估。评估结果向社会公开。

第六章　法律责任

第二十八条　未经登记的人员,从事已纳入本办法调整范围司法鉴定业务的,省级司法行政机关应当责令其停止司法鉴定活动,并处以违法所得一至三倍的罚款,罚款总额最高不得超过三万元。

第二十九条　司法鉴定人有下列情形之一的,由省级司法行政机关依法给予警告,并责令其改正:

(一)同时在两个以上司法鉴定机构执业的;

(二)超出登记的执业类别执业的;

(三)私自接受司法鉴定委托的;

(四)违反保密和回避规定的;

(五)拒绝接受司法行政机关监督、检查或者向其提供虚假材料的;

(六)法律、法规和规章规定的其他情形。

第三十条　司法鉴定人有下列情形之一的,由省级司法行政机关给予停止执业三个月以上一年以下的处罚;情节严重的,撤销登记;构成犯罪的,依法追究刑事责任:

(一)因严重不负责任给当事人合法权益造成重大损失的;

(二)具有本办法第二十九规定的情形之一并造成严重后果的;

(三)提供虚假证明文件或者采取其他欺诈手段,骗取登记的;

(四)经人民法院依法通知,非法定事由拒绝出庭作证的;

(五)故意做虚假鉴定的;

(六)法律、法规规定的其他情形。

第三十一条　司法鉴定人在执业活动中,因故意或者重大过失行为给当事人造成损失的,其所在的司法鉴定机构依法承担赔偿责任后,可以向有过错行为的司法鉴定人追偿。

第三十二条　司法行政机关工作人员在管理工作中滥用职权、玩忽职守造成严重后果的,依法追究相应的法律责任。

第三十三条　司法鉴定人对司法行政机关的行政许可和行政处罚有异议的,可以依法申请行政复议。

第七章　附则

第三十四条　本办法所称司法鉴定人不含《全国人民代表大会常务委员会关于司法鉴定管理问题的决定》第七条规定的鉴定机构中从事鉴定工作的鉴定人。

第三十五条　本办法自公布之日起施行。2000 年 8 月 14 日公布的《司法鉴定人管理办法》(司法部令第 63 号)同时废止。

司法鉴定人和司法鉴定机构名册管理办法

（司发通〔2010〕84 号）

第一条 为了规范司法鉴定人和司法鉴定机构名册编制和公告工作，方便司法机关、公民、法人和其他组织进行诉讼活动，根据《全国人民代表大会常务委员会关于司法鉴定管理问题的决定》和《司法鉴定机构登记管理办法》《司法鉴定人登记管理办法》等有关法律、法规、规章，制定本办法。

第二条 经司法行政机关审核登记的司法鉴定人和司法鉴定机构的名册编制、公告和管理工作，适用本办法。

第三条 司法行政机关编制的司法鉴定人和司法鉴定机构名册的名称为《国家司法鉴定人和司法鉴定机构名册》。名册分为纸质版和电子版两种形式。

第四条 《国家司法鉴定人和司法鉴定机构名册》是司法鉴定人和司法鉴定机构接受委托从事司法鉴定活动的法定依据。

第五条 省级司法行政机关负责本行政区域《国家司法鉴定人和司法鉴定机构名册》的编制、公告和管理工作。

司法部负责指导、监督《国家司法鉴定人和司法鉴定机构名册》的编制、公告和管理工作，并按年度汇编、公布全国统一的《国家司法鉴定人和司法鉴定机构名册》。

第六条 省级司法行政机关根据上一年度截止到 12 月 31 日已登记的司法鉴定人和司法鉴定机构的情况，于每年 3 月底前完成本年度《国家司法鉴定人和司法鉴定机构名册》的编制工作。

各省级司法行政机关编制的纸质版《国家司法鉴定人和司法鉴定机构名册》封面应当注明本行政区域的名称和编制年份。

第七条 《国家司法鉴定人和司法鉴定机构名册》应当载明机构名称、许可证号、机构负责人、机构住所、邮政编码、电话、业务范围、执业司法鉴定人的姓名等。具有独立法人资格的司法鉴定机构应当注明法定代表人。同时载明省级司法行政机关司法鉴定管理机构的名称和查询、监督电话。

第八条 《国家司法鉴定人和司法鉴定机构名册》的印制格式和编排要求，包括开本、版式、使用标识、封面颜色、编辑体例、内容顺序、文字格式以及编制程序等，由司法部统一规定。司法鉴定机构的业务范围和司法鉴定人的执业类别的排列顺序，按照《全国人民代表大会常务委员会关于司法鉴定管理问题的决定》和司法部颁布的有关司法鉴定执业活动分类规范的顺序排列。

第九条 《国家司法鉴定人和司法鉴定机构名册》使用国家规范汉字和符合国家标准的数字、符号。

民族区域自治地方的省级司法行政部门，可以根据本地区实际情况，在编制的名册中同时使用本民族区域自治地方的民族文字。

第十条 省级司法行政机关编制完成本年度《国家司法鉴定人和司法鉴定机构名册》后，应当于每年 4 月 15 日前向司法部备案，并将纸质版名册分送本行政区域内司法机关和政府有关部门。

司法部按年度汇编全国统一的《国家司法鉴定人和司法鉴定机构名册》，并将纸质版名册分送中央、地方司法机关和政府有关部门。

第十一条 本年度《国家司法鉴定人和司法鉴定机构名册》编制完成后应当及时公告。公民、法人和其他组织可以通过公告或者政府网站查询《国家司法鉴定人和司法鉴定机构名册》。

第十二条 本年度《国家司法鉴定人和司法鉴定机构名册》编制完成后发生司法鉴定人或者司法鉴定机构新增、变更、撤销、注销等情形的,省级司法行政机关应当及时公告并更新电子版名册。

第十三条 在诉讼活动中,对《全国人民代表大会常务委员会关于司法鉴定管理问题的决定》第二条所规定的鉴定事项发生争议,需要鉴定的,应当委托列入《国家司法鉴定人和司法鉴定机构名册》的司法鉴定人和司法鉴定机构进行鉴定。

第十四条 司法行政机关编制、公告和管理《国家司法鉴定人和司法鉴定机构名册》所需费用向同级财政部门申请专项保障经费。

第十五条 未经省级以上司法行政机关批准或者委托,任何部门不得编制、公布和出版、印发《国家司法鉴定人和司法鉴定机构名册》或者类似名册。

第十六条 本办法自发布之日起施行。

司法部令

(第 123 号)

《司法鉴定执业活动投诉处理办法》已经 2010 年 4 月 7 日司法部部务会议审议通过,现予发布,自 2010 年 6 月 1 日起施行。

部长 吴爱英

2012 年 4 月 8 日

司法鉴定执业活动投诉处理办法

第一章 总则

第一条 为了规范司法鉴定执业活动投诉处理工作,加强司法鉴定执业活动监督,根据《全国人民代表大会常务委员会关于司法鉴定管理问题的决定》,结合司法鉴定工作实际,制定本办法。

第二条 投诉人对司法行政机关审核登记的司法鉴定机构和司法鉴定人执业活动进行投诉,以及司法行政机关开展投诉处理工作,适用本办法。

第三条 本办法所称投诉人,是指认为司法鉴定机构和司法鉴定人在执业活动中有违法违规行为,向司法行政机关投诉的公民、法人和其他组织。

本办法所称被投诉人,是指被投诉的司法鉴定机构和司法鉴定人。

第四条 司法鉴定执业活动投诉处理工作,应当遵循分级受理、依法查处、处罚与教育相结合的原则。

司法行政机关应当依法保障和维护投诉人和被投诉人的合法权益。

第五条 司法行政机关应当向社会公布投诉受理范围、投诉处理机构的通讯方式等事项，并指定专人负责投诉接待工作。

第六条 司法部负责指导、监督全国司法鉴定执业活动投诉处理工作。

省级司法行政机关负责指导、监督本行政区域内司法鉴定执业活动投诉处理工作。

第七条 司法行政机关指导、监督司法鉴定协会实施行业惩戒；司法鉴定协会协助和配合司法行政机关开展投诉处理工作。

第二章　投诉受理

第八条 公民、法人和其他组织认为司法鉴定机构和司法鉴定人在执业活动中有下列违法违规情形的，可以向司法鉴定机构住所地或者司法鉴定人执业机构所在地的县级以上司法行政机关投诉：

(一)超出登记的业务范围或者执业类别从事司法鉴定活动的；

(二)违反司法鉴定程序规则从事司法鉴定活动的；

(三)因不负责任给当事人合法权益造成损失的；

(四)违反司法鉴定收费管理规定的；

(五)司法鉴定机构无正当理由拒绝接受司法鉴定委托的；

(六)司法鉴定人私自接受司法鉴定委托的；

(七)司法鉴定人经人民法院通知，无正当理由拒绝出庭作证的；

(八)司法鉴定人故意做虚假鉴定的；

(九)其他违反司法鉴定管理规定的行为。

第九条 投诉人应当向司法行政机关提交书面投诉材料。投诉材料内容包括：被投诉人的姓名或者名称、投诉请求以及相关的事实和理由，并提供司法鉴定协议书、司法鉴定文书等相关的证明材料。投诉材料应当真实、合法、充分。

投诉人委托他人代理投诉的，代理人应当提交投诉人的授权委托书和本人的身份证明。

第十条 司法行政机关收到投诉材料后，应当即时填写《司法鉴定执业活动投诉登记表》。登记表应当载明投诉人及其代理人的姓名(名称)、性别、职业、住址、联系方式，被投诉人的姓名(名称)、投诉事项、投诉请求、投诉理由以及相关证明材料目录，投诉的方式和时间等信息。

第十一条 司法行政机关收到投诉材料后发现投诉人提供的信息不齐全或者无相关证明材料的，应当及时告知投诉人补充。

第十二条 有下列情形之一的，不予受理：

(一)投诉事项已经司法行政机关处理，或者经行政复议、行政诉讼结案，且没有新的事实和证据的；

(二)对人民法院采信鉴定意见的决定有异议的；

(三)仅对鉴定意见有异议的；

(四)对司法鉴定程序规则及司法鉴定技术规范有异议的；

(五)投诉事项不属于违反司法鉴定管理规定的。

第十三条 司法行政机关应当及时审查投诉材料，对属于本机关管辖范围并符合受理条件的投诉，应当受理；对不属于本机关管辖范围或者不符合受理条件的投诉，或者应当由司法鉴定协会给予行业惩戒的投诉,不予受理,但应当告知投诉人寻求救济的途径和办法。

第十四条 对涉及严重违法违规行为的投诉,省级司法行政机关可以直接受理,也可以交由下一级司法行政机关受理。

第十五条 司法行政机关应当自收到投诉材料之日起七日内,作出是否受理的决定,并书面告知投诉人或者其代理人。情况复杂的,可以适当延长作出受理决定的时间,但延长期限不得超过十五日,并应当将延长的理由告知投诉人。

投诉人补充投诉材料所需的时间和投诉案件移送、转办的流转时间,不计算在前款规定期限内。

第三章 调查处理

第十六条 司法行政机关受理投诉后,应当进行调查。调查应当全面、客观、公正。调查工作不得妨碍被投诉人正常的司法鉴定活动。

司法行政机关认为有必要的,可以委托下一级司法行政机关进行调查。被投诉人为司法鉴定人的,其执业所在的司法鉴定机构应当配合调查。

第十七条 司法行政机关进行调查,可以要求被投诉人说明情况、提交有关材料,可以调阅被投诉人有关业务案卷和档案材料,可以向有关单位、个人核实情况、收集证据,可以听取有关部门的意见和建议。

调查应当由两名以上工作人员进行,并制作笔录。调查笔录应当由被调查人签字或者盖章;不能签字、盖章的,应当在笔录中注明有关情况。

第十八条 被投诉人应当如实陈述事实、提供有关材料,不得提供虚假、伪造的材料或者隐匿、毁损、涂改有关证据材料。

第十九条 司法行政机关在调查过程中发现有本办法第十二条规定情形的,可以终止投诉处理工作,并将终止理由告知投诉人。

第二十条 司法行政机关在调查过程中,发现被投诉人的违法违规行为仍处在连续或者继续状态的,应当责令被投诉人立即停止违法违规行为。

第二十一条 司法行政机关应当根据调查结果,作出如下处理:

(一)被投诉人有应当给予行政处罚的违法违规行为的,移送有处罚权的司法行政机关依法给予行政处罚;

(二)被投诉人违法违规情节轻微,没有造成危害后果,依法可以不予行政处罚的,应当给予批评教育、训诫、通报、责令限期整改等处理;

(三)投诉事项查证不实或者无法查实的,对被投诉人不作处理,并应当将不予处理的理由书面告知投诉人。

对于涉嫌犯罪的,移送司法机关依法追究刑事责任。

第二十二条 司法行政机关受理投诉的,应当自受理之日起六十日内办结;情况复杂,不能在规定期限内办结的,经本机关负责人批准,可以适当延长办理期限,但延长期限不得超过三十日,并应当将延长的理由告知投诉人。

第二十三条 司法行政机关应当自作出处理决定之日起七日内,将投诉处理结果书面告知投诉人、被投诉人。

第二十四条 司法行政机关应当及时将投诉处理结果通报被投诉人住所地或者执业机构所在地的司法行政机关和司法鉴定协会。

司法行政机关应当将投诉处理结果记入被投诉人的司法鉴定执业诚信档案。

第二十五条 被投诉人对司法行政机关的投诉处理决定有异议的，可以依法申请行政复议或者提起行政诉讼。

第二十六条 司法行政机关应当对被投诉人履行处罚、处理决定，纠正违法违规行为的情况进行检查、监督，发现问题可以责令其限期整改。

第四章 监督

第二十七条 司法行政机关应当加强对下级司法行政机关投诉处理工作的指导、监督和检查，发现有违法、不当情形的，应当及时责令改正。下级司法行政机关应当及时上报纠正情况。

第二十八条 司法行政机关工作人员在投诉处理工作中有滥用职权、玩忽职守或者其他违法行为的，应当依法给予行政处分；构成犯罪的，依法追究刑事责任。

第二十九条 司法行政机关应当按年度将司法鉴定执业活动投诉处理工作情况书面报告上一级司法行政机关。

对于涉及重大违法违规行为的投诉处理结果，应当及时报告上一级司法行政机关。

第三十条 司法行政机关应当建立司法鉴定执业活动投诉处理工作档案，并妥善保管和使用。

第五章 附则

第三十一条 本办法自 2010 年 6 月 1 日起施行。

司法部、环境保护部关于规范环境损害司法鉴定管理工作的通知
(司发通〔2015 年〕118 号)

各省、自治区、直辖市司法厅(局)、环境保护厅(局)：

为贯彻党的十八大和十八届三中、四中、五中全会精神，落实健全生态环境保护责任追究制度和环境损害赔偿制度的要求，促进生态文明建设，适应环境损害诉讼需要，加强对环境损害司法鉴定机构和鉴定人的管理，根据《全国人民代表大会常务委员会关于司法鉴定管理问题的决定》和《最高人民法院 最高人民检察院 司法部关于将环境损害司法鉴定纳入统一登记管理范围的通知》(司发通〔2015〕年 117 号)，以及有关法律、法规、规章的规定，现就规范环境损害司法鉴定管理工作的有关事项通知如下。

一、鉴定机构设置发展规划

环境损害司法鉴定机构的发展应当遵循统筹规划、合理布局、总量控制、有序发展的原则，根据诉讼活动的实际需求和发展趋势研究制定发展规划。环境损害司法鉴定机构的设立应当严格标准、严格程序、确保质量，特别是在审核登记工作初始阶段要严格限制鉴定机构数量，确保高资质高水平。

二、鉴定事项

环境损害司法鉴定是指在诉讼活动中鉴定人运用环境科学的技术或者专门知识，采用监

测、检测、现场勘察、实验模拟或者综合分析等技术方法，对环境污染或者生态破坏诉讼涉及的专门性问题进行鉴别和判断并提供鉴定意见的活动。环境诉讼中需要解决的专门性问题包括：确定污染物的性质；确定生态环境遭受损害的性质、范围和程度；评定因果关系；评定污染治理与运行成本以及防止损害扩大、修复生态环境的措施或方案等。

环境损害司法鉴定的主要领域包括：

（1）污染物性质鉴定，主要包括危险废物鉴定、有毒物质鉴定，以及污染物其他物理、化学等性质的鉴定；

（2）地表水和沉积物环境损害鉴定，主要包括因环境污染或生态破坏造成河流、湖泊、水库等地表水资源和沉积物生态环境损害的鉴定；

（3）空气污染环境损害鉴定，主要包括因污染物质排放或泄露造成环境空气或室内空气环境损害的鉴定；

（4）土壤与地下水环境损害鉴定，主要包括因环境污染或生态破坏造成农田、矿区、居住和工矿企业用地等土壤与地下水资源及生态环境损害的鉴定；

（5）近海海洋与海岸带环境损害鉴定，主要包括因近海海域环境污染或生态破坏造成的海岸、潮间带、水下岸坡等近海海洋环境资源及生态环境损害的鉴定；

（6）生态系统环境损害鉴定，主要对动物、植物等生物资源和森林、草原、湿地等生态系统，以及因生态破坏而造成的生物资源与生态系统功能损害的鉴定；

（7）其他环境损害鉴定，主要包括由于噪声、振动、光、热、电磁辐射、核辐射等污染造成的环境损害鉴定。

三、审核登记

司法部会同环境保护部制定评审办法，对环境损害鉴定机构和鉴定人资质条件、评审专家、评审程序等作出规定。环境保护部会同司法部建立环境损害司法鉴定评审专家库，各省级环境保护部门应当会同司法行政机关商有关部门，研究提出本地的推荐专家人选名单。

省级司法行政机关应当按照《司法鉴定机构登记管理办法》《司法鉴定人登记管理办法》规定的条件和程序对申请从事环境损害司法鉴定业务的机构和个人进行审核，并会同同级环境保护部门组织专家进行专业技术评审。

对本通知下发前已审核登记从事环境损害司法鉴定业务的鉴定机构，应当进行重新审核登记。已登记从事环境损害鉴定业务的司法鉴定机构最迟应当于2017年6月前提出重新登记申请。逾期未提出重新登记申请或经审核不符合条件的，撤销登记。重新审核登记期间，已审核登记的环境损害司法鉴定机构可以继续从事环境损害司法鉴定业务。

司法行政机关要把好入口关，防止审核登记的机构过多，导致恶性竞争和鉴定质量下降。要鼓励和支持依托优质资源设立高资质高水平鉴定机构，注重保障司法鉴定机构的中立第三方地位。

四、监督管理

要指导鉴定机构加强规范化建设，健全司法鉴定工作制度，加强内部管理。加强对鉴定人的培训，确保出具的鉴定意见满足诉讼要求。对环境损害司法鉴定机构和鉴定人实行动态管理，完善退出机制。妥善处理信访投诉，加强执业监督，依法查处违法违规执业行为，依法淘汰不合格的鉴定机构和鉴定人。建立与司法机关的衔接配合机制，定期开展交流沟通，及时通报有关情况。司法行政机关和环境保护部门要加强协调配合，定期会商，共同研究解决工作中遇到的各种问题。

各地要切实提高认识，高度重视，结合本地实际，认真做好环境损害司法鉴定登记管理等有关工作。工作中遇有重大问题，请及时报司法部司法鉴定管理局和环境保护部政策法规司。

司法部、环境保护部关于印发《环境损害司法鉴定机构登记评审办法》《环境损害司法鉴定机构登记评审专家库管理办法》的通知

(司发通〔2016〕101 号)

各省、自治区、直辖市司法厅(局)、环境保护厅(局)：

为贯彻落实《最高人民法院 最高人民检察院 司法部关于将环境损害司法鉴定纳入统一登记管理范围的通知》(司发通〔2015〕117 号)、《司法部 环境保护部关于规范环境损害司法鉴定管理工作的通知》(司发通〔2015〕118 号)，司法部、环境保护部共同研究制定了《环境损害司法鉴定机构登记评审办法》《环境损害司法鉴定机构登记评审专家库管理办法》，现印发给你们，请结合实际认真贯彻执行。

附件：1.《环境损害司法鉴定机构审核登记评审办法》
    2.《环境损害司法鉴定机构审核登记评审专家库管理办法》

司法部
环境保护部
2016 年 10 月 12 日

附件 1

环境损害司法鉴定机构审核登记评审办法

第一条 为规范司法行政机关登记环境损害司法鉴定机构的专家评审工作，根据《司法鉴定机构登记管理办法》(司法部令第 95 号)、《司法部、环境保护部关于规范环境损害司法鉴定管理工作的通知》(司发通〔2015〕118 号)等有关规定，结合环境损害司法鉴定工作实际，制定本办法。

第二条 司法行政机关应当加强与人民法院、人民检察院、公安机关和环境保护、国土资源、水利、农业、林业、海洋、地质等有关部门的沟通协调，根据环境损害司法鉴定的实际需求、发展趋势和鉴定资源等情况，合理规划环境损害司法鉴定机构的布局、类别、规模、数量等，适应诉讼活动对环境损害司法鉴定的需要。

第三条 环境保护部会同司法部建立全国环境损害司法鉴定机构登记评审专家库，制定管理办法。

省、自治区、直辖市环境保护主管部门会同同级司法行政机关建立本省(区、市)环境损害司法鉴定机构登记评审专家库。

第四条 申请从事环境损害司法鉴定业务的法人或者其他组织(以下简称"申请人")，应当符合《司法鉴定机构登记管理办法》规定的条件，同时还应当具备以下条件：

(一)每项鉴定业务至少有 2 名具有相关专业高级专业技术职称的鉴定人。

(二)有不少于一百万元人民币的资金。

第五条 申请人申请从事环境损害司法鉴定业务，应当向省(区、市)司法行政机关提交申请材料。司法行政机关决定受理的，应当按照法定的时限和程序进行审核并依照本办法及

有关规定组织专家进行评审。

评审时间不计入审核时限。

第六条　省(区、市)司法行政机关应当根据申请人的申请执业范围,针对每个鉴定事项成立专家评审组。评审组专家应当从环境损害司法鉴定机构登记评审专家库中选取,人数不少于3人,其中国家库中专家不少于1人;必要时,可以从其他省(区、市)地方库中选取评审专家。

评审专家与申请人有利害关系的,应当回避。

评审专家不能履行评审工作职责的,司法行政机关应当更换专家。

第七条　专家评审组应当按照司法行政机关的统一安排,独立、客观地组织开展评审工作。

第八条　专家评审应当坚持科学严谨、客观公正、实事求是的原则,遵守有关法律、法规。

第九条　专家评审组开展评审前应当制定评审工作方案,明确评审的实施程序、主要内容、专家分工等事项。

评审的内容包括申请人的场地,仪器、设备等技术条件和专业人员的专业技术能力等。

评审的形式主要包括查阅有关申请材料,实地查看工作场所和环境,现场勘验和评估,听取申请人汇报、答辩,对专业人员的专业技术能力进行考核等。

第十条　评审专家组应当提交由评审专家签名的专家评审意见书,专家评审意见书应当包括评审基本情况、评审结论和主要依据等内容。

评审意见书应当明确申请人是否具备相应的技术条件、是否具有相应的专业技术能力、拟同意申请人的执业范围描述等。评审结论应当经专家组三分之二以上专家同意。

第十一条　评审专家和工作人员不得向申请人或者其他人员泄露专家的个人意见或者评审意见。

第十二条　多个申请人在同一时间段提出申请的,司法行政机关可以针对同一类鉴定事项组织集中评审,开展集中评审的专家评审组人数不得少于5人。

第十三条　司法行政机关应当按照《司法鉴定机构登记管理办法》及有关规定,结合专家评审意见,作出是否准予登记的决定。

第十四条　本办法发布前已经审核登记从事环境损害类司法鉴定业务的司法鉴定机构,应当按照《司法部 环境保护部关于规范环境损害司法鉴定管理工作的通知》(司发通〔2015〕118号)的规定申请重新登记。

第十五条　环境损害司法鉴定机构申请变更业务范围的,司法行政机关应当组织专家评审;申请延续的,由司法行政机关根据实际需要决定是否组织专家评审。

第十六条　开展专家评审工作所需的交通、食宿、劳务等费用应当按照《行政许可法》第五十八条规定,列入本行政机关的预算,由本级财政予以保障,不得向申请人收取任何费用。

第十七条　本办法自2016年12月1日起施行。

附件2

环境损害司法鉴定机构登记评审专家库管理办法

第一条　为充分发挥专家在环境损害司法鉴定机构登记评审工作中的作用,依据《司法部、环境保护部关于规范环境损害司法鉴定管理工作的通知》(司发通〔2015〕118 号)的相关规定,制定本办法。

第二条 环境损害司法鉴定机构评审专家库由国家库和地方库组成。环境保护部会同司法部建立全国环境损害司法鉴定机构登记评审专家库。各省、自治区、直辖市环境保护主管部门会同同级司法行政机关建立本省(区、市)环境损害司法鉴定机构登记评审专家库。

第三条 国家库下设污染物性质鉴别、地表水和沉积物、环境大气、土壤与地下水、近岸海洋和海岸带、生态系统、环境经济、其他类(主要包括噪声、振动、光、热、电磁辐射、核辐射、环境法等)等 8 个领域的专家库。

各省(区、市)环境保护主管部门会同同级司法行政机关根据当地实际设立管理地方库。

第四条 入选国家库的专家应具备以下条件:

(一)具有高级专业技术职称或者从事审判、检察、公安等工作并熟悉相关鉴定业务;

(二)从事或参与相关专业工作十年以上;

(三)了解环境保护工作的有关法律、法规和政策,熟悉国家和地方环境损害鉴定评估相关制度与技术规范;

(四)具有良好的科学道德和职业操守;

(五)健康状况良好,可以参加有关评审、评估和培训等活动。

第五条 专家申请进入专家库应当提交申请表和相关证明材料。

环境保护主管部门会同司法行政机关组织开展入库专家遴选工作。

第六条 入库专家的工作内容包括:

(一)为环境损害司法鉴定机构的评审提供专家意见;

(二)参加相关技术培训;

(三)承担环境保护主管部门、司法行政机关委托的其他工作。

第七条 环境保护主管部门会同司法行政机关对专家库实行动态管理。

专家人数不能满足工作需要的,适时启动遴选工作,增补专家数额。

对不能履行职责的专家,及时调整出库。

第八条 环境保护部会同司法部建设环境损害司法鉴定专家库信息平台,统一提供国家库、地方库专家名单查询。

第九条 本办法自 2016 年 12 月 1 日起施行。

附件

申请表

姓名		性别		民族		
出生日期		健康状况				照片
学历		学位				
专业技术职称、职级		评聘时间				
行政职务、职级		任职时间				
工作单位(详至部门)						
通讯地址				邮政编码		

续表

手　机		座　机		传　真	
身份证号		电子信箱			
研究方向	1.		2.	3.	

研究特长〔污染物性质鉴别、地表水和沉积物、环境大气、土壤与地下水、近岸海洋和海岸带、生态系统、环境经济、其他类（主要包括噪声、振动、光、热、电磁辐射、核辐射、环境法等）等8个领域中选〕

个人简介（500字以内）	

代表性成果	序号	成果名称	成果（论文、著作、研究报告等）名称及出版（发表）时间	本人贡献

项目情况	序号	项目名称	参与的环境损害评估项目或相关研究项目	本人贡献

获奖情况	序号	成果名称	获奖名称及等级	本人排名

续上表

其他需要说明的事项（从事环境损害鉴定评估工作的经验等）	
申请人(签字)： 　　　　年　月　日	所在单位意见(可选) (单位盖章) 负责人(签字) 　　　　年　月　日

注：相关证明材料附后

司法部办公厅关于颁布《亲权鉴定技术规范》
等8项司法鉴定技术规范(2016年修订版)的通知

(司办通〔2016〕58号)

各省、自治区、直辖市司法厅(局)，新疆生产建设兵团司法局、监狱局：

为切实加强司法鉴定标准化工作，保证鉴定质量，适应司法鉴定工作需求和科学技术发展，司法部组织有关专家对2010~2011年颁布的《亲权鉴定技术规范》等8项司法鉴定技术规范进行了修订，现予印发，推荐适用。自印发之日起，该8项技术规范旧版废止，不再适用。

请登录司法部或司法部司法鉴定科学技术研究所网站(网址：www. moj. gov. cn/www. ss-fjd. com)获取相关司法鉴定技术规范电子文本。技术咨询电话：021 – 52367112，联系电话：010 – 65153134。

附件：1. 司法鉴定技术规范(2016年修订版)目录
　　　2. 司法鉴定技术规范(2016年度 I)(略)
　　　3. 司法鉴定技术规范(2016年度 II)(略)

司法部办公厅
2016年9月22日

附件1

司法鉴定技术规范（2016年修订版）目录

序号	2016年修订版名称及编号	原版名称及编号
1	道路交通事故涉案者交通行为方式鉴定 SF/Z JD0101001—2016	道路交通事故涉案者交通行为方式鉴定 SF/Z JD0101001—2010
2	亲权鉴定技术规范 SF/Z JD0105001—2016	亲权鉴定技术规范 SF/Z JD0105001—2010
3	血液中乙醇的测定 顶空气相色谱法 SF/Z JD0107001—2016	血液中乙醇的测定 顶空气相色谱法 SF/Z JD0107001—2010
4	生物检材中苯丙胺类兴奋剂、 哌替啶和氯胺酮的测定 SF/Z JD0107004—2016	生物检材中苯丙胺类兴奋剂、 杜冷丁和氯胺酮的测定 SF/Z JD0107004—2010
5	血液、尿液中238种毒（药）物的检测 液相色谱-串联质谱法 SF/Z JD0107005—2016	血液、尿液中154种毒（药）物的 检测 液相色谱-串联质谱法 SF/Z JD0107005—2010
6	视觉功能障碍法医学鉴定规范 SF/Z JD0103004—2016	视觉功能障碍法医鉴定指南 SF/Z JD0103004—2011
7	精神障碍者刑事责任能力评定指南 SF/Z JD0104002—2016	精神障碍者刑事责任能力评定指南 SF/Z JD0104002—2011
8	精神障碍者服刑能力评定指南 SF/Z JD0104003—2016	精神障碍者服刑能力评定指南 SF/Z JD0104003—2011

司法部办公厅关于推荐适用《法医学虚拟解剖操作规程》
等28项司法鉴定技术规范的通知

（司办通〔2015〕65号）

各省、自治区、直辖市司法厅（局），新疆生产建设兵团司法局、监狱局：

为进一步规范司法鉴定执业活动，推进司法鉴定标准化建设，保障司法鉴定质量，司法部司法鉴定管理局组织制定了《法医学虚拟解剖操作规程》等28项司法鉴定技术规范。该28项司法鉴定技术规范已通过专家评审，在科学性、可靠性、实用性等方面能够满足司法鉴定执业活动的相关要求，现予印发，推荐适用。

司法鉴定机构和司法鉴定人需要获取相关司法鉴定技术规范文本，请登录司法部或司法部司法鉴定科学技术研究所网站（网址：www. moj. gov. cn, www. ssfjd. cn）；需要咨询相关技术问题的，请与司法部司法鉴定科学技术研究所联系（联系人：何晓丹 联系电话：021 - 52367112）。

关于司法鉴定技术规范的使用情况请各地司法行政机关汇总后反馈给司法部司法鉴定管

理局。

特此通知。

附件：司法鉴定技术规范目录(28 项)及文本

司法部办公厅

2015 年 11 月 20 日

附件

司法鉴定技术规范目录(28 项)

序号	名称	编号	备注
1	法医学虚拟解剖操作规程	SF/Z JD0101003—2015	
2	法医学尸体解剖规范	SF/Z JD0101002—2015	2015 年度 I
3	亲子鉴定文书规范	SF/Z JD0105004—2015	
4	生物学祖孙关系鉴定规范	SF/Z JD0105005—2015	
5	法医 SNP 分型与应用规范	SF/Z JD0105003—2015	
6	人身损害后续诊疗项目评定指南	SF/Z JD0103008—2015	
7	血液和尿液中 108 种毒(药)物的气相色谱－质谱检验方法	SF/Z JD0107014—2015	2015 年度 II
8	血液中 45 种有毒生物碱成分的液相色谱－串联质谱检验方法	SF/Z JD0107015—2015	
9	毛发中可卡因及其代谢物苯甲酰爱康宁的液相色谱－串联质谱检验方法	SF/Z JD0107016—2015	
10	生物检材中 32 种元素的测定 电感耦合等离子体质谱法	SF/Z JD0107017—2015	
11	激光显微拉曼光谱法检验墨水	SF/Z JD0203002—2015	
12	文件制作时间鉴定通用术语	SF/Z JD0201010—2015	
13	印章印文形成时间物理检验规范	SF/Z JD0201013—2015	
14	打印文件形成时间物理检验规范	SF/Z JD0201011—2015	2015 年度 III
15	静电复印文件形成时间物理检验规范	SF/Z JD0201012—2015	
16	多光谱视频文件检验仪检验规程	SF/Z JD0201014—2015	
17	文件上可见指印鉴定技术规范	SF/Z JD0202001—2015	

续表

序号	名称	编号	备注
18	录音设备鉴定技术规范	SF/Z JD0301002—2015	
19	音像制品同源性鉴定技术规范	SF/Z JD0300002—2015	
20	录音资料处理技术规范	SF/Z JD0301003—2015	2015 年度 Ⅳ
21	图像真实性鉴定技术规范	SF/Z JD0302001—2015	
22	图像资料处理技术规范	SF/Z JD0302002—2015	
23	手机电子数据提取操作规范	SF/Z JD0401002—2015	
24	数据库数据真实性鉴定规范	SF/Z JD0402002—2015	
25	破坏性程序检验操作规范	SF/Z JD0403002—2015	2015 年度 Ⅴ
26	即时通讯记录检验操作规范	SF/Z JD0402003—2015	
27	电子数据证据现场获取通用规范	SF/Z JD0400002—2015	
28	计算机系统用户操作行为检验规范	SF/Z JD0403003—2015	

司法部办公厅关于推荐适用《文书鉴定通用规范》 等 25 项司法鉴定技术规范的通知

（司办通〔2010〕34 号）

各省、自治区、直辖市司法厅（局）：

为进一步规范司法鉴定执业活动，推进司法鉴定标准化建设，保障司法鉴定质量，司法部司法鉴定管理局委托司法部司法鉴定科学技术研究所组织制定了《文书鉴定通用规范》等 25 项司法鉴定技术规范。该 25 项司法鉴定技术规范已通过专家评审，在科学性、可靠性、实用性等方面能够满足司法鉴定执业活动的相关要求，现予公布。请你们在司法鉴定行业中推荐适用。

司法鉴定机构和司法鉴定人需要相关司法鉴定技术规范文本或咨询相关技术问题的，请直接与司法部司法鉴定科学技术研究所联系（联系人：吴何坚　联系电话：021－52364973）。

关于司法鉴定技术规范的使用情况请各地司法行政机关汇总后反馈给司法部司法鉴定管理局。

特此通知。

附件：25项技术规范目录及文本
附件

司法鉴定技术规范目录（25项）

序号	名称	编号	备注
1	道路交通事故涉案者交通行为方式鉴定	SF/Z JD0101001—2010	2010年度 I
2	听力障碍法医学鉴定规范	SF/Z JD0103001—2010	
3	男子性功能障碍法医学鉴定规范	SF/Z JD0103002—2010	
4	亲权鉴定技术规范	SF/Z JD0105001—2010	
5	血液中乙醇的测定 顶空气相色谱法	SF/Z JD0107001—2010	2010年度 II
6	血液中氰化物的测定 气相色谱法	SF/Z JD0107002—2010	
7	血液、尿液中毒鼠强的测定 气相色谱法	SF/Z JD0107003—2010	
8	生物检材中苯丙胺类兴奋剂、杜冷丁和氯胺酮的测定	SF/Z JD0107004—2010	
9	血液、尿液中154种毒（药）物的检测 液相色谱–串联质谱法	SF/Z JD0107005—2010	
10	生物检材中单乙酰吗啡、吗啡、可卡因的测定	SF/Z JD0107006—2010	
11	尿液中$\triangle^9$四氢大麻酸的测定	SF/Z JD0107007—2010	
12	生物检材中巴比妥类药物的测定液相色谱–串联质谱	SF/Z JD0107008—2010	
13	生物检材中乌头碱、新乌头碱和次乌头碱的测定 液相色谱–串联质谱法	SF/Z JD0107009—2010	
14	文书鉴定通用规范	SF/Z JD0201001—2010	2010年度 III
15	笔迹鉴定规范	SF/Z JD0201002—2010	
16	印章印文鉴定规范	SF/Z JD0201003—2010	
17	印刷文件鉴定规范	SF/Z JD0201004—2010	2010年度 IV
18	篡改（污损）文件鉴定规范	SF/Z JD0201005—2010	
19	特种文件鉴定规范	SF/Z JD0201006—2010	
20	朱墨时序鉴定规范	SF/Z JD0201007—2010	2010年度 V
21	文件材料鉴定规范	SF/Z JD0201008—2010	
22	油漆鉴定规范	SF/Z JD0203001—2010	
23	声像资料鉴定通用规范	SF/Z JD0300001—2010	2010年度 VI
24	录音资料鉴定规范	SF/Z JD0301001—2010	
25	录像资料鉴定规范	SF/Z JD0304001—2010	

司法部办公厅关于推荐适用《周围神经损伤鉴定实施规范》等13项司法鉴定技术规范的通知

各省、自治区、直辖市司法厅(局)，新疆生产建设兵团司法局、监狱局：

为进一步规范司法鉴定执业活动，推进司法鉴定标准化建设，保障司法鉴定质量，司法部司法鉴定管理局组织制定了《周围神经损伤鉴定实施规范》等13项司法鉴定技术规范，现予印发，推荐适用。

司法鉴定机构和司法鉴定人需要获取相关司法鉴定技术规范文本，请登录司法部或司法部司法鉴定科学技术研究所网站(网址：www.moj.gov.cn，www.ssfjd.cn)；需要咨询相关技术问题的，请与司法部司法鉴定科学技术研究所联系(联系人：何晓丹　联系电话：021 - 52367112)。

关于司法鉴定技术规范的使用情况请各地司法行政机关汇总后反馈给司法部司法鉴定管理局。

特此通知。

附件：司法鉴定技术规范目录(13项)及文本

司法部办公厅
2014 年 3 月 17 日

附件

司法鉴定技术规范目录(13项)

序号	名称	编号	备注
1	周围神经损伤鉴定实施规范	SF/Z JD0103005—2014	2014 年度 I
2	外伤性癫痫鉴定实施规范	SF/Z JD0103007—2014	
3	法医临床影像学检验实施规范	SF/Z JD0103006—2014	
4	道路交通事故受伤人员精神伤残评定规范	SF/Z JD0104004—2014	2014 年度 II
5	生物学全同胞关系鉴定实施规范	SF/Z JD0105002—2014	
6	气相色谱－质谱联用法测定硫化氢中毒血液中的硫化物实施规范	SF/Z JD0107013—2014	
7	藏文笔迹鉴定实施规范	SF/Z JD0201009—2014	2014 年度 III
8	电子数据司法鉴定通用实施规范	SF/Z JD0400001—2014	
9	电子数据复制设备鉴定实施规范	SF/Z JD0401001—2014	
10	电子邮件鉴定实施规范	SF/Z JD0402001—2014	
11	软件相似性检验实施规范	SF/Z JD0403001—2014	
12	建设工程司法鉴定程序规范	SF/Z JD0500001—2014	2014 年度 IV
13	农业环境污染事故司法鉴定经济损失估算实施规范	SF/Z JD0601001—2014	2014 年度 V

关于推荐适用法医临床检验规范等 8 项司法鉴定技术规范的通知

(司办通〔2011〕20 号)

各省、自治区、直辖市司法厅(局),新疆生产建设兵团司法局、监狱局:

为进一步规范司法鉴定执业活动,推进司法鉴定标准化建设,保障司法鉴定质量,司法部司法鉴定管理局委托司法部司法鉴定科学技术研究所组织制定了《法医临床检验规范》等 8 项司法鉴定技术规范。该 8 项司法鉴定技术规范已通过专家评审,在科学性、可靠性、实用性等方面能够满足司法鉴定执业活动的相关要求,现予公布,推荐适用。

司法鉴定机构和司法鉴定人需要相关司法鉴定技术规范文本或咨询相关技术问题的,请直接与司法部司法鉴定科学技术研究联系。本技术规范在 SJB－C－1－2003《法医学人体伤残检验规范》及 SJB－C－2－2003《法医学人体损伤检验规范》的基础上,参照《法医临床司法鉴定实务》2009 第一版,以及临床医学专著修改后制定,在内容上涵盖人体损伤和伤残检验的两部分。

本技术规范附录 A 为资料性附录。

本技术规范由司法部司法鉴定科学技术研究所提出。

本技术规范由司法部司法鉴定科学技术研究所负责起草。

本技术规范主要起草人:朱广友　范利华　程亦斌　夏文涛　刘瑞珏　杨小萍。

法医临床检验规范

1 范围

本技术规范规定了法医临床检验的内容和方法。

本技术规范适用于各级司法鉴定机构进行人体损伤程度、伤残程度及相关鉴定案件的法医临床检验。

2 规范性引用文件

下列文件中的条款通过本技术规范的引用而成为本技术规范的条款。凡是注明日期的引用文件,其随后所有的修改单(不包括勘误的内容)或者修订版均不适用于本标准。然而,鼓励根据本标准达成协议的各方研究是否可使用这些文件的最新版本。

司发 70 号　人体重伤鉴定标准

法(司)发 6 号　人体轻伤鉴定标准(试行)

GB/T 16180 劳动能力鉴定职工工伤与职业病致残等级

GB 18667 道路交通事故受伤人员伤残评定

3 总则

3.1 要求

3.1.1 应当遵循实事求是的原则,对人体原发性损伤及由损伤引起的并发症或者后遗症的主、客观体征进行全面、细致地检验,为鉴定结论提供分析的依据。

3.1.2 对被鉴定人的人身检验应由法医鉴定人进行。

3.1.3 对体表损伤,肢体畸形、缺损或者功能障碍应当拍摄局部照片。

3.1.4 检验所用的计量器械须按照规定进行检定或校准。

3.1.5 检查女性身体时，原则上应由女性法医进行。如果没有女性法医，可由男性法医鉴定人进行，但须有女性工作人员或被鉴定人家属在场。

3.1.6 检查女性身体隐私部位时，应征得其本人或者监护人的同意，如需拍照，须获得其本人或者监护人的同意。

3.2 检验时机

3.2.1 鉴定以原发性损伤为依据的，应尽可能在损伤早期检验并记录。

3.2.2 鉴定以损伤后果为依据的应在临床医疗终结后检验，原则上在损伤后 3~6 个月进行。

4 检验

4.1 一般情况

4.1.1 发育：应通过被鉴定人性别、年龄、身高（身长）、体重、第二性征等综合评价。成人发育正常的指标包括（1）头部的长度为身高的 1/7~1/8；（2）胸围为身高的 1/2；（3）双上肢左右伸直，左右指端的距离与身高基本一致；（4）坐高等于下肢的长度。正常人各年龄组的身高与体重之间存在一定的对应关系。

4.1.2 体型：成年人的体型可分为（1）无力型，亦称瘦长型，表现为体高肌瘦、颈细长、肩窄下垂、胸廓扁平、腹上角小于 90°；（2）正力型，亦称匀称型，表现为身体各个部分结构匀称适中，腹上角 90° 左右，见于多数正常成人；（3）超力型，亦称矮胖型，表现为体格粗壮、颈粗短、面红、肩宽平、胸围大、腹上角大于 90°。

4.1.3 营养状态：应通过皮肤、毛发、皮下脂肪、肌肉的发育情况进行综合判断。（1）良好：黏膜红润、皮肤光泽、弹性良好，皮下脂肪丰满而有弹性，肌肉结实，指甲、毛发润泽，肋间隙及锁骨上窝深浅适中，肩胛部和股部肌肉丰满；（2）不良：皮肤黏膜干燥、弹性降低，皮下脂肪菲薄，肌肉松弛无力，指甲粗糙无光泽、毛发稀疏，肋间隙、锁骨上窝凹陷，肩胛骨和髂骨嶙峋突出；（3）中等：介于两者之间。

4.2 体表检查

4.2.1 擦伤：检查擦伤发生的部位、形态、大小、颜色，有无表皮剥脱、血液渗出。若残留有表皮碎屑或游离皮瓣时，可以根据游离缘为力的起始端以及附着缘为终止端的特点，推断暴力作用方向。

4.2.2 挫伤：检查挫伤的部位、形态、大小，皮内或皮下的出血程度。因常与擦伤并存，检查有无表皮剥脱、局部肿胀和炎性反应。

4.2.3 创：法医临床检验时一般均已经过清创缝合，为缝合创（尚未拆线）。检查创的部位、形态、走行方向，创缘是否平整，创角是否整齐，有无挫伤带，局部有无肿胀等。注意区分钝器创和锐器创，若为锐器创则需区分切割创、砍创、刺创及剪创。测量创的长度、宽度，测量创长时应注意不要将拖痕视为创。对于肢体盲管创，需明确创道深度，且普通测量方法无法测量时，可采用超声检查或其他影像检查方法加以明确。

4.2.4 皮肤瘢痕：检查瘢痕的部位、形态、颜色、质地，局部是否平坦，边缘是否整齐，与皮下组织有无粘连，是否存在功能障碍等。注意区分浅表性瘢痕、增殖性瘢痕、瘢痕疙瘩、萎缩性瘢痕及凹陷性瘢痕。测量瘢痕的长度、宽度或者面积。在测量瘢痕面积时，当瘢痕面积远离相关鉴定标准规定数值时，可采用"九分法"或"手掌法"测量；当瘢痕面积接近相关鉴定标准规定数值时，精确测量瘢痕面积。瘢痕面积测量，可先用无弹性透明薄膜覆盖在瘢痕表面，描绘瘢痕投影，通过计算机计算出瘢痕实际面积，再通过全身体表面积计算公式($S = 0.0061 \times$身高(cm)$+ 0.0128 \times$体重(kg)$- 0.1529$)计算出瘢痕占体表面积的百分比。

4.3 颅脑检查

4.3.1 一般检查

4.3.1.1 头皮检查：注意头皮有无损伤及损伤的部位和范围(见4.2)，头皮创及瘢痕的检查和测量宜剃光局部毛发，使创或瘢痕完整、充分地暴露。

4.3.1.2 意识状态：通过交谈了解被鉴定人的思维、反应、情感、计算及定向力等方面的情况。对较为严重者，进行痛觉试验、瞳孔反射等检查，以确定被鉴定人意识障碍的程度。意识障碍有下列不同程度的表现：(1)嗜睡，是最轻的意识障碍，是一种病理性倦睡。被鉴定人陷入持续的睡眠状态，可被唤醒，并能正确回答和做出各种反应，但当刺激去除后很快又再入睡。(2)意识模糊，是意识水平轻度下降，较嗜睡为深的一种意识障碍。被鉴定人能保持简单的精神活动，但对时间、地点、人物的定向能力发生障碍。(3)昏睡，是接近于人事不省的意识状态。被鉴定人处于熟睡状态，不易唤醒。虽在强烈刺激下(如压迫眶上神经，摇动被鉴定人身体等)可被唤醒，但很快又再入睡。醒时答话含糊或答非所问。(4)昏迷，表现为三阶段。a.轻度昏迷，意识大部分丧失，无自主运动，对声、光刺激无反应，对疼痛刺激尚可出现痛苦的表情或肢体退缩等防御反应。角膜反射、瞳孔对光反射、眼球运动、吞咽反射等可存在。b.中度昏迷，对周围事物及各种刺激均无反应，对于剧烈刺激可出现防御反射。角膜反射减弱，瞳孔对光反射迟钝，眼球无转动。c.深度昏迷，全身肌肉松弛，对各种刺激全无反应。深、浅反射均消失。

4.3.1.3 精神状态：询问或观察被鉴定人是否存在怕刺激、易怒、失眠，是否有时高声呼叫、情绪激动、闭目不语、感情抑郁，是否有头痛、头晕、恶心、癫痫、狂躁、谵妄以及逆行性遗忘等。

4.3.1.4 语调与语态：注意被鉴定人有无运动性失语(能听懂语言，但说不出话)和感觉性失语(能发音，但不懂语言，也不知如何说)。

4.3.2 脑神经检查

4.3.2.1 嗅神经：检查前先确定被鉴定人鼻孔是否通畅、有无鼻豁膜病变。检查时嘱被鉴定人闭目，先压闭一侧鼻孔，用不同气味(酒精、氨水、无气味水等)置于另一鼻孔下，让被鉴定人辨别嗅到的各种气味。然后换另一侧鼻孔同法进行测试，注意双侧比较。

4.3.2.2 视神经：检查(1)视力；(2)视野；(3)眼底。(见《眼损伤法医学检验规范》)

4.3.2.3 动眼、滑车、展神经：共同支配眼球运动，合称眼球运动神经。检查眼裂外观、眼球运动、瞳孔及对光反射、调节反射等。若存在眼球运动向内、向上及向下活动受限，以及上睑下垂、调节反射消失，则提示动眼神经麻痹；若存在眼球向下及向外运动减弱，则提示滑车神经受损；若存在眼球向外转动障碍，则提示展神经受损。

4.3.2.4 三叉神经：是混合性神经。感觉神经纤维分布于面部皮肤、眼、鼻、口腔黏膜，运动神经纤维支配咀嚼肌、颞肌和翼状内外肌。(1)面部感觉，嘱被鉴定人闭眼，检查并对比双侧及内外侧痛觉、触觉和温度觉。注意区分周围性与核性感觉障碍，前者为伤侧伤支(眼支、上颌支、下颌支)分布区感觉障碍，后者呈葱皮样感觉障碍。(2)角膜反射，嘱被鉴定人睁眼向内侧注视，以捻成细束的棉絮从被鉴定人视野外接近并轻触外侧角膜，避免触及睫毛,观察被刺激侧是否迅速闭眼和对侧是否也出现眼睑闭合反应,前者称为直接角膜反射,而后者称为间接角膜反射,直接和间接角膜反射均消失见于三叉神经受损(传入障碍)。(3)运动功能,嘱被鉴定人作咀嚼动作,检查并对比双侧肌力强弱;再嘱被鉴定人作张口运动或露齿,检查张口时下颌有无偏斜。若一侧咀嚼肌肌力减弱或出现萎缩,张口时下颌偏向一侧,则提示该侧三叉神经运动纤维受损。

4.3.2.5 面神经:主要支配面部表情肌和舌前2/3味觉功能。(1)运动功能,先观察静态时双侧额纹、眼裂、鼻唇沟和口角是否对称,然后嘱被鉴定人作皱额、闭眼、露齿、微笑、鼓腮或吹哨动作。若一侧额纹减少、眼裂增大、鼻唇沟变浅,不能皱额、闭眼、微笑或露齿时口角歪向对侧,鼓腮或吹哨时同侧漏气,则提示该侧面神经周围性损害;若皱额、闭眼无明显影响,只出现一侧下半部面部表情肌的瘫痪,则提示对侧面神经中枢性损害。(2)味觉检查,分别以糖、盐、醋、奎宁置于被鉴定人伸出的舌前2/3的一侧,嘱被鉴定人以不同手势表达不同的味觉,先检查伤侧,再查对侧。

4.3.2.6 位听神经:(1)听力检查(见《听力障碍法医鉴定规范》);(2)前庭功能检查(见《前庭平衡功能检验规范》)。

4.3.2.7 舌咽、迷走神经:两者在解剖与功能上关系密切,常同时受损。(1)运动,检查被鉴定人有无发音嘶哑、带鼻音或完全失音,有无呛咳、吞咽困难,注意被鉴定人张口发"啊"音时悬雍垂是否居中,两侧软腭上抬是否一致。若一侧软腭上抬减弱,悬雍垂偏向对侧,则提示该侧神经受损;若悬雍垂虽居中,但双侧软腭上抬受限,甚至完全不能上抬,则提示双侧神经麻痹。

(2)咽反射,应用压舌板轻触左侧或右侧咽后壁,观察是否存在咽部肌肉收缩和舌后缩,是否伴有恶心反应。若一侧反射迟钝或消失,则提示该侧神经受损。(3)感觉,应用棉签轻触两侧软腭和咽后壁,观察感觉。应检查舌后1/3的味觉,检查方法见4.3.2.5。

4.3.2.8 副神经:嘱被鉴定人作耸肩及转头运动,并给予一定的阻力,比较两侧的肌力。注意胸锁乳突肌及斜方肌有无萎缩。若一侧耸肩及向对侧转头无力或不能,且该侧胸锁乳突肌及斜方肌萎缩,则提示该侧副神经受损。

4.3.2.9 舌下神经:嘱被鉴定人伸舌,注意观察有无伸舌偏斜、舌肌萎缩及肌束颤动。若伸舌时舌尖偏向一侧,则提示该侧舌下神经麻痹;若不能伸舌,则提示双侧舌下神经麻痹。

4.3.3 感觉功能检查

4.3.3.1 浅感觉:用别针或针尖均匀地轻刺被鉴定人皮肤,检查痛觉;用棉签轻触被鉴定人的皮肤或黏膜,检查触觉;用盛有热水(40℃～50℃)或冷水(5℃～10℃)的玻璃试管接触被鉴定人皮肤,检查温度觉。检查时应注意交替进行,双侧比较。

4.3.3.2 深感觉:轻轻夹住被鉴定人的手指或足趾两侧,向上或向下移动,令其说出移动方向,检查运动觉;将被鉴定人的肢体置于某一姿势,嘱其描述该姿势或用对侧肢体模仿,检查位置觉;用震动着的音叉(128Hz)柄置于被鉴定人骨突起处,询问有无震动感觉,检查震动觉。

4.3.3.3 复合感觉:也称皮质感觉。以手指或棉签轻触被鉴定人皮肤某处,嘱其指出被触部位,检查皮肤定位觉;以钝脚分规轻轻刺激被鉴定人皮肤上的两点,并逐渐缩小双脚间距,直到被鉴定人感觉为一点时,测其实际间距,检查两点辨别觉;嘱被鉴定人用单手触摸熟悉的物体,并说出物体名称,检查实体觉;在被鉴定人的皮肤上画简单的图形或写简单的字，令其识别，检查体表图形觉。

4.3.4 运动功能检查

4.3.4.1 肌力：嘱被鉴定人作肢体伸屈动作，检查者从相反方向给予阻力，测试被鉴定人对阻力的克服力量，并注意两侧比较。肌力的记录采用0~5级的六级分级法。0级，完全瘫痪，测不到肌肉收缩；1级，仅测到肌肉收缩，但不能产生动作；2级，肢体在床面上能水平移动，但不能抵抗自身重力，即不能抬离床面；3级，肢体能抬离床面，但不能抗阻力；4级，能作抗阻力动作，但不完全；5级，正常肌力。

4.3.4.2 肌张力：嘱被鉴定人肌肉放松，检查者根据触摸肌肉的硬度以及伸屈其肢体时感知肌肉对被动伸屈的阻力作判断，应注意是否存在肌张力增高或肌张力降低。

4.3.4.3 不自主运动：(1)震颤，注意区分静止性震颤和意向性震颤。前者静止时表现明显，而在运动时减轻，睡眠时消失，常伴肌张力增高；后者在休息时消失，运动时发生，愈近目的物愈明显，又称动作性震颤。(2)舞蹈样运动，是否存在面部肌肉及肢体的决速、不规则、无目的、不对称的不自主运动，是否表现为作鬼脸、转颈、耸肩、手指间断性伸屈、摆手和伸臂等舞蹈样动作，睡眠时是否可减轻或消失。(3)手足徐动，手指或足趾是否存在缓慢持续的伸展扭曲动作。

4.3.4.4 共济运动：(1)指鼻试验，嘱被鉴定人先以示指接触距其前方0.5 m检查者的示指，再以示指触自己的鼻尖，由慢到快，先睁眼、后闭眼，重复进行，观察是否存在指鼻不准；(2)跟一膝一胫试验，嘱被鉴定人仰卧，上抬一侧下肢，将足跟置于另一下肢膝盖下端，再沿胫骨前缘向下移动，先睁眼、后闭眼，重复进行，观察是否存在动作不稳；(3)快速轮替动作，嘱被鉴定人伸直手掌并以前臂作快速旋前旋后动作，或用一手手掌、手背连续交替拍打对侧手掌，观察是否存在动作缓慢、不协调；(4)闭目难立征，嘱被鉴定人足跟并拢站立，闭目，双手向前平伸，观察是否存在身体摇晃或倾斜。上述检查若有异常时应按照《前庭平衡功能检验规范》进行仪器检测。

4.3.5 神经反射检查

4.3.5.1 浅反射：(1)角膜反射，见4.3.2.4；(2)腹壁反射，嘱被鉴定人仰卧，下肢稍屈曲，使腹壁松弛，然后用钝头竹签分别在肋缘下、脐平及腹股沟上方，由外向内轻划两侧腹壁皮肤，观察上、中或下部腹肌是否收缩；(3)提睾反射，应用竹签由下而上轻划股内侧上方皮肤，观察同侧提睾肌是否收缩，睾丸是否上提；(4)跖反射，嘱被鉴定人仰卧，下肢伸直，检查者手持被鉴定人踝部，用钝头竹签划足底外侧，由足跟向前至近小拓趾关节处转向拇趾侧，观察足跖是否屈曲；(5)肛门反射，用大头针轻划肛门周围皮肤，观察肛门括约肌是否收缩。

4.3.5.2 深反射：(1)肱二头肌反射，嘱被鉴定人前臂屈曲，检查者以拇指置于被鉴定人肘部肱二头肌腱上，然后另一手持叩诊锤叩击拇指，观察肱二头肌是否收缩，前臂是否快速屈曲；(2)肱三头肌反射，嘱被鉴定人外展前臂，半屈肘关节，检查者以一手托住其前臂，另一手以叩诊锤直接叩击鹰嘴上方的肱三头肌腱，观察肱三头肌是否收缩，前臂是否伸展；(3)桡骨骨膜反射，嘱被鉴定人前臂置于半屈半旋前位，检查者以一手托住其前臂，并使腕关节自然下垂，另一手以叩诊锤叩击桡骨茎突，观察肱桡肌是否收缩，是否发生屈肘和前臂旋前动作；(4)膝反射，嘱被鉴定人仰卧，检查者以一手托起其膝关节使之屈曲约60°，另一手持叩诊锤叩击膝盖髌骨下方股四头肌腱，观察小腿是否伸展；(5)跟腱反射，嘱被鉴定人仰卧，髋及膝关节屈曲，下肢取外旋外展位，检查者一手将被鉴定人足部背屈成角，另一手以叩诊锤叩击跟腱，观察腓肠肌是否收缩，足是否向跖面屈曲；(6)阵挛，常见的有踝阵挛和髌阵挛。检查踝阵挛时，嘱被鉴定人仰卧，髋与膝关节稍屈，检查者一手托被鉴定人小腿，另一手持被鉴定人足底前端，突然用力使踝关节背屈并维持之，观察腓肠肌与比目鱼肌是否发生连续性节律性收缩，足部是否呈现交替性屈伸动作；检查髌阵挛时，嘱被鉴定人仰卧，下肢伸直，检查者以拇指与示指控住其髌骨上缘，用力向远端快速连续推动数次后维持推力，观察股四头肌是否发生节律性收缩，髌骨是否上下移动。

4.3.5.3 病理反射：(1) Babinski 征，检查方法同跖反射，见 4.3.5.1，观察拇趾是否背伸，余趾是否呈扇形展开；(2) Oppenheim 征，用拇指及示指沿被鉴定人胫骨前缘用力由上向下滑压，观察项目同 Babinski 征；(3) Gordon 征，用手以一定力量捏压腓肠肌，观察项目同 Babinski 征；(4) Hoffmann 征，以一手持被鉴定人腕部，以另一手中指与示指夹住被鉴定人中指并稍向上提，使腕部处于轻度过伸位，以拇指迅速弹刮被鉴定人的中指指甲，观察其余四指是否掌屈。

4.3.5.4 脑膜刺激征：(1)颈强直，嘱被鉴定人仰卧，检查者以一手托被鉴定人枕部，另一手置于其胸前作屈颈动作，感受是否存在抵抗力增强；(2) Kernig 征，嘱被鉴定人仰卧，一侧髋、膝关节屈曲成直角，检查者将被鉴定人小腿抬高伸膝，观察是否伸膝受阻且伴疼痛及屈肌痉挛；(3) Brudzinski 征，嘱被鉴定人仰卧，下肢伸直，检查者一手托起被鉴定人枕部，另一手按于其胸前，观察头部前屈时是否存在双髋与膝关节同时屈曲。

4.3.6 颅骨骨折

4.3.6.1 颅盖骨折：检查颅盖部有无局部凹陷，头皮有无损伤，常规影像检查有疑问时，应行切线位 X 线摄片及 CT 扫描，明确骨折的部位、类型。应注意是否为开放性骨折，是否合并脑实质损伤及颅内血肿。

4.3.6.2 颅底骨折：根据发生部位可分为颅前窝骨折、颅中窝骨折和颅后窝骨折。(1)颅前窝骨折，检查额、面部是否有软组织损伤，眼睑及结膜下以及眶内软组织是否出现淤血斑（熊猫眼征），是否伴有鼻出血或脑脊液鼻漏，是否合并嗅神经或视神经损伤致嗅觉或视力减退或丧失，应行 CT 扫描了解眼眶及视神经管是否骨折；(2)颅中窝骨折，检查颞部或耳后部是否有软组织损伤，是否伴有鼻出血、脑脊液鼻漏、脑脊液耳漏或脑脊液耳鼻漏，是否合并面神经或听神经损伤，致周围性面瘫或听力下降甚至丧失；(3)颅后窝骨折，检查耳后部及枕部是否有软组织损伤，是否出现耳后淤血斑或枕部肿胀及皮下淤血斑，是否合并后组脑神经损伤致吞咽困难、发声嘶哑或伸舌偏斜等。

4.3.7 脑损伤

4.3.7.1 脑震荡：了解被鉴定人头部损伤后是否出现短暂的意识障碍和近事遗忘，需仔细审查伤后的病史记录及旁证材料。

4.3.7.2 弥散性轴索损伤：了解被鉴定人头部损伤后是否出现昏迷及昏迷的持续时间，检查瞳孔是否散大，对光反射是否消失。可行 CT 扫描明确大脑皮质与髓质交界处、胼胝体、脑干、内囊区域或第三脑室周围有无出血灶，有无出现弥漫性脑肿胀、蛛网膜下腔出血。也可行 MRI 检查，对无出血灶者，明确胼胝体和白质有无异常信号。

4.3.7.3 脑挫裂伤：了解被鉴定人头部损伤后是否出现意识障碍及意识障碍的持续时间，是否有头痛、头晕、恶心、呕吐等症状，是否有局灶险症状及体征，瞳孔是否有改变。应行 CT 扫描明确损伤的部位、范围及周围水肿程度，有无合并颅骨骨折及颅内血肿等。

4.3.7.4 原发性脑干损伤：了解被鉴定人头部损伤后是否出现昏迷及昏迷的持续时间，瞳孔是否有改变，眼球同向运动是否有障碍，肌张力是否增高，有无去大脑强直表现，呼吸、循环功能是否出现紊乱。应行 CT 扫描加以明确，必要时可行 MRI 检查。

4.3.7.5 颅内血肿：(1)硬脑膜外血肿，有无意识障碍及是否具有"昏迷—清醒—再昏迷"的特征表现，瞳孔有无改变，是否具有锥体束征，生命体征是否平稳。应行 CT 扫描明确血肿形成的部位、出血量，是否伴有脑挫裂伤等。(2)硬脑膜下血肿，应注意有无意识障碍，有无颅内压增高的症状，有无局灶性症状及体征。应行 CT 扫描明确血肿的部位、出血量，是否伴有脑挫裂伤等。(3)脑内血肿，常来自于脑挫裂伤灶，注意有无进行性意识障碍加重，应行 CT 扫描明确血肿的部位、出血量。

4.3.8 颅脑损伤后遗症检验

4.3.8.1 毛发缺失：测量毛发缺失的范围，若为小面积毛发缺失，以"cm^2"表示；若为大面积毛发缺失，以缺失毛发的面积占整个头皮面积的百分比表示。

4.3.8.2 颅骨缺损：测量颅骨缺损的位置和范围，计算缺损的面积，也可以通过摄 X 线片或 CT 扫描，计算缺损的面积。

4.3.8.3 持续性植物状态：认知功能丧失，无意识活动，不能执行指令；保持自主呼吸和血压；不能理解和表达语言；能自动睁眼或在刺激下睁眼；可有无目的性眼球跟踪运动；丘脑下部和脑干功能基本保存。植物状态持续一个月以上，即属持续性植物状态。

4.3.8.4 失语症：(1)完全性失语，被鉴定人对语言的理解严重受限，不能复述，失命名、失读或失写，完全丧失语言交流能力。(2)运动性失语，注意区分严重运动性失语和中度运动性失语。前者表现为语言表达严重困难，词量严重缺乏，难以进行语言交流；后者表现为语言表达困难，词量明显减少，不能进行正常的语言交流。(3)感觉性失语，注意区分严重感觉性失语和中度感觉性失语。前者表现为语词杂乱无章，无语言表达能力，不能进行语言交流；后者表现为语词杂乱无章，语言表达困难，不能进行正常的语言交流。(4)轻度失语，表现为轻度语言功能障碍，但语言交流无明显困难。

4.3.8.5 构音障碍：注意区分严重构音障碍和轻度构音障碍。前者表现为音不分明，语不成句，难以听懂，甚至完全不能说话；后者表现为发音不准，吐字不清，语调速度、节律等异常，鼻音过重。

4.3.8.6 外伤性癫痫：注意是否具有导致癫痫发作的损伤基础，了解临床证实或旁证证实的癫痫发作的情况，了解癫痫发作时及发作间期的脑电图检查结果，需明确癫痫发作的类型、程度、频率，是否经过正规抗癫痫药物治疗，必要时测定血药浓度。尚需了解被鉴定人有无癫痫既往史，并了解家族史。

4.3.8.7 日常活动能力评定：日常活动能力包括进食，翻身，大、小便，穿衣、洗漱，自主行动等五项。生活完全不能自理，上述五项均需护理(完全护理依赖)；生活大部不能自理，上述五项中三项以上需要护理(大部分护理依赖)；部分生活不能自理，上述五项中一项以上需要护理(部分护理依赖)。

4.4 面部检查

4.4.1 面部软组织损伤：见 4.2，尚需注意区别面部色素改变与面部皮肤瘢痕的区别，而面部色素改变面积的计算同皮肤瘢痕面积的计算方法。尚需注意是否存在颌面部穿透创，需测量面部皮肤瘢痕时测量相对应的黏膜面瘢痕，有疑问时，利用彩色多普勒超声仪检测，证实皮肤至黏膜层是否贯通（均为瘢痕组织）。

4.4.2　面颅骨骨折

4.4.2.1　眼眶骨折：检查眼眶及眶周有无软组织肿胀，有无局部压痛。应行 CT 扫描，明确眼眶内侧壁、外侧壁以及底壁是否存在骨折，需注意有无眶内积气、筛窦积液、内直肌增粗以及眶周软组织肿胀等影像学表现，对于眼眶底壁是否存在骨折尚需结合冠状位 CT 扫描，或图像重组加以明确。

4.4.2.2　鼻骨骨折：检查鼻外观有无畸形，局部有无压痛，软组织有无肿胀。应常规摄鼻骨侧位 X 线片，必要时摄鼻骨薄层 CT 平扫，以及图像重组，注意明确骨折的类型（系线性骨折还是粉碎性骨折，是否伴有移位等），是否存在鼻额缝分离，注意区分上颌骨额突骨折与鼻骨骨折。

4.4.2.3　颧骨骨折：检查颧部有无软组织肿胀，局部有无压痛。应行颧骨 CT 横断面扫描，必要时可行图像重组加以明确。

4.4.2.4　上颌骨骨折：检查颌面部有无软组织肿胀，局部有无压痛，应行颌面部 CT 扫描，必要时可行图像重组加以明确。应注意区分上颌骨额突骨折与鼻骨骨折，应注意是否伴有牙折断或脱落。

4.4.2.5　下颌骨骨折：检查颌面部有无软组织肿胀，局部有无压痛，应行下颌骨 CT 扫描，必要时可行图像重组加以明确。对有张口受限者，应进行张口位和闭口位 CT 扫描或 MRI 检查，了解颞合关节情况。注意是否伴有牙折断或脱落。若颞下颌关节损伤时，检查张口是否受限。检查时，测量张口位时上、下切牙之间距离。或者以被鉴定人自身的示指、中指、无名指并列垂直置入上、下中切牙切缘间测量。轻度张口受限系大开口时，上下切牙间距仅可并列垂直置入食指和中指；中度张口受限系大开口时，上下切牙间距仅可垂直置入示指；重度张口受限系大开口时，上下切牙间距不能置入示指横径。

4.4.3　眼损伤：见《眼损伤法医学检验规范》。

4.4.4　耳损伤

外耳：（1）耳廓，检查耳廓的外形、大小、位置和对称胜。若存在耳廓缺损，则可先用无弹性透明薄膜分别覆盖在残存耳廓前面及对侧全耳前面，分别描绘残存耳廓及对侧全耳在透明薄膜上的投影，通过计算机测出残存耳廓面积与对侧全耳面积，并计算出耳廓缺损面积占全耳面积的百分比。（2）外耳道，检查外耳道皮肤是否正常，有无溢液，是否存在外耳道瘢痕狭窄、耵聍或异物堵塞。中耳：采用耳镜检查鼓膜是否完整，有无穿孔、出血。若怀疑有鼓膜穿孔，常规行鼓膜照相。乳突：检查耳廓后方皮肤有无红肿，乳突有无压痛，是否可见瘘管形成。听力：见《听力障碍法医鉴定规范》。

4.4.5　鼻损伤：检查鼻外观有无畸形或缺损，鼻中隔是否偏曲，有无鼻翼扇动，有无鼻出血，鼻腔有无异常分泌物，鼻窦区有无压痛以及是否存在鼻通气障碍。

4.4.6　口腔损伤

口唇及口腔黏膜：检查有无皮肤及黏膜破损，是否有发音或进食困难，是否影响咀嚼或吞咽功能，是否存在张口受限。牙：检查牙齿有无牙震荡、牙脱位及牙折，牙列是否完整，明确牙脱位、牙折的数量。牙折时需区别冠折、根折或冠根联合折。注意有无牙及牙周疾病，牙龈有无肿胀、出血等。牙部位的记录要使用统一的符号，乳牙用罗马数字表示，恒牙用阿拉伯数字表示,如左上中切牙记录为"1"。必要时应摄口腔全景 X 线片或口腔 CT 片。

松动程度分为 I 度(牙向颊、舌侧方向活动 < 1 mm)、Ⅱ 度(牙向颊、舌侧方向活动 F - 2 mm)、Ⅲ 度(牙向颊、舌侧方向活动 > 2 mm)。舌:检查舌是否完整,味觉的检查方法见 4.3.2.5。

4.5 颈部检查

4.5.1 工颈部软组织损伤:见 4.2。

4.5.2 喉与气管损伤:检查有无发音困难,有无咳嗽、咳痰、咯血、发绀、呼吸困难,有无皮下气肿,喉和气管是否移位或变形。必要时应行喉镜或支气管镜检查。

4.5.3 颈部食管损伤:检查有无吞咽困难,有无恶心、呕吐、呕血,必要时应行食管造影或食管镜检查。

4.5.4 颈部损伤后遗症检验

4.5.4.1 皮肤瘢痕:见 4.2.4。尚需注意若为小面积皮肤瘢痕,以"C 时"表示;若为大面积皮肤瘢痕,以皮肤瘢痕面积占颈前三角区面积的百分比表示。若瘢痕形成影响颈部活动度时,应仔细测量颈部前屈、后伸、左、右侧屈、左、右旋转的活动度,具体方法见附录 A.1。

4.5.4.2 颈颌粘连分度:

轻度:单纯的颈部瘢痕或者颈胸瘢痕。瘢痕位于颌颈角平面以下的颈胸部。颈部活动不受限制,饮食、吞咽等均无影响。

中度:颏颈瘢痕粘连或者颊颈胸瘢痕粘连。颈部后仰及旋转受到限制,饮食、吞咽有所影响,不流涎,下唇前庭沟并不消失,能闭口。

重度:唇颏颈瘢痕粘连。自下唇至颈前均为瘢痕,挛缩后,下唇、颏部和颈前区都粘连在一起,颈部处于强迫低头姿势。下唇极度外翻,口角、鼻翼甚至下睑均被牵拉向下移位,不能闭口和说话,发音不清,长期流涎不止,饮食困难。特别严重的唇颏颈胸瘢痕粘连,颈部极度屈曲,颈、胸椎后突,呈驼背畸形,不能仰卧,不能平视,不能闭口,终日流涎不止,饮食、呼吸都发生困难。

4.5.4.3 声音嘶哑:行喉镜检查以明确有无声带运动异常、声门狭窄,注意是否存在喉上神经或喉返神经损伤。严重声音嘶哑系声哑或不能发声,无法与他人进行语言交流。

4.5.4.4 呼吸困难:行喉镜检查明确有无声门狭窄,行气管镜检查或 CT 扫描明确有无气管狭窄以及狭窄的部位和程度。根据体力活动受限的程度,呼吸功能障碍分级:

1 级:与同年龄健康者在平地一同步行无气短,但登山或上楼时呈气短。

2 级:平路步行 1000 m 无气短,但不能与同龄健康者保持同样速度,平路快步行走呈现气短,登山或上楼时气短明显。

3 级:平路步行 100 m 即有气短。

4 级:稍活动,如穿衣、谈话即气短。

4.5.4.5 吞咽困难:行食管镜或 X 线造影检查明确食道有无狭窄以及狭窄的部位和程度。(1)吞咽功能严重障碍,只能进食流质,且进食流质时仍感明显不适;(2)吞咽功能障碍,只能进食流质、半流质,不能进食软食;(3)吞咽功能受严重影响,只能进食流质、半流质、软食,不能进食普食;(4)吞咽功能受影响,虽能进食普食,但进食的速度缓慢且伴有明显不适。

4.6 胸部检查

4.6.1 胸部软组织损伤：见4.2。

4.6.2 肋骨骨折：检查呼吸是否平稳，胸廓外观有无畸形，胸廓活动度是否两侧对称，胸壁有无压痛及压痛的部位，是否有胸膜摩擦感，胸廓挤压征是否阳性，听诊是否有异常呼吸音及胸膜摩擦音。行胸部正位/左前斜位/右前斜位X线摄片，胸部CT横断面扫描，必要时可行CT薄层平扫＋图像重组，明确肋骨有无骨折及骨折的数量。注意区分肋骨新鲜骨折与陈旧性骨折，若在损伤早期难以明确时可以在伤后2～3周待骨痂出现后复摄X线片或者CT片，观察是否有动态变化。若为单根肋骨骨折需注意是否伴有移位。

4.6.3 血胸、气胸：检查呼吸是否平稳，气管有无偏移，听诊有无呼吸音减弱或消失，注意有无休克或休克前期症状及体征。行胸部X线摄片及胸部CT扫描明确有无胸腔积液、气胸以及积液、气胸的程度(肺压缩%)。注意仔细审查病史资料，了解有无行胸腔引流等治疗并引流液体的性质、引流液体的量等。

4.6.4 气管、主支气管损伤：见4.5.2。

4.6.5 胸部食管损伤：见4.5.3。

4.6.6 女性乳房损伤：检查乳房有无畸形或缺失，注意乳腺导管有无损伤。

4.6.7 胸部损伤后遗症检验

4.6.7.1 皮肤瘢痕：见4.2.4。

4.6.7.2 呼吸困难：见4.5.4.4。

4.6.7.3 吞咽困难：见4.5.4.5。

4.6.7.4 胸膜粘连或胸廓畸形：检查呼吸是否平稳、胸廓形态是否变化，并行胸部CT扫描，明确有无胸膜粘连及胸膜粘连的范围。

4.6.7.5 心功能不全：明确有心脏损伤的基础，需与自身疾病相鉴别。根据体力活动受限的程度，将心脏功能分为(1)Ⅰ级，无症状，体力活动不受限；(2)Ⅱ级，较重体力活动则有症状，体力活动稍受限；(3)Ⅲ级，轻微体力活动即有明显症状，休息后稍减轻，体力活动大部分受限；(4)Ⅳ级，即使在安静休息状态下亦有明显症状，体力活动完全受限。

4.7 腹部检查

4.7.1 腹部软组织损伤：见4.2。

4.7.2 腹部闭合性损伤：检查腹壁是否紧张，腹部是否有压痛、反跳痛，肝、脾有无肿大，肾区有无叩击痛，移动性浊音是否阳性。注意是否有恶心、呕吐、呕血、便血等。行超声、内镜或腹部CT扫描明确胃、肠、肝、脾、胰、肾以及胆道系统有无挫伤或破裂，腹腔有无积血及积血的量。

4.7.3 腹部开放性损伤：仔细审查病史资料，详细了解临床的手术记录，明确腹膜有无破损(即区分穿透伤和非穿透伤)。检查方法见4.7.2。

4.7.4 腹部损伤后遗症检验

4.7.5 皮肤瘢痕：见4.2.4。

4.7.6 消化吸收功能障碍：检查发育及营养状态，见4.1.3。存在胃、肠、消化腺损伤或者缺损(包括手术切除)，了解缺损范围。测身高和体重：检验血常规、血清白蛋白浓度、血清铁蛋白浓度、血清总胆固醇。出现血清白蛋白<6.0 g/dl；血清总胆固醇<120 mg/dl时为营养不良。消化吸收障碍的评价方法：(1)粪脂染色镜检(半定量法)；(2)粪脂定量测定(Van de Kamer法)；(3)消化吸收试验：a.葡萄糖耐量试验(50 g法)呈低平曲线；b.D—木糖

吸收试验；c.131l—油酸脂肪消化吸收功能试验；d.其他：131lRISA 蛋白质消化吸收功能试验、151 钴—维生素 B12 吸收试验(Schilling 试验)。根据上述检验结果综合判断是否存在消化吸收功能障碍。消化吸收功能障碍分级：(1)消化吸收功能严重障碍，不能通过胃、肠消化吸收功能获得必需的营养物质，而只能依靠肠外营养支持的方式提供营养物质以维持生命(或重度营养不良)，生活自理能力完全丧失；(2)消化吸收功能障碍，不能完全通过胃、肠消化吸收功能获得足够的营养物质(或中度营养不良)，而需要通过肠外营养支持的方式补充足够的营养物质以维持生命，生活能够完全自理；(3)消化吸收功能受严重影响，进食普通饮食不能满足正常的营养需求(或轻度营养不良)，而需要补充必要的营养物质，不能从事体力劳动；(4)消化吸收功能受影响，进食普通饮食不能满足正常的营养需求，但可以通过进食富营养的流质食物以满足营养需求，仅能从事一般体力劳动。

4.7.7 肾功能障碍：通过血生化检查了解内生肌酐清除率、血肌酐、尿素氮、自由水清除率、肾小球滤过率等，行肾浓缩稀释试验，必要时可行同位素肾图法和放射性核素肾显像法。明确肾功能障碍的程度(即轻度、中度、重度)。

4.8 盆部、会阴部检查

4.8.1 盆部、会阴部软组织损伤：见 4.2。

4.8.2 骨盆骨折：检查骨盆局部有无压痛，骨盆挤压、分离试验是否阳性，行骨盆正位 X 线摄片及骨盆 CT 扫描明确骨折的部位、类型。

4.8.3 膀胱损伤：检查有无血尿、下腹部疼痛、排尿困难，行膀胱造影或膀胱镜检查明确有无膀胱破裂。

4.8.4 尿道损伤：检查有无尿道出血、排尿困难、尿潴留，行直肠指检了解尿道损伤的部位、程度及是否合并肛门、直肠损伤，行逆行尿道造影明确有无尿道破裂或断裂。

4.8.5 男性生殖器损伤：检查阴茎有无缺损或畸形，阴囊有无撕脱，有无鞘膜积液(血)，行超声检查明确睾丸有无损伤。

4.8.6 女性生殖器损伤：检查下腹部有无压痛，阴道有无流血，阴道壁有无破损。行超声检查了解卵巢有无损伤，可行 MRI 检查了解子宫有无损伤，可行子宫输卵管造影明确输卵管有无损伤。

4.8.7 盆部、会阴部损伤后遗症检验

4.8.8 皮肤瘢痕：见 4.2.4。

4.8.9 骨盆畸形愈合、骨盆倾斜：检查骨盆外形有无明显畸形，脐至两侧髂前上棘的距离是否相等，两侧髂前上棘是否在同一水平，测量双下肢长度。行骨盆正位 X 线摄片，观察骨盆有无倾斜，骨盆环有无变形，两侧闭孔是否对称。对于女性被鉴定人，注意骨产道有无破坏。

4.8.10 尿道狭窄：行尿道造影检查明确尿道狭窄的程度。(1)尿道闭锁，尿道造影显示尿道连续性中断，管腔消失；(2)尿道重度狭窄，尿道造影显示尿道狭窄部位管腔小于正常管腔 1/3；(3)尿道中度狭窄，尿道造影显示尿道狭窄部位管腔小于正常管腔 1/2；(4)尿道轻度狭窄，尿道造影显示尿道管腔狭窄部位小于正常管腔 2/3。

4.8.11 排便和(或)排尿功能障碍：行直肠指诊或肛诊，检查肛门括约肌张力是否降低，直肠或肛门是否有瘢痕形成。检查肛门反射是否减弱。必要时行肛肠动力学检查评估排便功能，行尿流动力学检查评估排尿功能。

4.8.12 阴茎缺失或畸形：(1)阴茎体完全缺失或严重畸形，阴茎海绵体完全缺失或阴茎体完全畸形(如阴茎弯曲、扭曲、异位等)；(2)阴茎体大部分缺失或畸形，阴茎缺失或畸形大于 1/2 或阴茎畸形大于 1/2；(3)阴茎体部分缺失或畸形，阴茎体缺失或畸形≤1/2。

4.8.13 阴茎勃起功能障碍：见《男子阴茎勃起功能障碍法医鉴定规范》。

4.8.14 阴道狭窄：(1)阴道闭锁，外生殖器解剖结构破坏、瘢痕形成使阴道口完全闭锁；(2)阴道严重狭窄、功能严重障碍，成人阴道宽度小于 1 cm，儿童小于 0.5 cm；(3)阴道狭窄、功能障碍，成人阴道宽度小于 2 cm，儿童小于 1 cm；(4)阴道狭窄、严重影响功能，成人阴道宽度小于 3 cm，严重影响性交功能；(5)阴道狭窄、影响功能，阴道狭窄，影响性交功能。

4.9 脊柱与脊髓检查

4.9.1 脊柱骨折或脱位：检查脊柱生理弧度是否存在，棘突及椎旁肌肉有无压痛，脊柱有无叩击痛，检查感觉功能(见 4.3.3)、运动功能(见 4.3.4)、神经反射(见 4.3.5)。行脊柱 X 线摄片、CT 扫描或 MRI 检查明确骨折或脱位的部位、类型，注意椎管内有无占位，脊髓有无受压迫，脊髓有无异常信号。可行肌电图检查明确神经受累节段。

4.9.2 脊髓损伤：见 4.9.1。

4.9.3 脊柱与脊髓损伤后遗症检验

4.9.4 感觉功能障碍：见 4.3.3。

4.9.5 运动功能障碍：见 4.3.4。

4.9.6 排便和(或)排尿功能障碍：见 4.8.11。

4.9.7 颈部活动障碍：注意有无引起颈部活动障碍的损伤基础，测量颈部活动度，具体方法见附录 A.1。

4.9.8 腰部活动障碍：注意有无引起腰部活动障碍的损伤基础，测量腰部活动度，具体方法见附录 A.1。

4.10 四肢检查

4.10.1 四肢软组织损伤：见 4.2。

4.10.2 骨与关节损伤

4.10.2.1 骨折与关节脱位：检查有无局部疼痛、肿胀和功能障碍，有无畸形、异常活动、骨擦音或骨擦感，注意有无休克、发热等全身症状。应常规行 X 线摄片，根据不同部位可适当调整投照角度，必要时可行 CT 扫描加以明确。

4.10.2.2 骨骺损伤：见 4.10.2.1。尚需注意被鉴定人的年龄特点，注意被鉴定人骨骺有无闭合。

4.10.3 手部肌腱损伤

4.10.3.1 屈指肌腱损伤：仔细审查伤后病史资料，了解肌腱损伤的详细情况。对于(除拇指外)屈指肌腱的检查，固定伤指中节，若被鉴定人不能主动屈曲远侧指间关节则考虑指深屈肌腱断裂；固定除伤指外的其他三个手指，若伤指不能主动屈曲近侧指间关节则考虑指浅屈肌腱断裂；若被鉴定人近侧和远侧指间关节均不能主动屈曲时则考虑指浅屈肌腱和指深屈肌腱均断裂。固定拇指近节，若被鉴定人不能主动屈曲指间关节则考虑拇长屈肌腱断裂。由于蚓状肌和骨间肌具有屈曲手指、掌指关节的功能，故屈指肌腱断裂不影响掌指关节的屈曲。

4.10.3.2 伸指肌腱损伤：仔细审查伤后病史资料，了解肌腱损伤的详细情况。掌指关节背侧近端的伸指肌腱断裂时掌指关节呈屈曲位，近节指骨背侧伸肌腱断裂则近侧指间关节呈屈曲位，中节指骨背侧伸肌腱断裂则手指末节屈曲呈锤状指。

4.10.4 周围神经损伤

4.10.4.1 臂丛神经损伤：臂丛由 C5、6、7、8 和 T1 神经根组成，分为根、干、股、束、支五部分，终末形成腋、肌皮、桡、正中、尺神经。臂丛神经损伤主要分为上臂丛、下臂丛和全臂丛神经损伤。行肌电图检查明确有无臂丛神经损伤（以下周围神经损伤均需行肌电图检查）。(1)上臂丛神经损伤(C5 - C7)，检查上臂外侧、前臂外侧及拇、示、中指的感觉功能，检查是否存在肩外展障碍和屈肘功能障碍。(2)下臂丛神经损伤(C8 - T1)，检查上臂内侧中、下部、前臂内侧及环、小指的感觉功能，检查是否存在手指不能伸屈和手内在肌麻痹表现。(3)全臂丛神经损伤：检查整个上肢肌是否呈弛缓性麻痹，检查是否存在上肢大部分（除上臂部分区域）感觉功能障碍和全部关节主动活动功能丧失，并注意是否存在 Horner 综合征的表现。

4.10.4.2 正中神经损伤：正中神经于腕部和肘部位置表浅，易受损伤。腕部损伤时，检查手掌桡侧半、桡侧 3 个半手指掌面和近侧指间关节以远背侧的感觉功能，检查大鱼际肌和第 1、2 蚓状肌是否存在萎缩，检查是否存在拇指对掌功能障碍和拇、示指捏物功能障碍。肘上损伤时，除检查上述项目外，还应注意是否存在拇、示、中指屈曲功能障碍。

4.10.4.3 桡神经损伤：桡神经在肱骨中、下 1/3 交界处紧贴肱骨，易受损伤，该处损伤时，检查手背桡侧和桡侧 3 个半手指背侧近侧指间关节近端的感觉功能，检查是否存在伸腕、伸指和前臂旋后功能障碍，注意是否存在手背虎口区麻木及垂腕畸形。前臂近端损伤时，常仅损伤桡神经深支，仍检查上述项目，但伸腕功能基本正常。

4.10.4.4 尺神经损伤：尺神经易在腕部和肘部损伤。腕部损伤时，检查手部尺侧半和尺侧 1 个半手指的感觉功能，检查小鱼际肌、骨间肌和第 3、4 蚓状肌是否存在萎缩，检查是否存在爪形手畸形、Froment 征和手指内收、外展功能障碍。肘上损伤时，除检查上述项目外，还应注意是否存在环、小指末节屈曲功能障碍。

4.10.4.5 股神经损伤：怀疑股神经损伤时，检查大腿前面及小腿内侧的感觉功能，检查屈髋、伸膝的肌力及膝反射，注意是否存在股四头肌的萎缩。

4.10.4.6 坐骨神经损伤：损伤部位高时，检查小腿后外侧和足部的感觉功能，检查是否存在膝关节不能屈曲、踝关节与足趾运动功能完全丧失、足下垂等，注意是否存在股后部肌肉及小腿和足部肌肉萎缩。股后中、下部损伤时，仍检查上述项目，但膝关节屈曲功能保存。

4.10.4.7 腓总神经损伤：腓总神经易在腘窝部及腓骨小头处损伤，检查小腿前外侧和足背前、内侧感觉功能，检查是否存在足背屈和外翻功能障碍、伸趾功能障碍、足内翻下垂畸形等，注意是否存在小腿前外侧肌肉萎缩。

4.10.4.8 胫神经损伤：胫神经于腘窝中间最浅，该处损伤后应检查小腿后侧、足背外侧和足底感觉功能，检查是否存在足跖屈、内收、内翻功能障碍及足趾跖屈、外展、内收障碍，注意是否存在小腿后侧屈肌群及足底内在肌萎缩。

4.10.4.9 肌电图检查：疑有周围神经损伤时应在损伤后 2~4 周对被检查肌肉神经进行肌电图检查，肌电图检查应由专门经验的仪器操作人员，或肌电图专家进行，法医鉴定时进行肌电图检查可对神经损伤的部位、神经损伤的程度等作出判断。

4.10.4.10 神经诱发电位：疑有神经系统损伤时，应进行神经诱发电位检查，包括躯体感觉神经、躯体运动神经和自主神经诱发电位检查。神经诱发电位检查可对神经损伤的部位、神经损伤的程度等作出客观判断。

4.10.5 肢体皮肤瘢痕：见 4.2.4。

4.10.6 肢体缺失：检查肢体缺失的水平，测量残端的及对侧肢体的长度，必要时可行 X 线摄片明确骨缺损情况。

4.10.7 关节功能障碍：对于骨与关节损伤所致的关节功能障碍，测量关节的被动活动度；对于肌腱、周围神经损伤所致的关节功能障碍，测量关节的主动活动度。具体方法见附录 A.1。测量关节活动是基于关节的中立位 0°，而不是 180°。关节活动度数是关节从 0° 开始，活动范围的增加。从 0 度开始伸展过度，为过伸，用"＋"号标记为过伸，用"－"标记为不能伸展到 0 度。当一侧肢体损伤时，在测量伤侧关节活动度时，应同时测量健侧进行对照。

4.10.8 肢体长度的测量：（1）上肢全长度，测量从肩峰至桡骨茎突或中指指尖的距离；（2）下肢总长度，骨性长度测量从髂前上棘至内踝下尖的距离；表面长度测量从脐至内踝下尖的距离。

测量四肢长度时应注意（1）伤肢与健肢放在相同对称的位置；伤肢测得长度与健肢长度相比；用同一骨性标志测量。（2）选择骨突出点，用圆珠笔划出。测量时避免皮肤移动。

4.10.9 肢体周径的测量。选择骨突点明显处为标志，双侧均以此骨突点上或下若干厘米处量其周径作对比。（1）上肢周径测量，上臂可在肩峰下 15 cm 平面测量；前臂可在尺骨鹰嘴下 10 cm 平面测量。（2）下肢周径测量，大腿可在髂前上棘下 20 cm 平面测量或者髌骨上缘上 10 ~ 15 cm 处；小腿可在胫骨结节下 15 cm 平面测量，或者髌骨下缘下 10 ~ 15 cm 处。（3）脊髓前角损害或马尾不同节段受损时，检查下肢相应的神经支配区肌肉的周径。

5　附则

5.1 本规范中规定的临床检验项目，实验室检查项目，可根据案由、鉴定事项、损伤部位有重点、有选择地进行，但不得遗漏对鉴定结论有影响的项目。

5.2 本规范没有规定的临床检验项目或实验室检查项目，鉴定人有权根据鉴定事项的需要，增加必要的检验项目。

5.3 鉴定人在对被鉴定人进行检验时，可根据鉴定需要请临床专家协助检验，但鉴定人必须对作为鉴定依据的检验结果负责。

5.4 本规范中规定的临床专家，须是具有高级专业技术职务的专科医师，且经鉴定机构批准认可。

第六编　刑事司法鉴定的其他文件汇编

中央深改组会议审议通过
《关于健全统一司法鉴定管理体制的实施意见》

中共中央总书记、国家主席、中央军委主席、中央全面深化改革领导小组组长习近平2017年7月19日下午主持召开中央全面深化改革领导小组第三十七次会议并发表重要讲话。会议审议通过了《关于健全统一司法鉴定管理体制的实施意见》。会议指出，司法鉴定制度是解决诉讼涉及的专门性问题、帮助司法机关查明案件事实的司法保障制度。健全统一司法鉴定管理体制，要适应以审判为中心的诉讼制度改革，完善工作机制，严格执业责任，强化监督管理，加强司法鉴定与办案工作的衔接，不断提高司法鉴定质量和公信力，保障诉讼活动顺利进行，促进司法公正。

密级鉴定工作规定
（国保发〔2013〕5号）

第一条　为规范密级鉴定工作，依据《中华人民共和国保守国家秘密法》，制定本规定。

第二条　本规定所称密级鉴定，是指保密行政管理部门对涉嫌泄露国家秘密案件中有关事项是否属于国家秘密以及属于何种密级进行鉴别和认定的活动。

第三条　办理涉嫌泄露国家秘密案件的机关提起密级鉴定，保密行政管理部门受理密级鉴定，适用本规定。

第四条　密级鉴定应当遵循依法、客观、公正的原则，做到事实清楚、依据充分、程序规范、结论准确。

第五条　国家保密行政管理部门负责对办理涉嫌泄露国家秘密案件的中央和国家机关提起的事项进行密级鉴定。

省、自治区、直辖市保密行政管理部门负责本行政区域内办理涉嫌泄露国家秘密案件的机关提起的事项进行密级鉴定。

国家保密行政管理部门根据工作需要，对省、自治区、直辖市保密行政管理部门负责鉴定的事项,可以直接进行密级鉴定。

第六条　国家保密行政管理部门和省、自治区、直辖市保密行政管理部门应当设立密级鉴定工作机构或指定专门工作机构负责密级鉴定工作。

第七条　国家保密行政管理部门和省、自治区、直辖市保密行政管理部门应当成立密级鉴定委员会,负责对重大疑难或者不明确事项提出密级鉴定意见。

第八条　有关机关提起密级鉴定,应当提交下列材料:

(一)提起密级鉴定的公文;

(二)需要进行密级鉴定的文件、资料和其他物品(以下简称鉴定材料);

(三)进行密级鉴定工作需要掌握的有关情况,包括案件基本情况、主要情节、鉴定材料泄露对象和时间等。

第九条　保密行政管理部门收到提起密级鉴定的公文后,对符合本规定第八条要求的,应当受理。鉴定材料和有关情况不完整的,应当要求提起机关补充;经补充仍不符合要求的,不予受理。

第十条　保密行政管理部门进行密级鉴定,应当按照下列步骤进行:

(一)审查鉴定材料的真伪和出处;

(二)根据工作需要送请鉴定材料产生单位、有关业务主管部门,或者提交密级鉴定委员会提出密级鉴定意见,也可以由密级鉴定工作机构或者指定的专门工作机构直接提出密级鉴定意见;

(三)依照有关保密法律法规,对鉴定意见进行审查,综合判断,形成密级鉴定结论,出具密级鉴定书。

第十一条　密级鉴定应当以鉴定材料泄露时适用的保密法律法规、保密事项范围和密级变更、解密文件作为依据。

鉴定材料泄露时间不明确的,应当以鉴定材料产生时适用的保密法律法规、保密事项范围和密级变更、解密文件作为依据。

鉴定材料泄露时间和产生时间都不明确的,应当以鉴定材料被查获时适用的保密法律法规、保密事项范围和密级变更、解密文件作为依据。

第十二条　鉴定材料产生单位属于中央和国家机关的,受理密级鉴定的保密行政管理部门可以提请有关中央和国家机关保密工作机构协助鉴定。有关中央和国家机关保密工作机构应当协助,提出密级鉴定意见。

鉴定材料产生单位不属于本行政区域的,受理密级鉴定的保密行政管理部门可以提请有关地方保密行政管理部门协助鉴定。有关地方保密行政管理部门应当协助,提出密级鉴定意见。

第十三条　密级鉴定意见应当包括鉴定材料是否属于国家秘密、属于何种密级以及是否已经变更密级或者解密等内容。

第十四条　保密行政管理部门作出密级鉴定结论,应当出具密级鉴定书。

密级鉴定书应当包括以下内容:

(一)鉴定材料中具体事项的名称;

(二)鉴定依据和鉴定结论;

(三)需要说明的其他情况;

（四）鉴定机关名称和鉴定日期。

第十五条　对鉴定为国家秘密的事项，保密行政管理部门根据工作需要，可以组织对其泄露后可能造成的危害进行评估。

第十六条　保密行政管理部门应当在受理密级鉴定申请后30日内作出密级鉴定结论并出具密级鉴定书。鉴定事项疑难复杂或者因其他特殊情况，经保密行政管理部门负责人批准，可以延长30日。

鉴定材料产生单位、有关业务主管部门应当在收到保密行政管理部门鉴定材料后15日内提出密级鉴定意见。

密级鉴定期间从保密行政管理部门收到符合要求的鉴定材料之日起计算。期间的最后一日为节假日的，以节假日后的第一日为期间届满日期。

第十七条　提起密级鉴定的机关对鉴定结论有异议的，可以向国家保密行政管理部门申请复核。国家保密行政管理部门的复核结论为最终结论。

第十八条　省、自治区、直辖市保密行政管理部门进行密级鉴定的事项涉及刑事案件的，密级鉴定书应当报国家保密行政管理部门备案。

第十九条　参与密级鉴定的人员与相关案件责任人员存在利害关系或者其他关系，可能影响密级鉴定公正的，应当回避。鉴定人员的回避由保密行政管理部门负责人决定，负责人的回避由保密行政管理部门主要负责人或者办公会议决定。

第二十条　参与和协助密级鉴定工作的人员应当保守在密级鉴定工作中知悉的国家秘密。

第二十一条　密级鉴定工作人员在密级鉴定工作中滥用职权、玩忽职守、徇私舞弊的，应当依纪依法追究责任；构成犯罪的，依法追究刑事责任。

第二十二条　对审判、检察、公安、国家安全等机关提起的有关事项是否属于刑法第一百一十一条规定涉及的"情报"进行鉴定的，参照本规定执行。

第二十三条　鉴定材料产生单位属于军队或者鉴定事项涉及军事秘密的，由军队相关军级以上单位保密工作机构进行密级鉴定或者提出密级鉴定意见。

第二十四条　本规定自公布之日起施行。1998年12月30日国家保密局发布的《查处泄露国家秘密案件中密级鉴定工作的规定》（国保发〔1998〕8号）同时废止。

国家认监委关于全面推进司法鉴定机构认证认可工作的通知

各省、自治区、直辖市司法厅（局）、质量技术监督局，中国合格评定国家认可中心：

自2008年7月25日司法部、国家认证认可监督管理委员会下发《关于开展司法鉴定机构认证认可试点工作的通知》以来，北京、山东、江苏、浙江、四川、重庆等六个试点地区司法行政机关和质量技术监督部门相互支持、相互配合，共同推进司法鉴定机构认证认可试点工作，取得了明显成效。为进一步加强质量建设和质量管理，不断提高司法鉴定社会公信力，充分发挥司法鉴定制度的功能作用，在总结试点经验的基础上，现就全面推进司法鉴定机构认证认可工作的有关事项通知如下。

一、总体目标和要求

各地要按照统筹规划、分类指导、不断完善、注重实效的原则,全面推进司法鉴定机构参加并依法通过资质认定或认可(以下统称为认证认可),建立并有效运行质量管理体系,持续提高司法鉴定的科学性、权威性和可靠性,推动司法鉴定行业可持续发展。

(一)自本通知发布之日起,新设立从事法医、物证、声像资料类司法鉴定业务的司法鉴定机构应当建立并有效运行质量管理体系,在司法行政机关核准登记后2年内依法通过认证认可。

(二)本通知发布之前,经司法行政机关审核登记,从事法医、物证、声像资料类司法鉴定业务的司法鉴定机构应当按照所在区域司法厅(局)规定的期限内依法通过认证认可,建立并有效运行质量管理体系。司法行政机关在开展延续登记工作时,应当根据司法鉴定机构通过认证认可的情况重新审核其业务范围和鉴定事项。

(三)从事法医、物证、声像资料类之外其他司法鉴定业务的司法鉴定机构可参照本通知,依法通过认证认可。

(四)各省、自治区、直辖市司法厅(局)重点扶持建设的高资质、高水平司法鉴定机构应当通过国家级资质认定或认可。

北京、山东、江苏、浙江、四川、重庆六个试点地区要按照本通知要求继续推进司法鉴定机构认证认可工作。

二、职责分工

司法部、国家认证认可监督管理委员会依照各自职责和工作分工,部署和监督指导司法鉴定认证认可工作。省级司法行政机关负责本行政区域内司法鉴定机构认证认可的组织、推荐和指导等相关工作。国家认证认可监督管理委员会负责司法鉴定机构国家级资质认定的受理、评审、审批和证后监管工作;省级质量技术监督部门负责本行政区域内司法鉴定机构省级资质认定的受理、评审、审批和证后监管等相关工作;中国合格评定国家认可中心负责司法鉴定机构认可的受理、评审、批准和证后监督工作。

三、组织实施

(一)高度重视。开展司法鉴定机构认证认可工作是贯彻落实《全国人民代表大会常务委员会关于司法鉴定管理问题的决定》精神,依法履行管理职责,加强司法鉴定管理的必然要求,也是认证认可服务领域的新实践。司法行政机关和质量技术监督部门要高度重视,相互配合,共同推进,切实把工作抓紧抓好。

(二)任务要求。司法行政机关要引导和督促司法鉴定机构积极参加认证认可。要把认证认可工作与司法鉴定执业实施体系建设、司法鉴定机构规范化建设和资质评估工作结合起来,把认证认可结果与司法鉴定机构准入、退出和淘汰机制结合起来,作为行业准入、执业监管和质量评价的重要依据和重要内容。质量技术监督部门要深入领会司法鉴定领域开展认证认可工作的重要意义,熟悉和了解司法鉴定领域认证认可的工作特点和工作要求,把握好司法鉴定和认证认可工作的结合点,有针对性地开展司法鉴定机构认证认可工作。

(三)制定实施方案。省级司法行政机关与质量技术监督部门要密切协作,积极稳妥开展工作。各地要成立工作领导小组，指定专门机构和专门人员负责，建立上下联动的工作协调机制。要立足本地司法鉴定行业发展实际，明确工作目标，确定工作思路、工作方法和工作措施，形成切实可行的实施方案。要分类指导，针对不同情况的鉴定机构，提出具体的任务要求、工作安排和相关措施。

（四）大力开展宣传培训。司法行政机关和质量技术监督部门要有针对性地组织开展认证认可、司法鉴定专题培训，提高管理干部、司法鉴定机构负责人和业务骨干的认识水平和业务能力，为司法鉴定机构认证认可工作提供支撑。要深入开展认证认可宣传，为司法鉴定机构认证认可工作营造良好的舆论氛围。

（五）加强基础建设。司法部和国家认证认可监督管理委员会将进一步加强国家级资质认定评审员的培训工作，重点培养一批熟悉司法鉴定的专家型评审员，同时为各地开展省级司法鉴定机构资质认定评审员培训提供师资。各地要挑选业务精、能力强的司法鉴定人和认证认可从业人员参加培训，逐步建立一支适应司法鉴定机构认证认可工作需要的省级资质认定评审员队伍。国家认证认可监督管理委员会认证认可技术研究所要根据司法鉴定领域开展认证认可工作的实际需要和行业特点，修改完善《司法鉴定机构资质认定评审准则》。中国合格评定国家认可中心要继续加大对司法鉴定领域认可评审员的培养，完善认可准则以适应司法鉴定机构认可工作的需要。

请各地将实施方案和工作中遇到的问题及时报司法部或国家认证认可监督管理委员会。

附件：司法鉴定机构申请认证认可的条件和工作程序

2012 年 4 月 12 日

附件

司法鉴定机构申请认证认可的条件和工作程序

一、申请

（一）申请类别

1. 司法鉴定机构的认证认可分为资质认定和认可。

2. 司法鉴定机构资质认定分为国家级资质认定和省级资质认定。国家级资质认定由国家认证认可监督管理委员会负责；省级资质认定由省级质量技术监督部门负责。

3. 司法鉴定机构认可，由中国合格评定国家认可中心负责。

司法鉴定机构应当根据自身条件和发展需要，按照自主选择和司法行政机关推荐相结合的原则，确定申请资质认定或认可。符合条件的鉴定机构可同时申请国家级资质认定和认可。

（二）申请国家级资质认定应当具备的条件

1. 取得省级司法行政机关颁发的《司法鉴定许可证》。

2. 依托中央国家机关直属单位设立，或属于各省级司法鉴定管理机关"十二五"期间确定的重点扶持建设的高资质、高水平的法医、物证、声像资料类司法鉴定机构。

3. 经省级司法行政机关推荐并经司法部司法鉴定管理局确认。

4.所申请的司法鉴定执业类别(业务领域)中,每个类别至少拥有 5 名以上鉴定人,其中至少拥有 1 名具有副高以上专业技术职称的鉴定人。

5.所申请的全部司法鉴定业务领域 2 年内参加过能力验证并取得满意结果(适用时)。

(三)申请认可应当具备的条件

1.取得省级司法行政机关颁发的《司法鉴定许可证》。

2.经省级司法行政机关推荐。

3.所申请的司法鉴定执业类别(业务领域)中,至少拥有 1 名具有副高以上专业技术职称的鉴定人。

4.符合认可规范和要求。

(四)申请省级资质认定应当具备的条件

1.取得省级司法行政机关颁发的《司法鉴定许可证》。

2.所申请的司法鉴定执业类别(业务领域)中,至少拥有 1 名具有中级以上专业技术职称的鉴定人。

3.经省级司法行政机关同意。

二、工作程序

(一)前期准备

司法鉴定机构选择申请的认证认可种类,按照受理部门和评审准则的要求,认真做好配备仪器设备、确认技术方法、改善工作环境、建立内审员队伍、编制体系文件、运行管理体系、开展内部评审和管理评审、参加能力验证等相关前期准备工作。

(二)工作流程

司法鉴定机构从资质认定机关或中国合格评定国家认可中心网站分别下载申请材料——填写申请材料——报司法行政机关同意并出具推荐函——向资质认定机关或中国合格评定国家认可中心提出申请——受理——文件资料符合性审查——专家现场评审——整改——资质认定机关或中国合格评定国家认可中心组织对评审材料进行审核、评定——批准——发证。

(三)评审要求

1.司法鉴定机构申请资质认定,按照国家认证认可监督管理委员会、司法部联合印发的《司法鉴定机构资质认定评审准则》的要求建立管理体系、接受评审。

2.司法鉴定机构申请认可,按照《检测和校准实验室能力认可准则》《检查机构能力认可准则》及其在相关领域的应用说明建立管理体系,接受中国合格评定国家认可中心的评审。

3.司法鉴定机构同时申请国家级资质认定和认可,应按照《司法鉴定机构资质认定评审准则》《检测和校准实验室能力认可准则》《检查机构能力认可准则》及其在相关领域的应用说明建立管理体系,接受评审。为减轻司法鉴定机构负担,国家认证认可监督管理委员会委托中国合格评定国家认可中心将资质认定评审与认可评审同时进行。

(四)注意事项

1.司法鉴定机构向国家认证认可监督管理委员会申请国家级资质认定的,应同时向中国合格评定国家认可中心申请认可。

2.取得资质认定或认可证书的司法鉴定机构,应当在资质认定或认可证书有效期届满前 6 个月提出复查申请,逾期不提出申请的,将注销其资质认定或认可证书并停止其使用资质认定或认可标识。

国家认监委关于印发检验检测机构资质认定配套工作程序和技术要求的通知

各省、自治区、直辖市质量技术监督局(市场监督管理部门)，各直属检验检疫局，各国家资质认定(计量认证)行业评审组，中国合格评定国家认可中心：

《检验检测机构资质认定管理办法》(质检总局令第 163 号)已于 2015 年 4 月 9 日公布，自 2015 年 8 月 1 日施行。为进一步贯彻落实该办法，我委现印发《资质认定 公正性和保密性要求》等 15 份配套工作程序和技术要求(不发纸质版，请在认监委网站下载，网址：WWW.CNCA.GOV.CN)，相关文件自发布之日起试行，试行期一年，请有关单位遵照执行，特此通知。

附件1. 检验检测机构资质认定 公正性和保密性要求

2. 检验检测机构资质认定 专业技术评价机构基本要求

3. 检验检测机构资质认定 评审员管理要求

4. 检验检测机构资质认定 标志及其使用要求

5. 检验检测机构资质认定 证书及其使用要求

6. 检验检测机构资质认定 检验检测专用章使用要求

7. 检验检检测机构资质认定 分类监管实施意见

8. 检验检测机构资质认定 评审工作程序

9. 检验检测机构资质认定评审准则

10. 检验检测机构资质认定 刑事技术机构评审补充要求

11. 检验检测机构资质认定 司法鉴定机构评审补充要求

12. 检验检测机构资质认定许可公示表

13. 检验检测机构资质认定申请书

14. 检验检测机构资质认定评审报告

15. 检验检测机构资质认定审批表

国家认监委

2015 年 7 月 31 日

附件1：

检验检测机构资质认定 公正性和保密性要求

一、为了确保检验检测机构资质认定工作的公正实施，为按照国家有关保密的规定对资质认定工作中获得的信息依法进行保密，根据《检验检测机构资质认定管理办法》，制订本要求。

二、本要求规定了在检验检测机构资质认定工作中应遵循的公正性和保密性方面的基本原则，适用于检验检测机构资质认定工作中的所有活动。

三、检验检测机构资质认定工作的方针和政策应充分体现和保证资质认定工作的公正性。凡遵守国家相关法律法规并符合检验检测机构资质认定申请条件的检验检测机构，无论其规模、隶属关系、经济状况如何，均可申请资质认定。

四、检验检测机构资质认定应严格按照程序要求实施，对检验检测机构进行资质认定的人员不得从事任何可能影响公正性的活动，包括对检验检测机构提供咨询等商业活动。

五、资质认定部门不得以任何方式向检验检测机构推荐咨询服务机构或咨询人员。其委托的专业技术评价机构及其行为不得损害资质认定的保密性、客观性和公正性。

六、检验检测机构资质认定工作不接受任何影响其工作公正性的经济资助。

七、资质认定工作的管理人员、支撑人员、评审员、技术专家等，在参与资质认定的决定、从事评审、处理申诉和投诉前均须签署"公正性与保密性声明"，承诺遵守各项公正性和保密性规定，主动报告本人、以及本人所在的机构与工作对应的检验检测机构之间存在的或潜在的行政、经济、商务等方面的利害关系，并对公正性相关承诺承担法律责任。凡有利益冲突的人员均应主动回避。

八、影响资质认定过程和结果的人员应客观履行职责，不受任何可能损害资质认定公正性的商业、财务和其他压力的影响。

九、资质认定部门对其在资质认定过程中获得的有关检验检测机构的商业、技术等信息负有保密责任。未经检验检测机构的书面同意，不得对外透露其保密信息，法律法规另有规定，或者需要履行法定责任的除外。

十、应保密的信息包括：

——检验检测机构申请资质认定的资料及文件；

——评审或其他资质认定过程中所获取的有关信息；

——检验检测机构档案；

——特别规定的其他保密信息。

十一、在下列情况下，资质认定部门可以披露保密信息：

——得到获准资质认定的检验检测机构书面同意；

——履行法定责任。

十二、下列信息不属于保密范围：

——对外公布的关于获准资质认定状态的信息。包括获准资质认定、拒绝资质认定、暂缓资质认定、暂停或撤销资质认定、扩大或缩小资质认定范围的信息及获准资质认定的范围；

——检验检测机构获取资质认定应对外公开的信息；

——资质认定部门从其他合法渠道获得的有关检验检测机构的公开信息。

十三、本要求自发文之日起实施。

附件2：

检验检测机构资质认定 专业技术评价机构基本要求

第一条 为了规范检验检测机构资质认定部门委托的专业技术评价机构工作，根据《检验检测机构资质认定管理办法》的有关规定，特制定本要求。

第二条 专业技术评价机构是指受检验检测机构资质认定部门委托,承担检验检测机构资质认定申请材料审核、评审安排、评审报告审核等技术辅助工作的机构。

第三条 专业技术评价机构可以是依法成立的机构,也可以是法人机构中的一部分。

第四条 专业技术评价机构应独立于其委托评审的检验检测机构的利益相关各方。专业技术评价机构应承诺遵守公正性、诚实性和保密要求,不受任何可能干扰其技术判断因素的影响。

第五条 专业技术评价机构仅在检验检测机构资质认定部门委托的业务范围开展工作,遵循检验检测机构资质认定基本规范、评审准则的要求。检验检测机构资质认定部门应当与专业技术评价机构签订委托合同,明确委托工作的范围、期限。

第六条 专业技术评价机构应建立相应的工作管理制度,明确实施程序和岗位责任,接受检验检测机构资质认定部门的监督检查。

第七条 专业技术评价机构应定期对其运行体系开展内部审核和管理评审,并采用预防措施和纠正措施来改进工作。

第八条 专业技术评价机构应健全和完善岗位培训制度,对承担资质认定委托任务的人员进行业务知识培训,并定期按照资质认定部门的要求进行培训。

第九条 专业技术评价机构只能在检验检测机构资质认定部门委托的期限内开展工作,需要延续委托期限的,应当在委托书有效期届满十五日前与检验检测机构资质认定部门重新签订委托书。

第十条 专业技术评价机构应按照资质认定有关规定的办理时限内完成委托事项,若办理时限出现超期的,应事先征得检验检测机构资质认定部门的核准。

第十一条 专业技术评价机构及其工作人员未按照委托书以及相应的法律、法规、规章、标准、技术规范开展工作的,由检验检测机构资质认定部门责令改正,情节严重的取消其委托资格。

第十二条 本要求自发布之日起实施。

附件3:

检验检测机构资质认定 评审员管理要求

第一条 为了加强检验检测机构资质认定评审员(以下简称"评审员")管理工作,规范评审员行为,根据《检验检测机构资质认定管理办法》等国家有关规定,制定本要求。

第二条 本要求所称检验检测机构评审员,是指经国家认证认可监督管理委员会(以下简称国家认监委)或者省、自治区、直辖市质量技术监督部门(市场监督管理部门)(以下简称省级资质认定部门)考核合格,取得评审员证书,并受其指派对检验检测机构进行资质认定评审的专业人员。必要时,国家认监委或者省级资质认定部门(以下统称资质认定部门)还可聘用技术专家参加评审工作。

第三条 评审员的申请、考核、使用和监督管理适用本要求。

第四条 国家认监委负责评审员管理制度的建立,制定培训大纲及相关文件,并负责承担国家级资质认定评审工作的评审员的考核、使用和监督管理工作。

省级资质认定部门负责对承担省级资质认定评审工作的评审员的考核、使用和监督管理工作。

第五条 未取得评审员证书和未被聘为技术专家的人员，不得从事检验检测机构资质认定评审工作。

第六条 申请评审员的人员(以下简称申请人)基本条件：

(一)具有国家承认的大学本科及以上相关专业学历，并具有相关专业中级及以上技术职称，或具有同等水平的技术职称；

(二)大学本科及以上学历者，应从事检验检测或者技术管理5年及以上工作经历；研究生及以上学历者，应从事检验检测或者技术管理3年及以上工作经历。

(三)经过相关培训并经资质认定部门考核合格，熟悉检验检测机构资质认定相关法律法规，能够运用《检验检测机构资质认定评审准则》开展资质认定评审工作。

(四)其他条件：

1)年龄不超过65周岁，身体健康；

2)具有良好语言表达和交流能力；

3)熟悉计算机操作，能使用资质认定以及评审员管理的软件系统；

4)有足够的时间参加评审工作；

5)无违法违规记录。

第七条 技术专家应具备的条件：

(一)具有本专业领域中级及以上技术职称；

(二)具有本专业技术工作8年以上工作经历，精通本专业技术。

第八条 评审员取证程序

(一)申请人通过自学或者参加相关评审员技能培训，参加资质认定部门组织的考试并考核合格；

(二)申请人向资质认定部门提交评审员申请书、考核合格证明及其他相关证明文件。

申请人应自愿申请，并经所在工作单位的同意。

申请国家级评审员的，还需获得省级资质认定部门、直属出入境检验检疫部门、国务院有关组成部门或者行业资质认定(计量认证)评审组的推荐。

(三)资质认定部门对申请人提交的申请材料进行审核，符合要求的，颁发评审员证书，并录入评审员信息库。

第九条 取得评审员证书的评审员，可以被不同的资质认定部门所使用。资质认定部门根据评审工作的需要，可以选择使用其他资质认定部门考核合格的评审员。

第十条 评审员证书有效期为6年。

证书到期前，评审员拟继续承担评审任务的，可提出延续证书资格的申请。经资质认定部门考核合格后，评审员证书可以延续。

第十一条 资质认定部门应公布评审员信息，并对评审员的评审工作质量进行评价。

第十二条 评审员进行评审活动时，应当恪守职业道德，坚持客观公正、科学严谨、实事求是的工作原则。

(一)坚持原则，忠于职守，公平公正；

(二)善于沟通，具有团队协同精神；

(三)持续提升评审技能和专业知识；

（四）不损害检验检测机构资质认定部门或评审工作的声誉；

（五）不介入与评审方有关的利益冲突或竞争；

（六）不接受与评审工作有利益关系的组织和人员的任何好处；

（七）不得从事影响评审公正性的咨询活动；

（八）未经授权，不披露任何有关评审的信息；

（九）主动接受资质认定部门的监督，并积极配合对有关人员违背评审准则的行为进行调查。

第十三条 评审员严格禁止有下列行为：

（一）未依照《检验检测机构资质认定评审准则》规定的程序或者时限实施评审活动；

（二）对同一检验检测机构既实施咨询又实施评审；

（三）与所评审检验检测机构有利害关系或者其评审可能对公正性产生影响，未进行回避；

（四）透露工作中所知悉的国家秘密、商业秘密和技术秘密；

（五）收受和谋取当事人的钱财等其他形式的不当利益；

（六）出具虚假或者不实的评审结论。

第十四条 评审员分为二个级别：高级评审员和评审员。

高级评审员：可担任评审组长的人员。

评审员：能够独立地对特定领域的技术能力进行评审的人员。

第十五条 评审员至少参加10次及以上评审，其中至少3次为初次评审或复评审，经2名以上高级评审员分别评价合格，可申请晋级升为高级评审员。

第十六条 评审员的技能培训。资质认定部门应制定评审员技能持续培训计划，对评审员进行持续培训，培训形式包括集中授课、现场观摩、会议研讨或者在线培训等。

第十七条 资质认定部门应定期对评审员进行监督和评价，根据评审员技术能力、工作表现、职业道德等方面的表现，确定是否给予评审员证书的维持或延续。

第十八条 对评审员的监督主要采取现场评审观察、评审案卷审查、被评审方的意见、专项检查及其他相关方面的信息反馈等五种方式。相关信息包括持续培训的考核结果、相关机构反馈的信息、评定的信息、工作态度、廉洁行为和申诉投诉等。

（一）现场评审观察

通常情况下，对评审员每6年内必须实施1次现场见证。评审员由评审组长实施现场见证，高级评审员由资质认定部门委派观察员实施现场见证或同组中高级评审员相互见证。需要时，资质认定部门可根据获取的有关评审员评审工作质量的信息，增加对评审员的现场见证频次和内容。

（二）评审案卷审查

资质认定部门通过评审案卷审查，查找与评审员有关的信息。

（三）被评审方的意见

向被评审方发放征求意见表，由被评审方对评审组和评审员作出评价。

（四）专项检查

对于有可能影响资质认定工作质量或声誉的事件，资质认定部门可随时安排专项检查活动，有针对性地对评审员的现场评审工作质量进行监督。

（五）其他相关方面的信息反馈

根据相关方面反映的有关评审员评审工作方面的信息，资质认定部门可采取不同的方式进行核实查证。

第十九条　评审员监督结果及处置

（一）评审员监督结果

资质认定部门应当将评审员监督结果记录入评审员信息库，并反馈相关评审员。

（二）违规情况的处置

资质认定部门将对出现以下行为的评审员根据情节的轻重给予警告、暂停资格和注销资格的处置：

1）不符合评审员基本要求；

2）违反评审员行为准则；

3）评审工作中出现严重失误但尚未造成严重后果；

4）评审工作中出现严重失误已造成严重后果；

5）实施评审经历或现场见证时出现失误，或做出虚假的、不负责任的评价结论；

6）其他（例如：不能保持必要的经历，自动放弃等）。

（三）恢复

暂停资格的评审员，在暂停期内针对自身问题进行了有效的纠正或改进，经验证后，由资质认定部门做出恢复决定。

第二十条　资质认定部门定期对优秀评审员进行表彰。

第二十一条　本要求自发布之日起实施。原国家认监委 2008 年 11 月 30 日发布的《实验室和检查机构资质认定评审员管理办法》同时废止。

附件4：

检验检测机构资质认定　标志及其使用要求

一、为了对检验检测机构资质认定标志的使用进行管理，规范检验检测行为，根据《检验检测机构资质认定管理办法》，制定本要求。

二、检验检测机构资质认定部门负责对检验检测机构核发资质认定证书和资质认定标志。

检验检测机构资质认定标志由 CMA 图案和资质认定证书编号组成。具体要求见附件。

三、检验检测机构应在其检验检测报告或证书和相关宣传资料中正确使用资质认定标志。资质认定标志应符合本要求规定的尺寸比例，并准确、清晰标注证书编号。资质认定标志的颜色建议为红色、蓝色或者黑色。

四、检验检测机构在资质认定证书确定的能力范围内，对社会出具具有证明作用数据、结果时，应当标注资质认定标志。资质认定标志加盖（或印刷）在检验检测报告或证书封面上部适当位置。

五、检验检测机构应注重对检验检测机构资质认定标志使用的管理，建立并保存相关使用记录。

六、本要求自发文之日起实施。

附件

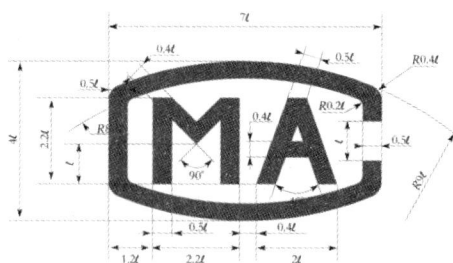

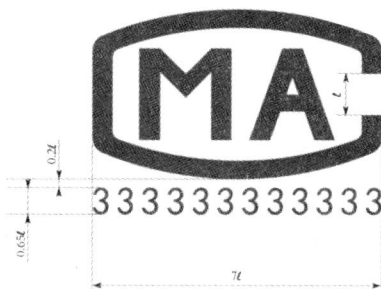

资质认定标志使用说明

1. 标志的图形：资质认定标志的整个图形由英文字母 CMA 形成的图案和资质认定证书编号组成。证书编号由 12 位数字组成。CMA 是 China Inspection Body and Laboratory Mandatory Approval 的英文缩写。

2. 标志的使用：取得检验检测机构资质认定证书的机构，可使用证书中的"许可使用标志"，进行对外宣传，并允许在资质认定范围内出具的检验检测报告或证书上予以使用。

3. 标志的规格：使用标志时，应按照标志规定的比例，根据情况放大或缩小，不可更改标志比例，标志上下部分的颜色应一致。

4. 证书的编号：在标志下面的数字编号也为资质认定证书的编号。

附件5：

检验检测机构资质认定　证书及其使用要求

一、为了对检验检测机构资质认定证书进行管理，规范检验检测行为，根据《检验检测机构资质认定管理办法》，制定本要求。

二、检验检测机构资质认定证书由国家认监委统一监制。

三、检验检测机构资质认定证书内容包括：发证机关、获证机构名称和地址、法律责任承担单位、检验检测能力范围、有效期限、证书编号、资质认定标志。检验检测机构资质认定证书式样见附件一。资质认定证书与其附表共同构成对检验检测机构技术能力的认定，资质认定证书附表见附件二。

四、检验检测机构资质认定证书编号由 12 位数字组成，资质认定证书编号要求见附件三。

五、本要求自发文之日起实施。

附件5－1：

检验检测机构资质认定证书式样

附件 5 - 2：

检验检测机构
资质认定证书附表

×××××××××××

检验检测机构名称：

批准日期：

有效期至：

批准部门：

国家认证认可监督管理委员会制

注意事项

1. 本附表分两部分，第一部分是经资质认定部门批准的授权签字人及其授权签字范围，第二部分是经资质认定部门批准检验检测的能力范围。

2. 取得资质认定证书的检验检测机构，向社会出具具有证明作用的数据和结果时，必须在本附表所限定的检验检测的能力范围内出具检验检测报告或证书，并在报告或者书中正确使用 CMA 标志。

3. 本附表无批准部门骑缝章无效。

4. 本附表页码必须连续编号，每页右上方注明：第×页共×页。

一、批准××××××××××××××××××××××××× 授权签字人及领域表

证书编号：×××××××××××

地址：第 ×页共×页

序号	姓名	职务/职称	批准授权签字领域	备注

二、批准×××××××××××××××××××××××检验检测的能力范围

证书编号：×××××××××××

地址：第 ×页共×页

序号	类别(产品/项目/参数)	产品/项目/参数		依据的标准(方法)名称及编号(含年号)	限制范围	说明
		序号	名　称			

附件5－3：

检验检测机构资质认定证书编号要求

资质认定证书编号由12位数字组成。

"第1－2位"为发证年份后两位代码。如：2015年的代码为15。

"第3－4位"为发证机关代码。国家认监委及省级质量技术监督部门的编码分别为：00国家认监委01北京02天津03河北04山西05内蒙古06辽宁07吉林08黑龙江09上海10江苏11浙江12安徽13福建14江西15山东16河南17湖北18湖南19广东20广西21海南22重庆23四川24贵州25云南26西藏27陕西28甘肃29青海30宁夏31新疆。

"第5－6位"为专业领域类别代码：00食品 01建筑工程 02建材03卫生计生 04农林牧渔 05机动车安检 06公安刑事技术 07司法鉴定 08机械 09电子信息 10轻工 11纺织服装 12环境与环保 13水质 14化工 15医疗器械 16采矿冶金 17能源 18医学19生物安全20综合21其他。（注：具备食品检验检测能力的机构一律按照00类划分）

"第7－8位"为行业主管部门代码：00教育 01工业和信息02公安 03司法 04国土资源 05环保 06住房与建设 07交通 08水利 09农业 10卫计委 11技术监督12检验检疫 13安全生产 14食品药品 15林业 16中科院 17粮食 18国防科工 19海洋 20测绘 21铁路 22机械 23化工 24石油 25电力26轻工 27商贸 28建材 29供销 30分析测试与冶金 31有色 32节能 33军队 34其他

"第9－12位"为发证流水号。从"0001"开始，按数字顺序排列。

附件6：

检验检测机构资质认定　检验检测专用章使用要求

一、为了对检验检测专用章进行管理，规范检验检测行为，根据《检验检测机构资质认定管理办法》，制定本要求。

二、检验检测机构向社会出具具有证明作用的检验检测数据、结果的，应当在其检验检测报告或证书上加盖检验检测专用章，用以表明该检验检测报告或证书由其出具，并由该检验检测机构负责。

三、检验检测专用章应表明检验检测机构完整的、准确的名称。检验检测专用章加盖在检验检测报告或证书封面的机构名称位置或检验检测结论位置，骑缝位置也应加盖。

四、检验检测机构应加强对检验检测专用章管理，建立相应的责任制度和用章登记制度，安排专人负责保管和使用，用章记录资料要存档备查。

五、检验检测专用章的式样要经过本单位法人或法人授权人批准。

六、检验检测专用章的式样变更，也须要经过本单位法人或法人授权人批准。

七、检验检测专用章应含下列内容：本单位名称、"检验检测专用章"字样、五星标识。专用章形状通常为圆形，参考式样如下。

八、丢失检验检测专用章的，单位要及时声明作废。

九、本要求自发文之日起实施。

附件7：

检验检测机构资质认定 分类监管实施意见

一、指导思想

为贯彻落实"在深化行政审批制度改革、简政放权的基础上，树立底线思维，突出问题导向，强化风险管理，加强事中和事后监管"的要求，根据《检验检测机构资质认定管理办法》，进一步强化对检验检测机构的监督管理，建立检验检测机构诚信档案，实施分类监督管理，不断提升全国检验检测服务业为经济和社会发展提供支撑和服务的效能。

二、工作目标

探索建立检验检测机构分类监管制度。按照检验检测机构及其运行风险的大小，日常管理表现，投诉举报情况，监督检查结果以及其他方面的信息反馈，建立检验检测机构诚信档案，并据此实施差异化的监督管理，实现全国统一的检验检测机构科学监管体系，提升监管有效性和及时性。

三、工作职责分工

国家认监委负责全国检验检测机构分类监管的统一管理和组织实施，制定分类监管的政策制度，对获得国家级资质认定证书的检验检测机构进行分类监管。国家认监委负责对省级资质认定部门实施的分类监管工作进行监督和指导。

省级质量技术监督部门（市场监督管理部门）（以下称"省级资质认定部门"）负责对获得省级资质认定证书检验检测机构的分类监管。

四、监管分类及评价标准

依据有关法律法规、《检验检测机构资质认定管理办法》《检验检测机构资质认定评审准则》等有关文件的规定，结合资质认定部门的监管实际，资质认定部门将检验检测机构分为A、B、C、D四个类别，并根据不同类别采取不同的监管模式。

1.A类：熟悉国家相关法律法规的规定并切实遵守践行，诚实守信，主动落实主体责任，自律意识较好，内部管理规范，检验检测行为客观公正，没有出现用户投诉或其他负面情况，整体运行管理状态良好。

2.B类：熟悉国家相关法律法规，基本做到遵章守纪，有一定自律意识，内部管理比较规范，检验检测行为较为公正，用户投诉少且投诉事项轻微，所从事的检验检测领域风险较小，不存在明显的质量安全隐患。

3. C 类：对国家相关法律法规不够熟悉，承担主体责任的主动性和自律意识存在不足，内部管理存在的瑕疵较多，承担的检验检测产品或服务质量有一定风险，关键岗位人员流动较频繁，检验检测设备和设施陈旧或状态不佳，存在一定数量的投诉举报并且部分被查实，有较为明显的违规风险。

4. D 类：对国家相关法律法规不熟悉，内部管理混乱，存在检测数据不准确甚至虚假数据、超范围检验检测等重大问题，管理体系不能证明得到有效运行，检验检测能力严重缺失或存在欺瞒，承担的检验检测产品或服务质量风险很大，上年度和本年度发生过违法或严重违规的案件，全年度未参加能力验证和比对试验，关键岗位人员流动异常频繁等，整体运行管理存在重大违规风险和安全隐患等。

资质认定部门根据检验检测专业领域风险程度，检验检测机构自我声明、认可机构认可、年度监督检查、能力验证、现场评审表现、其他部门反馈的意见、申投诉调查处理结果以及其他渠道获得的信息对检验检测机构实施分类。在首次启动分类监管时，所有检验检测机构起始默认类别为 B 类。

五、监管要求

(一)建立健全检验检测机构分类监督管理档案

1. 资质认定部门应建立检验检测机构分类监管档案。资质认定部门应及时录入监管的信息，检验检测机构分类出现变化时，原有档案不予删除，需留下每次分类变化痕迹，每年进行复核确认。

2. 分类监管档案内容包括(不限于)：检验检测机构名称、地址、联系人、联系电话、营业执照(或事业法人证书)复印件、资质认定证书及附表复印件、既往监督管理记录、分类发生变化情况等。分类监管档案的建设可以与资质认定行政许可系统、监督管理系统以及统计直报系统相结合。

(二)建立健全监管机制

根据检验检测机构分类结果，资质认定部门可以采取如下监管措施实施分类监管。

1. 年度监督检查。由国家认监委统一组织，由资质认定部门对获证检验检测机构进行现场检查，每年组织一次。

2. 日常监督检查。由资质认定部门组织，按照分类监管类别对应的检查频次，由县级以上质量技术监督部门(市场监督管理部门)实施。每次检查应由 2 名以上监管人员执行，必要时可以聘请技术专家参加。可采用"双随机"方式抽查。

3. 投诉调查。根据对检验检测机构的举报和投诉，由资质认定部门自行或者委托县级以上质量技术监督部门对检验检测机构进行调查。调查注重对投诉举报及其他渠道线索的查证落实，并据此实施对检验检测机构的行政处理或处罚。

(三)监督检查的频次

对不同类别的检验检测机构实施不同的监管频次和管理方式。原则上，对 A 类检验检测机构予以"信任"，B 类检验检测机构予以"鼓励"，C 类检验检测机构予以"鞭策"，D 类检验检测机构予以"整顿"。

1. 对被确定为 A 类的检验检测机构，原则上不将其列为下一年度的年度监督检查对象(法律法规规章另有规定、出现责任事故、收到投诉举报等情况除外，以下各类检验检测机构均同)。对 A 类检验检测机构的日常监督检查一般 3 年进行一次。

2. 对被确定为 B 类的检验检测机构,在下一年度的年度监督检查中,可根据情况(如备选机构数量不足)选择性地抽取少数机构进行检查。日常监督检查一般每 2 年实施一次。

3. 对被确定为 C 类的检验检测机构,在下一年度的年度监督检查中原则上尽量抽取进行检查。日常监督检查一般每 1 年实施一次。

4. 对被确定为 D 类的检验检测机构,在下一年度的年度监督检查中列为必须检查对象。对 D 类检验检测机构的日常监督检查频次每年不少于 2 次。

当年度接受资质认定部门"年度监督检查"的,视同接受过一次日常监督检查。

六、分类评价结及监督

(一)分类评价结果主要提供给资质认定部门进行日常管理时使用,不得用于社会宣传或者暗示检验检测机构的市场竞争力。

(二)资质认定部门对检验检测机构的分类进行动态管理,随时根据相关情况调整分类。检验检测机构存在违法违规行为被实施行政处罚的,该检验检测机构等级在当年度直接降为 D 类。

(三)为了确保检验检测机构分类监管的统一性,确保监管质量,国家认监委将每年组织对省级资质认定部门分类监管情况进行督查。

附件 8:

检验检测机构资质认定　评审工作程序

本评审工作程序依据《检验检测机构资质认定管理办法》要求制定,其目的是规范检验检测机构资质认定评审过程。

1　评审类型及时限

检验检测机构资质认定评审工作分为:现场评审和书面审查。

1.1 现场评审

现场评审的类型,包括首次评审、变更评审、复查评审和其他评审。

首次评审:对未获得资质认定的检验检测机构,在其建立和运行管理体系后提出申请,资质认定部门对其是否满足资质认定条件进行现场确认的评审。

变更评审:对已获得资质认定的检验检测机构,其组织机构、工作场所、关键人员、技术能力、管理体系等发生变化,资质认定部门对其是否满足资质认定条件进行现场确认的评审。

复查评审:对已获得资质认定的检验检测机构,在资质认定证书有效期届满前三个月申请办理证书延续,资质认定部门对其资质是否持续满足资质认定条件进行现场确认的评审。

其他评审:对已获得资质认定的检验检测机构,因资质认定部门监管、处理申诉投诉等需要,对检验检测机构是否满足资质认定条件进行现场确认的评审。

1.2 书面审查

书面审查的类型,包括变更审查和自我声明审查。

变更审查:对已获得资质认定的检验检测机构,其机构名称、法人性质、地址、法定代表人、最高管理者、技术负责人、授权签字人、检验检测标准等发生变更,或自愿取消资质认定项目，资质认定部门对其变更情况是否满足资质认定条件进行的书面审核。

自我声明审查：对已获得资质认定的检验检测机构，资质认定部门对其的自我声明的书面审核。对于作出自我声明的机构，资质认定部门将在后续监督管理中对其声明内容是否属实进行检查，若发现承诺内容不实，资质认定部门将撤销审批决定，并将相关情况记入诚信档案。

1.3 技术评审时限

资质认定部门受理申请后，应当及时组织专家进行评审，技术评审应当在资质认定部门受理申请后 45 个工作日内完成（含提交评审结论），由于申请人自身原因导致无法在规定时限内完成的情况除外。

2 现场评审准备

2.1 确定实施部门

资质认定部门受理检验检测机构的资质认定申请后，可自行组织实施评审，如需委托专业技术评价组织实施评审，应将如下资料转交专业技术评价组织：

（1）检验检测机构提交的《申请书》；

（2）检验检测机构的《质量手册》《程序文件》（适用时）；

（3）检验检测机构的相关说明；

（4）资质认定评审工作用表。

2.2 组建评审组

（1）评审组组成

资质认定部门或其委托的专业技术评价组织，应根据被评审检验检测机构申请资质认定的检验检测项目和专业类别，按照专业覆盖、就近就便的原则组建评审组。评审组由 1 名组长、1 名以上评审员或技术专家组成。评审组成员应在组长的领导下，按照资质认定发部门或其委托的专业技术评价组织下达的评审任务，独立开展资质认定评审活动，并对评审结论负责。

（2）评审组长职责

①带头遵守评审纪律和行为准则，要求评审组成员的行为符合有关规定，对评审组成员进行必要的指导，对评审组成员的现场评审表现做出评价；

②带领评审组开展现场评审工作，并对现场评审活动的合法性、规范性及评审结论的准确性、真实性、完整性负责；

③代表评审组与被评审检验检测机构沟通，协调、控制现场评审过程，裁决评审工作中的分歧和其他事宜；

④协调评审组与资质认定部门派出的监督人员的联系。

⑤负责现场评审前的策划，包括：文件审查、评审日程安排、商定现场试验项目、填写评审的前期准备记录以及评审前应准备的事项等；

⑥在现场评审首次会议前，向评审组介绍评审的有关工作内容和要求；

⑦根据被评审检验检测机构实际情况，结合评审组成员的意见，负责提出现场评审结论；

⑧组织对被评审检验检测机构整改情况的验收；

⑨负责评审资料的汇总和整理，并及时向资质认定部门或其委托的专业技术评价组织报

告评审情况和结论以及报送评审资料。

（3）评审员职责

①遵守评审组计划日程安排和评审组任务分工，完成相关内容的评审工作，服从评审组组长的安排和调度，遵守评审纪律和行为准则，对其评审内容结论的准确性、真实性、完整性负直接责任；

②按照评审组的分工，做好评审前的信息收集，负责管理要素的评审员应协助评审组组长做好前期文件审查工作，负责技术要素的评审员应协助评审组组长确定现场试验考核项目，负责评审报告中相关记录的填写。

（4）技术专家职责

①遵守评审组计划日程的安排，遵守评审纪律和行为准则，服从评审组组长的安排和调度，对其评审内容结论的准确性、真实性、完整性负责；

②按照评审组的分工，协助评审组组长或评审员确定现场试验考核项目，协助评审员开展检验检测能力确认工作。

2.3 材料审查

评审组长应在评审员或者技术专家的配合下对检验检测机构提交的申请材料进行审查。通过审查提交的《检验检测机构资质认定申请书》，对检验检测机构的工作类型、能力范围、检验检测资源配置以及管理体系运作所覆盖的范围进行了解，并依据《检验检测机构资质认定评审准则》及相应的技术标准，对申请人的《质量手册》《程序文件》等进行文件符合性审查，对管理体系的运行予以初步评价。

（1）对《检验检测机构资质认定申请书》及附件的审查要点

①审查检验检测机构的法人地位证明材料，审核其经营范围是否满足公正性检验检测的要求；

②检验检测机构是否有固定的工作场所；

③"申请资质认定检验检测能力表"中的项目/参数及所依据的标准是否正确，是否属于资质认定范围；

④仪器设备（标准物质）配置的填写是否正确，所列仪器设备是否满足其申请项目/参数的检验检测能力要求，并可独立调配使用；

⑤技术负责人、授权签字人及特定领域的检验检测人员的职称和工作经历是否符合规定；

⑥组织机构框图是否清晰。

（2）对《质量手册》的审查要点

①《质量手册》的条款应包括《检验检测机构资质认定评审准则》相关规定；

②质量方针明确，质量目标可测量、具有可操作性；

③质量职能明确；

④管理体系描述清楚，要素阐述简明、切实，文件之间接口关系明确；

⑤质量活动处于受控状态；管理体系能有效运行并进行自我改进。

（3）对《程序文件》的审查要点

①需要有程序文件描述的要素，均被恰当地编制成了程序文件；

②程序文件结合检验检测机构的特点，具有可操作性；

③程序文件之间、程序与质量手册之间有清晰关联。

（4）审查结果处理

评审组长应当在收到申请材料 10 个工作日内完成材料审查，并将审查意见反馈资质认定部门或其委托的专业技术评价组织，当材料不符合要求时，由资质认定部门或其委托的专业技术评价组织通知申请机构更改。

2.4 下发评审通知

材料审查合格后，资质认定部门或其委托的专业技术评价组织向被评审的检验检测机构下发《检验检测资质认定现场评审通知书》，同时告知评审组按计划实施评审。

2.5 编制评审计划

评审组接到现场评审任务后，编写《检验检测机构现场评审日程计划表》。对评审的日期、时间、工作内容、评审组分工等进行策划安排。并就以下问题与被评审的检验检测机构进行沟通：

（1）确定评审的日程；

（2）确定现场试验项目；

（3）商定交通、住宿等安排。

3 实施技术评审

3.1 召开预备会议

评审组长在现场评审前应召开全体评审组成员参加的预备会，会议内容包括：

（1）评审组长声明评审工作的公正、客观、保密；

（2）说明本次评审的目的、范围和依据；

（3）介绍检验检测机构文件审查情况；

（4）明确现场评审要求，统一有关判定原则；

（5）听取评审组成员有关工作建议，解答评审组成员提出的疑问；

（6）确定评审组成员分工，明确评审组成员职责，并向评审组成员提供相应评审文件及现场评审表格；

（7）确定现场评审日程表；

（8）需要时，要求检验检测机构提供与评审相关的补充材料；

（9）需要时，组长对新获证评审员和技术专家进行必要的培训及评审经验交流。

3.2 首次会议

首次会议由评审组长主持召开，评审组全体成员，检验检测机构最高管理者、技术负责人、质量主管和检验检测业务部门负责人应参加首次会议，会议内容如下：

（1）组长宣布开会，介绍评审组成员；检验检测机构介绍与会人员；

（2）评审组长宣读资质认定部门的评审通知，说明评审的目的、依据、范围、原则，明确评审将涉及的部门、人员；

（3）确认评审日程表；

（4）宣布评审组成员分工；

（5）向检验检测机构做出保密的承诺；

（6）澄清有关问题，明确限制条件（如洁净区、危险区、限制交谈人员等）；

（7）检验检测机构为评审组配备陪同人员，确定评审组的工作场所及评审工作所需资源。

3.3 考察检验检测机构场所

首次会议结束，由陪同人员引领评审组进行现场考察，考察检验检测机构相关的办公及检验检测场所。现场参观的过程是观察、考核的过程。有的场所通过一次性的参观之后可能不再重复检查，要利用有限的时间收集最大量的信息。在现场参观的同时要及时进行有关的提问，有目的的观察环境条件、仪器设备、检验检测设施是否符合检验检测的要求，并做好记录。现场参观应在评审日程表规定的时间内完成，防止由于检验检测机构陪同人员过细的介绍，而影响后面的评审工作进程。也不要因个别评审员对某个问题的深入核查而耽误了其他评审员的时间。

3.4 现场试验

检验检测机构是否使用合适的方法和程序来进行检验检测应通过现场试验予以考核。通过现场试验，考核检验人员的操作能力以及环境、设备等保证能力。

（1）考核项目的选择

首次评审现场试验项目需覆盖申请范围内所有大类，复查评审时可根据具体情况酌情减少。

（2）现场试验考核的方式

对检验检测机构的现场试验考核，可采取盲样试验、人员比对、仪器比对、见证实验和报告验证的方式进行。

（3）现场试验结果的应用

①盲样试验、人员比对、仪器比对、过程考核、应出具检验检测报告或证书；报告或证书验证应出具检验原始记录或检验检测报告或证书。

②在现场操作考核中，如果盲样试验、人员比对、仪器比对的结果数据不合格，或与已知数据明显偏离，应要求检验检测机构分析原因；如属偶然原因，可安排检验检测机构重新试验；如属于系统偏差，则应认为该检验检测机构不具备该项检验检测能力。

（4）现场试验的评价

现场试验结束后，评审员应对试验的结果进行评价，评价内容如下：

①采用的检验检测标准是否正确；

②检验检测结果的表述是否准确、清晰、明了；

③检验检测人员是否有相应的检验检测经验；

④检验检测操作的熟练程度如何；

⑤环境设施和适宜程度；

⑥样品的接收、登记、描述、放置、样品制备及处置是否规范；

⑦检验检测设备、测试系统的调试、使用是否正确；

⑧检验检测记录是否规范。

（5）现场提问

现场提问是现场评审的一部分，是评价检验检测机构工作人员是否经过相应的教育、培训，是否具有相应的经验和技能而进行资格确认的一种形式。检验检测机构最高管理者、技术负责人、质量主管、授权签字人、各管理岗位人员以及所有从事检验检测活动的人员均应接受现场提问。

现场提问可与现场参观、操作考核、查阅记录等活动结合进行，也可以在座谈等场合进行。

现场提问的内容中可以是基础性的问题：如就法律法规、评审准则、体系文件、检验检测标准、检验检测技术等方面的提问。也可就评审中发现的问题、尚不清楚的问题作跟踪性或澄清性提问。对所有的提问应有相应的记录，以便作出合理的评审结论。

（6）查阅质量记录

管理体系过程中产生的记录，以及检验检测过程中产生的记录是复现管理过程和检验检测过程的有力证据。评审组应通过对质量记录的查证，评价管理体系运行的有效性，以及技术操作的正确性。对质量记录的查阅应注重以下问题：

①文件资料的控制，以及档案管理是否适用、有效、符合受控的要求，并有相应的资源保证；

②检验检测机构管理体系运行记录是否齐全、科学，能否有效反映管理体系运行状况；

③原始记录、报告或证书格式内容应合理，并包含足够的信息；

④记录做到清晰、准确，应包括影响检验结果的全部信息，如图表，全过程等；

⑤记录的形成、修改、保管符合体系文件的有关规定。

（7）填写现场评审记录

对检验检测机构现场评审的过程要记录在《检验检测机构资质认定评审报告》的评审表中。评审员在依据《检验检测机构资质认定评审准则》和评审补充要求对检验检测机构进行评审的同时，应详细记录基本符合和不符合条款及事实。评审结论分为"符合""基本符合""基本符合（需现场复核）""不符合"。

（8）现场座谈

通过现场座谈考核检验检测机构技术人员和管理人员基础知识、了解检验检测机构人员对体系文件的理解、澄清现场观察中的一些问题、交流思想、统一认识。座谈一般由以下人员参加：各级管理干部和管理岗位人员、内审员、监督人员、主要抽样、检验检测人员、新增员工。座谈中应该针对以下问题进行提问和讨论：

①对《评审准则》的理解；

②对检验检测机构体系文件的理解；

③《评审准则》和体系文件在实际工作中的应用情况；

④各岗位人员对其职责的理解；

⑤各类人员应具备的专业知识；

⑥评审过程中发现的一些问题，以及需要与被评审方澄清的问题。

（9）授权签字人考核

授权签字人是指由检验检测机构提名，经过资质认定部门考核合格，签发检验检测报告和证书的人员。授权签字人应当满足如下条件：

①具备中级以上（含中级）职称或准则规定的同等能力；

②具备相应的工作经历；

③熟悉或掌握有关仪器设备的检定/校准状态；

④熟悉或掌握所承担签字领域的相应技术标准方法；

⑤熟悉检验检测机构管理和检验检测报告或证书审核签发程序；

⑥具备对检验检测结果做出相应评价的判断能力；

⑦熟悉《检验检测机构资质认定评审准则》以及相关的法律法规、技术文件的要求。

考核由评审组长主持,评审组成员参与,对每个授权签字人填写一张《检验检测机构现场考核授权签字人评价记录表》,记录的内容如下:

①考核中提出的主要问题,以及被考核人的回答情况;

②主考人的评价意见。

(10)检验检测能力的确定

确认检验检测机构的检验检测能力是评审组进行现场评审的核心环节,每一名评审员都应该严肃认真的核准检验检测机构的能力,为资质认定的行政许可提供真实可靠的评审结论。核准的检验检测能力必须满足以下条件:

①立项所依据的标准。立项所依据的检验检测标准必须现行有效;在无国家标准、行业标准、地方标准、团体标准、国际标准的前提下,检验检测机构可自行制定非标方法,其制定、验证、确认等过程的证明文件应能证明该非标方法的科学、准确、可靠;

②设施和环境须满足检验检测要求;

③检验检测全过程所需要的全部设备的量程、准确度必须满足预期使用要求;

④所有的检验检测数据均应溯源到国家计量基准;

⑤所有的检验检测人员均能正确完成检验检测工作;

⑥能够通过现场试验、盲样测试等证明相应的检验检测能力。

确定检验检测能力时应注意如下问题:

①检验检测能力是以现有的条件为依据,不能以许诺、推测作为依据;

②临时借用设备的项目不能作为检验检测能力;

③检验检测项目按申请的范围进行确认,评审员不得擅自增加项目;

④被评审方不能提供检验检测标准、检验检测人员不具备相应的技能、无检验检测设备或检验检测设备配置不正确、环境条件不满足检验检测要求的,均按不具备检验检测能力处理;

⑤同一检验检测项目中只有部分满足标准要求的,应在"限制范围或说明"栏内予以注明;

⑥检验检测机构自行制定的非标方法,应在"限制范围或说明"栏内予以注明:仅限特定合同约定的委托检验检测。

(11)《评审组确认的检验检测能力》的填写

评审报告中的检验检测机构能力表,应按检验检测机构能力分类规范填写。

(12)评审组内部会

在现场评审期间,每天应安排时间召开评审组内部会,主要内容有:交流当天评审情况,讨论评审发现的情况,确定是否构成不符合项;评审组长了解评审工作进度,及时调整评审员的工作任务,组织、调控评审过程。并对评审员的一些疑难问题提出处理意见。

最后一次评审组内部会,由评审组长主持对评审情况进行汇总,确定评审通过的检验检测能力,提出不符合项和整改要求,形成评审结论并做好评审记录。会议结束后,应向被评审方代表通报评审结论并请对方对这些结果发表意见,需要时解答被评审方代表关心的问题或消除双方观点的差异。

(13)与检验检测机构沟通

形成评审组意见后，评审组长应与被评审检验检测机构最高管理者进行沟通，通报评审中发现的不符合情况和评审结论意见，听取被评审检验检测机构的意见。

（14）评审结论

评审结论分为"符合""基本符合""基本符合需现场复核""不符合"四种。

（15）评审报告

评审组长负责撰写评审组意见，意见主要内容包括：

现场评审的依据、评审组人数、现场评审时间、评审范围、评审的基本过程、对机构体系运行有效性和承担第三方公正检验的评价、对人员素质、仪器设备、环境条件和检验报告的评价、对现场试验操作考核的评价、建议批准通过资质认定的项目数量及需要说明的其他问题、不符合项及需要整改的问题。

《评审报告》应使用国家认证认可监督管理委员会统一印制下发的文本，有关人员应在相应的栏目内签字。

（16）末次会议

末次会议由评审组长主持召开，评审组成员全部参加，被评审单位的主要负责人必须参加。末次会议内容如下：

①评审情况和评审中发现的问题；

②宣读评审意见和评审结论；

③对"不符合项、基本符合项"提出整改要求；

④被评审检验检测机构对评审结论发表意见；

⑤宣布现场评审工作结束。

4　整改的跟踪验证

现场评审结束后，检验检测机构在商定的时间内对评审组提出的不符合内容进行整改，整改时间不超过 30 天。整改完成后形成书面材料报评审组长确认，评审组长在收到检验检测机构的整改材料后，应在 5 个工作日完成跟踪验证，向资质认定部门或其委托的专业技术评价组织上报评审相关材料。

（1）对评审结论为"基本符合"的检验检测机构，应采取文件评审的方式进行跟踪验证：

①检验检测机构提交整改报告和相应见证材料；

②评审组长根据见证材料确认整改是否有效，符合要求；

整改符合要求的，由评审组长填写《评审报告》中的《整改完成记录》，上报审批。

（2）对评审结论为"基本符合需现场复核"的检验检测机构，应采取现场检查的方式进行跟踪验证：

①检验检测机构提交整改报告和相关见证材料；

②评审组长组织相关评审人员，对需整改的不符合内容进行现场检查，确认整改是否有效；

③整改有效、符合要求的，由评审组长填写《评审报告》中的《整改完成记录》，上报审批。

5　评审材料汇总上报

评审组应向资质认定部门或者其委托的专业技术评价组织上报下列材料：

（1）申请书；

（2）评审报告；

（3）合格证书附表；

（4）整改报告；

（5）评审中发生的所有记录；

（6）光盘（内容有：申请书；评审报告；证书附表；整改报告正文；评审中发生的所有记录）。

6 终止评审

遇到如下情况，评审组应请示下达评审任务的资质认定部门或其委托的专业技术评价组织，经同意后可终止评审。

（1）检验检测机构无合法的法律地位；

（2）检验检测机构人员严重不足；

（3）检验检测机构场所与检验检测要求严重不满足；

（4）检验检测机构缺乏必备的仪器、设备、标准物质；

（5）检验检测机构管理体系严重失控；

（6）检验检测机构存在严重违法违规问题。

附件9：

检验检测机构资质认定评审准则

1 总则

1.1 为实施《检验检测机构资质认定管理办法》相关要求，开展检验检测机构资质认定评审，制定本准则。

1.2 在中华人民共和国境内，向社会出具具有证明作用的数据、结果的检验检测机构的资质认定评审应遵守本准则。

1.3 国家认证认可监督管理委员会在本评审准则基础上，针对不同行业和领域检验检测机构的特殊性，制定和发布评审补充要求，评审补充要求与本评审准则一并作为评审依据。

2 参考文件

《检验检测机构资质认定管理办法》

GB/T 27000《合格评定 词汇和通用原则》

GB/T31880《检验检测机构诚信基本要求》

GB/T 27025《检测和校准实验室能力的通用要求》

GB/T 27020《合格评定 各类检验机构能力的通用要求》

GB19489《实验室 生物安全通用要求》

ISO15189《医学实验室质量和能力的要求》

JJF1001《通用计量术语及定义》

3 术语和定义

3.1 资质认定

国家认证认可监督管理委员会和省级质量技术监督部门（市场监督管理部门）依据有关法律法规和标准、技术规范的规定，对检验检测机构的基本条件和技术能力是否符合法定要求实施的评价许可。

3.2 检验检测机构

依法成立，依据相关标准或者技术规范，利用仪器设备、环境设施等技术条件和专业技能，对产品或者法律法规规定的特定对象进行检验检测的专业技术组织。

3.3 资质认定评审

国家认证认可监督管理委员会和省级质量技术监督部门（市场监督管理部门）依据《中华人民共和国行政许可法》的有关规定，自行或者委托专业技术评价机构，组织评审员，对检验检测机构是否符合《检验检测机构资质认定管理办法》规定的资质认定条件所进行的审查和考核。

4　评审要求

4.1 依法成立并能够承担相应法律责任的法人或者其他组织

4.1.1 检验检测机构或者其所在的组织，应是能承担法律责任的实体，检验检测机构对其出具的检验检测数据、结果负责，并承担相应法律责任。

4.1.2 检验检测机构应有明确的法律地位，不具备法人资格的检验检测机构应经所在法人单位授权。

4.1.3 检验检测机构及其人员从事检验检测活动，应遵守国家相关法律法规的规定，遵循客观独立、公平公正、诚实信用原则，恪守职业道德，承担社会责任。

4.1.4 检验检测机构应明确其组织和管理结构、所在法人单位中的地位，以及质量管理、技术运作和支持服务之间的关系。

4.1.5 检验检测机构所在的单位还从事检验检测以外的活动，应识别潜在的利益冲突。

4.1.6 检验检测机构为其工作开展需要，可在其内部设立专门的技术委员会。

4.2 具有与其从事检验检测活动相适应的检验检测技术人员和管理人员

4.2.1 检验检测机构应建立和保持人员管理程序，确保人员的录用、培训、管理等规范进行。检验检测机构应确保人员理解他们工作的重要性和相关性，明确实现管理体系质量目标的职责。

4.2.2 检验检测机构及其人员应独立于其出具的检验检测数据、结果所涉及的利益相关各方，不受任何可能干扰其技术判断因素的影响，确保检验检测数据、结果的真实、客观、准确。

4.2.3 检验检测机构及其人员应对其在检验检测活动中所知悉的国家秘密、商业秘密和技术秘密负有保密义务，并制定实施相应的保密措施。检验检测机构有措施确保其管理层和员工，不受对工作质量有不良影响的、来自内外部不正当的商业、财务和其他方面的压力和影响。从事检验检测活动的人员，不得同时在两个及以上检验检测机构从业。

4.2.4 检验检测机构管理者应建立和保持相应程序，以确定其检验检测人员教育、培训和技能的目标，明确培训需求和实施人员培训。培训计划应与检验检测机构当前和预期的任务相适应，并评价这些培训活动的有效性。检验检测机构人员应经与其承担的任务相适应的教育、培训，并有相应的技术知识和经验，按照检验检测机构管理体系要求工作。应由熟悉检验检测方法、程序、目的和结果评价的人员，对检验检测人员包括在培员工，进行监督。

4.2.5 检验检测机构应对所有从事抽样、检验检测、签发检验检测报告或证书、提出意见和解释以及操作设备等工作的人员，按要求根据相应的教育、培训、经验、技能进行资格确认并持证上岗。

4.2.6 检验检测机构的管理人员和技术人员，应具有所需的权力和资源，履行实施、保持、改进管理体系的职责。应规定对检验检测质量有影响的所有管理、操作和核查人员的职责、权力和相互关系。检验检测机构应保留所有技术人员的相关授权、能力、教育、资格、培训、技能、经验和监督的记录，并包含授权、能力确认的日期。

4.2.7 检验检测机构应与其工作人员建立劳动关系、聘用关系、录用关系。对与检验检测有关的管理人员、技术人员、关键支持人员，应保留其当前工作的描述。

4.2.8 检验检测机构相关的管理人员、技术人员、关键支持人员的工作描述可用多种方式规定。但至少应包含以下内容：

a）所需的专业知识和经验；

b）资格和培训计划；

c）从事检验检测工作的职责；

d）检验检测策划和结果评价的职责；

e）提交意见和解释的职责；

f）方法改进、新方法制定和确认的职责；

g）管理职责。

4.2.9 检验检测机构最高管理者负责管理体系的整体运作；应授权发布质量方针声明；应提供建立和保持管理体系，以及持续改进其有效性的承诺和证据；应在检验检测机构内部建立确保管理体系有效运行的沟通机制；应将满足客户要求和法定要求的重要性传达给检验检测机构全体员工；应确保管理体系变更时，能有效运行。

4.2.10 检验检测机构应有技术负责人，负责技术运作和提供检验检测所需的资源，检验检测机构技术负责人应具有中级及以上专业技术职称或者同等能力。检验检测机构应有质量主管，应赋予其在任何时候使管理体系得到实施和遵循的责任和权力。质量主管应有直接渠道接触决定政策或资源的最高管理者。应指定关键管理人员的代理人。

4.2.11 检验检测机构授权签字人应具有中级及以上专业技术职称或者同等能力，并经考核合格。以下情况可视为同等能力：

a）博士研究生毕业，从事相关专业检验检测活动1年及以上；硕士研究生毕业，从事相关专业检验检测活动3年及以上；

b）大学本科毕业，从事相关专业检验检测活动5年及以上；

c）大学专科毕业，从事相关专业检验检测活动8年及以上。

非授权签字人不得签发检验检测报告或证书。

4.2.12 从事国家规定的特定检验检测的人员应具有符合相关法律、行政法规所规定的资格。

4.3 具有固定的工作场所，工作环境满足检验检测要求

4.3.1 检验检测机构的管理体系应覆盖检验检测机构的固定设施内的场所、离开其固定设施的场所，以及在相关的临时或移动设施中进行的检验检测工作。

4.3.2 检验检测机构应确保其环境条件不会使检验检测结果无效，或不会对所要求的检验检测质量产生不良影响。在检验检测机构固定设施以外的场所进行抽样、检验检测时，应予特别注意。对影响检验检测结果的设施和环境的技术要求应制定成文件。

4.3.3 依据相关的规范、方法和程序要求，当影响检验检测结果质量情况时，应监测、控制和记录环境条件。对诸如生物消毒、灰尘、电磁干扰、辐射、湿度、供电、温度、声级和振级等应予重视，使其适应于相关的技术活动要求。当环境条件危及检验检测的结果时，应停止检验检测活动。

4.3.4 检验检测机构应对影响检验检测质量的区域的进入和使用加以控制，可根据其特定情况确定控制的范围。应将不相容活动的相邻区域进行有效隔离，采取措施以防止交叉污染。应采取措施确保实验室的良好内务，必要时应建立和保持相关的程序。

4.4 具备从事检验检测活动所必需的检验检测设备设施

4.4.1 检验检测机构应建立和保持安全处置、运输、存放、使用、有计划维护测量设备的程序，以确保其功能正常并防止污染或性能退化。用于检验检测的设施，包括但不限于能源、照明等，应有利于检验检测工作的正常开展。

4.4.2 检验检测机构应配备检验检测（包括抽样、物品制备、数据处理与分析）要求的所有抽样、测量、检验、检测的设备。对检验检测结果有重要影响的仪器的关键量或值，应制定校准计划。设备（包括用于抽样的设备）在投入服务前应进行校准或核查，以证实其能够满足检验检测的规范要求和相应标准的要求。

4.4.3 检验检测设备应由经过授权的人员操作，设备使用和维护的最新版说明书（包括设备制造商提供的有关手册）应便于检验检测有关人员取用。用于检验检测并对结果有影响的设备及其软件，如可能，均应加以唯一性标识。

4.4.4 检验检测机构应保存对检验检测具有重要影响的设备及其软件的记录。该记录至少应包括：

a）设备及其软件的识别；

b）制造商名称、型式标识、系列号或其他唯一性标识；

c）核查设备是否符合规范；

d）当前的位置（如适用）；

e）制造商的说明书（如果有），或指明其地点；

f）所有校准报告和证书的日期、结果及复印件，设备调整、验收准则和下次校准的预定日期；

g）设备维护计划，以及已进行的维护（适当时）；

h）设备的任何损坏、故障、改装或修理。

4.4.5 曾经过载或处置不当、给出可疑结果、已显示出缺陷、超出规定限度的设备，均应停止使用。这些设备应予隔离以防误用，或加贴标签、标记以清晰表明该设备已停用，直至修复并通过校准或核查表明能正常工作为止。检验检测机构应核查这些缺陷或偏离规定极限，对先前检验检测的影响，并执行"不符合工作控制"程序。

4.4.6 检验检测机构需校准的所有设备，只要可行，应使用标签、编码或其他标识，表明其校准状态，包括上次校准的日期、再校准或失效日期。无论什么原因，若设备脱离了检验检测机构的直接控制，应确保该设备返回后，在使用前对其功能和校准状态进行核查，并得到满意结果。

4.4.7 当需要利用期间核查以保持设备校准状态的可信度时，应建立和保持相关的程序。当校准产生了一组修正因子时,检验检测机构应有程序确保其所有备份(例如计算机软件中的备份)得到正确更新。检验检测设备包括硬件和软件应得到保护,以避免发生致使检验检测结果失效的调整。

4.4.8 检验检测机构应建立和保持对检验检测结果、抽样结果的准确性或有效性有显著影响的设备,包括辅助测量设备(例如用于测量环境条件的设备),在投入使用前,进行设备校准的计划和程序。当无法溯源到国家或国际测量标准时,检验检测机构应保留检验检测结果相关性或准确性的证据。

4.4.9 检验检测机构应建立和保持标准物质的溯源程序。可能时,标准物质应溯源到 SI 测量单位或有证标准物质。检验检测机构应根据程序对标准物质进行期间核查,以维持其可信度。同时按照程序要求,安全处置、运输、存储和使用标准物质,以防止污染或损坏,确保其完整性。

4.5 具有并有效运行保证其检验检测活动独立、公正、科学、诚信的管理体系

4.5.1 检验检测机构应建立、实施和保持与其活动范围相适应的管理体系,应将其政策、制度、计划、程序和指导书制订成文件,并确保检验检测结果的质量。管理体系文件应传达至有关人员,并被其获取、理解、执行。

4.5.2 质量手册应包括质量方针声明、检验检测机构描述、人员职责、支持性程序、手册管理等。检验检测机构质量手册中应阐明质量方针声明,应制定管理体系总体目标,并在管理评审时予以评审。质量方针声明应经最高管理者授权发布,至少包括下列内容:

a) 最高管理者对良好职业行为和为客户提供检验检测服务质量的承诺;

b) 最高管理者关于服务标准的声明;

c) 管理体系的目的;

d) 要求所有与检验检测活动有关的人员熟悉质量文件,并执行相关政策和程序;

e) 最高管理者对遵循本准则及持续改进管理体系的承诺。

4.5.3 检验检测机构应建立和保持避免卷入降低其能力、公正性、判断力或运作诚信等方面的可信度的程序。检验检测机构应建立和保持保护客户的机密信息和所有权的程序,该程序应包括保护电子存储和传输结果的要求。

4.5.4 检验检测机构应建立和保持控制其管理体系的内部和外部文件的程序,包括法律法规、标准、规范性文件、检验检测方法,以及通知、计划、图纸、图表、软件、规范、手册、指导书。这些文件可承载在各种载体上,可是硬拷贝或是电子媒体,也可是数字的、模拟的、摄影的或书面的形式。应明确文件的批准、发布、变更,防止使用无效、作废的文件。

4.5.5 检验检测机构应建立和保持评审客户要求、标书、合同的程序。对要求、标书、合同的变更、偏离应通知客户和检验检测机构的相关人员。

4.5.6 检验检测机构因工作量大,以及关键人员、设备设施、技术能力等原因,需分包检验检测项目时,应分包给依法取得检验检测机构资质认定并有能力完成分包项目的检验检测机构,并在检验检测报告或证书中标注分包情况,具体分包的检验检测项目应当事先取得委托人书面同意。

4.5.7 检验检测机构应建立和保持选择和购买对检验检测质量有影响的服务和供应品的程序。程序应包含有关服务、供应品、试剂、消耗材料的购买、接收、存储的要求,并保存对

重要服务、供应品、试剂、消耗材料供应商的评价记录和名单。

4.5.8 检验检测机构应建立和保持服务客户的程序，应保持与客户沟通，为客户提供咨询服务，对客户进行检验检测服务的满意度调查。在保密的前提下，允许客户或其代表，合理进入为其检验检测的相关区域观察。

4.5.9 检验检测机构应建立和保持处理投诉和申诉的程序。明确对投诉和申诉的接收、确认、调查和处理职责，并采取回避措施。

4.5.10 检验检测机构应建立和保持出现不符合工作的处理程序。明确对不符合工作的评价、决定不符合工作是否可接受、纠正不符合工作、批准恢复被停止的不符合工作的责任和权力。必要时，通知客户并取消不符合工作。

4.5.11 检验检测机构应建立和保持在识别出不符合工作时、在管理体系或技术运作中出现对政策和程序偏离时，采取纠正措施的程序。应分析原因，确定纠正措施，对纠正措施予以监控。必要时，可进行内部审核。

4.5.12 检验检测机构应建立和保持识别潜在的不符合原因和改进，所采取预防措施的程序。应制定、执行和监控这些措施计划，以减少类似不符合情况的发生并借机改进，预防措施程序应包括措施的启动和控制。

4.5.13 检验检测机构应通过实施质量方针、质量目标，应用审核结果、数据分析、纠正措施、预防措施、内部审核、管理评审来持续改进管理体系的有效性。

4.5.14 检验检测机构应建立和保持识别、收集、索引、存取、存档、存放、维护和清理质量记录和技术记录的程序。质量记录应包括内部审核报告和管理评审报告以及纠正措施和预防措施的记录。技术记录应包括原始观察、导出数据和建立审核路径有关信息的记录、校准记录、员工记录、发出的每份检验检测报告或证书的副本。

每项检验检测的记录应包含充分的信息，以便在需要时，识别不确定度的影响因素，并确保该检验检测在尽可能接近原始条件情况下能够重复。记录应包括抽样的人员、每项检验检测人员和结果校核人员的标识。观察结果、数据和计算应在产生时予以记录，对记录的所有改动应有改动人的签名或签名缩写。对电子存储的记录也应采取同等措施，以避免原始数据的丢失或改动。所有记录应予安全保护和保密。记录可存于任何媒体上。

4.5.15 检验检测机构应建立和保持管理体系内部审核的程序，以便验证其运作是否符合管理体系和本准则的要求。内部审核通常每年一次，由质量主管负责策划内审并制定审核方案，审核应涉及全部要素，包括检验检测活动。审核员须经过培训，具备相应资格，审核员通常应独立于被审核的活动。内部审核发现问题应采取纠正措施，并验证其有效性。

4.5.16 检验检测机构应建立和保持管理评审的程序。管理评审通常12个月一次，由最高管理者负责。最高管理者应确保管理评审后，得出的相应变更或改进措施予以实施。应保留管理评审的记录，确保管理体系的适宜性、充分性和有效性。管理评审输入应包括以下信息：

a)质量方针、目标和管理体系总体目标；

b)政策和程序的适用性

c)管理和监督人员的报告；

d)内外部审核的结果；

e)纠正措施和预防措施;

f)上次管理评审结果跟踪;

g)检验检测机构间比对或能力验证的结果;

h)工作量和工作类型的变化;

i)客户反馈;

j)申诉和投诉;

k)改进的建议;

l)其他相关因素,如质量控制活动、资源配备、员工培训。

管理评审输出应包括以下内容:

a)管理体系有效性及过程有效性的改进;

b)满足本准则要求的改进;

c)资源需求。

4.5.17 检验检测机构应建立和保持使用适合的检验检测方法和方法确认的程序,包括被检验检测物品的抽样、处理、运输、存储和准备。适当时,还应包括测量不确定度的评定和分析检验检测数据的统计技术。检验检测方法包括标准方法、非标准方法和检验检测机构制定的方法。

4.5.17.1 如果缺少指导书可能影响检验检测结果,检验检测机构应制定指导书。对检验检测方法的偏离,须在该偏离已有文件规定、经技术判断、经批准和客户接受的情况下才允许发生。

4.5.17.2 检验检测机构应采用满足客户需求,并满足检验检测要求的方法,包括抽样的方法。应优先使用以国际、区域或国家标准形式发布的方法,检验检测机构应确保使用标准的有效版本。必要时,应采用附加细则对标准加以说明,以确保应用的一致性。

4.5.17.3 检验检测机构为其需要,自己制定检验检测方法的过程应有计划性,并应指定资深的、有资格的人员进行。提出的计划应随着制定方法工作的推进予以更新,并确保有关人员之间能有效沟通。当使用非标准方法时,应遵守与客户达成的协议,且应包括对客户要求的清晰说明及检验检测的目的,所制定的非标准方法在使用前应经确认。

4.5.17.4 无规定的方法和程序时,检验检测机构应建立和保持开发特定的检验检测方法的程序。如果检验检测机构认为客户建议的检验检测方法不适当时,应通知客户。使用非标准检验检测方法的程序,至少应该包含下列信息:

a) 适当的标识;

b) 范围;

c) 被检验检测样品类型的描述;

d) 被测定的参数或量和范围;

e) 仪器和设备,包括技术性能要求;

f) 所需的参考标准和标准物质;

g) 要求的环境条件和所需的稳定周期;

h) 程序的描述,包括:

——物品的附加识别标志、处置、运输、存储和准备;

——工作开始前所进行的检查；

——检查设备工作是否正常，需要时，在每次使用之前对设备进行校准和调整；

——观察和结果的记录方法；

——需遵循的安全措施；

i）接受（或拒绝）的准则、要求；

j）需记录的数据以及分析和表达的方法；

k）不确定度或评定不确定度的程序。

4.5.17.5 方法确认是通过检查并提供客观证据，判定检验检测方法是否满足预定用途或所用领域的需要。检验检测机构应记录确认的过程、确认的结果、该方法是否适合预期用途的结论。

4.5.18 检验检测机构应建立和保持应用评定测量不确定度的程序。应对计算和数据转移进行系统和适当地检查。当利用计算机或自动设备对检验检测数据进行采集、处理、记录、报告、存储或检索时，检验检测机构应确保：

a）对使用者开发的计算机软件形成详细文件，并确认软件的适用性；

——相关硬件或软件的定期再确认；

——相关硬件或软件改变后的再确认；

——需要时，对软件升级。

b）建立和保持保护数据完整性和安全性的程序。这些程序应包括（但不限于）：数据输入或采集、数据存储、数据转移和数据的处理；

c）维护计算机和自动设备以确保其功能正常，并提供保护检验检测数据完整性所必需的环境和运行条件。

4.5.19 检验检测机构应建立和保持需要对物质、材料、产品进行抽样时，抽样的计划和程序。抽样计划和程序在抽样的地点应能够得到，抽样计划应根据适当的统计方法制定。抽样过程应注意需要控制的因素，以确保检验检测结果的有效性。当客户对文件规定的抽样程序有偏离、添加或删节的要求时，这些要求应与相关抽样资料予以详细记录，并纳入包含检验检测结果的所有文件中，同时告知相关人员。当抽样作为检验检测工作的一部分时，应有程序记录与抽样有关的资料和操作。

4.5.20 检验检测机构应建立和保持对用于检验检测样品的运输、接收、处置、保护、存储、保留、清理的程序，包括保护样品的完整性、保护检验检测机构与客户利益的规定。检验检测机构应有样品的标识系统。样品在检验检测的整个期间应保留该标识。标识系统的设计和使用，应确保样品不会在实物上或记录中和其他文件混淆。如果合适，标识系统应包含样品群组的细分和样品在检验检测机构内外部的传递。在接收样品时，应记录样品的异常情况或记录对检验检测方法的偏离。应避免样品在存储、处置、准备过程中出现退化、丢失、损坏，应遵守随样品提供的处理说明。当样品需要存放或在规定的环境条件下养护时，应保持、监控和记录这些条件。当样品或其一部分需要安全保护时，应对存放和环境的安全作出安排，以保护该样品或样品有关部分处于安全状态和完整性。

4.5.21 检验检测机构应明确区分检验前过程、检验过程、检验后过程的要求。检验检测机构应建立和保持监控检验检测有效性的质量控制程序。通过分析质量控制的数据，当发现偏离预先判据时，应采取有计划的措施来纠正出现的问题，并防止出现错误的结果。这种质量控制应有计划并加以评审，可包括（但不限于）下列内容：

a）定期使用有证标准物质进行监控和/或使用次级标准物质开展内部质量控制；

b）参加检验检测机构间的比对或能力验证计划；

c）使用相同或不同方法进行重复检验检测；

d）对存留物品进行再检验检测；

e）分析一个样品不同特性结果的相关性。

4.5.22 检验检测机构应建立和保持能力验证程序。检验检测机构应当按照资质认定部门的要求，参加其组织开展的能力验证或者检验检测机构间比对，以保证持续符合资质认定条件和要求。鼓励检验检测机构参加有关政府部门、国际组织、专业技术评价机构组织开展的检验检测机构能力验证或者检验检测机构间比对，并将相关结果报送资质认定部门。

4.5.23 检验检测机构应准确、清晰、明确、客观地出具检验检测结果，并符合检验检测方法的规定。结果通常应以检验检测报告或证书的形式发出。检验检测报告或证书应至少包括下列信息：

a）标题；

b）标注资质认定标志，加盖检验检测专用章（适用时）；

c）检验检测机构的名称和地址，检验检测的地点（如果与检验检测机构的地址不同）；

d）检验检测报告或证书的唯一性标识（如系列号）和每一页上的标识，以确保能够识别该页是属于检验检测报告或证书的一部分，以及表明检验检测报告或证书结束的清晰标识，检验检测报告或证书的硬拷贝应当有页码和总页数；

e）客户的名称和地址；

f）所用检验检测方法的识别；

g）检验检测样品的描述、状态和明确的标识；

h）对检验检测结果的有效性和应用有重大影响时，注明样品的接收日期和进行检验检测的日期；

i）对检验检测结果的有效性或应用有影响时，提供检验检测机构或其他机构所用的抽样计划和程序的说明；

j）检验检测检报告或证书批准人的姓名、职务、签字或等效的标识；

k）检验检测机构应提出未经检验检测机构书面批准，不得复制（全文复制除外）检验检测报告或证书的声明；

l）检验检测结果的测量单位（适用时）；

m）检验检测机构接受委托送检的，其检验检测数据、结果仅证明样品所检验检测项目的符合性情况。

4.5.24 当需对检验检测结果进行解释时，检验检测报告或证书中还应包括下列内容：

a）对检验检测方法的偏离、增添或删节，以及特定检验检测条件的信息，如环境条件；

b）相关时，符合（或不符合）要求、规范的声明；

c）适用时，评定测量不确定度的声明。当不确定度与检测结果的有效性或应用有关，或客户的指令中有要求，或当不确定度影响到对规范限度的符合性时，检测报告中还需要包括有关不确定度的信息；

　　d）适用且需要时，提出意见和解释；

　　e）特定检验检测方法或客户所要求的附加信息。

　　4.5.25 当需对检验检测结果作解释时，对含抽样结果在内的检验检测报告或证书，还应包括下列内容：

　　a）抽样日期；

　　b）抽取的物质、材料或产品的清晰标识（适当时，包括制造者的名称、标示的型号或类型和相应的系列号）；

　　c）抽样位置，包括简图、草图或照片；

　　d）所用的抽样计划和程序；

　　e）抽样过程中可能影响检验检测结果的环境条件的详细信息；

　　f）与抽样方法或程序有关的标准或规范，以及对这些标准或规范的偏离、增加或删减。

　　4.5.26 当需要对报告或证书做出意见和解释时，检验检测机构应将意见和解释的依据形成文件。意见和解释应在检验检测报告或证书中清晰标注。检验检测报告或证书的意见和解释可包括（但不限于）下列内容：

　　a）对检验检测结果符合（或不符合）要求的意见；

　　b）履行合同的情况；

　　c）如何使用结果的建议；

　　d）改进的建议。

　　4.5.27 当检验检测报告或证书包含了由分包方所出具的检验检测结果时，这些结果应予清晰标明。分包方应以书面或电子方式报告结果。

　　4.5.28 当用电话、电传、传真或其他电子或电磁方式传送检验检测结果时，应满足本准则对数据控制的要求。检验检测报告或证书的格式应设计为适用于所进行的各种检验检测类型，并尽量减小产生误解或误用的可能性。若有要求时，检验检测机构应建立和保持检验检测结果发布的程序。

　　4.5.29 检验检测报告或证书签发后，若有更正或增补应予以记录。修订的检验检测报告或证书应标明所代替的报告或证书，并注以唯一性标识。

　　4.5.30 检验检测机构应当对检验检测原始记录、报告、证书归档留存，保证其具有可追溯性。检验检测原始记录、报告、证书的保存期限不少于6年。

　　4.5.31 检验检测机构的活动涉及风险评估和风险控制领域时，应建立和保持相应识别、评估、实施的程序。应制定安全管理体系文件，并提出对风险分级、安全计划、安全检查、设施设备要求和管理、危险材料运输、废物处置、应急措施、消防安全、事故报告的管理要求，予以实施。

　　4.5.32 检验检测机构应当定期向资质认定部门上报包括持续符合资质认定条件和要求、遵守从业规范、开展检验检测活动等内容的年度报告，以及统计数据等相关信息。检验检测机构应当在其官方网站或者以其他公开方式，公布其遵守法律法规、独立公正从业、履行社会责任等情况的自我声明，并对声明的真实性负责。

　　4.5.33 检验检测机构有下列情形之一，应当向资质认定部门申请办理变更手续：

a）机构名称、地址、法人性质发生变更的；

b）法定代表人、最高管理者、技术负责人、检验检测报告授权签字人发生变更的；

c）资质认定检验检测项目取消的；

d）检验检测标准或者检验检测方法发生变更的；

e）依法需要办理变更的其他事项。

4.6 符合有关法律法规或者标准、技术规范规定的特殊要求

特定领域的检验检测机构，应符合国家认证认可监督管理委员会按照国家有关法律法规或者标准、技术规范，针对不同行业和领域的特殊性，制定和发布的评审补充要求。

附件10：

检验检测机构资质认定 刑事技术机构评审补充要求

第一条 本补充要求是在《检验检测机构资质认定评审准则》的基础上，针对刑事技术机构的评审补充要求。对刑事技术机构的资质认定评审应予以执行。

第二条 刑事技术机构应遵守《全国人民代表大会常务委员会关于司法鉴定管理问题的决定》《公安机关鉴定机构登记管理办法》《公安机关鉴定人登记管理办法》等相关规定。

第三条 刑事技术机构依法经公安机关鉴定人登记管理机构审核登记，并取得《鉴定人资格证书》，从事鉴定业务的人员。

第四条 刑事技术机构及其鉴定人为解决案（事）件中的专门性问题，运用自然科学、社会科学理论和成果，依法对有关的人身、尸体、生物检材/样本、痕迹、物品等，进行检验、出具鉴定意见。

第五条 刑事技术机构的鉴定人，应由刑事技术机构最高管理者任命，并经资质认定管理机构批准，负责授权范围内鉴定文书的技术性审核和签发。

第六条 刑事技术机构的检材/样本是用于证明案（事）件事实的所有物品，如毛发、血液、分泌物、人体组织、毒物、毒品、文书材料、足印、手印等，以及存在于各种载体上用于分析、判断的相关信息或记录。

第七条 由刑事技术机构应关注委托方提供的、刑事技术机构作为鉴定依据的外部检验检测信息，或者其他与鉴定相关的信息。

第八条 刑事技术机构应当具有保证依法、客观、公正和独立地从事鉴定业务的法律地位。非独立设立的刑事技术机构需要经所属法人授权，能独立承担第三方公正鉴定，独立对外行文和开展鉴定活动。刑事技术机构应当持有设立机构的批件和省级以上公安行政机关颁发的《鉴定机构资格证书》。

第九条 刑事技术机构在公安机关中应易于识别或被明确界定，应当采用组织机构图等方式表明其在公安机关中的地位以及各部门之间的关系。

第十条 刑事技术机构和鉴定人应当对从鉴定过程中获得的信息保密，包括：国家秘密、商业秘密、个人隐私等秘密。除非有特殊法律规定要求外，鉴定结果只能报告委托方。

第十一条 刑事技术机构拟在公开场合发布与鉴定事项相关的信息、依据法律法规要求或规定授权发布保密信息时，应当事先通知委托方或相关人员。

第十二条 刑事技术机构应当建立文件化的人员培训程序,为确保针对鉴定人的培训是适宜的,应当分为以下几个阶段:

(一)上岗前培训阶段;

(二)在资深鉴定人指导下的工作阶段;

(三)与鉴定技术和方法的发展保持同步的继续培训。

培训计划可以根据不同的技术水平或工作阶段对人员类别进行划分,至少要能依据不同类别人员体现培训的针对性,并与本鉴定专业的知识要求相适应。个体培训需求的评价,应当基于该鉴定人的能力、资质、经验和监督结果。

对于涉及鉴定活动的临时聘用人员和提供技术支持的外部专家,至少在使用前应当实施充分和有效的培训,进行必要的监督。

第十三条 刑事技术机构使用的在培人员和鉴定辅助人员不应当从事结果分析和解释等关键性工作。

第十四条 刑事技术机构应当有一名负责全部鉴定领域的技术负责人,多个鉴定领域的可以分别指定技术负责人。每个技术负责人职位的职责范围应当有明确规定并形成文件。担任负责全部鉴定领域的技术负责人,必须具备运作公安机关刑事技术机构的技术能力和工作经验。

第十五条 刑事技术机构的技术负责人和授权签字人应当具备中级及以上技术职称。地级市(含)以上公安机关刑事技术机构的技术负责人和授权签字人一般应当具备高级技术职称;开设时间不足 10 年的鉴定项目,其技术负责人和授权签字人应当具备中级及以上技术职称,且在本专业领域从业 5 年以上。

第十六条 刑事技术机构的管理人员应当是在职人民警察。鉴定人员的数量和其执业范围应当符合《公安机关鉴定机构登记管理办法》和《公安机关鉴定人登记管理办法》的规定。

刑事技术机构中的每个鉴定专业领域至少要拥有 3 名及以上获得《鉴定人资格证书》的人员,且至少 1 名拥有中级以上专业技术任职资格或等同能力。

第十七条 刑事技术机构应当按照公安行政机关规定的仪器配备要求,配备满足于鉴定工作需要的仪器设备和标准物质。临时借用或租用的仪器设备进行鉴定的事项不予资质认定。

第十八条 刑事技术机构应当对其关键量或值对鉴定结果有重要影响的设备,在检定/校准周期内应当开展期间核查。核查时,应当制定相应的作业指导书,文件化的内容应当至少包括核查的方式、频率和符合性的判断指标。

第十九条 刑事技术机构应当配备满足检测工作所需的标准物质或对照物质(当仅开展定性检测时)。

第二十条 刑事技术机构应当与委托方签订书面委托受理协议,协议内容应当包括委托要求,选用的方法、标准,检验时限,检材/样本的数量、状态、包装、性状,外部信息,检材/样本的退还方式,以及鉴定过程中的风险告知等。委托受理协议应当由双方签字确认。修改已签订的委托受理协议时,应当重新进行评审并经双方签字确认。刑事技术机构应当对外部信息的可靠性和完整性进行核查或验证。因鉴定需要可能耗尽或损坏鉴定材料时,应当告知委托方并征得书面同意。

第二十一条　刑事技术机构不应将抽样/取样、鉴定结果的分析和判断，以及鉴定意见的形成等工作进行分包。刑事技术机构签约或聘用的外部专家按照其管理体系的要求提供技术支持的，不属于分包。

第二十二条　刑事技术机构由政府采购形式确定的供应商，应当视为按程序选择和批准的供方。

第二十三条　刑事技术机构的记录应当有授权签字人对鉴定文书的审核记录，应当能表明鉴定中每个关键的发现、支持鉴定意见的结果和/或数据、分析判断和说明、鉴定意见都已经过审核，授权签字人的意见可以通过多种方式体现，如逐项或总体的意见，以及针对性的说明等。

第二十四条　刑事技术机构应当优先选择使用国家标准、行业标准或国家相关行业主管部门推荐(授权)使用的方法及技术规范，并确保使用标准的最新有效版本。没有国家、行业标准或技术规范的，应当优先采用由知名专业技术组织(机构)编写或有关专业书籍、期刊公布的、并经确认的方法，或采用省级刑事技术管理部门批准的技术规范。

第二十五条　刑事技术机构有程序来保护和备份以电子方式存储的记录，避免原始信息或数据的丢失或改动。当刑事技术机构使用信息管理系统(LIMS)时，应当确保所复用的机构外部信息也满足所有相关要求，包括审核路径、数据安全和完整性等。

第二十六条　刑事技术机构根据行业特点，基本不涉及抽样，但应当按照专业领域中相关技术规范或者标准制定取样的文件化要求。

第二十七条　刑事技术机构应当对检材/样本接收、内部传递、处置、保留、返还和清理等过程进行记录，确保"保管链"记录的完整性和可追溯性。

第二十八条　刑事技术机构应当制订外部和内部质量控制计划。应当按要求参加公安行政管理机关组织的能力验证活动。对于无法参加能力验证的鉴定对象，一个资质认定周期内至少进行一次实验室间比对。内部质量控制活动应当根据专业特点、规范要求、技术风险、人员能力以及所进行工作的类型和数量，确定质量控制的具体方式、实施频次(常规或定期)和控制要求，并文件化。

第二十九条　刑事技术机构应当按照公安行政机关规定的要求和程序，及时出具鉴定文书。刑事技术文书的格式应当遵守公安行政管理机关的相关规范。刑事技术机构的鉴定文书上至少应当有2名鉴定人的签名；多人参加检验检测，对鉴定结果有不同意见的，应当加以注明。鉴定文书应当经授权签字人签发，签发的授权签字人可以是鉴定人之一。刑事技术机构采用的外部信息应当在鉴定文书中注明。

第三十条　刑事技术机构鉴定原始记录和鉴定文书保存期限不少于30年，具有下列情形之一的，原始记录和鉴定文书应当永久保存：

(一)涉及国家秘密没有解密的；

(二)未破获的刑事案件；

(三)犯罪嫌疑人可能或者已被判处无期徒刑、死刑的；

(四)特别重大的火灾、交通事故、责任事故和自然灾害；

(五)办理案(事)件部门或者鉴定机构认为有永久保存必要的；

(六)法律、法规、规章规定的其他情形。

附件11：

检验检测机构资质认定 司法鉴定机构评审补充要求

第一条 本补充要求是在《检验检测机构资质认定评审准则》的基础上，针对司法鉴定机构的评审补充要求。对司法鉴定机构资质认定的评审应予以执行。

第二条 司法鉴定机构应满足《全国人大常委会关于司法鉴定管理问题的决定》《司法鉴定程序通则》《司法鉴定机构登记管理办法》《司法鉴定人登记管理办法》《司法鉴定文书规范》《司法鉴定教育培训规定》和《司法鉴定机构仪器设备配置标准》等要求。

第三条 司法鉴定是指司法鉴定人运用科学技术或者专门知识，对诉讼中涉及的专门性问题进行鉴别和判断，并提供鉴定意见的活动。司法鉴定机构是经过司法行政机关审核登记并取得《司法鉴定许可证》，从事司法鉴定业务的法人或者其他组织。

第四条 司法鉴定机构应当有省级司法行政机关颁发的《司法鉴定许可证》。司法鉴定机构应当独立对外开展业务活动。

第五条 司法鉴定机构应有保险或风险储备金等措施，保证其能承担鉴定活动产生的责任风险。司法鉴定机构应制定文件描述其职能、鉴定业务范围和鉴定业务受理条件。

第六条 司法鉴定机构应当有与其所从事鉴定活动相适应的司法鉴定人。司法鉴定人员应当是在编人员或者与司法鉴定机构签署聘用合同或者劳动合同的人员。司法鉴定人应持有《司法鉴定人执业证书》，每项鉴定业务应当有3名以上司法鉴定人。

第七条 司法鉴定机构和司法鉴定人应当依法回避，确保公正的实施鉴定。司法鉴定人只能在一个司法鉴定机构中执业。司法鉴定机构及其人员在鉴定中所知悉的国家秘密、商业秘密、技术秘密及个人隐私负有保密义务。鉴定活动中需要外部专家提供技术支持时，司法鉴定机构应有评估与选择外部专家的程序，确保外部专家有能力提供必要的咨询意见。

第八条 司法鉴定机构应当按照司法鉴定教育培训的规定，建立并保持人员培训计划和程序，保证司法鉴定人员经过与其承担的任务相适应的教育、培训，具有相应的专业知识和经验。必要时，司法鉴定机构应评价培训的效果。

司法鉴定机构应为司法鉴定人员制定必要的阶段性教育培训计划。具体包括：

(一)入门阶段；

(二)在资深司法鉴定人指导下工作的阶段；

(三)在整个聘用期间的教育培训，以便与技术发展保持同步。

司法鉴定机构应向其人员提供行为准则指导，内容有职业道德和执业纪律、公正性和诚实性、人员安全、与委托方及当事人关系、本机构规章制度和其他需确保人员行为的要求。

第九条 司法鉴定机构技术负责人、授权签字人应当具有司法鉴定人执业证，并具有副高级以上本专业领域的技术职称，或者取得司法鉴定人执业证后在本专业领域从业5年以上。

第十条 当环境条件对鉴定结果质量有影响，或者存在交叉污染可能时，司法鉴定机构应当根据其特定情况确定控制的范围，将相关环境条件要求文件化，并有效实施。对影响鉴定结果质量或对防止污染、个人防护等有特殊要求的区域，应有进入和使用的控制要求。

第十一条 司法鉴定机构应有措施并配置必要的设施，确保司法鉴定人员在实施鉴定活动中的职业健康和人身安全。司法鉴定机构应有妥善处理生物、化学等有害废弃物的制度和设施。

第十二条　司法鉴定机构应当按照司法行政机关规定的仪器设备配置要求，配备鉴定所需仪器设备和标准物质，并对所有仪器设备进行维护。司法鉴定机构在使用司法行政机关规定的必备仪器设备之外的外部仪器设备前，应当验证其符合《检验检测机构资质认定评审准则》的要求，保存验证和使用的记录。

第十三条　对鉴定结果具有重要影响的设备进行核查时，应制定相应的作业指导书，内容至少应包括核查的方式、频率和符合性的判断指标。

第十四条　司法鉴定机构决定受理鉴定委托的，应当与委托人签订司法鉴定协议书，协议书内容除司法行政机关要求外，应当包括鉴定选用的方法、标准，鉴定结束后需退还的鉴定材料及退还方式，以及鉴定过程中的风险告知等。

第十五条　鉴定委托时，应当与委托方确认送检的鉴定材料名称、数量及性状等，必要时还应记录包装、外观、体积或重量。应事先告知并确认，委托方负责审查送检材料的真伪。

第十六条　修改已签订的司法鉴定协议书，应当重新进行评审；修改内容需经双方书面确认，并通知本机构相关人员。

第十七条　司法鉴定机构应当独立完成司法鉴定协议书中要求的鉴定工作。司法鉴定机构为完成鉴定委托要求，需要其他机构提供部分检测数据时，可以进行分包。但司法鉴定机构不得将抽样/取样、鉴定结果的分析和判断，以及鉴定意见的形成等工作事项进行分包。

第十八条　司法鉴定机构需要利用委托方送交的外部信息进行鉴定的，应当有对外部信息的完整性和采用程度进行核查或者验证的程序。司法鉴定机构使用外部信息作为鉴定依据的，应当由委托人提供或者同意。当委托方提供的外部信息不足或缺失可能会造成鉴定意见的局限性、鉴定结果解释和说明合理性降低时，司法鉴定机构应告知委托方。分包方提供数据结果和采用的外部信息应当在司法鉴定文书中注明。

第十九条　司法鉴定机构应当以实验的方式对影响鉴定结果质量的重要供应品、试剂和消耗材料进行质量确认。对于重要试剂，必须进行包括对阳性检材/样本和阴性检材/样本的检测。

第二十条　司法鉴定机构应正确理解供应商的概念，了解经销商和生产商的区别以及评价要点。对于重要供应品、试剂和消耗材料，司法鉴定机构应针对其生产商进行重点评价。

第二十一条　鉴定记录信息应足够详细、全面和清晰，应根据专业特点保存相关信息，包括但不限于实施鉴定的司法鉴定人员、鉴定材料、鉴定环境条件、鉴定所用设备和鉴定所用的技术方法等。

第二十二条　当鉴定人之间对鉴定意见出现分歧时，应记录不同鉴定人的意见，以及最终形成鉴定意见的过程。鉴定过程中阳性发现必须记录，对鉴定结果有甄别作用的阴性结果也应记录。

第二十三条　记录可选择适宜的方法，如书写、绘图、影印、计算机、录音、照相、摄像和3D激光扫描等。当被鉴定对象的特征可能出现动态变化时（如消失、好转等），且该特征又是判断依据时，除文字记录外，还应通过照相或录像方式保存鉴定时的发现，并配以必要的标识便于核查。

第二十四条 司法鉴定机构应建立和保存针对每例鉴定的记录和文件档案。存档内容应包括(但不限于):与委托方沟通的所有记录、鉴定委托、受理协议、检材/样本的状态描述和"保管链"记录(接受、内部传递、返还或其他处置)、鉴定过程记录、鉴定结果/数据、图谱、所利用的外部信息或资料、分包工作的结果或报告、授权签字人审核鉴定文书的记录、鉴定文书副本等。

第二十五条 授权签字人对鉴定文书的审核记录,应表明鉴定中每项关键的发现、支持鉴定意见的结果和/或数据、分析判断和说明、鉴定意见等经过审核,授权签字人的意见可以通过多种方式体现,如逐项或总体的意见,以及针对性的说明等。

第二十六条 司法鉴定机构应当按照技术标准或者技术规范实施鉴定活动。司法鉴定机构应当选择国家标准、行业标准、地方标准或者司法部批准使用的技术规范;无上述标准时,应当选择经省级以上司法行政机关确认的方法。

第二十七条 司法鉴定机构应当记录接收鉴定材料的状态和相关信息,包括与正常或者规定条件的偏离。鉴定需要耗尽或者可能损坏鉴定材料的,应当告知委托人并征得其书面同意。鉴定材料属于国家法律法规管制的,应当详细记录退还的数量或重量,并保存交接记录。

第二十八条 鉴定取样过程不涉及统计学方法的,司法鉴定机构应确保鉴定人具有选择、确定和提取检材/样本的能力,并进行适当的培训。必要时,鉴定机构应对取样要求文件化。

第二十九条 当客户对取样的文件规定有偏离、添加或删减的要求时,应记录并及时告知相关人员。司法鉴定机构在鉴定活动中涉及取样时,应对取样过程进行记录。

第三十条 每项鉴定执业活动应由不少于 2 名司法鉴定人完成,司法鉴定人执业类别资质应涵盖委托的鉴定事项。司法鉴定机构要建立鉴定过程中的司法鉴定人互相核查制度或独立鉴定制度,应有文件规定解决鉴定人出现不同意见的办法。

第三十一条 司法鉴定机构和司法鉴定人应当按照司法行政机关规定的要求和程序,按时出具司法鉴定文书,并保证其准确、客观、真实。

第三十二条 司法鉴定文书至少包含以下信息:

(一)标题;

(二)司法鉴定机构名称及许可证号;

(三)鉴定委托(鉴定要求与鉴定事项);

(四)唯一性编号;

(五)委托人;

(六)鉴定材料;

(七)检验检测过程;

(八)鉴定方法和依据;

(九)检验检测结果和鉴定意见。适用时,形成对检验检测结果和鉴定意见的分析说明;

(十)司法鉴定人执业证号。

第三十三条 司法鉴定文书的附件应当包括与鉴定意见、检验结果有关的关键图表、照片等,包括有关音像资料、参考文献的目录。司法鉴定人应当在司法鉴定文书上签名,鉴定文书应有不少于 2 名鉴定人签名;多人参加司法鉴定,对鉴定意见有不同意见的,应当注明。司法鉴定文书应当经授权签字人签发,并加盖司法鉴定专用章。

附件 12：

检验检测机构资质认定许可公示表

目 录

一、向社会出具具有证明作用的数据和结果的检验检测机构资质认定审批服务规范

(一)基本要求

实现"优质服务,限时办结"。严格落实首问负责、一次性告知等服务制度,根据服务对象现实需求,持续优化服务方式和服务行为,促进阳光审批和服务水平提升。

(二)各岗位人员服务规范

1.咨询、材料接收人员

窗口工作人员着装整齐,对询问要有问必答,对于不清楚的业务及时联系相关工作人员给予明确、准确的答复;不属于本窗口的咨询业务应向服务对象做好解释说明并尽可能提供联系和咨询方式。

严格按照对外公示的时间办理业务,未经批准不得中途或提前停止服务。如服务期间因故离开窗口中断服务,必须摆放暂停服务牌,内容包括离岗原因、去向和联系方式,向服务对象明示并引导服务对象在其他窗口办理业务,以防服务对象在无人窗口前等待。

接收材料快速准确,在规定时限内完成材料的齐全性审查,一次性告知申请人需补充的材料。

完成初审的申请材料应做好登记并在 2 个工作日内转交下一岗位人员进行审查受理工作。

2.申请材料审查人员

业务熟练,对相关的法规、标准、规定等文件内容清楚,对外答复清晰准确。

严格落实授权制度,做到权责一致,审查办理准确、规范、及时。

逐级审核。各级审核人依职责对服务对象提交材料的真实性、合法性和规范性进行审核,提出是否准予许可建议,并出具审核意见。

对申请受理材料的审查及时在规定时限内办结并流转到下一审查岗位并做好登记。

3.评审材料审查人员

要求与申请材料审查人员相同。

4.审批结果的告知和发放人员

相关要求同咨询、材料接收人员岗位要求。

行政审批过程参与人员应遵守法纪保守秘密，不违反国家法律、法规及有关规章制度，保守秘密，维护服务对象权益。工作人员办公时间不得擅自离岗、串岗、聊天、喧哗或从事与工作无关的事务。

二、向社会出具具有证明作用的数据和结果的检验检测机构资质认定服务指南

（一）适用范围

本指南适用于向社会出具具有证明作用的数据和结果的检验检测机构资质认定的申请和办理。

（二）项目信息

名　　　称：向社会出具具有证明作用的数据和结果的检验检测机构资质认定

审批类别：行政许可

项目编码：

（三）办理依据

《中华人民共和国认证认可条例》（国务院令第390号）第十六条："向社会出具具有证明作用的数据和结果的检验检测机构，应当具备有关法律、行政法规规定的基本条件和能力，并依法经认定后，方可从事相应活动，认定结果由国务院认证认可监督管理部门公布。"

《中华人民共和国食品安全法》："食品检验机构按照国家有关认证认可的规定取得资质认定后，方可从事食品检验活动。"

（四）受理机构

（五）决定机构

（六）审批数量

（七）办事条件

1. 申请人条件：

（1）检验检测机构应当依法设立，保证客观、公正和独立地从事检验检测活动，并承担相应的法律责任。

（2）检验检测机构应当具有与其从事检验检测活动相适应的专业技术人员和管理人员。对特殊产品的检验检测，其专业技术人员和管理人员还应当符合相关法律、行政法规的规定要求。

（3）检验检测机构应当具备固定的工作场所，其工作环境应当保证检验检测数据和结果的真实、准确。

（4）检验检测机构应当具备正确进行检验检测活动所需要的并且能够独立调配使用的固定的和可移动的检验检测设备设施。

（5）检验检测机构应当建立能够保证其公正性、独立性和与其承担的检验检测活动范围相适应的质量体系，按照认定基本规范或者标准制定相应的质量体系文件并有效实施。

2. 具备或符合如下条件的，准予批准：

（1）符合申请条件

（2）现场评审通过

3. 有如下情况之一的，不予批准：

（1）不符合申请条件

（2）现场评审不通过

（3）申请材料造假

（八）申请材料

1. 申请材料清单

申请书及其规定的附件

下载地址：

2. 申请材料提交

申请人可通过窗口报送、邮寄方式提交材料。

（九）申请接收

1. 接收方式

（1）窗口接收

接收部门名称：

接收地址：

（2）信函接收

接收部门名称：

接收地址：

邮政编码：

联系电话：

2. 办公时间

（十）基本办理流程

向社会出具具有证明作用的数据和结果的检验检测机构资质认定许可办理流程图见附件一

（十一）办理方式

1. 新办

流程见"十、基本办理流程"

2. 依申请变更

提交变更申请，需要现场评审的流程见"十、基本办理流程"

无需现场评审的，直接进入审批环节，流程见"十、基本办理流程"中的审批流程

3. 依申请注销

提交注销申请，按发文程序起草公告

（十二）审批时限

1. 受理时限

资质认定部门应当对申请人提交的书面申请和相关材料进行初审，自收到之日起5个工作日内作出受理或者不予受理的决定，并书面告知申请人；

2. 技术评审时限

资质认定部门应当自受理申请之日起45个工作日内，依据检验检测机构资质认定基本规范、评审准则的要求，完成对申请人的技术评审。技术评审包括书面审查和现场评审。技术评审时间不计算在资质认定期限内，资质认定部门应当将技术评审时间书面告知申请人。由于申请人整改或者其他自身原因导致无法在规定时间内完成的情况除外；

3. 审批时限

资质认定部门应当自收到技术评审结论之日起 20 个工作日内，作出是否准予许可的书面决定。

（十三）审批收费依据及标准

（十四）审批结果

资质认定证书

（十五）结果送达

准予许可的，自作出决定之日起 10 个工作日内，向申请人颁发资质认定证书。

（十六）申请人权利和义务

符合法定条件、标准的，申请人有依法取得行政许可的平等权利，行政机关不得歧视。

公民、法人或者其他组织对行政机关实施行政许可，享有陈述权、申辩权；有权依法申请行政复议或者提起行政诉讼；其合法权益因行政机关违法实施行政许可受到损害的，有权依法要求赔偿。公民、法人或者其他组织依法取得的行政许可受法律保护，行政机关不得擅自改变已经生效的行政许可。

行政许可所依据的法律、法规、规章修改或者废止，或者准予行政许可所依据的客观情况发生重大变化的，为了公共利益的需要，行政机关可以依法变更或者撤回已经生效的行政许可。由此给公民、法人或者其他组织造成财产损失的，行政机关应当依法给予补偿。

（十七）咨询途径

1. 窗口咨询：

部门名称：

地址：

联系电话：

2. 电话咨询：

3. 网上咨询：

4. 电子邮件咨询：

5. 信函咨询：

咨询部门：

通讯地址：

邮政编码：

（十八）监督和投诉渠道

1. 窗口投诉：

2. 电话投诉：

3. 网上投诉：

4. 信函投诉：

（十九）办公地址和时间

办公地址：

办公时间：

乘车路线：

（二十）公开查询

自受理之日 65 个工作日起，可通过电话方式查询审批状态。

向社会出具具有证明作用的数据和结果的检验检测机构资质认定许可办理流程图
（以国家认监委为例）

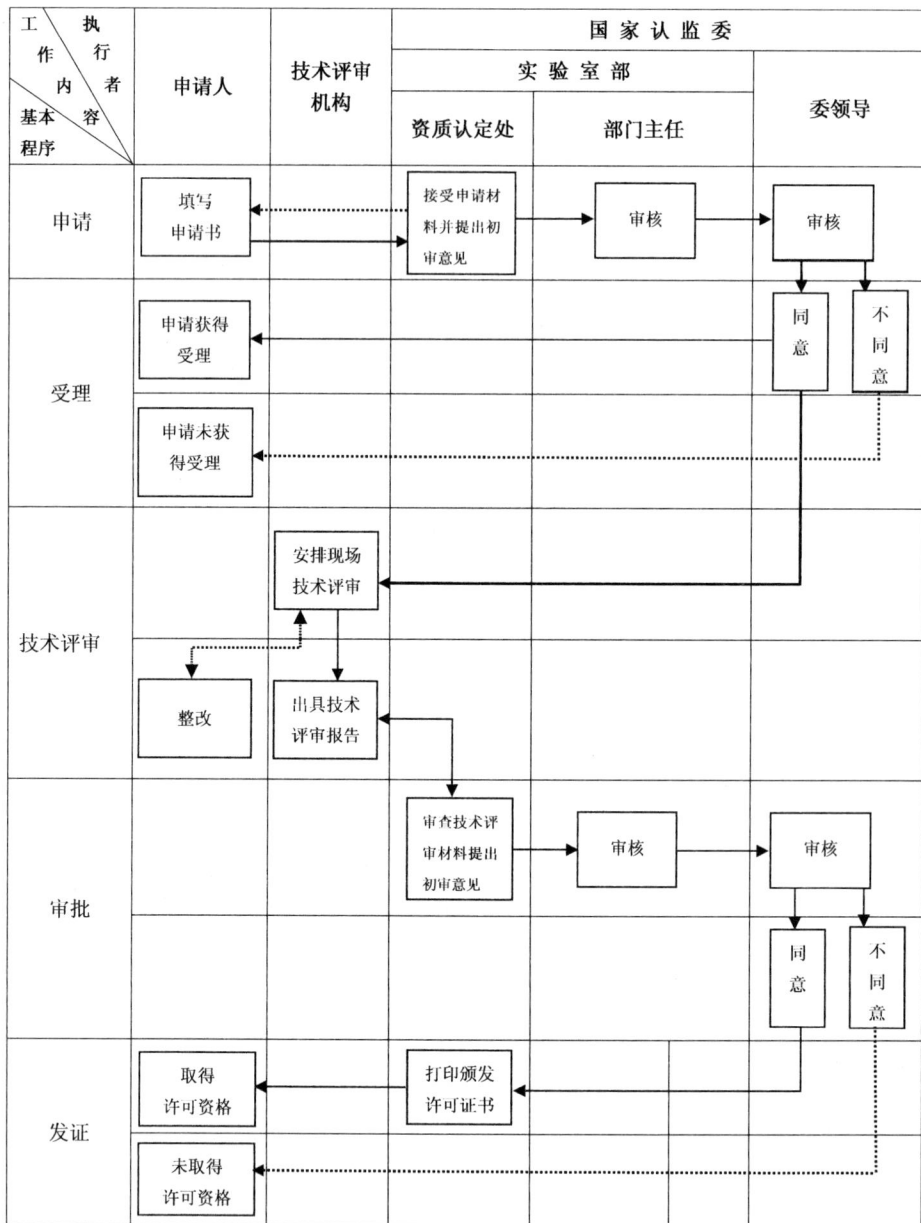

工作内容基本程序 \ 执行者	申请人	技术评审机构	国家认监委		
			实验室部		委领导
			资质认定处	部门主任	
申请	填写申请书		接受申请材料并提出初审意见	审核	审核
受理	申请获得受理				同意 / 不同意
	申请未获得受理				
技术评审	整改	安排现场技术评审 / 出具技术评审报告			
审批			审查技术评审材料提出初审意见	审核	审核 / 同意 / 不同意
发证	取得许可资格 / 未取得许可资格		打印颁发许可证书		

三、向社会出具具有证明作用的数据和结果的检验检测机构资质认定审查工作细则

（一）项目信息

名　　称：向社会出具具有证明作用的数据和结果的
检验检测机构资质认定

审批类别：行政许可

项目编码：

（二）审查过程

1. 向社会出具具有证明作用的数据和结果的检验检测机构资质认定许可办理流程图（附件）

2. 向社会出具具有证明作用的数据和结果的检验检测机构资质认定审查环节与经办要求。

3. 审查方式

受理环节进行文件审查后，组织安排技术评审，并在现场考核介素后，根据考核报告等信息作出是否准予许可的建议，并逐级报批，作出审批决定。

向社会出具具有证明作用的数据和结果的检验检测机构资质认定许可办理流程图
（以国家认监委为例）

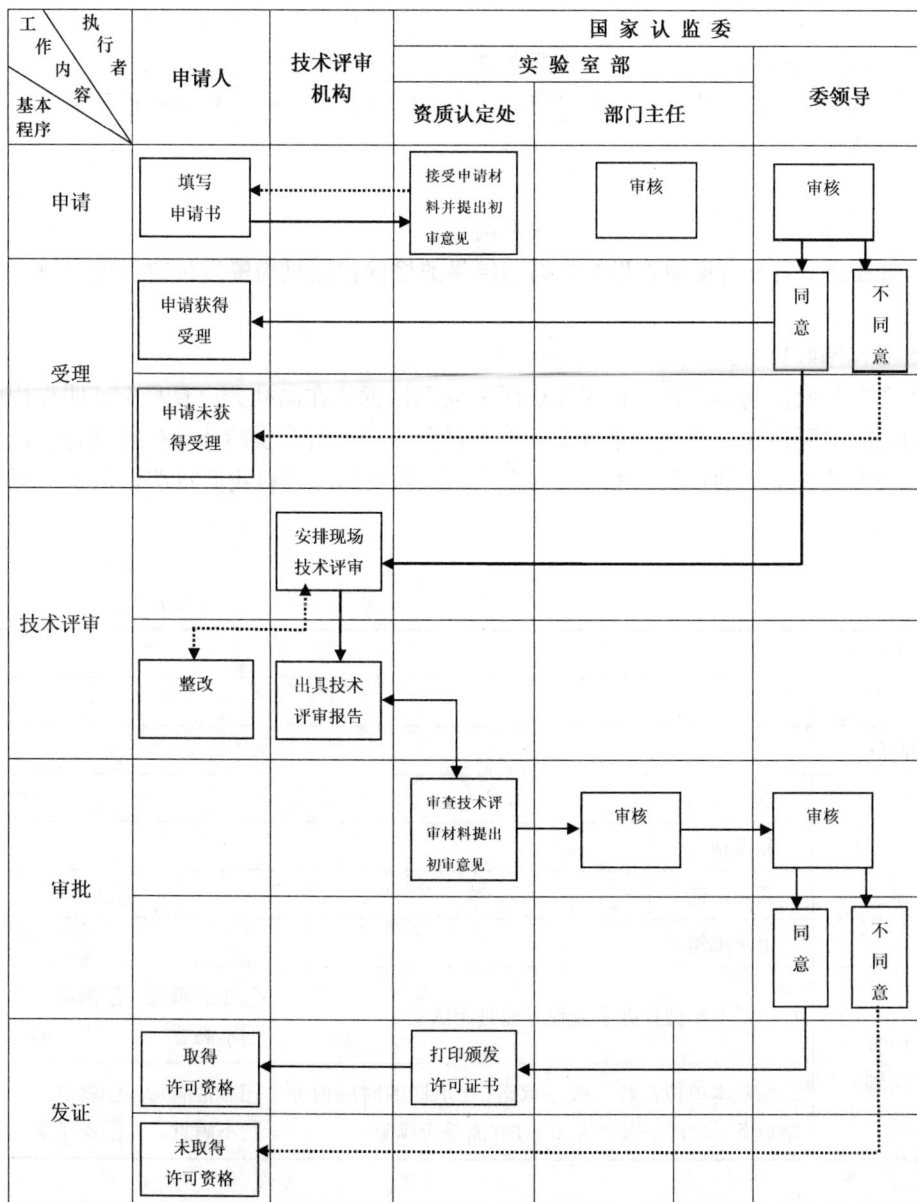

四、向社会出具具有证明作用的数据和结果的检验检测机构资质认定行政许可受理决定书

（检验检测机构）受字〔　　〕第　号

（申请机构名称）：

你单位提出资质认定的申请和所提供（出示）的材料，符合该项目申请条件。根据《行政许可法》第三十二条第一款第五项规定，决定予以受理。

年　月　日

申请人通信地址：　　　　　　　联系电话：

法定办结时限：自受理申请之日起20个工作日（不包括技术评审时限以及因申请人自身原因导致的延误）

收费情况：

经办人：　　　　　　　联系电话：

五、向社会出具具有证明作用的数据和结果的检验检测机构资质认定审批申请人满意度评价表

尊敬的申请人您好！

感谢您参与此次问卷调查。请对卷中所列问题依据您在向社会出具具有证明作用的数据和结果的检验检测机构资质认定审批事项办理过程中的理解和实际体验进行选择。此问卷结果将作为我们改进工作的重要依据，您的个人信息和所填写资料我们将严格保密。感谢您的支持合作！

填写日期：　　年　月　日

办理事项			
办理部门			
办理时间			
申请人 信息	姓　名		
	联系地址		
	联系电话		
	电子邮箱		
评价内容 （参考问题）	1.您对本单位在办事流程方面是否满意？	□非常满意　□满意 □不满意　□不了解	
	2.您对本单位在履行服务承诺（在承诺的时限内办结业务、履行一次性告知等）方面是否满意？	□非常满意　□满意 □不满意　□不了解	

续上表

评价内容（参考问题）	3.您对本单位办事方便程度、办事指南方面是否满意？	□非常满意　□满意 □不满意　□不了解
	4.您对本单位在配套服务和办事效率（45 个工作日完成）方面是否满意？	□非常满意　□满意 □不满意　□不了解
	5.您对本单位落实首问负责制方面是否满意？	□非常满意　□满意 □不满意　□不了解
	6 您对本单位政务公开的方式（网站、热线电话、网上办事指南等）是否满意？	□非常满意　□满意 □不满意　□不了解
	7.您对该单位政务公开的内容是否满意？	□非常满意　□满意 □不满意　□不了解
	8.您对本单位在解决"门难进、脸难看、话难听、事难办"等现象方面是否满意？	□非常满意　□满意 □不满意　□不了解
	9.您对本单位投诉处理情况方面是否满意？	□非常满意　□满意 □不满意　□不了解
	10.您通过拨打咨询热线向该单位提出疑问或诉求时，对本单位的答复情况方面是否满意？	□非常满意　□满意 □不满意　□不了解
	11.您对本单位网上办事服务大厅界面风格和内容规范方面是否满意？	□非常满意　□满意 □不满意　□不了解
	12.您对该单位网上办事服务提供便民服务功能（表格下载、办事指南等）是否满意？	□非常满意　□满意 □不满意　□不了解
	13.您对该单位工作人员的业务水平（对经办业务的熟悉程度）是否满意？	□非常满意　□满意 □不满意　□不了解
	14.您对该单位工作仪容仪表、用语规范、礼貌、亲切方面是否满意？	□非常满意　□满意 □不满意　□不了解
其他意见和建议		
回访意见		

说明：

1.本评价表由申请人在审批事项办结后填写，并现场反馈至＿＿＿＿＿＿。

2.对不方便现场反馈的，可向监督举报投诉机构反映，联系方式＿＿＿＿＿＿。

3.举报投诉机构根据申请人所填写的评价表，定期进行实地或电话随机抽查回访。

附件 13：

检验检测机构资质认定申请书

填 表 须 知

1. 本《申请书》须用墨笔填写或计算机打印，字迹应清楚。

2. 本《申请书》填写页数不够时可用 A4 纸附页，但须连同正页编为第　　页，共　　页。

3. 本《申请书》"主管部门"是指检验检测机构的行业主管部门或上级法人单位（独立法人单位不需填此项）。

4. 本《申请书》所选"□"内划"√"。本《申请书》的每一项须由检验检测机构如实填写，若出现不真实信息，将记入检验检测机构"诚信档案"。

5. 本《申请书》须经检验检测机构法定代表人及被授权人（适用时）签名有效。

6. 本《申请书》适用于首次、变更、复查和其他申请。

1. 概况

1.1 检验检测机构名称：

地址：

邮编：　　　　　　传真：　　　　　　E－mail：

负责人：　　　　职务：　　　　固定电话：　　　　手机：

联络人：　　　　职务：　　　　固定电话：　　　　手机：

1.2 所属法人单位名称（若检验检测机构是法人单位的不填此项）：

地址：

邮编：　　　　　　传真：　　　　　　E－mail

负责人：　　　　职务：　　　　固定电话：

1.3 主管部门名称（若无主管部门的此项不填）：

地址：

邮编：　　　　　　传真：　　　　　　E－mail

负责人：　　　　职务：　　　　固定电话：

1.4 检验检测机构设施特点：

固定□　　　　临时□　　　　可移动□　　　　多场所□

1.5 法人类别

1.5.1 独立法人检验检测机构

社团法人□　　　事业法人□　　　企业法人□　　　其他□

1.5.2 检验检测机构所属法人（非独立法人检验检测机构填此项）

社团法人□　　　事业法人□　　　企业法人□　　　其他□

2. 申请类型及证书状况

2.1 资质认定

首次□　　　　变更□　　　　复查□　　　　其他□

2.2 已获资质情况：

资质认定证书编号：　　　　　　证书有效期至：

3. 申请资质认定的专业类别

4. 检验检测机构资源

4.1 检验检测机构总人数：_____名。

高级专业技术职称_____名，占_____%；中级专业技术职称_____名，占_____%；初级专业技术职称_____名，占_____%；其他_____名，占_____%。

4.2 检验检测机构设备设施资产情况。

固定资产原值：_____万元。

仪器设备总数：_____台（套）。

产权状况：自有□_____%；租用□_____%；合资□_____%。

4.3 检验检测机构总面积_____m²。

检验检测场地面积：_____m²；温恒面积：_____m²；户外检验检测场地面积：_____m²。

场地产权状况：自有□_____%；租用□_____%；其他□_____%。

4.4 多场所名称地点（适用时）：

4.5 本次新申请的地点（适用时）：

5. 附表

附表1：检验检测能力申请表

附表2.1：授权签字人申请汇总表

附表2.2：授权签字人申请表

附表3：组织机构框图

附表4：检验检测人员一览表

附表5：仪器设备（标准物质）配置表

附表6：检验检测机构法人性质变更审批表

附表7：检验检测机构人员变更备案审批表

附表8：检验检测机构资质认定标准（方法）变更审批表

附表9：取消检验检测能力审批表

附表10：检验检测机构资质认定名称变更审批表

6. 随《申请书》提交的附件

6.1 典型检验检测报告或证书（每个类别1份）　　　　　　　□

6.2 质量手册（1套）　　　　　　　　　　　　　　　　　　□

6.3 程序文件（1套）　　　　　　　　　　　　　　　　　　□

6.4 其他证明文件：

　　6.4.1 法人地位证明文件（适用于首次、复查）

　　6.4.1.1 独立法人检验检测机构需提供法人登记/注册证书　□

　　6.4.1.2 非独立法人检验检测机构需提供下列材料：

　　　　　检验检测机构设立批文　　　　　　　　　　　　□

　　　　　所属法人单位法律地位证明文件　　　　　　　　□

　　　　　法人授权文件　　　　　　　　　　　　　　　　□

　　　　　最高管理者的任命文件　　　　　　　　　　　　□

6.4.2 固定场所产权/使用权证明文件 ☐

6.4.3 管理体系内审、管理评审记录(适用于首次、复查评审) ☐

6.4.4 从事特殊领域检验检测人员资质证明(适用时) ☐

7. 希望评审时间: 年 月 日

8. 检验检测机构自我承诺

8.1 本检验检测机构遵守《中华人民共和国计量法》、《中华人民共和国认证认可条例》、《检验检测机构资质认定管理办法》等相关法律、法规及规章的规定。

8.2 本检验检测机构符合《检验检测机构资质认定评审准则》及相关评审补充要求。

8.3 本检验检测机构保证所提交的申请内容均为真实信息。

检验检测机构法定代表人签名: 日期:

检验检测机构被授权人签名(适用时): 日期:

附表1:

检验检测能力申请表

序号	类别(产品/项目/参数)	产品/项目/参数 序号	产品/项目/参数 名称	依据的标准(方法)名称及编号(含年号)	限制范围	说明
一				家用电器		
1	电冰箱	1.1	###			
		1.2	###			
2	电视机	2.1	###			
		2.2	###			

注:①"检验检测能力"应依据国家、行业、地方、国际、区域标准。依据其他标准或方法的,应在"说明"中注明;

②以产品标准申请检验检测能力的,对于不具备检验检测能力的参数,应在"限制范围"中注明;只能检验检测"产品标准"的非主要参数的,不得以产品标准申请;

③不含检验检测方法的各类产品标准、限值标准可不列入资质认定的能力范围,但在出具检验检测报告或证书时可作为判定依据直接使用;

④多实验场所的检验检测机构,应按不同实验场所分别填写本表;

⑤本表对"家用电器"的填写仅为"示例"。检验检测机构可不受本"示例"限制,依据自身行业特点填写。示例:"家用电器",以汉字数字(一、二、三…)为序,设立通栏填写检验检测大类;以阿拉伯数字(1、2、3…)为序,填写类别(产品/参数/项目);以次级阿拉伯数字(1.1、1.2、1.3…)为序,填写产品/参数/项目的名称;

⑥可使用 xls 文件格式制作。

附表2.1：

授权签字人申请汇总表

序号	姓名		职务/职称	申请授权签字领域	备注
	正体	签名			

检验检测机构最高管理者签名：

附表2.2：

授权签字人申请表

检验检测机构地址：＿＿＿＿＿＿＿＿＿＿＿＿＿＿＿＿＿＿＿＿＿＿＿

姓　　名：＿＿＿＿＿　性　别：＿＿＿＿＿　出生年月：＿＿＿＿＿＿＿＿

职　　务：＿＿＿＿＿　职　称：＿＿＿＿＿　文化程度：＿＿＿＿＿＿＿＿

部门：＿＿＿＿＿＿＿＿＿＿＿＿＿＿＿＿＿＿＿＿＿＿＿＿＿＿＿＿＿＿＿

电话：＿＿＿＿＿＿＿　传真：＿＿＿＿＿＿＿　电子邮件：＿＿＿＿＿＿＿

申请签字的领域：＿＿＿＿＿＿＿＿＿＿＿＿＿＿＿＿＿＿＿＿＿＿＿＿＿＿

＿＿＿＿＿＿＿＿＿＿＿＿＿＿＿＿＿＿＿＿＿＿＿＿＿＿＿＿＿＿＿＿＿＿

何年毕业于何院校、何专业、受过何种培训：＿＿＿＿＿＿＿＿＿＿＿＿＿＿

＿＿＿＿＿＿＿＿＿＿＿＿＿＿＿＿＿＿＿＿＿＿＿＿＿＿＿＿＿＿＿＿＿＿

从事检验检测工作的经历：＿＿＿＿＿＿＿＿＿＿＿＿＿＿＿＿＿＿＿＿＿＿

＿＿＿＿＿＿＿＿＿＿＿＿＿＿＿＿＿＿＿＿＿＿＿＿＿＿＿＿＿＿＿＿＿＿

　　　　　　　　　　　　　　　　　　　申请人签字：＿＿＿＿＿＿＿＿＿

相关说明（若授权领域有变更应予以说明）：

注：每位授权签字人填写一张表格。

附表3：

组织机构框图

注：①独立法人的应表明本检验检测机构内部和外部关系；
②独立法人的应表明本检验检测机构在所在法人单位的位置，以及检验检测机构的内部和外部关系；
③直接关系(例如：行政隶属)用实线连接，间接关系(例如：业务指导)用虚线连接。

附表4：

检验检测人员一览表

检验检测机构地址：

页，共 页

序号	姓名	性别	年龄	文化程度	职务（岗位）	职称	所学专业	从事本技术领域年限	现在部门岗位

注：与检验检测工作无关的人员无需填写(如财务、后勤人员)。

附表5：

仪器设备(标准物质)配置表

检验检测机构地址：　　　　　　　　　　　　　　　　　　　　　　　　第　页,共　页

序号	类别(产品/项目/参数)	产品/项目/参数		依据的标准(方法)名称及编号(含年号)	仪器设备(标准物质)			溯源方式	有效日期	确认结果
		序号	名称		名称	型号/规格/等级	测量范围			

注：①申请时，该表的前4项与《申请书》附表1对应，为了简化此表的填写，参数相同的不重复填写，序号可以不连续；

②溯源方式填写：检定、校准、内部校准等；

③多实验场所的检验检测机构，按不同实验场所分别填写；

④确认意见分为"符合"和"不符合"两种，机构应对仪器设备检定校准的数据和结果进行分析，判断是否符合检验检测标准、技术规范、程序的要求。

附表6：

检验检测机构法人性质变更审批表

检验检测机构名称			(印章)　　年　月　日
法人性质变更(适用于法人单位)	原法人性质	变更后法人性质	备注
所在法人单位性质变更	原法人单位性质	变更后法人单位性质	备注
所在法人单位名称变更	原法人单位名称	变更后法人单位名称	备注

续上表

联系人		电话	
通信地址		邮编	
资质认定 部门意见			（印章） 年　月　日

注：法人性质分为：行政单位、事业单位、企业、其他组织，其他组织需在备注中予以详细说明。

附表7：

检验检测机构人员变更备案审批表

检验检测机构名称			（印章） 年　月　日
职务	变更前人员姓名	变更后人员姓名	变更类型
自我声明（适用于替换、新增技术负责人和授权签字人时）	本机构自我声明，变更后的技术负责人和授权签字人符合《检验检测机构资质认定评审准则》的要求，并对真实性负责。		
联系人		电话	
通信地址		邮编	
资质认定 部门意见			（印章） 年　月　日

注：①此表一式二份，检验检测机构和资质认定部门分别留存；
②职务类型包括最高管理者、技术负责人、授权签字人，变更类型包括：替换、新增、撤销；
③最高管理者变更时，需同时提供相关任命文件及法人授权书，无需批准，直接备案；
④技术负责人变更时，需同时提供相关任命文件，无需批准，直接备案；
⑤授权签字人变更时，需同时提供授权签字人申请表，经批准后，可签发检验检测报告或证书。

附表8：

检验检测机构资质认定标准（方法）变更审批表

第　　页，共　　页

<table>
<tr>
<td rowspan="2">检验检测机构名称</td>
<td colspan="4"></td>
</tr>
<tr>
<td colspan="4">（印章）
日期：</td>
</tr>
<tr>
<td>联系人</td>
<td></td>
<td colspan="2">电话/传真</td>
<td></td>
</tr>
<tr>
<td>序号</td>
<td>类别（产品/项目/参数）</td>
<td>已批准的标准（方法）名称、编号（含年号）</td>
<td>变更后的标准（方法）名称、编号（含年号）</td>
<td>变更内容</td>
</tr>
<tr>
<td></td>
<td></td>
<td></td>
<td></td>
<td></td>
</tr>
<tr>
<td rowspan="2">是否自我承诺</td>
<td colspan="2">□ 本次变更不涉及实际能力变化，本机构承诺已具备新标准（方法）所需相应资质认定条件，并对承诺的真实性负责。</td>
<td colspan="2">本机构技术负责人审查意见：

签名：　　　　　日期：</td>
</tr>
<tr>
<td colspan="2">□ 申请资质认定部门组织专业技术评价组织/专家书面审查。</td>
<td colspan="2">专业技术评价组织/专家审查意见：

签名：　　　　　日期：</td>
</tr>
<tr>
<td>资质认定部门审核意见</td>
<td colspan="4">（印章）
日期：</td>
</tr>
</table>

注：①"序号、资质认定项目名称"应与《证书附表》一致；

②如标准（方法）仅为年号、编号变化，或变更的内容不涉及实际检验检测能力变化，可填写此表；

③机构如选择自我承诺的方式，资质认定部门无需组织专业技术评价组织/专家审查，直接批准，在后续监督管理中对被审批单位承诺内容是否属实进行检查，发现承诺内容不实，资质认定部门将撤销审批决定，并将相关情况记入诚信档案。

附表9：

取消检验检测能力审批表

检验检测机构名称				（印章） 年　月　日
证书号				
序号	类别（产品/项目/ 参数）	产品/项目/参数		依据的标准（方法） 名称及编号（含年号）	所在实验 场所
		序号	名称		
联系人		电话			
通信地址		邮编			
资质认定 部门意见				（印章） 年　月　日

注：①序号应与原《证书附表》一致；
②需一并提交取消能力后的新证书附表电子版。

附表10：

检验检测机构资质认定名称变更审批表

原资质认定获证名称				
证书编号		有效期限		
拟变更的名称				
更名原因				
联系人		电话		传真	
通信地址			邮编	
检验检测机构所属 上级部门意见				（印章） 年　月　日
资质认定部门意见	（印章） 年　月　日			

注：①如是独立法人机构，可不填上级机构意见；
②随申请表提交的材料如下：需提供名称变更证明文件、原资质认定证书复印件。

附件14：

检验检测机构资质认定评审报告

填 表 须 知

1. 本《评审报告》有印章和签字页的须为原件。

2. 本《评审报告》可用墨笔或计算机填写，字迹应清楚。

3. 本《评审报告》的表格填报页数不够时，可用 A4 纸附页，但须连同正页编为第　页，共　页。

4. 本《评审报告》所选"□"内划"√"。本《评审报告》的每一项须由评审组如实填写，若出具虚假或者不实的评审结论，将追究评审组人员责任。

5. 本《评审报告》须经评审组签字有效。

6. 本《评审报告》适用检验检测机构申请资质认定的首次、变更、复查和其他评审。

1. 概况

1.1 检验检测机构名称：＿＿＿＿＿＿＿＿＿＿＿＿＿＿＿＿＿＿＿＿＿＿＿＿＿＿＿

　　　地址：＿＿＿＿＿＿＿＿＿＿＿＿＿＿＿＿＿＿＿＿＿＿＿＿＿＿＿＿＿＿＿＿＿＿

　　　邮编：　　　　　传真：　　　　　E－mail：

　　　负责人：　　　　职务：　　　　固定电话：　　　　手机：

　　　联络人：　　　　职务：　　　　固定电话：　　　　手机：

1.2 所属法人单位名称（若检验检测机构是法人单位的此项不填）：

　　　地址：＿＿＿＿＿＿＿＿＿＿＿＿＿＿＿＿＿＿＿＿＿＿＿＿＿＿＿＿＿＿＿＿＿＿

　　　邮编：　　　　　传真：　　　　　E－mail

　　　负责人：　　　　职务：　　　　固定电话：

1.3 检验检测机构设施特点：

　　　固定□　　　　临时 □　　　　可移动□　　　　多场所□

1.4 法人类别：

1.4.1 独立法人检验检测机构

　　　社团法人□　　事业法人□　　企业法人□　　其他□

1.4.2 检验检测所属法人单位（非独立法人检验检测机构填此项）

　　　社团法人□　　事业法人□　　企业法人□　　其他□

1.5 评审类型

　　　首次□　　变更□　　复查□　　其他□

1.6 已获资质情况

　　　资质认定证书编号：　　　　　证书有效期至：

2. 评审地点（多场所的另附页）：

3. 评审组意见：

评审结论

符合□　　　基本符合□　　　基本符合(需现场复核)□　　　不符合□

评审组长签名：　　　　　　　　　　　　　　　　日期：

注：评审组意见包括：①开展现场评审文件依据(如资质认定部门的评审通知书)；②评审组人数；③现场评审时间；④对检验检测机构是否符合资质认定基本条件的评价以及概况描述；⑤重要变化情况(如新增实验地点、新增能力、新增授权签字人、其他重要变更等)；⑥建议批准的授权签字人数量；7 建议批准的资质认定项目及数量；⑧不符合项及整改建议；⑨需要说明的其他事项。

4.　　　　　　　　　　　　　　　　　　　　　　　　　　　　　第　　页，共　　页

建议批准的检验检测能力表

序号	类别(产品/项目/参数)	产品/项目/参数		依据的标准(方法)名称及编号(含年号)	限制范围	说明
		序号	名称			
一				家用电器		
1	电冰箱	1.1	###			
		1.2	###			
2	电视机	2.1	###			
		2.2	###			

检验检测机构最高管理者签名：　　　　　　　　　　　评审组长签名：

评审员/技术专家签名：

注：①"检验检测能力"应依据国家、行业、地方、国际、区域标准。依据其他标准或方法的，应在"说明"中注明；

②以产品标准申请检验检测能力的，对于不具备检验检测能力的参数，应在"限制范围"中注明；只能检验检测"产品标准"的非主要参数的，不得以产品标准申请；

③不含检验检测方法的各类产品标准、限值标准可不列入资质认定的能力范围，但在出具检验检测报告或证书时可作为判定依据直接使用；

④多实验场所的检验检测机构，应按不同实验场所分别填写本表；

⑤本表对"家用电器"的填写仅为"示例"。检验检测机构可不受本"示例"限制，依据自身行业特点填写。示例："家用电器"，以汉字数字(一、二、三…)为序，设立通栏填写检验检测大类；以阿拉伯数字(1、2、3…)为序，填写类别(产品/参数/项目)；以次级阿拉伯数字(1.1、1.2、1.3…)为序，填写产品/参数/项目的名称；

⑥可使用 xls 文件格式制作。

5.

建议批准的授权签字人

序号	姓名		职务/职称	授权签字领域	备注
	正体	签名			

检验检测机构最高管理者签名：　　　　　　评审组长签名：

评审员/技术专家签名：

注：多实验场所的，应分别填写。

5.1

授权签字人评价记录表

考核的主要内容:
1. 工作经历;2. 职责权限;3. 检验检测技术及管理;4. 承担签字领域的技术标准方法;5. 检验检测报告或证书审核签发程序;6. 评价检验检测结果的能力;7.《检验检测机构资质认定评审准则》及其相关的法律法规技术文件。

序号	被考核人姓名	职务及职称	经考核后所确认的签字领域

给予评价意见:

评审员/技术专家签名:
年　月　日

注:被考核的授权签字人每人一张记录表。

6.

基本符合和不符合项汇总表

序号	条款号	观察发现	基本符合	不符合	备注

注:①在相应判定栏内划√;

②体系文件中有描述但实施不规范的,为基本符合;体系文件无规定或有规定未实施的,为不符合。

③"观察发现"应对基本符合和不合符的具体事实予以说明。

7.

现场考核项目表

第　　页，共　　页

序号	类别（产品/项目/参数）	产品/项目/参数		依据的标准（方法）名称及编号（含年号）	所用仪器名称、型号、准确度	考核形式/样品来源	检验检测人员	结论
		序号	名称					

注：①本栏目按流水号填写，应标出对应的申请项目序号；

②考核形式可选择报告验证、现场实验（盲样考核、人员比对、仪器比对、样品复测、见证试验、操作演示）；

③样品来源可选择评审组提供、自备；

④多实验场所评审的，按评审场所分别填写；

⑤考核结论为不通过的应说明原因。

8.

评审组人员名单

姓名	单位名称	职称/职务	评审员证号	评审内容	联系方式	签字

9.

整改完成记录、评审组长确认意见表

需整改 条款号	完成整改情况

评审组长对整改完成情况的确认意见：

评审组长签字：　　　　　　　　　　　　　　　　日期：

10.

检验检测机构资质认定现场评审日程表

第　　页,共　　页

检验检测 机构名称				
评审类别	□首次　　　□变更　　　□复查　　　□其他			
评审日期		评审地点		
评审工作日程安排				
日期	时间	工作内容	评审组分工	机构联络人

评审组长：

年　　月　　日

注：对多实验场所检验检测机构的评审，按不同场所分别编制。

11.

检验检测机构资质认定现场评审签到表

检验检测机构名称					
会议名称	□首次会议		□末次会议		□座谈会
会议时间			会议地点		
被评审方人员					
签名	职务	签名	职务	签名	职务
评审组人员					
签名	评审职务	签名	评审职务	签名	评审职务
列席人员					
签名	单位			职务/职称	

12.

附加说明

（若需要时）：

附件15：

检验检测机构资质认定审批表
国家认证认可监督管理委员会编制

表1 检验检测机构资质认定评审通知表

检验检测机构名称				
评审时间及地点		评审计划文号、项目序号		
评审类型	□首次　　　　□变更　　　□复查　　　□其他			
	姓名	所在单位及电话	评审项目	评审员证书号
评审组长				
评审员				
	姓名	所在单位及电话	评审项目	专业、职称
技术专家				
监督员			/	
专业技术评价组织意见	（印章） 填报日期：　　年　月　日		资质认定部门意见	年　月　日

注：①评审员需经资质认定部门培训,且评审员证书在有效期内；
②组建评审组应按照专业覆盖,就近就便的原则。

表2　检验检测机构资质认定审批表

检验检测 机构名称			原证书编号 及有效日期			
评审类型	□首次		□变更	□复查	□其他	
评审计划 文号及序号						
提交评审 材料	1.检验检测机构资质认定申请书； 2.检验检测机构资质认定评审报告； 3.检验检测报告或证书2份(近期的)； 4.资质认定评审组名单或评审通知； 5.检验检测机构法律地位证明文件； 6.整改报告(含相应见证材料)； 7.现场评审签到表、现场评审日程表； 8.电子版文件。含《评审报告》、证书附表(可使用xls文件格式)。 经手人：　　　　　　　　交接时间：				□ □ □ □ □ □ □ □	
初审意见	初审人：		初审日期：	年	月	日
审核意见	审核人：		审核日期：	年	月	日
批准意见	批准人：		批准日期：	年	月	日

新闻出版署、公安部关于鉴定淫秽录像带、淫秽图片有关问题的通知

（新出联〔1993〕第1号）

各省、自治区、直辖市新闻出版局、音像归口管理部门，公安厅、局：

为认真贯彻执行全国人大常委会《关于惩治走私、制作、贩卖、传播淫秽物品的犯罪分子的决定》，及时打击处理走私、制作、贩卖、传播淫秽物品的违法犯罪分子，提高办案效率，现对审查鉴定淫秽录像带、淫秽图片的有关问题通知如下：

一、办理走私、制作、贩卖、传播淫秽物品案件中，对查获的录像带、图片、扑克、手抄本等，需审查认定是否为淫秽物品的，国内出版单位正式出版发行的录像带、图片等出版物由省级以上新闻出版管理部门、音像归口管理部门负责鉴定；其他由地、市以上公安机关治安部门负责鉴定。

淫秽录像带、淫秽图片的鉴定标准依照全国人大常委会《关于惩治走私、制作、贩卖、传播淫秽物品的犯罪分子的决定》、国务院《关于严禁淫秽物品的规定》和新闻出版署发布的《关于认定淫秽及色情出版物的暂行规定》(〔88〕新出办字第 1512 号)执行。

二、鉴定机关进行鉴定工作时，应当指定三名具有专业知识，熟悉鉴定标准，办事公正，坚持原则，作风正派的同志负责审查鉴定。其他人员一律不得参加。严禁借审查鉴定之机扩大观看范围。

三、审查鉴定淫秽物品应当制作《淫秽物品审查鉴定书》一式三份(式样附后)，鉴定结论必须准确、简明。由两名以上鉴定人员签字，并加盖"淫秽物品审查鉴定专用章"。对送审鉴定的和收缴的淫秽物品，必须严格按照国务院《关于严禁淫秽物品的规定》、公安部《关于收管处理淫秽物品的通知》(〔83〕公发(治)165 号)的规定执行。

四、当事人对鉴定结论提出不同意见需重新鉴定的，应当由地、市级的宣传、新闻出版、音像归口管理机关、公安机关等部门组成的鉴定组重新鉴定。

出版单位对鉴定结论提出不同意见时，由省级新闻出版管理部门、音像归口管理部门报新闻出版署鉴定。

其他出版物的审查鉴定，仍按规定执行。

附件 1：

××地区(市)公安处(局)淫秽物品审查鉴定书(样式)

(公鉴字〔19〕号)

送审单位_____ 送审时间_____年_____月_____日

送审人_____

送审物品名称_____ 规格_____ 数量_____

送审物品持有人姓名_____ 性别_____ 年龄_____

住址_____ 职业_____

简要案情_____

_____

_____

审验情况_____

_____

_____

结　论：根据全国人大常委会《关于惩治走私、制作、贩卖、传播淫秽物品的犯罪分子的决定》和新闻出版署《关于认定淫秽及色情出版物的暂行规定》，以上物品_____淫秽物品；

鉴定人：× × ×

× × ×

年　　月　　日

附件 2：

××省(市、自治区)新闻出版局(音像管理部门)淫秽物品审查鉴定书(样式)

(新出鉴字〔19〕号)

送审单位＿＿＿＿＿＿＿＿＿＿　送审时间＿＿＿＿年＿＿月＿＿日

送审人＿＿＿＿＿＿＿＿＿＿＿＿＿＿＿＿＿＿＿＿＿＿＿＿＿＿＿

送审出版物名称＿＿＿＿＿＿版本＿＿＿＿＿＿数量＿＿＿＿＿＿

送审出版物持有人姓名＿＿＿＿＿＿性别＿＿＿＿＿年龄＿＿＿＿

住址＿＿＿＿＿＿＿＿＿＿职业＿＿＿＿＿＿＿＿＿＿＿＿＿＿＿

简要案情(主要指出版、印刷、发行情况)＿＿＿＿＿＿＿＿＿＿＿＿＿

＿＿＿＿＿＿＿＿＿＿＿＿＿＿＿＿＿＿＿＿＿＿＿＿＿＿＿＿＿＿＿

＿＿＿＿＿＿＿＿＿＿＿＿＿＿＿＿＿＿＿＿＿＿＿＿＿＿＿＿＿＿＿

审验情况＿＿＿＿＿＿＿＿＿＿＿＿＿＿＿＿＿＿＿＿＿＿＿＿＿＿＿

＿＿＿＿＿＿＿＿＿＿＿＿＿＿＿＿＿＿＿＿＿＿＿＿＿＿＿＿＿＿＿

＿＿＿＿＿＿＿＿＿＿＿＿＿＿＿＿＿＿＿＿＿＿＿＿＿＿＿＿＿＿＿

＿＿＿＿＿＿＿＿＿＿＿＿＿＿＿＿＿＿＿＿＿＿＿＿＿＿＿＿＿＿＿

结　　论：根据全国人大常委会《关于惩治走私、制作、贩卖、传播淫秽物品的犯罪分子的决定》和新闻出版署《关于认定淫秽及色情出版物的暂行规定》，以上物品＿＿＿＿＿＿淫秽物品。

鉴定人：×　×　×

×　×　×

年　　月　　日

新闻出版署、公安部关于光盘生产源鉴定工作有关问题的通知

(新出联〔2000〕39 号)

各省、自治区、直辖市新闻出版局、有关音像行政管理部门，公安厅、局，新疆生产建设兵团公安局，各光盘复制单位：

根据最高人民法院、最高人民检察院、公安部、司法部和新闻出版署联合下发的《关于公安部光盘生产源鉴定中心行使行政、司法鉴定权有关问题的通知》(公通字〔2000〕21 号)，为进一步加强知识产权保护，现就开展光盘生产源鉴定工作有关问题通知如下：

一、由公安部光盘生产源鉴定中心(以下简称"鉴定中心")建立全国光盘复制单位 SID 码信息管理系统，这是加强光盘复制行政管理的重要举措，各光盘复制单位应积极配合，做好以下两项工作：

(一)填写《光盘复制单位生产设备调查表》《光盘复制单位 SID 码调查表》，备齐现有

SID 码样盘(含溅镀工序前和印刷工序后的两种盘)一式五份,于 2000 年 12 月 30 日前,将上述表格、样盘以挂号或专递方式寄至鉴定中心。

(二)自 2000 年 12 月 1 日起,申请蚀刻 SID 码的光盘复制单位,应在批准之日后 15 日内,向鉴定中心报送新蚀刻 SID 码样盘,具体样式和数量同上。

对未按要求完成上述工作的光盘复制单位,将暂缓或不予办理其提出的蚀刻 SID 码申请。

二、光盘复制单位需蚀刻 SID 码时,应填写《SID 码蚀刻申请表》,经省级光盘复制行政管理部门审核同意,报新闻出版署音像和电子出版物管理司审批。公安部光盘生产源鉴定中心、上海激光技术研究所依据新闻出版署音像和电子出版物管理司的批准文件蚀刻 SID 码。光盘复制单位可自愿选择蚀刻 SID 码单位。

三、SID 码应蚀刻在模具定模镜面的规定位置。鉴定中心认定为蚀刻不规范的现有 SID 码,光盘复制单位应于 2001 年 2 月 28 日前按规范重刻。

四、各级新闻出版行政管理部门、公安机关等部门在查办以光盘为载体的侵犯知识产权案件过程中,应充分发挥鉴定中心的职能,以鉴定结论为证据,依法保护知识产权,打击侵权盗版行为。

本通知转发至县(区)级有关音像行政管理部门和县(区)级公安局(分局)。

附件:一、光盘复制单位生产设备调查表(略)

二、光盘复制单位 SID 码调查表(略)

三、SID 码蚀刻申请表(略)

2000 年 11 月 24 日

国家发展改革委关于印发《价格认定规定》的通知

（发改价格〔2015〕2251 号）

各省、自治区、直辖市、新疆生产建设兵团发展改革委、物价局:

为规范价格认定工作,有效提供公共服务,维护公共利益,保障纪检监察、司法和行政工作的顺利进行,我们制定了《价格认定规定》,现印发给你们,请按照执行。

附件:价格认定规定

国家发展改革委

2015 年 10 月 8 日

附件

价格认定规定

第一条 为了规范价格认定工作,有效提供公共服务,维护公共利益,保障纪检监察、司法和行政工作的顺利进行,根据《中华人民共和国价格法》,制定本规定。

第二条 本规定所称价格认定,是指经有关国家机关提出,价格认定机构对纪检监察、司法、行政工作中所涉及的,价格不明或者价格有争议的,实行市场调节价的有形产品、无形资产和各类有偿服务进行价格确认的行为。

第三条 对下列情形中涉及的作为定案依据或者关键证据的有形产品、无形资产和各类有偿服务价格不明或者价格有争议的，经有关国家机关提出后，价格认定机构应当进行价格认定：

（一）涉嫌违纪案件；

（二）涉嫌刑事案件；

（三）行政诉讼、复议及处罚案件；

（四）行政征收、征用及执法活动；

（五）国家赔偿、补偿事项；

（六）法律、法规规定的其他情形。

第四条 价格认定应当遵循依法、公正、科学、效率的原则。

第五条 县级以上各级人民政府价格主管部门负责本行政区域内价格认定工作的指导、协调和监督管理。

第六条 县级以上各级政府价格主管部门的价格认定机构承担价格认定工作。

第七条 国务院价格主管部门的价格认定机构办理中央纪律检查委员会、最高人民法院、最高人民检察院、国务院各部门以及直属机构提出的价格认定事项和价格认定最终复核事项。

第八条 省、自治区、直辖市人民政府价格主管部门的价格认定机构办理本省、自治区、直辖市纪律检查委员会、高级人民法院、人民检察院、人民政府各部门以及国务院垂直管理部门所属机构，直辖市中级人民法院、人民检察院分院提出的价格认定事项和本行政区域内的价格认定复核事项。

第九条 地市级人民政府价格主管部门的价格认定机构办理本级纪律检查委员会、中级人民法院或者直辖市辖区人民法院，本级或者直辖市辖区人民检察院，本级人民政府各部门以及国务院垂直管理部门所属机构提出的价格认定事项和本行政区域内的价格认定复核事项。

第十条 县级人民政府价格主管部门的价格认定机构办理本级纪律检查委员会、基层人民法院、人民检察院、人民政府各部门以及国务院垂直管理部门所属机构提出的价格认定事项。

第十一条 价格认定人员实行岗位管理。

第十二条 价格认定机构办理价格认定事项，应当具有价格认定提出机关出具的价格认定协助书。

第十三条 价格认定机构办理价格认定事项时，价格认定人员不得少于 2 人。

第十四条 价格认定人员应当根据价格认定对象和目的，按照价格认定工作制度、规则、程序、方法进行价格认定。

第十五条 价格认定人员应当全面、客观、公正地收集资料作为价格认定依据，并对其真实性、合法性和关联性进行审查。

第十六条 价格认定机构应当对价格认定结论进行内部审核，对重大、疑难的价格认定事项应当进行集体审议。

第十七条 价格认定机构应当在接受价格认定提出机关提出价格认定事项之日起 7 个工

作日内作出价格认定结论；另有约定的，在约定期限内作出。

第十八条　价格认定机构作出的价格认定结论，经提出机关确认后，作为纪检监察、司法和行政工作的依据。

第十九条　价格认定提出机关对价格认定结论有异议的，可在收到价格认定结论之日起60日内，向上一级价格认定机构提出复核。提出复核不得超过两次。

必要时，国务院价格主管部门的价格认定机构可对省、自治区、直辖市人民政府价格主管部门的价格认定机构作出的二次复核进行最终复核。

第二十条　对重大、疑难的复核事项，价格认定机构认为必要或者价格认定提出机关提出申请，价格认定机构可通过听证、座谈等方式，听取价格认定提出机关、相关当事人、专家的意见。

第二十一条　价格认定机构应当在接受价格认定提出机关提出复核事项之日起60日内作出复核决定；另有约定的，在约定期限内作出。

第二十二条　价格认定机构应当建立价格认定档案管理制度。

第二十三条　价格认定机构或者价格认定人员，有下列情形之一的，由任免机关或者监察机关对负有责任的领导人员和直接责任人员给予处分；构成犯罪的，依法追究刑事责任：

（一）将依法取得的价格认定资料或者了解的情况用于其他目的的；

（二）因主观故意或者过失，出具虚假价格认定结论或者价格认定结论有重大差错的；

（三）违反法律、法规规定的其他行为。

第二十四条　价格认定机构办理价格认定事项不得收取任何费用。

第二十五条　价格认定工作所需经费纳入同级财政预算管理。

第二十六条　本规定自2016年1月1日起施行。

国家发展改革委价格认证中心关于印发《价格认定依据规则》的通知

（发改价证办〔2016〕94号）

各省、自治区、直辖市价格认证中心、价格认定局、价格认证局、价格认证办公室、价格鉴定监测管理局：

为规范价格认定依据的收集、审查、采用，我们制定了《价格认定依据规则》，现印发你们，请按照执行。在执行过程中发现问题请及时向我中心反馈。

附件：《价格认定依据规则》

国家发展改革委价格认证中心

2016年4月19日

附件：

价格认定依据规则

第一章　总则

第一条　为依法、客观、公正进行价格认定，根据有关法律、法规和《价格认定规定》，结合价格认定工作实际，制定本规则。

第二条　本规则所称价格认定依据，是指价格认定人员在价格认定工作中，据以作出价格认定结论的资料。

第三条　价格认定人员在价格认定工作中收集、审查和采用价格认定依据，适用本规则。

第二章　价格认定依据种类

第四条　价格认定依据包括：

（一）法律、法规、规章及规范性文件、技术标准文件；

（二）价格认定提出机关提供的资料，包括价格认定协助书及相关资料、有关证据材料等；

（三）价格认定人员收集的资料。

第五条　价格认定提出机关提供的证据材料：包括书证、物证、证人证言、当事人（包括刑事诉讼的被害人、犯罪嫌疑人、被告人，下同）陈述或者供述、勘验记录、鉴定意见、视听资料、电子数据等法定证据。价格认定提出机关提供的证据材料，其真实性、合法性由提出机关负责。

第六条　价格认定人员收集的资料包括：实物查（勘）验记录、市场调查资料、听取意见记录、有关单位或者专家意见、测算说明及其他与价格认定有关的资料。

第七条　实物查（勘）验记录是指价格认定人员对与案件有关的物品或者现场进行查验、勘验、测量、绘图、拍照等所作的记录。

第八条　市场调查资料是指价格认定人员向有关单位或人员进行调查、收集的书面材料、视听资料、电子数据及调查记录，包括合同、账簿、报表、单据、凭证、银行资料、文件、图片、专业技术资料、科技文献、统计资料、权属证明、报价单、价目表等资料，以及有关人员所作的陈述。

第三章　价格认定依据收集

第九条　价格认定人员应当全面、客观、公正地收集资料作为价格认定依据。

第十条　价格认定人员可以依法通过下列方式收集资料：

（一）提请价格认定提出机关提供；

（二）向有关单位和个人进行调查、咨询；

（三）查询、复制与价格认定有关的合同、账簿、报表、单据、凭证、银行资料、文件、勘验笔录、视听资料、电子数据、权属证明等资料；

（四）对价格认定标的进行查验、勘验；

（五）进行市场调查；

（六）通过听证、座谈等方式听取意见；

（七）其他合法方式。

第十一条 价格认定人员收集资料，可以提请价格认定提出机关协助，也可以向与认定事项有关的单位和个人调查取证，被调查单位和个人应当协助调查，并如实提供有关资料或者说明相关情况。

第十二条 收集的书面材料应当符合下列条件：

（一）提取原件，原本、正本、副本均属于原件；

（二）提取原件确有困难的，可提取原件的复印件、影印件、照片、抄录或者节录本，注明出处，并由保管该材料的部门有关人员核对无误后签名或者盖章；

（三）收集报表、图纸、会计账册、专业技术资料、科技文献等材料的，应当注明出处，必要时应当制作说明。

收集书面材料时，有关单位或人员拒绝签名或者盖章的，价格认定人员应如实载明情况，书面材料的使用不受影响。

第十三条 进行实物查（勘）验，应当制作查（勘）验记录，内容包括查（勘）验时间、查（勘）验地点、查（勘）验人员及其他参加人员、查（勘）验过程、查（勘）验内容、查（勘）验结果。

查（勘）验时照相、录像的，照相、录像应当客观反映实物的全貌以及重点部位的特征，并注明拍摄时间、地点、拍摄人员等信息。

第十四条 通过听证、座谈等方式听取意见的，应当制作听取意见记录，记录内容一般包括事项、时间、地点、主持人、记录人、参加人员（价格认定机构、价格认定提出机关、当事人及与价格认定相关的其他人员）、主要内容等。相关人员应在记录上签字，相关人员未签字的，记录人员应在记录上载明情况，听取意见记录的使用不受影响。

第十五条 从有关单位或人员处提取视听资料的，应当符合下列要求：

（一）提取的视听资料应为原始载体，提取原始载体有困难的，可以提取复制件；

（二）注明提取人、提取出处、提取时间和证明对象等。

第十六条 价格认定人员可以直接提取有关单位电子数据库中的数据，也可以对有关单位电子数据库中的数据采用转换、计算、分解等方式形成新的电子数据。

收集电子数据应当注明收集方法、收集时间、收集人和证明对象等。

第十七条 价格认定人员可以通过以下方式确认电子数据：

（一）打印后由有关单位或者人员、价格认定人员签名或者盖章；

（二）以公证的方式证明；

（三）转化为只读光盘、磁盘等，经有关单位或者人员、价格认定人员与原电子数据核对无误后，加封封条；

（四）依据《电子签名法》的相关规定使用电子签名；

（五）能够确认电子数据的其他方式。

第十八条 价格认定工作中需要进行质量、技术、真伪等鉴定的，应告知价格认定提出机关委托有关机构进行鉴定。必要时，价格认定机构予以协助。

第十九条 价格认定机构根据需要，可以聘请有关单位或者专家，对与价格认定有关的问题进行咨询。单位提供书面意见的，应当加盖单位公章；专家个人提供书面意见的，应当有专家签名。

第二十条　价格认定人员可以采取多种方式进行市场调查。价格认定人员进行市场调查，应当制作市场调查记录。

市场调查记录主要内容包括：调查事项、调查方式、调查人、被调查人、调查途径、被调查人联系途径、调查时间、调查情况以及调查视听资料等。调查人和被调查人应在记录上签字。被调查人未签字的，调查人应在记录上载明情况，市场调查记录的使用不受影响。文字资料可附纸粘贴，电子资料应注明保存处。

第四章　价格认定依据审查与采用

第二十一条　价格认定人员应当对作为价格认定依据的资料进行审查，确保价格认定依据的真实性、合法性和关联性。

价格认定机构应当通过内部审核、集体审议等方式，对价格认定依据材料进行全面审查。

对作为价格认定依据的法律、法规、规章及规范性文件、技术标准文件，要进行适用性审查。

第二十二条　从以下方面审查价格认定人员收集的依据的真实性：

（一）依据的来源或出处；

（二）依据是否为原件、原物；复制件、复制品与原件、原物是否相符；

（三）影响依据真实性的其他因素。

第二十三条　从以下方面审查价格认定人员收集的依据的合法性：

（一）依据是否符合法定形式；

（二）依据的取得是否符合法定要求；

（三）是否具有影响效力的其他违法情形。

第二十四条　从以下方面审查价格认定人员收集的依据的关联性：

（一）依据所证明的事实是否与价格认定事项有本质的内在联系，以及关联程度的大小；

（二）依据所证明的事实对价格认定结论的影响程度大小；

（三）依据之间是否能够相互印证、形成链条，是否能比较全面地印证价格认定事项有关事实。

第二十五条　下列资料不能作为价格认定的依据：

（一）违反价格认定有关程序规定收集的资料；

（二）无法辨明真伪的资料；

（三）不具备真实性、合法性和关联性的其他资料。

第五章　附则

第二十六条　本规则由国家发展和改革委员会价格认证中心负责解释。

本规则自 2016 年 7 月 1 日起施行。

国家发展改革委价格认证中心关于印发《钟表价格认定规则》的通知

（发改价证办〔2015〕310 号）

各省、自治区、直辖市价格认证中心、价格认证局、价格认定局、价格认证办公室、价格鉴定监测管理局：

为进一步规范涉案钟表价格认定工作，我们制定了《钟表价格认定规则》，现印发你们，请依照执行。在实行执行过程中发现问题请及时向我中心反馈。

附件：《钟表价格认定规则》

国家发展改革委价格认证中心

2015 年 12 月 31 日

附件

钟表价格认定规则

第一章　总则

第一条　为规范涉案钟表价格认定工作，统一操作方法和标准，保证价格认定结论客观公正，保障纪检监察、司法工作的顺利进行，根据国家有关法律法规和规范性文件，结合涉案钟表价格认定工作实际，制定本规则。

第二条　本规则适用于各级政府价格主管部门设立的价格认定机构对涉嫌违纪案件、涉嫌刑事案件中涉及的价格不明或价格有争议的钟表进行的价格认定。

第三条　价格认定机构应要求办案机关在价格认定协助书中明确涉案钟表的真伪。

第四条　涉案钟表已灭失的，应要求办案机关明确其真伪、品牌、完整型号、基准日实物状态。

有附带的发票、收据、价签、保修卡、说明书、证书、包装盒、照片等其他证据的，也应要求办案机关一并提供。

第五条　价格认定人员应结合价格认定协助书及相关材料进行实物勘验，必要时可请相关专家参加。其中：

（一）如涉案钟表有发票、收据、价签、保修卡、说明书、证书、包装盒等附带材料（以下简称附带材料）的，应比对其与涉案钟表的关联性、真实性和准确性。对涉案钟表附带材料存疑时，应要求办案机关明确。

（二）应注意涉案钟表在实物勘验日与价格认定基准日的实物状况差异。无法确定涉案钟表基准日实物状态的，应要求办案机关书面予以明确。

（三）应对涉案钟表的正面、背面、侧面、品牌标识、所有外观可见号码和标记、磨损部位、附带材料拍摄照片。

第二章　涉案新钟表价格认定

第六条　涉案新钟表是指感官未见使用痕迹或保存不当造成损害，各项性能和功能正常的钟表。

第七条 涉案新钟表的价格认定采用市场法，采用市场法有困难的，可采用专家法。

第八条 价格认定人员可通过以下途径调查涉案钟表价格资料。

（一）正规流通渠道的实体销售专卖店、品牌销售专柜询价。

（二）制造商或其授权的经销商提供的价格资料。

（三）制造商或其授权的经销商通过其网站或其他正规媒体发布的价格信息。

（四）经确认关联性、真实性和准确性的涉案钟表发票、价签、收据。

（五）专业机构、行业专家提供的咨询意见。

第九条 参照物按以下方法选取：

（一）与涉案钟表相同品牌，相同型号，可以取得价格认定基准日相同价格类型市场资料的，应采用其作为参照物。

（二）不符合前款条件，在与涉案钟表同一品牌、相同机芯类别中，按以下主次顺序或综合以下要素选取最接近涉案钟表的参照物：相同外观型制；相同机芯型号；相同材质或同档次材质；相同功能。对参照物在价格认定基准日的价格应进行外观型制、机芯型号、材质、功能等因素调整。

第十条 对能够找到与涉案钟表相同品牌、相同型号，但无法取得价格认定基准日相同价格类型市场资料的，可通过交易时间因素修正，采用涉案钟表品牌的年平均价格变化幅度进行调整。年平均价格变化幅度可通过选取相同品牌 6 个以上不同型号钟表、计算每个型号间隔 3 年以上的价格变化百分比除以间隔时间的平均数确定。

$$R = \sum_{i=1}^{n} R_i / n$$

其中，

$$R_i = \frac{(P_{i2} - P_{i1})/(Y_{i2} - Y_{i1})}{P_{i1}}$$

其中：R 为某品牌钟表价格年平均变化率；n 为样本数，R_i 为同品牌同型号手表价格年平均变化率；P_{i1}、P_{i2} 为同型号钟表不同年份的价格，Y_{i1}、Y_{i2} 为相应价格的年份。

第十一条 能够取得本地区价格的，采用本地区价格；无法取得本地区价格的，采用国内（不含港澳台地区）价格，可不做地域调整；无法取得国内（不含港澳台地区）价格的，可参考国外售价，并考虑有关税费。

第十二条 涉案钟表附带材料一般不单独计算价格，缺失时不需要从总价中扣减。

第三章 涉案旧钟表价格认定

第十三条 涉案旧钟表是指感官可见使用痕迹、保存不当造成损害，或性能和功能不正常的钟表。

第十四条 涉案旧钟表的价格认定采用市场法；采用市场法有困难的，可采用成本法或专家法。

第十五条 成本法按以下公式计算：

涉案旧钟表的价格 = 重置成本 × 新旧钟表市场价格差异修正系数 × 成新率 + 残值

其中，重置成本按照本规则第二章中市场法有关规定确定；成新率根据涉案旧钟表外观可见部位磨损状况、功能性能情况和使用年限等因素综合确定；新旧钟表市场价格差异修正系数按钟表原产地、类别、零售价区间、功能、贵金属或宝石等五个要素综合分析确定，一般情况下瑞士产区钟表的系数为70% –60%，非瑞士产区钟表的系数为70% –40%。

第十六条 含有贵金属或宝石的涉案旧钟表，认定价格不低于残值，残值按贵金属或宝石的回收价格计算。不含有贵金属或宝石的，残值可忽略不计。

第四章 涉案毁坏钟表损失价格认定

第十七条 涉案钟表的毁坏程度和需维修或更换的部件由办案机关确定。

第十八条 毁坏钟表分为部分毁坏和完全毁坏：

（一）部分毁坏是指毁坏钟表的功能、性能可以通过更换零配件和维修等技术手段修复，并能正常使用。

（二）完全毁坏是指毁坏钟表在现有技术条件下无法修复或维修后不能按照原有功能、性能继续使用。

第十九条 部分毁坏的涉案钟表，其损失价格应以涉案钟表制造商或维修机构公示的修复价格扣减更换部件的残值计算。

第二十条 部分毁坏的古董钟表，其损失价格按照省级以上博物馆修复部门的修复价格扣减更换部件的残值计算。修复后古董钟表的价格与毁坏前的价格有差异的，可根据博物馆提供的专业意见，对损失价格予以修正。省级以上博物馆未出具修复证明和修复意见的，可采用专家法认定损失价格。

第二十一条 完全毁坏的涉案钟表，其损失价格以涉案钟表毁坏前的价格扣减毁坏后的残值计算。

第二十二条 部分毁坏的涉案钟表，测算的损失价格超过毁坏前价格扣减残值的，按完全毁坏确定损失价格。

第二十三条 毁坏钟表及更换部件的残值，按本规则第十六条的规定计算。

第五章 涉案假冒钟表价格认定

第二十四条 涉案假冒钟表是指使用与被假冒钟表完全相同，或者在视觉上基本无差别、足以对公众产生误导的注册商标的钟表。

本章内容适用于以涉案假冒钟表为标的的价格认定，侵犯知识产权案件中涉及的涉案钟表价格认定按有关规定办理。

第二十五条 涉案假冒钟表的价格可按下列情况认定：

（一）使用原厂机芯和非原厂表壳，表壳由贵金属制造或宝石镶嵌的，可按被假冒钟表市场零售价的10%至25%计算。

（二）使用原厂机芯和非原厂表壳，表壳由非贵金属制造或无宝石镶嵌的，被模仿对象市场零售价高于等于1.5万元时，可按被模仿对象市场零售价的5%至10%计算；被模仿对象市场零售价低于1.5万元时，可按被模仿对象市场零售价的10%至20%计算。

（三）使用非原厂机芯和非原厂表壳，感官识别制造工艺较好的，可结合市场情况按小于被模仿对象市场零售价的5%计算；制造工艺比较粗糙的，可按小于被模仿对象市场零售价的2%计算。

第六章 附则

第二十六条 国家法律、法规另有规定的,从其规定。

第二十七条 本规则由国家发展改革委价格认证中心负责解释。

第二十八条 本规则自 2016 年 5 月 1 日起执行。

附件:

涉案钟表价格认定勘验参考表

填表人:　　　　　　　　　　　　　　填表时间:

委托文号			编号	
中文名称			英文标识	
外形	圆形□ 方形□ 酒桶形□ 其他＿＿＿＿＿			
外壳直径(mm)	圆形 φ＿＿＿＿＿	方形＿＿＿＿×＿＿＿＿	其他＿＿＿＿＿	
标记描述				
表壳外观可见号码		外观磨损状况:		
表带外观可见号码				
表扣外观可见号码				
附带材料描述:				
出厂型号		机芯类型	机械□ 石英□ 其他＿＿＿＿＿	
功能:机械表:手动□ 机械自动□ 日历□ 星期□ 月历□ 月相□ 星辰□ 计时码表□ 动力储存□ 双时区□ 万年历□ 陀飞轮□ 响闹□ 打簧问表□ 整点报时□ 防水□ 防磁□ 防震□ 其他:＿＿＿＿＿＿＿＿＿＿ 石英表:指针式□ 液晶式□ 双显□ 日历□ 星期□ 月历□ 月相□ 星辰□ 响闹□ 双时区□ 防水□ 防磁□ 防震□ 其他:＿＿＿＿＿＿＿＿				
表壳材质		表带材质		
表扣材质		镶嵌宝石		
备注:				

注:本表格为参考表格,价格认定人员可根据涉案钟表的实际情况选填。

国家发展和改革委员会、司法部关于涉案财物价格鉴定工作有关问题的通知

(发改价格〔2005〕1318 号)

各省、自治区、直辖市发展改革委、物价局、司法厅(局):

鉴于《全国人民代表大会常务委员会关于司法鉴定管理问题的决定》(以下简称《决定》)将于今年 10 月 1 日起实施,根据建立统一司法鉴定管理体制的目标要求和《决定》的有关规

定，以及涉案财物价格鉴定工作的性质和现状，经研究，现就有关问题通知如下：

一、为推动统一司法鉴定管理体制改革的发展，规范司法鉴定活动，促进司法公正，保障诉讼当事人的合法权益，在相关规定尚未出台前，涉案财物价格鉴定工作仍按国务院清理整顿经济鉴证类社会中介机构领导小组《关于印发＜关于规范价格鉴证机构管理意见＞的通知》（国清〔2000〕3 号）和原国家计委、最高人民法院、最高人民检察院、公安部《关于印发＜扣押、追缴、没收物品估价管理办法＞的通知》（计办〔1997〕808 号）以及国家发展改革委有关涉案财物价格鉴定的规定执行。

二、国家发展改革委将根据《决定》的有关规定，并参照司法部修订后的《司法鉴定机构管理办法》和《司法鉴定人管理办法》等有关司法鉴定的管理规定，进一步规范涉案财物价格鉴定机构和鉴定人员的管理。

三、根据诉讼需要，司法部将就涉案财物价格鉴定纳入司法鉴定登记管理事项商最高人民法院、最高人民检察院，并以此为契机，推动司法鉴定领域对涉案财物价格鉴定实行行政管理和行业管理相结合制度的建立。

特此通知。

2005 年 7 月 19 日

国家发展和改革委员会、最高人民法院、最高人民检察院、公安部、财政部关于扣押追缴没收及收缴财物价格鉴定管理的补充通知

（发改厅〔2008〕1392 号）

各省、自治区、直辖市发展改革委、物价局、高级人民法院、人民检察院、公安厅（局）、财政厅（局），解放军军事法院、军事检察院，新疆维吾尔自治区高级人民法院生产建设兵团分院、新疆生产建设兵团发展改革委、人民检察院：

为了进一步规范扣押、追缴、没收及收缴财物价格鉴定管理工作，现就相关事项补充通知如下：

一、各级政府价格部门设立的价格鉴证机构为国家机关指定的涉案财物价格鉴定的机构，名称统一为"价格认证中心"。原国家计委、最高人民法院、最高人民检察院、公安部制定的《扣押、追缴、没收物品估价管理办法》（计办〔1997〕808 号）中涉及的"价格事务所"相应更改为"价格认证中心"。

二、各司法、行政执法机关在办理各自管辖刑事案件中，涉及价格不明或者价格有争议、需要对涉案财物或标的进行价格鉴定的，办案机关应委托同级政府价格部门设立的价格鉴定机构进行价格鉴定。

政府价格部门设立的价格鉴定机构可以接受办案机关的委托，对非刑事案件中涉案财物或标的进行价格鉴定。

三、各级政府价格主管部门设立的价格鉴证机构从事国家机关委托的刑事案件涉案财物价格鉴定不收费，该项鉴定费用由同级财政部门根据价格认证中心业务量大小，核定专项经费拨款或补贴。

特此通知。

国家发展和改革委员会

最高人民法院

最高人民检察院

公安部

财政部

2008 年 6 月 4 日

国家发展和改革委员会价格认证中心关于印发《价格认定行为规范》的通知

（发改价证办〔2016〕84 号）

各省、自治区、直辖市价格认证中心、价格认定局、价格认证局、价格认证办公室、价格鉴定监测管理局：

为贯彻执行《价格认定规定》，规范价格认定行为，统一价格认定程序和方法，保障价格认定客观、公正，我们根据《价格认定规定》对《价格鉴定行为规范（2010 年版）》进行了修改，形成了《价格认定行为规范》。现印发你们，请依照执行。在执行过程中发现问题请及时向我中心反馈。

国家发展和改革委员会价格认证中心

2016 年 4 月 15 日

附件：《价格认定行为规范》

价格认定行为规范

第一章　总则

第一条　为规范价格认定行为，统一价格认定程序和方法，保障价格认定客观、公正，根据《中华人民共和国价格法》《价格认定规定》等法律、法规和规范性文件，结合价格认定工作实际，制定本规范。

第二条　本规范所称价格认定，是指经有关国家机关提出，价格认定机构对纪检监察、司法、行政工作中所涉及的，价格不明或者价格有争议的，实行市场调节价的有形产品、无形资产和各类有偿服务进行价格确认的行为。

第三条　本规范所称提出机关，是指依法向价格认定机构提出价格认定协助的各级纪检监察、司法、行政机关。

第四条　本规范适用于下列情形中的价格认定工作：

（一）涉嫌违纪案件；

（二）涉嫌刑事案件；

（三）行政诉讼、复议及处罚案件；

（四）行政征收、征用及执法活动；

（五）国家赔偿、补偿事项；

（六）法律、法规规定的其他情形。

第五条　价格认定应遵循依法、公正、科学、效率的原则。

第二章　价格认定程序

第一节　价格认定的提出

第六条　价格认定机构办理价格认定事项，应当具有提出机关出具的价格认定协助书。

第七条　价格认定协助书应当包括下列内容：

（一）价格认定机构的名称；

（二）价格认定目的；

（三）价格认定标的的名称、数量以及质量等基本情况；

（四）价格内涵；

（五）价格认定基准日；

（六）提供材料的名称、份数；

（七）提出协助的日期；

（八）提出机关名称、联系地址、联系人、联系方式；

（九）其他需要说明的事项。

价格认定协助书和相关材料应当加盖提出机关公章。

第八条　价格认定协助书应当完整、准确地反映价格认定协助的内容。其中：

（一）价格认定目的是指价格认定结论的用途；

（二）价格认定标的是指价格认定的具体对象；

（三）价格内涵是指对价格认定标的所处不同环节、区域及其他特定情况的价格限定；

（四）价格认定基准日是指价格认定标的状况及其价格所对应的时间。

第二节　价格认定的受理

第九条　价格认定机构应当按照提出机关所在的行政区域，分级受理价格认定。

第十条　价格认定机构办理所辖价格认定事项确有困难的，经与提出机关协商，可以将价格认定事项报请上一级价格认定机构办理。上一级价格认定机构同意后，由提出机关向其出具价格认定协助书。

第十一条　价格认定机构应当根据提出机关提供的价格认定协助书和相关材料，决定受理或者不予受理价格认定。不予受理的，价格认定机构应当出具价格认定不予受理通知书。

第十二条　有下列情形之一的，价格认定机构可以不予受理价格认定：

（一）提出机关不符合本规范第九条要求的；

（二）价格认定事项不符合相关规定的；

（三）法律、法规规定无需进行价格认定的；

（四）具有其他不予受理的情形。

第十三条　有下列情形之一的，价格认定机构应当书面告知提出机关补充相关材料：

（一）价格认定协助书内容不符合要求的；

（二）相关材料不齐全的；

（三）应当提供有效的真伪、质量、技术等检测、鉴定报告而未提供的；

（四）提出价格认定时，价格认定标的已灭失或者其状态与价格认定基准日相比发生较大变化，提出机关未确定其在价格认定基准日状态的。

提出机关补足相关材料后，符合价格认定受理条件的，价格认定机构应当及时受理。

第十四条　价格认定机构受理价格认定后，应当在 7 个工作日内作出价格认定结论；另有约定的，在约定期限内作出。

第三节　价格认定人员的指派

第十五条　价格认定机构受理价格认定后，应当指派 2 名或者 2 名以上符合岗位条件的价格认定人员组成价格认定小组，办理价格认定事项。

第十六条　遇有下列情形之一的，价格认定人员应当回避：

（一）是价格认定事项当事人或者其近亲属的；

（二）本人或者其近亲属和价格认定事项有利害关系的；

（三）与价格认定事项当事人有其他关系，可能影响价格认定公正的。

价格认定人员的回避，应当由价格认定机构决定。

第四节　实物查验或者勘验

第十七条　价格认定人员应当对价格认定标的进行实物查验、核实或者勘验，并记录查验或者勘验情况。

第十八条　价格认定人员应当要求提出机关协助并参加查验或者勘验。有必要的，可以要求提出机关通知价格认定事项当事人到场。

第十九条　价格认定标的类型复杂的，可以分类查验或者勘验；价格认定标的数量较大的，可以抽样查验或者勘验。

第二十条　对属性特殊、专业性强的价格认定标的，查验或者勘验时可以聘请相关专家参加。

第二十一条　查验或者勘验结果与价格认定协助书内容或者提出机关提供的相关材料不符时，价格认定机构应当要求提出机关书面予以明确，或者重新出具价格认定协助书。

第二十二条　价格认定人员应当制作查验或者勘验记录并签字，同时要求参加查验或者勘验的其他有关人员在查验或者勘验记录上签字。其他有关人员未签字的，价格认定人员应当在查验或者勘验记录上载明情况，查验或者勘验记录的使用不受影响。

第五节　听取意见

第二十三条　对重大、疑难的价格认定事项，价格认定机构认为必要或者提出机关提出申请，价格认定机构可以通过听证、座谈等方式，听取提出机关、相关当事人、专家对价格认定事项的意见。

第二十四条　价格认定机构听取意见时，可以要求提出机关协助组织。

第二十五条　听取意见时，价格认定人员应当做好听取意见记录并要求相关人员签字。相关人员未签字的，价格认定人员应当在听取意见记录上载明情况，听取意见记录的使用不受影响。

第六节　市场调查

第二十六条　价格认定人员可以采取多种方式进行市场调查，并记录调查情况。

第二十七条　市场调查记录应当有调查人和被调查人签字。被调查人未签字的，调查人应当在记录上载明情况，市场调查记录的使用不受影响。

第二十八条　价格认定人员在进行市场调查时，可以要求提出机关协助查阅有关账目、文件等资料，或者向与价格认定事项有关的单位和个人了解情况，收集资料。

第二十九条　价格认定人员应当对市场调查资料的真实性、合法性和关联性进行审查。

第七节　分析测算及作出结论

第三十条　价格认定小组应当对收集到的资料进行整理分析、数据处理，按照价格认定相关规定、规则，结合价格认定标的特点，选择合理的技术路径和方法进行测算，并形成测算说明。

第三十一条　价格认定小组应当根据测算说明，按照价格认定文书格式的相关规定，撰写价格认定结论书。价格认定结论书应当包括下列内容：

（一）价格认定事项描述；

（二）价格认定依据；

（三）价格认定过程及方法；

（四）价格认定结论；

（五）价格认定限定条件；

（六）其他需要说明的事项。

第八节　内部审核及集体审议

第三十二条　价格认定机构应当对价格认定结论及相关资料进行内部审核。

第三十三条　对重大、疑难的价格认定事项，价格认定小组应当将价格认定结论提交集体审议，形成集体审议意见。

第三十四条　集体审议时，价格认定人员应当记录集体审议内容。参加集体审议的人员应当在集体审议记录上签字；未签字的，应当在集体审议记录上载明情况，集体审议记录的使用不受影响。

第九节　签发及文书制作

第三十五条　经过审核的价格认定结论书应当由价格认定机构法定代表人或者负责人签发。价格认定结论书自签发之日起生效。

第三十六条　价格认定机构应当制作价格认定结论书正式文本并加盖价格认定机构公章。

第十节　送达及归档

第三十七条　价格认定结论书、通知书可以采用直接送达、邮寄送达等方式送达提出机关。

直接送达的，应当要求提出机关在送达回证上签字，并注明接收日期及份数。

邮寄送达的，应当同时邮寄送达回证，并要求提出机关寄回送达回证。送达回证没有寄回的，应当在邮寄凭证上记明情况，以邮寄凭证作为送达回证的附件，邮寄凭证上注明的日期为送达日期。

第三十八条　价格认定人员应当将反映价格认定全过程的各种资料和文书整理归档，并统一保管。

归档资料和文书主要包括：

（一）工作程序单；

（二）价格认定结论书正式文本；

（三）签发单；

（四）价格认定协助书及相关材料；

（五）实物查验或者勘验记录及相关资料；

（六）市场调查记录及相关资料；

（七）测算说明；

（八）送达回证；

（九）其他相关资料。

第十一节　价格认定的中止

第三十九条　有下列情形之一的，价格认定机构应当中止价格认定：

（一）提出机关书面提出中止价格认定的；

（二）提出机关不能按规定或者约定时间提供相关材料的；

（三）其他原因导致价格认定工作暂时无法正常开展的。

第四十条　价格认定中止的，价格认定机构应当及时书面通知提出机关，并说明原因。

第四十一条　中止价格认定的原因消除后，价格认定机构应当恢复价格认定。

第十二节　价格认定的终止

第四十二条　有下列情形之一的，价格认定机构应当终止价格认定：

（一）提出机关书面提出终止价格认定的；

（二）提出机关提供的材料不完整、不充分，且不能补正的；

（三）因不可抗力致使价格认定无法继续进行的；

（四）其他原因导致价格认定工作需要终止的。

第四十三条　价格认定终止的，价格认定机构应当书面通知提出机关，并说明原因。

第三章　价格认定复核程序

第一节　复核的提出

第四十四条　提出机关对价格认定结论有异议的，可在收到价格认定结论之日起60日内，向上一级价格认定机构提出复核。提出复核不得超过两次。

经提出机关提出，国务院价格主管部门的价格认定机构在必要时，可以对省、自治区、直辖市人民政府价格主管部门的价格认定机构作出的二次复核进行最终复核。

价格认定事项当事人对价格认定结论有异议的，可以向提出机关提出复核申请，提出机关认可后，按规定提出复核。

提出机关提出复核时，应当向上一级价格认定机构提交价格认定复核申请书。

第四十五条　价格认定复核申请书应当包括下列内容：

（一）价格认定机构的名称；

（二）复核标的的名称、价格认定基准日、价格内涵；

（三）复核的异议事项；

（四）提出复核的理由和依据；

（五）提供材料的名称、份数；

（六）提出复核的日期；

（七）提出机关名称、联系地址、联系人、联系方式；

（八）其他需要说明的事项。

价格认定复核申请书应当后附原价格认定结论书或者原价格认定复核决定书。

价格认定复核申请书和相关材料应当加盖提出机关公章。

第二节 复核的受理

第四十六条 价格认定机构应当根据提出机关提供的价格认定复核申请书和相关材料，决定受理或者不予受理复核。

不予受理复核的，价格认定机构应当出具价格认定复核不予受理通知书。

第四十七条 有下列情形之一的，价格认定机构不得受理复核：

（一）提出机关不符合本规范第九条要求的；

（二）价格认定复核申请书所提异议事项不属于价格认定范围的；

（三）申请复核的价格认定事项中，价格认定标的、基准日或者价格内涵与原价格认定协助书所载内容不一致的；

（四）提出机关提供的相关材料不齐全，或者提供的材料相互矛盾，且提出机关又不能明确的；

（五）国务院价格主管部门的价格认定机构已作出最终复核的；

（六）司法机关按照当时法律已经结案，且未进行另外司法程序的；

（七）其他不予受理复核的情形。

第四十八条 上一级价格认定机构受理复核后，应当及时告知原价格认定机构。原价格认定机构应当向上一级价格认定机构提供原价格认定档案。

第四十九条 提出机关有确切证据证明省、自治区、直辖市人民政府价格主管部门的价格认定机构作出的二次复核决定有下列情形之一的，国务院价格主管部门的价格认定机构可以进行最终复核：

（一）程序不符合规定的；

（二）适用依据错误的；

（三）选用方法不当的；

（四）采用参数不合理的；

（五）测算错误的；

（六）具有其他应当予以撤销的情形。

第五十条 价格认定机构应当在受理复核之日起60日内作出复核决定；另有约定的，在约定期限内作出。

第三节 复核范围

第五十一条 价格认定机构应当对提出机关提出的异议事项及相关部分进行复核。

价格认定机构认为有必要的，可以不受异议事项限制，对原价格认定涉及的所有内容进行复核。

第四节 复核决定

第五十二条 价格认定机构对原价格认定结论进行复核后，认为原价格认定程序符合规定，原价格认定结论适用依据正确、选用方法适当、采用参数合理并且测算准确的，应当维持原价格认定结论。

第五十三条 有下列情形之一的，价格认定机构应当撤销原价格认定结论：

（一）程序不符合规定的；

（二）适用依据错误的；

（三）选用方法不当的；

（四）采用参数不合理的；

（五）测算错误的；

（六）具有其他应当予以撤销的情形。

第五十四条　价格认定机构撤销原价格认定结论的，应当作出新的价格认定结论。

第五十五条　价格认定小组应当按照价格认定文书格式的相关规定，制作价格认定复核决定书。

价格认定复核决定书应当包括下列内容：

（一）复核的范围及内容；

（二）复核过程要述；

（三）复核结论；

（四）其他需要说明的事项。

第五十六条　价格认定复核决定书应当抄送原价格认定机构。

第五节　复核程序的其他规定

第五十七条　价格认定机构对原价格认定结论进行复核，除依照本章规定外，适用价格认定程序相关规定。

第四章　价格认定方法

第五十八条　价格认定方法主要有：市场法、成本法、收益法、专家咨询法等。

价格认定人员应当根据价格认定标的、价格内涵、价格认定目的及取得的相关资料选择一种最适宜的方法进行价格认定；也可以一种方法为主、其他方法为辅进行价格认定。

第五十九条　市场法是指通过市场调查，选择 3 个或者 3 个以上与价格认定标的相同或者类似的可比实例或者参照物，分析比较价格认定标的与参照物之间的差异并进行调整，从而确定价格认定标的的市场价格的方法。市场法的适用条件：

（一）交易市场发育充分；

（二）参照物及其与价格认定标的可比较的指标、技术参数等资料可以搜集到。

第六十条　成本法是指在办理价格认定事项时，按照价格认定标的在基准日的重置成本扣减各种损耗来确定价格认定标的的价格的方法。成本法的适用条件：

（一）具备可以采用的成本资料；

（二）各种损耗可以量化。

第六十一条　收益法是指将价格认定标的的预期收益，按一定的折现率折算成现值，从而确定价格认定标的的价格的一种方法。收益法的适用条件：

（一）价格认定标的的预期收益可以预测并能用货币衡量；

（二）获得预期收益所承担的风险可以预测并能用货币衡量；

（三）预期获利年限可以预测。

第六十二条　专家咨询法是指运用统计分析的方法，对所收集到的有关价格认定标的价格的专家意见进行分析处理，从而确定价格认定标的的价格的方法。专家咨询法的适用条件：

（一）价格认定标的属性特殊、专业性强，难以采用市场法、成本法和收益法；

（二）价格认定标的价格不取决于成本，其艺术价值、科学价值、历史价值等方面差异悬殊，可比性差。

第五章　档案管理

第六十三条　价格认定机构应当建立价格认定档案管理制度。

第六十四条　价格认定资料应当在价格认定工作结束后 30 日内归档。

第六十五条　归档的各种价格认定资料，应当编写档案索引，并按价格认定项目分别立卷归档，以一定顺序编号存放。

第六十六条　价格认定档案资料的保管期限应当符合国家有关规定。保管期限届满，价格认定档案涉及事项尚未消除影响的，价格认定机构应当继续保管。有历史和研究价值的，应当长期保管。

第六十七条　同级政府价格主管部门和上级价格认定机构可以根据工作需要查阅价格认定工作档案。提出机关在履行职责时，需了解价格认定情况的，在办理必要的手续后，可以查阅。查阅档案时，涉及保密事项的，查阅人应当承担保密责任。

第六十八条　保管期限届满的价格认定工作档案，价格认定机构应当编造清册，并按有关规定销毁。

第六章　附则

第六十九条　法律、法规、国家发展和改革委员会印发或联合印发的文件中对价格认定行为另有规定的，从其规定。

第七十条　本规范由国家发展和改革委员会价格认证中心负责解释。

第七十一条　本规范自 2016 年 7 月 1 日起施行。《价格鉴定行为规范（2010 年版）》同时废止。

国家发展和改革委员会价格认证中心关于印发《价格认定文书格式规范》的通知

（发改价证办〔2016〕85 号）

各省、自治区、直辖市价格认证中心、价格认定局、价格认证局、价格认证办公室、价格鉴定监测管理局：

为贯彻执行《价格认定规定》，规范价格认定文书制作工作，提高价格认定文书质量，我们根据《价格认定规定》《价格认定行为规范》对《价格鉴定文书格式规范》进行了修订，形成了《价格认定文书格式规范》。现印发你们，请依照执行。在执行过程中发现问题请及时向我中心反馈。

附件：《价格认定文书格式规范》

国家发展和改革委员会价格认证中心

2016 年 4 月 15 日

附件：

价格认定文书格式规范

第一条　为了规范价格认定文书制作工作，提高价格认定文书质量，根据《价格认定规定》和《价格认定行为规范》，制定本规范。

第二条　价格认定文书是指价格认定机构根据价格认定协助书的有关内容和要求，对价格认定标的进行调查、分析、测算并作出结论的过程中所产生的各类文件、资料的统称，是记录、描述、反映价格认定过程以及价格认定结论的重要凭证和依据。

第三条　价格认定文书的内容应当符合法律、法规和相关文件的规定，完整、准确地反映价格认定的客观事实。有保密要求的，应当按照相关规定执行。

价格认定文书的形式应当格式统一、表述清楚、文字规范、文面清洁。价格认定结论书或具有结论书性质的文书应当按照有关规定使用套红文头纸，并加盖公章、骑缝章等印章。

第四条　价格认定协助书，是提出机关提出价格认定事项、明确价格认定目的及要求，具有法律效力的文书。价格认定机构应当依据并严格按照价格认定协助书的要求办理价格认定事项，不能超越或者改变其内容。价格认定协助书应当包括下列内容：

（一）价格认定机构的名称；

（二）价格认定目的（价格认定结论的用途）；

（三）价格认定标的（价格认定的具体对象）的名称、数量以及质量等基本情况，标的较多时可以另附价格认定标的明细表；

（四）价格内涵（价格认定标的所处不同环节、区域及其他特定情况的价格限定）；

（五）价格认定基准日（价格认定标的状况及其价格所对应的时间）；

（六）提供材料的名称、份数；

（七）提出协助的日期；

（八）提出机关名称、联系地址、联系人、联系方式；

（九）其他需要说明的事项。

价格认定协助书和相关材料应当加盖提出机关公章。

价格认定协助书由提出机关提供，为提高双方工作效率，价格认定机构可以提供格式文本供提出机关填写使用。

第五条　价格认定复核申请书，是提出机关提出价格认定复核申请时提供的具有法律效力的文书。价格认定复核申请书应当包括下列内容：

（一）价格认定机构的名称；

（二）复核标的的名称、价格认定基准日、价格内涵；

（三）复核的异议事项；

（四）提出复核的理由和依据；

（五）提供材料的名称、份数；

（六）提出复核的日期；

（七）提出机关名称、联系地址、联系人、联系方式；

（八）其他需要说明的事项。

价格认定复核申请书应当后附原价格认定结论书或者原价格认定复核决定书。

价格认定复核申请书和相关材料应当加盖提出机关公章。

第六条 工作程序单,是跟踪、落实、执行各项价格认定工作的重要记录,也是价格认定人员工作轨迹的真实反映。工作程序单将完成价格认定工作的阶段性流程按照先后顺序列出,通过逐项填写实现对价格认定工作流程的具体分解和控制。

第七条 实物查(勘)验记录,是记录实物查(勘)验过程、内容的文书资料,是对价格认定协助书所载标的状况的确认,反映查(勘)验过程中掌握的第一手资料、信息,是开展价格认定工作的基础。查(勘)验结果与价格认定协助书所载内容不符时,应当要求提出机关书面予以明确或重新出具价格认定协助书。

第八条 听取意见记录,是记录听取意见过程、内容的书面资料。

第九条 市场调查记录,是记录市场调查过程及调查结果的书面资料,是价格认定的重要参考资料。

第十条 测算说明,是记录价格认定测算过程的书面资料。测算说明应当内容全面、条理清晰、逻辑性强,充分体现价格认定结论的科学性。其中,测算过程应当包括:公式选用说明、资料及相关数据来源、参数采用依据、计算过程等内容。

第十一条 集体审议记录,是记录集体审议过程、内容以及结论的书面资料。

第十二条 补充材料通知书,是指在决定是否受理价格认定(复核)以及办理价格认定事项的过程中,出现价格认定事项不明或相关材料不齐全等影响价格认定(复核)受理或价格认定继续进行的情形时,价格认定机构要求提出机关补充材料的文书。

有下列情形之一的,价格认定机构应当告知提出机关补充相关材料:

(一)价格认定协助书内容不符合要求的;

(二)相关材料不齐全的;

(三)应当提供有效的真伪、质量、技术等检测、鉴定报告而未提供的;

(四)提出价格认定时,价格认定标的灭失或者其状态与价格认定基准日相比发生较大变化,提出机关未确定其在价格认定基准日状态的。

第十三条 价格认定(复核)不予受理通知书,是指提出机关提出的价格认定协助、复核申请不符合有关规定时,价格认定机构向提出机关出具的说明不予受理原因的文书。

第十四条 中止通知书,是指价格认定(复核)工作有中止情形时,价格认定机构向提出机关出具的说明中止原因的文书。

第十五条 终止通知书,是指价格认定(复核)工作有终止情形时,价格认定机构向提出机关出具的说明终止原因的文书。

第十六条 签发单,是价格认定机构法定代表人或负责人表明签发意见的文书,是价格认定结论书或价格认定复核决定书定稿的标志。签发单应当包括文书名称,文号,印制份数,拟稿、审核、核稿人员签名,签发意见,主送单位,抄送单位,附稿文件等主要内容。

第十七条 价格认定结论书,是价格认定机构按照规定程序作出的反映价格认定过程及价格认定结论的行政性文书。价格认定结论书应当描述价格认定事项,说明价格认定依据、过程、方法,阐明价格认定结论以及价格认定限定条件,列明其他需要说明的事项,并根据需要附必要的价格认定明细表。

根据标的具体情况和价格认定过程的复杂程度,价格认定结论书可以选用一般文本或者简易文本。价格认定工作中以一般文本为主,简单的价格认定业务可以选用简易文本。

（一）价格认定结论书（一般文本）

1.价格认定概述。简要描述价格认定机构按照价格认定协助书的内容和要求，根据有关法律法规，遵循价格认定原则，按照规定的程序、方法完成了价格认定工作，并得出价格认定结论。

2.价格认定事项描述。包括价格认定标的、价格认定目的、价格认定基准日及价格内涵等内容。

价格认定事项描述的内容应当与价格认定协助书及提出机关提供的其他材料保持一致。

3.价格认定依据。结合价格认定工作实际，列明价格认定依据，常见依据包括：国家、地方有关法律、法规及相关文件，提出方提供的材料，价格认定机构收集的有关资料等。

4.价格认定过程及方法。简要描述价格认定过程，如实物查（勘）验、市场调查情况以及测算分析过程；并说明选用的价格认定方法，如市场法、成本法、收益法以及专家咨询法。

5.价格认定结论。价格认定结论应当说明币种，并且分别用大、小写表示价格认定标的的价格，数额精确程度根据实际工作需要确定。

6.价格认定限定条件。即价格认定结论成立的前提或假设条件，表明价格认定结论可能受到这些前提或假设条件的影响。

7.其他需要说明的事项。其内容体现为对价格认定工作的独立性、客观性、公正性及价格认定结论的合法性、真实性、合理性等问题的说明。

（二）价格认定结论书（简易文本）

为提高工作效率，可以根据实际情况，在撰写价格认定结论书时使用简易文本。

简易文本采用表格形式，可以对价格认定结论书（一般文本）的部分内容进行省略，仅保留提出机关名称、价格认定标的、价格认定基准日、价格内涵、价格认定方法、价格认定结论、价格认定限定条件、其他需要说明的事项等内容。

简易文本中省略的价格认定依据、过程等内容，应当在测算说明文书中反映。

第十八条　价格认定复核决定书，是价格认定机构根据价格认定复核申请书的内容和要求，按照规定程序、方法作出的行政性文件。价格认定复核决定书应当载明复核范围及内容，描述复核的主要过程，阐明复核结论，列明其他需要说明的事项。主要内容包括：

（一）价格认定复核概述。简要描述价格认定机构按照价格认定复核申请书的内容和要求，根据有关法律法规，遵循价格认定原则，按照规定的程序、方法完成了价格认定复核工作，并得出价格认定复核结论。

（二）复核的范围及内容。表明价格认定机构根据价格认定复核申请书所载内容对异议事项及相关部分进行了复核。但价格认定机构认为有必要的，可以不受异议事项限制，对原价格认定涉及的所有内容进行复核。

（三）复核过程要述。包括两部分内容：

一是简要描述复核主要过程，如对实物查（勘）验、市场调查以及分析测算等环节的核实情况。

二是对复核申请书所载异议事项及相关问题的处理意见，并说明理由。

三是撤销原价格认定结论的，应当说明得出新价格认定结论的过程。

（四）复核结论。表明复核决定，阐明维持或撤销原价格认定结论的理由。

第十九条　送达回证，是证明价格认定机构向提出方发送了价格认定结论书、通知书等文件的凭据性文书，也是证明提出方接收了相关文件的凭据性文书。

第二十条 在遵守相关规定的前提下，价格认定文书格式、内容可以根据价格认定事项的性质、特点作适当调整，以促进价格认定工作更好、更高效地开展。

第二十一条 本规范由国家发展和改革委员会价格认证中心负责解释。

第二十二条 本规范自 2016 年 7 月 1 日起执行。《价格鉴定文书格式规范》同时废止。

附件：

<h2 style="text-align:center">价格认定文书示范文本</h2>

<h3 style="text-align:center">目 录</h3>

1. 价格认定协助书
2. 价格认定复核申请书
3. 工作程序单
4. 实物查（勘）验记录
5. 听取意见记录
6. 市场调查记录
7. 测算说明
8. 集体审议记录
9. 补充材料通知书
10. 价格认定不予受理通知书
11. 价格认定复核不予受理通知书
12. 中止通知书
13. 终止通知书
14. 签发单
15. 价格认定结论书
16. 价格认定复核决定书
17. 送达回证

价格认定文书示范文本之一

（提出机关名称）
价格认定协助书
（文号）

（价格认定机构名称）：

我单位办理的涉嫌（案件名称）一案，需对（价格认定标的）等在＿＿＿年＿＿＿月＿＿＿日（价格认定基准日）的＿＿＿＿＿＿＿＿＿价格（价格内涵）进行认定。请你单位按照有关规定和下列要求进行价格认定，为本单位办理案件提供价格依据。

价格认定内容及要求：＿＿＿＿＿＿＿＿＿＿＿＿＿＿＿＿＿＿＿＿＿＿＿

＿＿＿＿。

附件：一、《价格认定标的明细表》

二、其他材料，共_____份

（一）_____

（二）_____

（三）_____

_____年_____月_____日

（提出机关公章）

联系人（经办人）：_____ 联系方式：_____

联系地址：_____ 邮编：_____

价格认定文书示范文本之一（1－1）
价格认定标的明细表（基本格式）

标的状况				价格认定要求			
序号	标的名称及数量	标的形态	标的详细描述	价格认定基准日	价格内涵	基准日状况的确定	其他要求
1		1. 是否灭失 □是□否 2. 基准日形态是否已发生重大改变 □是□否			□市场零售价格 □市场批发（批量）价格 □在产品价格 □产成品出厂价格 □（其他）	□查（勘）验状况 □全新状况 □（其他）	
2		1. 是否灭失 □是□否 2. 基准日形态是否已发生重大改变 □是□否			□市场零售价格 □市场批发（批量）价格 □在产品价格 □产成品出厂价格 □（其他）	□查（勘）验状况 □全新状况 □（其他）	
3		1. 是否灭失 □是□否 2. 基准日形态是否已发生重大改变 □是□否			□市场零售价格 □市场批发（批量）价格 □在产品价格 □产成品出厂价格 □（其他）	□查（勘）验状况 □全新状况 □（其他）	

提出机关声明：对于灭失物及基准日形态已发生重大改变的标的，请根据我们确定的情况进行价格认定。

价格认定文书示范文本之一(1-2)

价格认定标的明细表(细化格式)

价格认定标的明细表——机器设备
标的状况

序号	标的名称及数量	标的详细描述
1		规格型号： 产地： 购置时间： 购置地点： 原购单价： 是否在用： □是□否 其他：

价格认定标的明细表——建筑物、土地
标的状况

序号	标的名称及数量	标的详细描述
1		权属证号： 详细地址： 建筑物(土地)性质： 建筑物结构(土地状况)： 其他：

价格认定标的明细表——古玩、珠宝、玉石、字画
标的状况

序号	标的名称及数量	标的详细描述
1		是否有质量、真伪等检测、鉴定证书(报告)： □有 证书/报告编号： □无 外形： 尺寸： 重量： 颜色： 品质(等级)： 成色： 完整性： 配件情况： 原购价格： 其他：

价格认定标的明细表——手机
标的状况

序号	标的名称及数量	标的详细描述
1		品牌型号： IMEI号： 配件： 入网许可证号： 是否能够正常使用：□是□否 其他：

价格认定标的明细表——机动车
标的状况

序号	标的名称及数量	标的详细描述
1		品牌型号： 号牌号码： 车辆识别代号： 发动机号码： 车身颜色： 初次登记日期： 累计行程(表显)： 使用性质：□营运□非营运 其他：

价格认定文书示范文本之二

（提出机关名称）
价格认定复核申请书
（文号）

（价格认定机构名称）：

我单位办理的涉嫌(案件名称)一案，现因(复核原因)需要，请你单位对(价格认定机构名称)于＿＿年＿＿月＿＿日出具的《价格认定结论书/复核决定书》(文号)进行复核。

一、复核标的的名称、价格认定基准日、价格内涵：＿＿＿＿＿＿。

二、复核的异议事项：＿＿＿＿＿＿＿＿＿＿＿＿＿＿＿＿。

三、复核的理由及依据：＿＿＿＿＿＿＿＿＿＿＿＿＿。

附：

一、原价格认定结论书/复核决定书

二、其他材料，共＿＿＿＿＿份

（一）＿＿＿＿＿＿＿＿＿＿＿＿＿＿

（二）＿＿＿＿＿＿＿＿＿＿＿＿＿＿

＿＿＿年＿＿＿月＿＿＿日
（提出机关公章）

联系人(经办人)：＿＿＿＿＿ 联系方式：＿＿＿＿＿ 联系地址：＿＿＿

＿＿＿邮编：＿＿＿＿＿

价格认定文书示范文本之三

工作程序单

□价格认定协助书 □价格认定复核申请书		文号	
提出机关名称			
工作时限			
受理意见		登记号	
机构负责人批示			
经办部门安排			

续上表

办理情况		经办人员签字：	
签发文号		签发时间	
送达时间		存档时间	
备注			

登记人：　　　　日期：

价格认定文书示范文本之四

实物查(勘)验记录

□价格认定协助书 □价格认定复核申请书		文号	
查(勘)验标的			
查(勘)验地点		查(勘)验时间	
查(勘)验情况：			
记录：□照片__张　□录音___时长　□摄像___时长　□其他：_____			
电子资料保存处：			
标的状况：□与价格认定协助书/复核申请书描述一致 □与价格认定协助书/复核申请书描述不一致			
查(勘)验人员签名：			
提出机关或其他参加人员签名：			

注：可以另附页，附页可以根据标的具体情况采用不同形式及格式，查(勘)验人员和其他参加人员需在附页上签名。

第__页/共__页

价格认定文书示范文本之五

听取意见记录

□价格认定协助书 □价格认定复核申请书		文号	
时间		地点	
主持人		记录人	
参加人员	价格认定机构：　提出机关：　当事人：　其他人员：		
主要内容：			
参加人员签字：			

注：可以另附页，参加人员需在附页上签名。

第__页/共__页

价格认定文书示范文本之六

市场调查记录

调查事项		调查时间	
调查方式		被调查人	
调查途径	（地址、电话、网址等）		
调查情况：			
记录:□录音__时长　□摄像__时长　□照片__张　□其他:_____			
电子资料保存处：			
调查人签字：			
被调查人签字：			

注：可以另附页，附页可根据标的具体情况采用不同形式及格式,调查人、被调查人需在附页上签名。

第__页/共__页

价格认定文书示范文本之七

测算说明

□价格认定协助书 □价格认定复核申请书	文号	
标的基本情况		
价格认定方法		
测算过程： （说明公式选用、资料及相关数据来源、参数采用依据、计算过程等内容。）		
价格认定小组人员签名： 　　　　　　　　　　　　　　　　　____年___月___日		

注：可以另附页, 价格认定小组人员需在附页上签名。

第__页/共__页

价格认定文书示范文本之八

集体审议记录

□价格认定协助书 □价格认定复核申请书		文号	
审议事项			
审议时间		审议地点	
主持人		记录人	

续上表

审议人员	
审议过程：	
审议结论：	
参加人员签字：	

注：可以另附页，参加人员应当在附页上签字。

第___页/共___页

价格认定文书示范文本之九

（价格认定机构名称）

补充材料通知书

（文号）

（提出机关名称）：

你单位《价格认定协助书/复核申请书》（文号）及有关材料收悉。根据有关规定和工作需要，请补充如下材料：

1. _____。
2. _____。
3. _____。

待你单位补足相关材料后，符合价格认定/复核受理条件的，我单位依法予以受理。

特此通知。

_____年_____月_____日

（价格认定机构公章）

价格认定文书示范文本之十

（价格认定机构名称）

价格认定不予受理通知书

（文号）

（提出机关名称）：

你单位《价格认定协助书》（文号）及有关材料收悉。现因下述第_____项原因，我单位决定不予受理。你单位《价格认定协助书》及相关材料随函退还。

特此通知。

1. 提出机关未按照所在行政区域分级提出价格认定协助。

2. 价格认定事项不符合相关规定。

3. 法律、法规规定无需进行价格认定。

4. 其他：_____。

_____年_____月_____日

（价格认定机构公章）

价格认定文书示范文本之十一

（价格认定机构名称）
价格认定复核不予受理通知书
（文号）

（提出机关名称）：

你单位《价格认定复核申请书》（文号）收悉。现因下述第_____项原因，我单位决定不予受理。你单位价格认定复核申请书及相关材料随函退还。

特此通知。

1. 提出机关未按照所在行政区域分级提出价格认定复核申请。

2. 价格认定复核申请书所提异议事项不属于价格认定范围。

3. 申请复核的价格认定事项中，价格认定标的、基准日或者价格内涵与原价格认定协助书所载内容不一致。

4. 提出机关提供的相关材料不齐全，或者提供的材料相互矛盾，且提出机关又不能明确。

5. 国务院价格主管部门的价格认定机构已作出最终复核。

6. 司法机关按照当时法律已经结案，且未进行另外司法程序。

7. 其他：_____。

_____年_____月_____日
（价格认定机构公章）

价格认定文书示范文本之十二

（价格认定机构名称）
中止通知书
（文号）

（提出机关名称）：

受理你单位《价格认定协助书/复核申请书》（文号）提出的价格认定协助/复核申请后，我单位已指派人员开展工作。现因下述第_____项原因，我单位决定对此项工作予以中止。

特此通知。

1. 提出机关书面提出中止价格认定。

2. 提出机关不能按规定或者约定时间提供相关材料。

3. _____

原因导致价格认定工作暂时无法正常开展。

_____年_____月_____日
（价格认定机构公章）

价格认定文书示范文本之十三

（价格认定机构名称）

终止通知书

（文号）

（提出机关名称）：

受理你单位《价格认定协助书/复核申请书》（文号）提出的价格认定协助/复核申请后，我单位已指派人员开展工作。现因下述第_____项原因，我单位决定对此项工作予以终止。

特此通知。

1. 提出机关书面提出终止价格认定。

2. 提出机关提供的材料不完整、不充分，且不能补正。

3. 因不可抗力致使价格认定无法继续进行。

4._____

_____

原因导致价格认定工作无法正常开展。

_____年_____月_____日

（价格认定机构公章）

价格认定文书示范文本之十四

签发单

文书名称	□价格认定结论书 □价格认定复核决定书			
文号	〔20 〕 号	印制份数	份	
拟稿	___年___月___日	签发意见：		
审核	___年___月___日			
核稿	___年___月___日	公章 ___年___月___日		
主送单位				
抄送单位				
附稿文件				

价格认定文书示范文本之十五（15－1）

（价格认定机构名称）

价格认定结论书

（文号）

（提出机关名称）：

你单位于_____年_____月_____日出具的《价格认定协助书》（文号）收悉。我单位遵循依法、公正、科学、效率的原则，按照规定的标准、程序和方法，对（价格认定标的）价格进行了认定。现将价格认定情况综述如下：

一、价格认定事项描述

（一）价格认定标的：（描述标的名称、数量、基本特征、实体状况、权益状况等，标的较多时可以另附价格认定明细表）。

（二）价格认定目的：确定价格认定标的在（价格认定基准日）的（价格内涵）价格，为提出机关办理案件提供价格依据。

二、价格认定依据

（一）国家、地方有关法律、法规及相关文件

（二）提出方提供的材料

（三）价格认定机构收集的有关资料

三、价格认定过程及方法

常用式样：我单位受理价格认定协助后，成立了价格认定小组，指派（人数）价格认定人员于（地点）对该标的进行了实物查（勘）验，查（勘）验情况：＿＿＿＿＿＿＿＿＿＿＿＿＿

＿＿＿＿＿＿＿＿＿＿＿＿＿＿＿＿＿＿＿＿＿＿＿＿＿＿。

查（勘）验后，价格认定小组人员根据国家有关规定和标准，严格遵守价格认定程序和原则，认真分析研究现有资料，深入开展市场调查，采用（价格认定方法）对价格认定标的在（价格认定基准日）的（价格内涵）价格进行了客观公正的分析测算。具体情况如下：＿＿＿＿＿＿

＿＿＿＿＿＿＿＿＿＿＿＿＿＿＿＿＿＿＿＿＿＿＿＿＿＿。

四、价格认定结论

（价格认定标的）于（价格认定基准日）的（价格内涵）价格为人民币＿＿＿＿＿＿＿＿

（￥＿＿＿＿＿＿＿＿）。

标的较多时，除说明总的价格认定结论外，还应当以文字或附表（详见附表）的形式，列示各标的价格认定结论的明细情况。

五、价格认定限定条件

常用限定条件：

（一）本结论书的价格认定结论依据了提出机关提供的材料。

（二）价格认定结论是在特定的前提和假设条件下作出的，仅在该前提和假设条件存在的情况下，价格认定结论方予成立。

（三）价格认定结论受到国家宏观经济政策、不可抗力或者特殊交易方式的影响。

（四）价格认定小组人员在认定过程中已经发现可能影响价格认定结论的因素，但非本专业所能涉及，设定本次价格认定未考虑上述因素。

（五）其他价格认定限定条件。

六、其他需要说明的事项

常用式样：

（一）价格认定结论受价格认定结论书所述限定条件限制。

（二）提出机关对其提供材料的真实性负责。

（三）价格认定结论仅对本次价格认定有效，不得作为他用。未经我单位同意，不得向提出机关和有关当事人之外的任何单位和个人提供，价格认定结论书的内容不得发表于任何公

开媒体上。

（四）本单位及价格认定小组人员与该认定标的没有利益关系，与当事人没有利害关系。

（五）提出机关如果对价格认定结论有异议，可以向（上一级价格认定机构名称）提出复核申请（提出复核申请的具体途径、期限）。

_____年_____月_____日

（价格认定机构公章）

附表：

价格认定明细表

提出机关名称：　　　　　　　　　　　　　　金额单位：

序号	标的名称	规格型号	单位	数量	基准日期	价格内涵	价格认定方法	单位价格	总价格	备注
合计（大写人民币）：				（¥：　　　　元）						

___年___月___日

（价格认定机构公章）

价格认定文书示范文本之十五（15－2）

（价格认定机构名称）

价格认定结论书（简易文本）
（文号）

提出机关名称：

项目 ＼ 序号	标的 1	标的 2
价格认定标的　标的名称		
规格型号		
数量、单位		
基准日期		
价格内涵		

续上表

项目 ＼ 序号	标的 1	标的 2
价格认定方法		
价格认定结论　单位价格		
价格认定结论　总价格		
价格认定结论　合计	大写：¥	
价格认定限定条件		
其他需要说明的事项		

＿＿年＿＿月＿＿日

（价格认定机构公章）

价格认定文书示范文本之十六

（价格认定机构名称）

价格认定复核决定书

（文号）

（提出机关名称）：

文书名称、文号		数量	
接收单位			
送达方式	□直接送达□邮寄送达□其他方式＿＿＿＿		
发件人签名或盖章 ＿＿年＿＿月＿＿日		接收人签名或盖章 ＿＿年＿＿月＿＿日	
备注			

注：1.邮寄送达的，接收人签收后，寄交：（价格认定机构名称、发件人），地址：（价格认定机构地址），邮编：（价格认定机构所在地邮编）。

2.代收人代收的，由代收人在接收人栏内签名或者盖章，并注明与接收人的关系。

你单位于＿＿＿年＿＿＿月＿＿＿日出具的《价格认定复核申请书》（文号）收悉。我单位遵循依法、公正、科学、效率的原则，按照规定的标准、程序和方法，对《价格认定结论书/复核决定书》（文号）进行了复核。现将价格认定复核情况综述如下：

一、复核的范围及内容

说明价格认定机构根据价格认定复核申请书所载内容对异议事项及相关部分进行了复核。价格认定机构认为有必要的，可以不受异议事项限制，对原价格认定涉及的所有内容进

371

行复核。

二、复核过程要述

一是简要描述复核主要过程，如对实物查(勘)验、市场调查以及分析测算等环节的核实情况。

常用式样：

我中心受理复核申请后，组成复核小组，审核了(原价格认定机构)出具的《价格认定结论书/复核决定书》(文号)，调阅了(原价格认定机构)的工作底档，前往(地点)进行了实物查(勘)验，开展了市场调查，并于(日期)到(地点)召开座谈会，听取了各方意见。复核人员根据你单位提供的材料以及对原工作底档的审核，通过认真分析研究，认定(原价格认定程序是否符合规定、原价格认定结论适用依据是否正确、选用方法是否适当、采用参数是否合理、测算是否正确或者其他应当予以撤销的情形)。

二是对复核申请书所载异议事项及相关问题的处理意见，并说明理由。

三是撤销原价格认定结论的，应当说明得出新价格认定结论的过程。

三、复核结论

维持原结论的，常用式样：原价格认定程序符合规定，原价格认定结论适用依据正确、选用方法适当、采用参数合理并且测算准确，维持原价格认定结论。

撤销原价格认定结论的，常用式样：原价格认定存在(程序不符合规定、依据错误、选用方法不当、采用参数不合理、测算错误或者其他应当予以撤销的情形)的问题，现撤销《价格认定结论书/复核决定书》(文号)。(价格认定标的)于(价格认定基准日)的(价格内涵)价格为人民币_____(￥_____)。

四、其他需要说明的事项

如果提出机关对价格认定复核决定有异议，可以按照规定向(上一级价格认定机构名称)提出复核申请(提出复核申请的具体途径、期限)。

_____年_____月_____日

(价格认定机构公章)

价格认定文书示范文本之十七

送达回证(略)

注：1.邮寄送达的，接收人签收后，寄交：(价格认定机构名称、发件人)，地址：(价格认定机构地址)，邮编：(价格认定机构所在地邮编)。

2.代收人代收的，由代收人在接收人栏内签名或者盖章，并注明与接收人的关系。

国家发展计划委员会关于印发《涉案物品价格鉴定复核裁定管理办法》的通知

(计价费〔1998〕775号)

各省、自治区、直辖市及计划单列市和副省级城市物价局(委员会)：

按照最高人民法院、最高人民检察院、公安部、国家计委联合印发的《扣押、追缴、没收物品估价管理办法》中有关价格鉴定实行复核裁定程序的规定，特制定《涉案物品价格鉴定复核裁定管理办法》（以下简称《办法》），现印发给你们。

涉案物品价格鉴定的复核裁定制度是保证涉案物品估价公平、公正的重要管理制度，是价格部门正确办理各类涉案物品价格鉴定的重要保障。因此，各地价格事务所对价格鉴定中的复核裁定，要依照本《办法》规定的程序办理。

对在本《办法》执行中出现的问题，请及时报告。

附件：

涉案物品价格鉴定复核裁定管理办法

第一章　总则

第一条　为了适应行政、司法工作的需要，规范涉案物品价格鉴定的复核裁定工作，保证涉案物品价格鉴定的复核裁定正常开展，根据《中华人民共和国价格法》和最高人民法院、最高人民检察院、公安部、国家计委颁发的《扣押、追缴、没收物品估价管理办法》的有关规定，制定本办法。

第二条　国家发展计划委员会是涉案物品价格鉴定复核裁定工作的主管部门，省、自治区、直辖市政府价格主管部门指定、经国家发展计划委员会指定机构审查合格的价格事务所是涉案物品价格鉴定的复核裁定机构，其它任何单位和个人不得进行涉案物品价格鉴定的复核裁定。

第二章　复核裁定机构

第三条　在国务院和各省、自治区、直辖市政府价格主管部门设立涉案物品价格鉴定复核裁定机构。上一级复核裁定机构可以对下一级复核裁定机构的价格鉴定结论进行复核裁定，国家发展计划委员会直属的价格鉴定复核裁定机构行使涉案物品价格鉴定的最终复核裁定职能。

第四条　各省、自治区、直辖市政府价格主管部门根据规定的条件，可以在本辖区内设立下级涉案物品价格鉴定的复核裁定分支机构。

第五条　政府价格主管部门指定的涉案物品价格鉴定的复核裁定机构应当同时具备下列条件：

（一）由政府价格主管部门设立并授权；

（二）具有法人资格；

（三）具有固定的工作场所；

（四）具有5名以上持有国家发展计划委员会核发的涉案物品价格鉴证人员资格证书的专业人员；

（五）国家发展计划委员会规定的其他条件。

第六条　涉案物品价格鉴定的复核裁定机构，必须获得国家发展计划委员会颁发的资质认证书后，方可行使对涉案物品价格鉴定的复核裁定职能。

第七条　涉案物品价格鉴定的复核裁定机构资质实行年检制度。年检由发证机构办理。

第八条　涉案物品价格鉴定复核裁定机构资质的审定，每两年进行一次。凡通过资质审定的价格事务所可行使复核裁定职能；凡审定未通过者，暂停行使复核裁定职能，其该项职能由其上级价格主管部门设立的价格事务所行使。

第九条 凡未通过复核裁定资质审定的价格事务所，要进行内部整顿，加强管理，提高工作水平，在符合基本条件后，可重新申请复核裁定资格。

第三章 复核裁定机构的权限

第十条 价格鉴定的复核裁定实行"统一领导、分级管理"的方式。各级涉案物品价格鉴定复核裁定机构要在规定的权限内进行复核裁定。

第十一条 复核裁定分支机构负责地（市）级地区内的涉案物品价格鉴定的复核裁定。受理本行政区域内的刑事案件、纪检监察案件中涉案物品价格鉴定的复核裁定；受理双方当事人都同属本行政管辖的经济、行政、民事案件中涉案物品价格鉴定的复核裁定。

第十二条 各省、自治区、直辖市涉案物品价格鉴定的复核裁定机构受理本行政区域内的刑事案件、纪检监察案件中涉案物品价格鉴定的复核裁定；受理双方当事人都同属本行政管辖的经济、行政、民事案件中涉案物品价格鉴定的复核裁定。

第十三条 国家发展计划委员会设立的涉案物品价格鉴定机构负责最高人民法院、最高人民检察院、公安部及其它国家各部门对涉案物品价格鉴定提出的复核裁定；负责对各省、自治区、直辖市价格事务所作出的价格鉴定结论和复核结论的复核裁定。国家发展计划委员会设立的涉案物品价格鉴定机构的复核裁定为最终复核裁定。

第四章 复核裁定的程序

第十四条 行政、司法机关对价格事务所出具的涉案物品价格鉴定结论提出异议的，可向原价格鉴定单位提出补充鉴定或者重新鉴定，也可以直接向其上一级政府价格主管部门设立的复核裁定机构提出复核裁定。案件当事人对价格事务所出具的涉案物品价格鉴定结论持有异议的，可向行政、司法机关提出要求复核裁定，由行政、司法机关根据具体情况决定是否提出补充鉴定、重新鉴定或者复核裁定。

第十五条 行政、司法机关在提出复核裁定时，应出具《涉案物品价格鉴定复核裁定委托书》，《委托书》应包括以下内容：

（一）提出复核裁定的主要理由；

（二）提出复核裁定主要理由的依据，以及收集依据及取证过程要述；

（三）收集依据及取证具体经办人签名。

《涉案物品价格鉴定复核裁定委托书》须加盖单位公章。

第十六条 价格鉴定的复核裁定机构接到《涉案物品价格鉴定复核裁定委托书》，并在了解复核裁定事项的基本情况后，即可受理委托。接受委托的机构在办理复核裁定的同时，应及时通知原作出价格鉴定结论的机构。

第十七条 价格鉴定的复核裁定机构如遇下列情况应拒绝受理复核裁定：

（一）人民法院对案件已作出终审判决的；

（二）国家发展计划委员会价格鉴定复核裁定机构作出最终复核裁定的；

（三）司法机关按照当时法律已经结案的；

（四）按照有关规定，司法机关认为无需进行价格鉴定的。

第十八条　价格鉴定的复核裁定机构必须按照公平、公正、实事求是的原则进行复核裁定。每项复核裁定工作必须由两名以上的持证人员进行，一般应在接受委托后 7 日内完成，如另有约定的，从其约定。

第十九条　价格鉴定的复核裁定机构在完成涉案物品价格鉴定的复核裁定后，必须向委托人出具《涉案物品价格鉴定复核裁定书》或《涉案物品价格鉴定最终复核裁定书》，《复核裁定书》或《最终复核裁定书》应包括以下内容：

（一）接受复核裁定的理由；

（二）复核裁定使用的方法及使用该种方法的理由；

（三）复核裁定主要过程要述；

（四）复核裁定结论。

第二十条　价格鉴定的复核裁定机构按照规定日期完成复核裁定或最终复核裁定后，应将《复核裁定书》或《最终复核裁定书》同时送往原作出价格鉴定结论的价格评估机构。

《复核裁定书》或《最终复核裁定书》要加盖单位公章，并应有具有复核裁定资格的工作人员签名。

第五章　法律责任

第二十一条　价格鉴定的复核裁定机构的工作人员，在进行涉案物品价格鉴定的复核裁定时，如遇下列情况应该回避：

（一）与复核裁定有关当事人有亲属关系的；

（二）与复核裁定有关当事人有利益关系可能影响复核裁定公正性的。

第二十二条　涉案物品价格鉴定的复核裁定工作政策性强，责任重大，价格鉴定的复核裁定机构应建立一整套复查、审核制度，力求复核裁定工作做到客观公正、准确无误。对工作人员利用工作之便徇私枉法，弄虚作假的，应给予行政处分，触犯法律的，送交司法机关处理。

第六章　附则

第二十三条　本办法由国家发展计划委员会负责解释。

第二十四条　本办法自发布之日起执行。

国家计划委员会、最高人民法院、最高人民检察院、公安部关于印发《扣押、追缴、没收物品估价管理办法》的通知

（计办〔1997〕808 号）

各省、自治区、直辖市物价局（委员会）、计委（计经委）、高级人民法院、人民检察院、公安厅（局）：

为了落实最高人民法院、最高人民检察院、公安部、国家计委印发的《关于统一赃物估价工作的通知》（法发〔1994〕9 号），特制定《扣押、追缴、没收物品估价管理办法》。现印发给你们，请遵照执行，并就有关事项通知如下：

一、逐步建立、完善统一规范的扣押、追缴、没收物品估价制度,是人民法院、人民检察院、公安机关正确办理刑事案件的重要保障。对案件中依法扣押、追缴、没收的价格不明或价格难以确定需要估价的物品,各级人民法院、人民检察院、公安机关要依照本办法的规定委托估价,各级人民政府价格部门要依照本办法估定价格。

二、扣押、追缴、没收物品估价工作涉及面广,时限性强,责任重大。各级人民法院、人民检察院、公安机关和政府价格部门应当密切配合、相互协作,共同搞好这项工作。

三、各级政府价格部门要按照本办法的规定,建立健全组织机构和相应的规章制度,认真履行自己的职责,切实做好工作。

四、在国家制定的扣押、追缴、没收物品估价鉴定收费办法发布前,各省、自治区、直辖市人民政府价格部门可会同同级人民法院、人民检察院、公安厅(局)并商有关部门制定本地区的扣押、追缴、没收物品估价鉴定收费暂行办法。

五、对在本办法执行中出现的问题,请及时报告。

附:扣押、追缴、没收物品估价管理办法

扣押、追缴、没收物品估价管理办法

第一章 总则

第一条 为了加强对扣押、追缴、没收物品估价管理,规范扣押、追缴、没收物品估价工作,保障刑事诉讼活动的顺利进行,依据国家有关法律和最高人民法院、最高人民检察院、公安部、国家计委的有关规定,特制定本办法。

第二条 人民法院、人民检察院、公安机关各自管辖的刑事案件,对于价格不明或者价格难以确定的扣押、追缴、没收物品需要估价的,应当委托指定的估价机构估价。案件移送时,应当附有《扣押、追缴、没收物品估价鉴定结论书》。

第三条 公安机关移送人民检察院审查起诉和人民检察院向人民法院提起公诉的案件,对估价结论有异议的,应当由提出异议的机关自行委托估价机构重新估价。

第四条 对于扣押、追缴、没收的珍贵文物,珍贵、濒危动物及其制品,珍稀植物及其制品,毒品,淫秽物品,枪支、弹药等不以价格数额作为定罪量刑标准的,不需要估价。

第五条 国务院及地方人民政府价格部门是扣押、追缴、没收物品估价工作的主管部门,其设立的价格事务所是各级人民法院、人民检察院、公安机关指定的扣押、追缴、没收物品估价机构,其他任何机构或者个人不得对扣押、追缴、没收物品估价。

第六条 价格事务所出具的扣押、追缴、没收物品估价鉴定结论,经人民法院、人民检察院、公安机关确认,可以作为办理案件的依据。

第二章 委托程序

第七条 各级人民法院、人民检察院、公安机关遇有本办法第二条所列情形时,应当委托同级价格部门设立的价格事务所进行估价。

第八条 委托机关在委托估价时,应当送交《扣押、追缴、没收物品估价委托书》。《扣押、追缴、没收物品估价委托书》应当包括以下内容:

(一)估价的理由和要求;

（二）扣押、追缴、没收物品的品名、牌号、规格、种类、数量、来源，以及购置、生产、使用时间；

（三）起获扣押、追缴、没收物品时其被使用、损坏程度的记录，重要的扣押、追缴、没收物品，应当附照片；

（四）起获扣押、追缴、没收物品的时间、地点；

（五）其他需要说明的情况。

委托机关送交的《扣押、追缴、没收物品估价委托书》必须加盖单位公章。

第九条　价格事务所接到人民法院、人民检察院、公安机关的《扣押、追缴、没收物品估价委托书》时，应当认真审核委托书的各项内容及要求，如委托书所提要求无法做到时，应当立即与委托机关协商。

第三章　估价程序

第十条　价格事务所在接受委托后，应当按照《扣押、追缴、没收物品估价委托书》载明的情况对实物进行查验，如发现差异，应立即与委托机关共同确认。

价格事务所一般不留存扣押、追缴、没收物品，如确需留存时，应当征得委托机关同意并严格办理交接手续。

第十一条　价格事务所估价确实需要时，可以提请委托机关协助查阅有关的账目、文件等资料。可以向与委托事项有关的单位和个人进行调查或索取证明材料。

第十二条　价格事务所应当在接受估价委托之日起七日内作出扣押、追缴、没收物品估价鉴定结论；另有约定的，在约定期限内作出。

第十三条　价格事务所办理的扣押、追缴、没收物品估价鉴定，应当由两名以上估价工作人员共同承办，出具的估价鉴定结论，必须经过内部审议。

价格事务所估价人员，遇有下列情形之一的，应当回避：

（一）与估价事项当事人有亲属关系或与该估价事项有利害关系的；

（二）与估价事项当事人有其他关系，可能影响对扣押、追缴、没收物品公正估价的。

第十四条　价格事务所在完成估价后，应当向委托机关出具《扣押、追缴、没收物品估价鉴定结论书》。《扣押、追缴、没收物品估价鉴定结论书》应当包括以下内容：

（一）估价范围和内容；

（二）估价依据；

（三）估价方法和过程要述；

（四）估价结论；

（五）其他需要说明的问题及有关材料；

（六）估价工作人员签名。

价格事务所出具的《扣押、追缴、没收物品估价鉴定结论书》必须加盖单位公章。

第十五条　委托机关对价格事务所出具的《扣押、追缴、没收物品估价鉴定结论书》有异议的，可以向原估价机构要求补充鉴定或者重新鉴定，也可以直接委托上级价格部门设立的价格事务所复核或者重新估价。

第十六条　接受委托的价格事务所认为必要时，在征得委托机关同意后，可以将委托事项转送上级价格部门设立的价格事务所进行估价，并将有关情况书面通知原委托估价机关。

第十七条 国家计划委员会直属价格事务所是扣押、追缴、没收物品估价的最终复核裁定机构。

第四章 估价的基本原则

第十八条 价格事务所必须按照国家的有关法律规定，以及最高人民法院、最高人民检察院制定的有关司法解释和各项价格法规，客观公正、准确及时地估定扣押、追缴、没收物品价格。

第十九条 扣押、追缴、没收物品估价的基准日除法律、法规和司法解释另有规定外，应当由委托机关根据案件实际情况确定。

第二十条 价格事务所对委托估价的文物、邮票、字画、贵重金银、珠宝及其制品等特殊物品，应当送有关专业部门作出技术、质量鉴定后，根据其提供的有关依据，作出估价结论。

第五章 组织管理

第二十一条 按照国家有关价格工作的管理规定，扣押、追缴、没收物品估价工作实行统一领导、分级管理。

第二十二条 国家计划委员会的主要职责：

（一）会同最高人民法院、最高人民检察院、公安部制定、解释扣押、追缴、没收物品估价工作的基本原则。

（二）确定划分国家和地方价格部门在扣押、追缴、没收物品估价工作中的主要职责。

（三）负责管理、指导、监督、检查全国扣押、追缴、没收物品估价工作。

（四）其设立的价格事务所办理最高人民法院、最高人民检察院、公安部委托的扣押、追缴、没收物品估价；协调或者办理跨地区（省、自治区、直辖市）、跨部门的扣押、追缴、没收物品估价业务；办理疑难、重大案件涉及的扣押、追缴、没收物品估价。

第二十三条 各省、自治区、直辖市价格部门的主要职责：

（一）贯彻执行最高人民法院、最高人民检察院、公安部和国家计委对估价工作制定的各项方针、政策和基本原则，会同同级司法机关制定本地区有关扣押、追缴、没收物品估价的具体规定。

（二）其设立的价格事务所办理同级人民法院、人民检察院、公安机关委托的扣押、追缴、没收物品估价；办理本地区内跨地（市）县，有相当难度的扣押、追缴、没收物品估价及复核工作；协助上级价格部门设立的价格事务所进行扣押、追缴、没收物品估价工作。

第二十四条 地（市）县（市、区）价格部门的职责：

（一）贯彻执行估价工作的有关规定，协助上级价格部门做好扣押、追缴、没收物品估价工作。接受上级价格部门对扣押、追缴、没收物品估价工作的管理、指导、监督、检查。

（二）其设立的价格事务所办理同级人民法院、人民检察院、公安机关委托的扣押、追缴、没收物品估价，协助上级价格部门设立的价格事务所进行扣押、追缴、没收物品估价工作。

第六章　法律责任

第二十五条　严禁估价人员虚假鉴定、徇私舞弊、玩忽职守、泄露涉案秘密。凡违反规定，造成估价失实，或者对办理案件造成不良影响的，对责任人员将视情节，给予处分；构成犯罪的，依法追究刑事责任。

第二十六条　价格事务所和鉴定人对出具的《扣押、追缴、没收物品估价鉴定结论书》的内容分别承担相应法律责任。

第二十七条　价格事务所及其工作人员对估价工作中涉及的有关资料和情况负责保密。

第七章　附则

第二十八条　其他涉案物品的估价，以及行政执法机关提请价格部门设立的价格事务所对收缴、罚没、扣押物品的估价，可以参照本办法执行。

第二十九条　价格事务所在进行扣押、追缴、没收物品估价时，可以向委托估价机关收取合理的估价鉴定费。估价鉴定收费办法由国家计委会同最高人民法院、最高人民检察院、公安部并商有关部门另行制定。

第三十条　本办法自颁布之日起施行。

附件：一、扣押、追缴、没收物品估价委托书(样本)(略)
　　　二、扣押、追缴、没收物品估价鉴定结论书(样本)(略)

国家认监委、司法部关于印发《司法鉴定机构资质认定评审准则》的通知

各省、自治区、直辖市质量技术监督局，各省司法厅(局)：

　　为贯彻落实《全国人民代表大会常务委员会关于司法鉴定管理问题的决定》和《司法部国家认证认可监督管理委员会关于全面推进司法鉴定机构认证认可工作的通知》(司发通〔2012〕14号)精神，国家认证认可监督管理委员会会同司法部组织专家对《司法鉴定机构资质认定评审准则(试行)》进行了补充修订，现予印发。

　　司法鉴定机构应当按照《司法鉴定机构资质认定评审准则》建立并运行管理体系。该准则自2013年1月1日起实施，试行版准则同时废止。

　　附件：司法鉴定机构资质认定评审准则

国家认监委 司法部
2012年9月14日

附件：

司法鉴定机构资质认定评审准则

1　总则

1.1　为贯彻落实《全国人民代表大会常务委员会关于司法鉴定管理问题的决定》，规范司

法鉴定执业活动,指导司法鉴定机构建立并保持管理体系,有效实施司法鉴定机构资质认定评审,制定本准则。

1.2 本准则依据司法部、国家认监委关于司法鉴定管理、资质认定等规定制定,同时符合实验室和检查机构资质认定的通用要求。

1.3 司法鉴定机构建立并保持管理体系应当符合本准则要求。司法鉴定机构资质认定评审应当遵守本准则。

1.4 司法鉴定机构资质认定评审,应当遵循客观公正、科学准确、统一规范和避免不必要重复的原则。

2 参考文件

《实验室资质认定评审准则》

GB/T27025《检测和校准实验室能力的通用要求》(等同采用 ISO/IEC 17025)

GB/T18346《检查机构能力的通用要求》(等同采用 ISO/IEC17020)

3 术语和定义

本准则使用《实验室和检查机构资质认定管理办法》、《检测和校准实验室能力的通用要求》(GB/T27025)、《检查机构能力的通用要求》(GB/18346)给出的相关术语和定义,以及司法鉴定通用术语。

司法鉴定:在诉讼活动中司法鉴定人运用科学技术或者专门知识对诉讼中涉及的专门性问题进行鉴别和判断,并提供鉴定意见的活动。

司法鉴定机构:经过司法行政机关审核登记并取得《司法鉴定许可证》,从事司法鉴定业务的法人或者其他组织。

司法鉴定人:经过司法行政机关审核登记并取得《司法鉴定人执业证》,从事司法鉴定业务的人员。

司法鉴定人员:直接参加司法鉴定活动的司法鉴定人和技术辅助人员。

授权签字人:由司法鉴定机构负责人指定,熟悉资质认定规定,经资质认定考核合格,负责授权范围内司法鉴定文书签发的司法鉴定人。

质量负责人:由司法鉴定机构负责人任命,负责管理体系的建立、实施和持续改进的人员。

技术管理者:由司法鉴定机构负责人任命的一人或者多人,负责机构的技术运作并提供相应资源。

鉴定材料:包括检材和鉴定资料。检材是指与鉴定事项有关的生物检材和非生物检材;鉴定资料是指存在于各种载体上与鉴定事项有关的记录。

分支机构:是指司法鉴定机构依法设立的分部,该分部应当具有独立的办公场所、资金、人员、设备并经省级司法行政机关审核登记,司法鉴定机构承担其分部执业活动的法律责任。

外部信息:指可能被司法鉴定机构作为鉴定依据的外部检测、检查或者其他与鉴定相关的信息。

4 管理要求

4.1 组织

4.1.1 司法鉴定机构应当具有保证依法、客观、公正和独立地从事司法鉴定业务的法律地位，并持有省级司法行政机关颁发的《司法鉴定许可证》。

非独立设立的司法鉴定机构需要经所属法人授权，明确承担法律责任的主体，有独立账目或者独立核算。

4.1.2 司法鉴定机构应当有固定的工作场所，具有符合司法行政机关规定的场地和设备。

司法鉴定机构应当独立对外开展业务活动。

4.1.3 司法鉴定机构的管理体系应当覆盖其所有鉴定场所；分支机构应当单独进行资质认定。

4.1.4 司法鉴定机构应当有与其所从事鉴定活动相适应的司法鉴定人员。

司法鉴定人只能在一个司法鉴定机构中执业。

4.1.5 司法鉴定机构及其人员不得以鉴定活动及其出具的数据和结果谋取不正当利益，不得参与任何有损于鉴定独立性和诚信度的活动。

司法鉴定机构应当有措施确保其人员不受任何来自内外部的不正当的行政、商业、财务和其他方面的压力和影响，并防止商业贿赂。

司法鉴定机构所在组织从事司法鉴定以外的业务活动，应当明确司法鉴定与该组织其他业务的关系。

司法鉴定机构和司法鉴定人员应当依法进行回避。

4.1.6 司法鉴定机构及其人员对其在鉴定中所知悉的国家秘密、商业秘密、技术秘密及个人隐私负有保密义务。

4.1.7 司法鉴定机构应当明确其组织和管理结构，以及质量管理、技术运作和支持服务之间的关系，包括其与外部组织的关系。

4.1.8 司法鉴定机构负责人应当有其上级主管部门或者其设立组织的任命文件，司法鉴定机构法定代表人兼任机构负责人的除外。

司法鉴定机构的技术管理者、质量负责人及各部门主管应当有任命文件。机构负责人和技术管理者的变更需报资质认定发证机关备案。

4.1.9 司法鉴定机构应当规定对鉴定质量有影响的所有管理、操作和核查人员的职责、权力和相互关系，并指定机构负责人、技术管理者、质量负责人的代理人。

4.1.10 司法鉴定机构应当由熟悉鉴定方法、程序、目的和结果评价的人员对司法鉴定人员进行监督。

4.1.11 司法鉴定机构的技术运作由技术管理者全面负责。技术管理者应当具有司法鉴定机构运作方面相应的资格或者经历，是在编人员或者与司法鉴定机构签署聘用合同或者劳动合同的人员。

司法鉴定机构应当指定一名质量负责人，赋予其能够保证管理体系有效运行的职责和权力。

4.2 管理体系

司法鉴定机构应当按照本准则建立和保持与其鉴定活动相适应的管理体系。管理体系应当形成文件，阐明与鉴定质量相关的政策，包括质量方针、目标和承诺，使所有相关人员理解并有效实施。

4.3 文件控制

司法鉴定机构应当建立并保持文件编制、审核、批准、标识、发放、保管、修订和废止等的控制程序，包括描述如何更改和控制保存在计算机系统中文件的，确保在所有相关场所，相关人员均可以得到所需文件的有效版本。

4.4 外部信息

4.4.1 司法鉴定机构应当独立完成司法鉴定协议书中要求的鉴定工作。

4.4.2 司法鉴定机构应当有对外部信息的完整性和采用程度进行核查或者验证的程序。

4.4.3 司法鉴定机构使用并作为鉴定依据的外部信息，应当由委托人提供或者同意。

4.4.4 采用的外部信息应当在司法鉴定文书中注明。

4.5 服务和供应品的采购

司法鉴定机构应当建立并保持对鉴定质量有影响的服务和供应品的选择、购买、验收和储存等的程序，以确保服务和供应品的质量。

4.6 鉴定委托和司法鉴定协议书评审

4.6.1 司法鉴定机构应当建立并保持评审鉴定委托和司法鉴定协议书的程序。

4.6.2 司法鉴定机构决定受理鉴定委托的，应当与委托人签订司法鉴定协议书，协议书内容除司法行政机关要求外，应当包括鉴定选用的方法、标准，鉴定时限，鉴定结束后需退还的鉴定材料及退还方式，以及鉴定过程中的风险告知等。

4.6.3 修改已签订的司法鉴定协议书，应当重新进行评审；修改内容需双方书面确认，并通知本机构相关人员。

4.7 投诉

司法鉴定机构应当建立完善的投诉处理程序，保存所有投诉及处理结果的记录。

4.8 纠正措施、预防措施及改进

司法鉴定机构应当通过实施纠正措施、预防措施等持续改进其管理体系。

司法鉴定机构对发现的不符合工作应当采取纠正措施，以防止类似不符合事项的再次发生；对潜在不符合事项应当采取预防措施，以减少不符合事项发生的可能性并改进。

4.9 记录

4.9.1 司法鉴定机构应当建立和保持记录控制程序。

4.9.2 司法鉴定人员在鉴定过程中应当进行实时记录并签字。记录的内容应当真实、客观、准确、完整、清晰，有足够的信息以保证其能够再现或者对鉴定活动进行正确评价。

4.9.3 司法鉴定机构的内部审核、管理评审、纠正措施、预防措施等质量记录，原始观测记录、导出数据、鉴定文书副本等技术记录应当归档并按规定期限保存。记录的文本或者音像载体、电子存储介质应当妥善保存，避免原始信息或者数据的丢失或者改动，并为委托人保密。

4.10 内部审核

司法鉴定机构应当根据计划和程序，定期对其质量活动进行内部审核，以验证其运作持续符合管理体系和本准则的要求。内部审核每 12 个月不少于 1 次。在 12 个月内，内部审核活动应当覆盖到管理体系的全部要素、所有场所和所有活动，包括现场目击。

内部审核人员应当经过培训并确认其资格，资源允许时，内部审核人员应当独立于被审核的鉴定活动。

4.11 管理评审

司法鉴定机构负责人应当根据预定的计划和程序，每 12 个月对管理体系和鉴定活动进行 1 次评审,以确保其持续适用和有效,并进行必要的改进。

管理评审应当考虑到:总体目标,政策和程序的适应性;管理和监督人员的报告;近期内部审核的结果;纠正措施和预防措施;由外部机构进行的评审;司法鉴定机构间比对和能力验证、测量审核的结果;工作量和工作类型的变化;投诉及委托人反馈;改进的建议;质量控制活动、资源以及人员培训情况等。

5　技术要求

5.1 人员

5.1.1 司法鉴定人员应当是在编人员或者与司法鉴定机构签署聘用合同或者劳动合同的人员。每项鉴定业务应当有 3 名以上司法鉴定人。

司法鉴定人应当具备相应的资格、培训、经验,熟知所从事鉴定的规则和要求,并有做出专业判断和出具司法鉴定文书的能力。

司法鉴定机构应当确保司法鉴定人员按照管理体系要求工作并受到监督,监督范围应当覆盖鉴定活动的关键环节。

5.1.2 鉴定活动需要外部专家提供技术支持时,司法鉴定机构应有评估与选择外部专家的程序,以确保外部专家有能力提供必要的咨询意见。

5.1.3 司法鉴定机构应当按照司法鉴定教育培训的规定,建立并保持人员培训程序和计划,保证司法鉴定人员经过与其承担的任务相适应的教育、培训,具有相应的专业知识和经验。

司法鉴定机构可以为司法鉴定人员制定必要的阶段性教育培训计划。其中可以包括:

a)入门阶段;

b)在资深司法鉴定人指导下工作的阶段;

c)在整个聘用期间的教育培训,以便与技术发展保持同步。

5.1.4 司法鉴定机构应当保存司法鉴定人员的资格、培训、技能和经历等证明材料。

5.1.5 司法鉴定机构技术管理者、授权签字人应当具有司法鉴定人资格并同时具有副高级以上本专业领域的技术职称,或者取得司法鉴定人资格后在本专业领域从业 5 年以上。

5.2 设施和环境条件

5.2.1 司法鉴定机构的鉴定设施以及环境条件应当满足相关法律法规、技术规范或者标准的要求。

5.2.2 设施和环境条件对鉴定结果的质量有影响时,司法鉴定机构应当监测、控制和记录环境条件。在非固定场所进行检测时应当特别注意环境条件的影响。

5.2.3 司法鉴定机构应当建立并保持安全作业管理程序,确保化学危险品、毒品、有害生物、电离辐射、高温、高电压、撞击、以及水、气、火、电等危及安全的因素和环境得到有效控制,并有相应的应急处理措施。

5.2.4 司法鉴定机构应当建立并保持环境保护程序,具备相应的设施、设备,确保鉴定产生的废液、废物等的处理符合环境和健康的要求,并有相应的应急处理措施。

5.2.5 区域间的工作相互之间有不利影响时,应当采取有效的隔离措施。

5.2.6 对影响鉴定质量和涉及安全的区域和设施应当有效控制并正确标识。

5.3 鉴定方法

5.3.1 司法鉴定机构应当按照技术标准或者技术规范实施鉴定活动。

司法鉴定机构应当优先选择国家标准、行业标准、地方标准或者司法部批准使用的技术规范；无上述标准时应当优先选择经省级以上司法行政机关指定的组织确认的方法。

缺少作业指导书影响鉴定结果的，司法鉴定机构应当制定相应的作业指导书。

5.3.2 司法鉴定机构应当证实能否正确使用所选用的标准方法。标准方法发生变化应当重新进行证实。

5.3.3 司法鉴定机构自行制订的非标准方法，经省级以上司法行政机关指定的组织确认后，可以作为资质认定项目。

5.3.4 司法鉴定机构使用的标准应当现行有效，便于工作人员使用。

5.3.5 鉴定方法的偏离应当有文件规定，经技术判断，获得机构负责人批准和委托人确认。

5.3.6 司法鉴定机构利用计算机或者自动设备对鉴定数据进行采集、处理、记录、报告、存储、检索时，应当建立并实施数据保护的程序，包括数据输入、采集、存储、转移和处理的完整性和保密性。

5.4 仪器设备和标准物质

5.4.1 司法鉴定机构应当按照司法行政机关规定的仪器设备配置要求，配备鉴定所需仪器设备和标准物质，并对所有仪器设备进行维护。

依靠借用或者租用仪器设备进行的司法鉴定事项不予资质认定，司法行政机关另有规定的除外。

5.4.2 仪器设备有过载或者错误操作，或者显示的结果可疑，或者通过其他方式表明有缺陷时，应当立即停止使用，并加以标识；修复的仪器设备应当经检定、校准等方式证明其功能指标已经恢复后才能继续使用。司法鉴定机构应当检查这种缺陷对之前的鉴定活动所造成的影响。

5.4.3 司法鉴定机构在使用司法行政机关规定的必备仪器设备之外的外部仪器设备前，应当验证其符合本准则的要求，保存验证和使用的记录。

5.4.4 设备应当由经过授权的人员操作。设备使用和维护的技术资料应当便于相关人员取用。

5.4.5 司法鉴定机构应当保存对鉴定结果具有直接影响的仪器设备及其软件的档案，至少应当包括：

a) 仪器设备及其软件的名称，并对其进行唯一性标识；

b) 制造商名称、型式标识、系列号；

c) 对仪器设备符合规范的核查记录；

d) 当前的位置；

e) 制造商的说明书，或者指明说明书存放地点；

f) 检定、校准报告或者证书；

g) 仪器设备接收或者启用日期和验收记录；

h) 仪器设备使用和维护记录；

i) 仪器设备的任何损坏、故障、改装或者修理记录。

5.4.6 所有仪器设备和标准物质应当有表明其状态的标识。

5.4.7 仪器设备脱离司法鉴定机构直接控制，该机构应当确保仪器设备返回后，在使用前对其功能和校准状态进行核查并能显示满意结果。

5.4.8 当需要利用期间核查以保持鉴定设备校准状态的可信度时，应当按照规定的程序进行。

5.4.9 当校准产生了一组修正因子或者修正值时，司法鉴定机构应当确保其得到更新和备份。

5.5 量值溯源

5.5.1 司法鉴定机构的量值溯源应当符合《中华人民共和国计量法》的规定，确保量值能够溯源至国家计量基准。司法鉴定机构应当制定和实施仪器设备的校准、检定、验证、确认的总体要求。

5.5.2 检测量值不能溯源到国家计量基准的，司法鉴定机构应当溯源到有证标准物质或者提供能力验证结果满意的证据。

5.5.3 司法鉴定机构应当制定设备检定或者校准的计划。在使用对量值的准确性产生影响的检测设备之前，应当按照国家相关技术规范或者标准对其进行检定或者校准，以保证其准确性。对于规定应当强制检定的计量器具应当定期检定，对于会明显影响鉴定结果的仪器设备需定期进行检定或者校准。

5.5.4 适用时，司法鉴定机构应当有参考标准的检定或者校准计划。

参考标准在任何调整之前和之后均应当校准。司法鉴定机构持有的测量参考标准应当仅用于校准而不用于其他目的，除非能证明其作为参考标准的性能不会失效。

5.5.5 适用时，司法鉴定机构应当使用有证标准物质（参考物质）。没有有证标准物质（参考物质）时，应当确保量值的准确性。

5.5.6 适用时，司法鉴定机构应当根据规定的程序对参考标准和有证标准物质（参考物质）进行期间核查，以保持其校准状态的置信度。

5.5.7 适用时，司法鉴定机构应当有程序来安全处置、运输、存储和使用参考标准和有证标准物质（参考物质），以防止污染或者损坏，确保其完好性。

5.6 鉴定材料处置

5.6.1 司法鉴定机构应当制定鉴定材料的提取、运输、接收、处置、保护、存储、保留、清理的程序，确保鉴定材料的完整性。

5.6.2 司法鉴定机构应当记录接收鉴定材料的状态和相关信息，包括与正常或者规定条件的偏离。因鉴定需要耗尽或者可能损坏鉴定材料的，应当告知委托人并征得书面同意。

5.6.3 司法鉴定机构应当具有鉴定材料的标识系统，避免鉴定材料或者其记录的混淆。

5.6.4 司法鉴定机构应当具有适当的设备设施贮存、处理鉴定材料。对贮存鉴定材料的状态和条件进行定期检查并记录。司法鉴定机构应当保持鉴定材料的流转记录。

5.7 结果质量控制

5.7.1 司法鉴定机构应当具有质量控制程序和质量控制计划以监控鉴定结果的有效性，可以采用下列方式：

a) 定期使用有证标准物质（参考物质）进行监控或者使用次级标准物质（参考物质）开展内部质量控制；

b) 参加司法鉴定机构间的比对或者能力验证；

c) 使用相同或者不同方法进行鉴定；

d)对存留鉴定材料进行再次鉴定;

e)分析同一个鉴定材料不同特性结果的相关性。

5.7.2 司法鉴定机构应当分析质量控制的数据,当发现质量控制数据可能超出预先确定的判断依据时,应当采取有计划的措施来纠正出现的问题,并防止报告错误结果。

5.8 司法鉴定文书

5.8.1 司法鉴定机构和司法鉴定人应当按照司法行政机关规定的要求和程序,及时出具司法鉴定文书,并保证其准确、客观、真实。

5.8.2 司法鉴定文书至少包含以下信息:

a)标题;

b)司法鉴定机构名称及许可证号;

c)鉴定委托(鉴定要求与鉴定事项);

d)唯一性编号;

e)委托人;

f)鉴定材料;

g)检验检测过程;

h)鉴定方法和依据;

i)检验检测结果和鉴定意见。适用时,形成对检验检测结果和鉴定意见的分析说明;

j)司法鉴定人执业证号。

5.8.3 司法鉴定文书的附件应当包括与鉴定意见、检验结果有关的关键图表、照片等,包括有关音像资料、参考文献的目录。

5.8.4 司法鉴定人应当在司法鉴定文书上签名;多人参加司法鉴定,对鉴定意见有不同意见的,应当注明。

司法鉴定文书应当经授权签字人签发,并加盖司法鉴定专用章。

国家计委转发关于规范价格鉴证机构管理意见的通知

各省、自治区、直辖市及计划单列市、副省级省会城市计委、物价局:

国务院清理整顿经济鉴证类社会中介机构领导小组《关于规范价格鉴证机构管理意见》已经国务院领导同志批准同意,现转发给你们,请按照执行,并将执行中出现的新问题及时上报我委。

2000 年 10 月 25 日

附:

关于规范价格鉴证机构管理意见

根据国务院领导关于社会中介行业要"归类合并,统一管理"的指示精神,按照《国务院办公厅关于清理整顿经济鉴证类社会中介机构的通知》的工作部署,近期,清理整顿经济鉴证类社会中介机构领导小组办公室着重就价格鉴证行业的规范管理问题,进行了广泛深入的调查研究，并征询了最高人民法院、最高人民检察院、公安部的意见。在此基础上，就如何规范管理价格鉴证工作与国家发展计划委员会进行了反复深入细致的商讨，并达成了大体一致的意见。现将有关情况和初步意见报告如下：

一、价格鉴证机构产生的背景和基本情况

在计划经济体制下，商品和服务价格实行政府统一定价。司法机关和行政执法机关办理案件时，一般由当地的公、检、法、物价、商业、物资部门组成"赃物估价协调委员会"来审定涉案物品价格，据此裁定涉案人的罪刑。随着社会主义市场经济的建立和发展，绝大多数商品和服务价格改由市场定价，商业、物资部门逐步转制，原有的组织形式已经不适应涉案物品价格鉴定的需要，司法机关和行政执法审案、判决和裁定工作遇到了很大困难，影响了办案效率和质量。根据这一情况变化，为适应司法工作的需要，从1990年起，各地价格主管部门相继成立了价格事务所，承担起为司法机关办理涉案物品价格的鉴证服务。为规范价格鉴证工作，最高人民法院、最高人民检察院、国家计委和公安部于1994年联合发出《关于统一赃物估价工作的通知》（法发〔1994〕9号），规定赃物估价工作统一由各级政府价格主管部门所属的价格事务所承担。1997年，国家计委、最高人民法院、最高人民检察院和公安部联合发布了《扣押、追缴、没收物品估价管理办法》（计办〔1997〕808号），规定各级政府价格主管部门所属的价格事务所是受执法机关委托进行扣押、追缴、没收物品价格鉴证的唯一机构。此后，全国22个省（市）也相继出台了地方性法规，明确涉案物品价格鉴证工作由各级政府价格主管部门设立的价格鉴证机构承担。

目前，价格鉴证机构是隶属于各级政府价格主管部门，由编制管理部门批准，按行政区划设置，实行事业化管理的单位。全国共有价格鉴证机构2800多家，从业人员16000多人。1999年，国家计委与人事部联合下发了《价格鉴证师资格制度暂行规定》，建立了价格鉴证师考试、注册制度，但尚未形成健全的执业准则体系。

二、价格鉴证工作的基本特性

涉案物品价格鉴证工作是司法、执法程序在价格领域的延伸，是社会主义法制建设的需要，与一般社会中介机构评估的业务有所不同。

（一）涉案物品价格鉴证业务主要来源于法院、检察院、公安、海关、仲裁、行政执法机关或机构（以下简称司法机关）办理的刑事、民事和经济案件，其严肃性、客观性要求高于一般的资产和价格评估。

（二）涉案物品价格鉴证工作在程序上，实行上级价格鉴证机构对下级价格鉴证机构的鉴证结果复核裁定制度。每个行政区只设一个涉案物品价格鉴证机构，接受价格主管部门的直接指导。

（三）价格鉴证机构是不以盈利为目的的事业单位，主要任务是保证司法和执法活动的正常运行，具有一定的公益性。

（四）许多价格鉴证业务，涉及党政领导干部的党风、廉政问题，鉴于其特定性质，政治性和保密性要求高。

三、价格鉴证工作存在的主要问题

在我国经济体制由计划经济向社会主义市场经济转轨的过程中，涉案物品价格鉴证工作也遇到了不少新问题和困难。

（一）执业范围定位不清。由于历史原因，价格鉴证机构成立以来，在业务上除主要从事涉案物品的价格鉴证工作以外，还不同程度地承接了社会中介评估业务，存在着执业范围定位不清的问题。此外，价格鉴证机构的名称不统一，有的叫价格事务所，有的叫价格认证中心，有的叫价格鉴证中心，也有的叫涉案物品价格认证中心的，还有的叫价值认证中心或价格管理处，等等。这种情况容易混淆价格鉴证机构与中介机构的界限，给管理工作造成一定的混乱。

（二）执业遇有制度障碍。涉案物品涉及面较广，"小"到家庭和个人用品，"大"到国家各类资产。价格鉴证业务涉及到对涉案标的物的价值认定，由于国家事务管理体制的原因，不同资产的价格鉴证经司法和行政执法判定之后，还要由不同的业务主管部门认可。

（三）事业经费缺乏保障。目前，绝大多数价格鉴证机构的事业经费来源缺乏统一、规范的渠道，其经费来源有的是财政拨款，有的是执行政府制定的非盈利收费，实行自收自支。此外，根据公安机关的要求，财政部曾经列出专门科目，规定刑事案件涉案物品价格鉴证费用由地方财政拨付地方公安机关，再由公安机关转付价格鉴证机构。但由于种种原因，此项经费基本上没有得到落实。由于拨款数额有限，收费不到位，致使价格鉴证机构为生存而涉足一些社会中介评估业务。

（四）队伍建设不适应形势发展需要。价格鉴证机构在服务于司法和行政执法、维护社会主义法制建设方面发挥了积极的作用，但由于工作内容新，行业兴起时间短，队伍扩张快，专业人员不足，价格鉴证机构在人员素质、队伍建设、执业规范等方面还不能适应涉案物品价格鉴证工作的需要。

四、规范管理价格鉴证机构的意见

由于涉案物品价格鉴证工作直接服务于司法和行政执法，直接影响到罪与非罪的判定和"罪刑相适应原则"的实现，政策把握性很强，时限性要求高。目前市场发育还很不完善，市场竞争也很不规范，社会监督体系不健全，放开涉案物品价格鉴证业务，将价格鉴证机构推向市场的条件还不成熟。在这种情况下，价格鉴证机构的清理整顿任务主要是如何加强和规范管理问题，总体原则是"保留机构、性质不变、退出中介、统一名称、保障生存、强化管理"。

（一）保留机构、性质不变。各级政府价格主管部门设立的价格鉴证机构仍作为事业单位保留，县级以上每个行政区划内只设一个价格鉴证机构，为国家司法机关指定的涉案物品价格鉴证机构。各级政府价格部门为价格鉴证机构的主管部门，负责本行政区域内价格鉴证机构的监督管理工作。进一步明确司法机关、行政执法机关和仲裁机构在办理各自管辖的案件中，凡涉及到需要对案件标的物进行价格鉴证的，都应由司法机关指定的价格鉴证机构鉴证，非价格鉴证机构不得承办涉案物品价格鉴证业务。价格鉴证机构从事涉案房地产、土地价格等鉴证业务时，可不要求机构具备相应的评估资质，只要具有符合相应评估行业规定数量及条件的评估专业人员，并在鉴证报告上签字，其鉴证结果应予认可。若价格鉴证机构没有相应资质的评估专业人员，则应通过相关专业机构聘请相应专业人员进行评估，出具评估报告。

（二）退出中介、统一名称。价格鉴证机构应为国家司法机关指定的专司涉案物品的价格鉴证机构，不再具有社会中介服务职能。凡要求继续从事社会中介评估业务的价格鉴证机构及人员，一律与价格主管部门脱钩，达到相应中介评估行业规定的设立条件，接受其管理，并不得从事涉案物品价格鉴定工作。为明确价格鉴证机构的性质，将全国各级价格鉴证机构名称统一规范为"价格认证中心"。

（三）规范经费来源渠道，保障生存。价格鉴证机构的发展要按照国家事业单位改革目标进行。在目前情况下，为确保价格鉴证机构的有效运作，在其经费来源上应作适当改革。可考虑通过两种途径来解决：一是，刑事案件中的涉案物品鉴证费用，由同级财政部门根据价格鉴证机构业务量大小，核定专项经费拨款或补贴；二是，其它涉案物品鉴定费用，实行"谁委托、谁付费"的原则，由委托方按标准支付，这部分收费应作为行政事业性收费立项，纳入预算外资金管理，做到收支两条线。

（四）加快立法、强化管理。加快价格鉴证工作的立法步伐，尽快报请国务院制定全国统一的涉案物品价格鉴证管理条例或规范性文件。同时，要完善和修订与涉案物品价格鉴证有关的地方性法规。各级价格主管部门要加强对涉案物品价格鉴证业务的监督管理。进一步完善价格鉴证机构资质管理制度和价格鉴证人员资格管理制度，督促价格鉴证机构加强内部管理，整章建制，强化约束机制。加强价格鉴证队伍的思想政治和职业道德教育工作。颁布统一的执业标准和规范，制定切实可行的收费标准，加大对违法违纪机构和人员的处罚力度，全面规范价格鉴证机构。

国务院清理整顿经济鉴证类

社会中介机构领导小组

2000 年 9 月 5 日

最高人民法院、最高人民检察院、公安部、司法部、卫生部关于颁发《精神疾病司法鉴定暂行规定》的通知

（卫医字〔89〕第 17 号）

各省、自治区、直辖市高级人民法院、人民检察院、公安厅（局）、司法厅（局）、卫生厅（局）：

现将《精神疾病司法鉴定暂行规定》发给你们，请结合当地实际情况参照执行。执行中遇到的问题请及时向我们反映。

精神疾病司法鉴定暂行规定

第一章 总则

第一条 根据《中华人民共和国刑法》《中华人民共和国刑事诉讼法》《中华人民共和国民法通则》《中华人民共和国民事诉讼法（试行）》《中华人民共和国治安管理处罚条例》及其他有关法规，为司法机关依法正确处理案件，保护精神疾病患者的合法权益，特制定本规定。

第二条 精神病的司法鉴定，根据案件事实和被鉴定人的精神状态，作出鉴定结论，为委托鉴定机关提供有关法定能力的科学证据。

第二章　司法鉴定机构

第三条　为开展精神疾病的司法鉴定工作，各省、自治区、直辖市、地区、地级市，应当成立精神疾病司法鉴定委员会，负责审查、批准鉴定人，组织技术鉴定组，协调、开展鉴定工作。

第四条　鉴定委员会由人民法院、人民检察院和公安、司法、卫生机关的有关负责干部和专家若干人组成，人选由上述机关协商确定。

第五条　鉴定委员会根据需要，可以设置若干个技术鉴定组，承担具体鉴定工作，其成员由鉴定委员会聘请、指派。技术鉴定组不得少于两名成员参加鉴定。

第六条　对疑难案件，在省、自治区、直辖市内难以鉴定的，可以由委托鉴定机关重新委托其他省、自治区、直辖市鉴定委员会进行鉴定。

（法宝联想：　法学期刊约 1 篇 实务专题约 8 篇 ）

第三章　鉴定内容

第七条　对可能患有精神疾病的下列人员应当进行鉴定：

（一）刑事案件的被告人、被害人；

（二）民事案件的当事人；

（三）行政案件的原告人（自然人）；

（四）违反治安管理应当受拘留处罚的人员；

（五）劳动改造的罪犯；

（六）劳动教养人员；

（七）收容审查人员；

（八）与案件有关需要鉴定的其他人员。

第八条　鉴定委员会根据情况可以接受被鉴定人补充鉴定、重新鉴定、复核鉴定的要求。

第九条　刑事案件中，精神疾病司法鉴定包括：

（一）确定被鉴定人是否患有精神疾病，患何种精神疾病，实施危害行为时的精神状态，精神疾病和所实施危害行为之间的关系，以及有无刑事责任能力。

（二）确定被鉴定人在诉讼过程中的精神状态以及有无诉讼能力。

（三）确定被鉴定人在服刑期间的精神状态以及对应当采取的法律措施的建议。

第十条　民事案件中精神疾病司法鉴定任务如下：

（一）确定被鉴定人是否患有精神疾病，患何种精神疾病，在进行民事活动时的精神状态，精神疾病对其意思表达能力的影响，以及有无民事行为能力。

（二）确定被鉴定人在调解或审理阶段期间的精神状态，以及有无诉讼能力。

第十一条　确定各类案件的被害人等，在其人身、财产等合法权益遭受侵害时的精神状态，以及对侵犯行为有无辨认能力或者自我防卫、保护能力。

第十二条　确定案件中有关证人的精神状态，以及有无作证能力。

第四章　鉴定人

第十三条　具有下列资格之一的，可以担任鉴定人：

（一）具有五年以上精神科临床经验并具有司法精神病学知识的主治医师以上人员。

（二）具有司法精神病学知识、经验和工作能力的主检法医师以上人员。

第十四条　鉴定人权利

（一）被鉴定人案件材料不充分时，可以要求委托鉴定机关提供所需要的案件材料。

（二）鉴定人有权通过委托鉴定机关，向被鉴定人的工作单位和亲属以及有关证人了解情况。

（三）鉴定人根据需要有权要求委托鉴定机关将被鉴定人移送至收治精神病人的医院住院检查和鉴定。

（四）鉴定机构可以向委托鉴定机关了解鉴定后的处理情况。

第十五条　鉴定人义务

（一）进行鉴定时，应当履行职责，正确、及时地作出结论。

（二）解答委托鉴定机关提出的与鉴定结论有关的问题。

（三）保守案件秘密。

（四）遵守有关回避的法律规定。

第十六条　鉴定人在鉴定过程中徇私舞弊、故意作虚假鉴定的，应当追究法律责任。

第五章　委托鉴定和鉴定书

第十七条　司法机关委托鉴定时，需有《委托鉴定书》，说明鉴定的要求和目的，并应当提供下列材料：

（一）被鉴定人及其家庭情况；

（二）案件的有关材料；

（三）工作单位提供的有关材料；

（四）知情人对鉴定人精神状态的有关证言；

（五）医疗记录和其他有关检查结果。

第十八条　鉴定结束后，应当制作《鉴定书》。

《鉴定书》包括以下内容：

（一）委托鉴定机关的名称；

（二）案由、案号、鉴定书号；

（三）鉴定的目的和要求；

（四）鉴定的日期、场所、在场人；

（五）案情摘要；

（六）被鉴定人的一般情况；

（七）被鉴定人发案时和发案前后各阶段的精神状态；

（八）被鉴定精神状态检查和其他检查所见；

（九）分析说明；

（十）鉴定结论；

（十一）鉴定人员签名，并加盖鉴定专用章；

（十二）有关医疗或监护的建议。

第六章　责任能力和行为能力的评定

第十九条　刑事案件被鉴定人责任能力的评定：

被鉴定人实施危害行为时，经鉴定患有精神疾病，由于严重的精神活动障碍，致使不能辨认或者不能控制自己行为的，为无刑事责任能力。

被鉴定人实施危害行为时，经鉴定属于下列情况之一的，为具有责任能力：

1. 具有精神疾病的既往史，但实施危害行为时并无精神异常；

2. 精神疾病的间歇期，精神症状已经完全消失。

第二十条　民事案件被鉴定人行为能力的评定：

（一）被鉴定人在进行民事活动时，经鉴定患有精神疾病，由于严重的精神活动障碍致使不能辨认或者不能保护自己合法权益的，为无民事行为能力。

（二）被鉴定人在进行民事活动时，经鉴定患有精神疾病，由于精神活动障碍，致使不能完全辨认、不能控制或者不能完全保护自己合法权益的，为限制民事行为能力。

（三）被鉴定人在进行民事活动时，经鉴定属于下列情况之一的，为具有民事行为能力：

1. 具有精神疾病既往史，但在民事活动时并无精神异常；

2. 精神疾病的间歇期，精神症状已经消失；

3. 虽患有精神疾病，但其病理性精神活动具有明显局限性，并对他所进行的民事活动具有辨认能力和能保护自己合法权益的；

4. 智能低下，但对自己的合法权益仍具有辨认能力和保护能力的。

第二十一条　诉讼过程中有关法定能力的评定：

（一）被鉴定人为刑事案件的被告人，在诉讼过程中，经鉴定患有精神疾病，致使不能行使诉讼权利的，为无诉讼能力。

（二）被鉴定人为民事案件的当事人或者是刑事案件的自诉人，在诉讼过程中经鉴定患有精神疾病，致使不能行使诉讼权利的，为无诉讼能力。

（三）控告人、检举人、证人等提供不符合事实的证言，经鉴定患有精神疾病，致使缺乏对客观事实的理解力或判断力的，为无作证能力。

第二十二条　其他有关法定能力的评定：

（一）被鉴定人是女性，经鉴定患有精神病，在她的性不可侵犯遭到侵害时，对自身所受的侵害或严重后果缺乏实质性理解能力的，为无自我防卫能力。

（二）被鉴定人在服刑、劳动教养或者被裁决受治安处罚中，经鉴定患有精神疾病，由于严重的精神活动障碍，致使其无辨认能力或控制能力，为无服刑、受劳动教养能力或者无受处罚能力。

第七章　附则

第二十三条　本规定自一九八九年八月一日起施行。